Reiseberichte in der Reihe DuMont Dokumente

In der vorderen Umschlagklappe: Doughtys Route durch West- und Zentralarabien

In der hinteren Umschlagklappe: Glossar der arabischen Begriffe

Charles M. Doughty

Reisen in Arabia Deserta

Wanderungen in der Arabischen Wüste 1876–1878
Mit einer Einleitung von Lawrence von Arabien

DuMont Buchverlag Köln

HERAUSGEGEBEN UND ÜBERSETZT VON HANS-THOMAS GOSCINIAK

CIP-Kurztitelaufnahme der Deutschen Bibliothek

Doughty, Charles M.:
Reisen in Arabia Deserta : Wanderungen in d. arab. Wüste 1876–1878 / Charles M. Doughty. Mit e. Einl. von Lawrence von Arabien. [Hrsg. u. übers. von Hans-Thomas Gosciniak]. – Köln : DuMont. 1979.
(DuMont-Dokumente : Reiseberichte)
Einheitssacht.: Travels in Arabia deserta ⟨dt.⟩
ISBN 3-7701-1045-5

Die Originalausgabe erschien in Cambridge 1888

Druck: Rasch, Bramsche
Buchbinderische Verarbeitung: Kleins Druck, Lengerich

Printed in Germany ISBN 3-7701-1045-5

Inhalt

Englische Maße

1 Fuß	= 30,4 cm	1 Meile	= 1,6 km
1 Yard	= 0,91 m	1 Gallone	= 4,54 l
1 Zoll	= 2,54 cm	1 Pint	= 0,56 l
1 Faden	= 1,83 m	1 engl. Pfund	= 0,45 kg

Temperaturen

Celsius	40°	30°	20°	10°	0°
Fahrenheit	104°	86°	68°	50°	32°

Vorbemerkung des Herausgebers

Zahlreiche ausgezeichnete Publikationen sind in den letzten einhundert Jahren über die arabische Halbinsel erschienen; ältere Berichte reichen bis in die Antike zurück. Herodot und Plinius beschrieben das Land des Weihrauchs, das im Mittelalter jedoch wieder in Vergessenheit geriet. Der erste moderne Reisebericht stammt von Carsten Niebuhr, der 1761 eine Expedition in den Jemen unternahm. Mit ihren Handelsorten und Flottenstützpunkten auf dem Seeweg nach Indien war die Küstenregion für Portugiesen, Holländer und Engländer stets von größtem Interesse, und in ihren Berichten ist sie recht sorgfältig beschrieben. Weitgehend unbekannt blieb jedoch das Innere Arabiens, das aufgrund seiner landschaftlichen und klimatischen Verhältnisse die Erforschung nahezu unmöglich machte. So gibt es aus Wüstenarabien nur wenige verläßliche Schilderungen. 1812 entdeckte der Schweizer Johann Ludwig Burckhardt die Nabatäerstadt Petra, 1813 reiste er als Ibrahim ibn-Abdullah über Jidda nach Mekka. Ebenfalls nach Mekka und Medina kam 1853 ein Pilger, unter dessen Namen al-Haj Abdullah sich der Engländer Richard Burton verbarg. Sadlier, Wallin, Palgrave, Halévy, das Ehepaar Blunt, Huber, Euting, Hurgronje und nicht zuletzt Eduard Glaser sind weitere berühmte Namen der Arabien-Forschung.

Eine hervorragende Stellung nimmt jedoch Charles Montague Doughty ein, dessen 1888 erschienenes Werk ›Travels in Arabia Deserta‹ einen Meilenstein in der Literatur über die arabische Halbinsel darstellt. Doughty, Geologe und Altsprachler, bereiste den Vorderen Orient von 1872 bis 1875, lernte in Damaskus Arabisch und unternahm im Jahre 1876 seine berühmt gewordene Reise mit der Pilgerkarawane in das Innere Arabiens – eine Reise, auf der er bis zum Jahre 1878 als Christ unter den Beduinen lebte. In seinem großen Epos läßt er uns mit minuziöser Genauigkeit an diesem Leben teilnehmen; wir sehen mit seinen Augen die Menschen dieses Landes ungeschminkt in ihrer Größe und mit all ihren Schwächen.

Gerade diese kraftvolle Authentizität, die nichts beschönigt, nichts hinzufügt, ist es, die das Werk zu einer unerschöpflichen Informationsquelle über Zentralarabien macht. Sein Leben riskierend und unter Einsatz seiner Gesundheit protokollierte Doughty alles, was er sah, zeichnete jedes Detail auf, betrieb geologische Forschungen, kopierte himyaräische Inschriften und erkundete Arabia Deserta unter ethnologischen und archäologischen Gesichtspunkten.

Diese wenigen Worte mögen hier genügen. Auf die dem Werk gebührende Würdigung, sei es als Quelle ethnologischen Wissens, sei es in seiner epischen Gestaltung, sei es als Manifest eines großen Abenteurers der Forschung, verzichtet der Herausgeber unter Hinweis auf die folgende Einleitung von T. E. Lawrence, um so einen Berufeneren zu Worte kommen zu lassen.

Einige Bemerkungen jedoch zur Übersetzung und deutschen Bearbeitung. Doughtys Epos der Wüste ist nicht ein Reisebuch wie viele andere, sondern ein ausgesprochen literarisches Werk, geschrieben in einer manchmal elisabethanisch anmutenden Diktion, archaisch in Wortwahl und Satzbau, ein stilistisches Abbild des alturwüchsigen, traditionellen Arabien. Ein solches Werk – erzählerische Glanzleistung und literarisches Experiment zugleich – ohne Verlust an Aussagekraft und Sprachgewalt ins Deutsche übertragen zu wollen, mußte von vornherein Versuch bleiben. Doughtys umfassende Kenntnis der Beduinen und der arabischen Welt, allein aber auch der hohe dokumentarische Wert seiner Reiseerlebnisse sprechen jedoch für sich, und in diesem Sinne wurde versucht, dem interessierten deutschsprachigen Leser einen Einblick in das gewaltige Reisetagebuch eines Dichters zu geben. Dabei wurde eine texttreue Übersetzung einer sprachlich glättenden Fassung vorgezogen. Doughty selbst hat bewußt ›sperrig‹ und literarisch gegen den Strich geschrieben, wie die Auseinandersetzungen mit seinen englischen Verlegern deutlich dokumentieren, die sich einen konventionelleren und kulinarischen Reisebericht gewünscht hätten.

Die ›Travels in Arabia Deserta‹, die in der Cambridge-Ausgabe von 1888 eintausendeinhundertfünfzig Seiten umfaßten, konnten nicht in ihrer Gesamtheit verlegt werden. Erhebliche Kürzungen und gelegentliche Raffungen waren notwendig. Soweit möglich wurde dabei die Geschlossenheit der Abschnitte bewahrt, gekürzte Textstellen wurden durch (...) gekennzeichnet. Da Doughtys Werk keine rasante, ungebrochene Abenteuergeschichte darstellt, schien eine solche Textauszeichnung gerechtfertigt, mag der Lesefluß auch gelegentlich dadurch gestört werden. Die Auswahl der Kürzungen traf der Herausgeber in dem Bemühen, die Essenz des Werkes zu erhalten: seine mitreißenden Beobachtungen über geschichtliche, politische, ethnische und kunsthistorische Zusammenhänge. Hier lebt das alte Arabien wieder auf. Verzichtet wurde unter diesem Aspekt auf die persönliche Deutung dieser Beobachtungen, die dem Zeitgeist Doughtys entspricht und heutiger Auffassung nicht unwidersprochen standhält. Der interessierte Leser, der die Interpretation des fast überreichen Wissensschatzes aus der Sicht eines Engländers der Viktorianischen Epoche kennenlernen will, sei auf das Original verwiesen.

Soweit in der Übersetzung arabische Wörter vorkommen, folgt die deutsche Ausgabe dem englischen Original, ausgenommen bei solchen Begriffen und Ortsnamen, die dem Deutschen fest eingebürgert sind (Scheich, Pascha, Mekka etc.). Die Fremdbegriffe werden bei ihrem ersten Auftauchen im Textzusammenhang entschlüsselt und in einem Glossar in der hinteren Umschlaginnenklappe noch einmal erläutert. Die Kapitelüberschriften stammen vom Herausgeber, wobei er sich auf Doughtys Inhaltsverzeichnis mit seinen thematischen Stichpunkten stützen konnte.

Besonderer Dank gilt dem orientalischen Seminar der Universität Köln mit Professor Diem und seinen Mitarbeitern, die aus der Max von Oppenheim-Stiftung dem Übersetzer das Original und eine Vielzahl von Abbildungen zur Verfügung stellten und ihm mit Rat und Tat zur Seite standen. Zu danken ist weiter dem Antiquariat Marcus, Düsseldorf, das bei der Beschaffung von zusätzlichen Illustrationen behilflich war. Den wesentlichen Beitrag leistete der DuMont Buchverlag, der sich mit großem Engagement der Aufgabe widmete, dieses so bedeutende Werk über das Leben und die Kultur der arabischen Halbinsel dem heutigen Leser in neuer Form zu präsentieren.

Köln, im September 1979 Hans-Thomas Gosciniak

Einleitung
von T. E. Lawrence

Es fällt mir nicht leicht, über ›Arabia Deserta‹ zu schreiben. Seit zehn Jahren beschäftige ich mich mit diesem Werk, und ich bin zu der Ansicht gelangt, daß es kein Buch wie andere, sondern etwas Besonderes ist, eine Art Bibel auf seinem Gebiet. Nun rückschauend seine Verdienste und Schwächen aufzuzeigen, erscheint sinnlos. Wohl kein Arabienreisender vor oder seit Doughty hat sich ausreichend qualifiziert, das Buch zu loben – viel weniger noch, es zu verurteilen. Je besser man Arabien kennt, um so mehr wird ›Arabia Deserta‹ zu einer Fundgrube. Je mehr man dieses Land bereist, um so größer wird unsere Achtung vor der Einsicht, dem Urteilsvermögen und der Künstlerschaft des Autors. Wir nennen das Buch heute schlicht und einfach ›den Doughty‹, denn

Doughty im Jahre 1921

es ist ein Klassiker, hinter dem die Person des Autors fast verschwindet. Ja, es berührt seltsam zu hören, daß er ein Mensch aus Fleisch und Blut und unser Zeitgenosse ist. Denn das Buch ist zeitlos und kann niemals veralten. Es ist das erste Werk über die Wüstenaraber, ein Werk, auf das man nicht verzichten kann; und wenn es nicht immer genug als Quelle benutzt oder gelesen wurde, so geschah das, weil es außerordentlich selten geworden war. Jeder, der sich mit Arabien auseinandersetzen will, muß dieses Buch besitzen.

Allerdings ist es heutzutage nicht mehr nötig, Doughty in Fachkreisen zu empfehlen. Alle Gelehrten kennen ihn. Es ist die breite Öffentlichkeit, die willens ist, ein großes Prosawerk zu lesen – die Aufzeichnungen eines englischen Dichters, der zwei Jahre mit den Beduinen zog –, an die sich diese neue Ausgabe wenden soll und für die das Urteil heutiger Arabienreisender darüber von Gewicht sein mag. Ich habe mit vielen dieser Reisenden über das Buch gesprochen, und wir stimmten überein: In diesem Werk lebt die ganze Wüste, ihre Hügel und Ebenen, ihre Lavafelder, Dörfer, Zelte, Menschen und Tiere. Alles ist so unmittelbar dem Leben nacherzählt, mit solcher Anschaulichkeit in jedem Wort und Satz, daß man es nie wieder aus dem Gedächtnis verliert. Dies ist das wahre Arabien mit seinen Gerüchen und seinem Schmutz, aber auch mit seinem Adel und seiner Freiheit. Hier gibt es keinen Gefühlsüberschwang und nichts von all dem unwahrscheinlich Malerischen, das den Fehler fast aller Reiseschilderungen aus dem Orient ausmacht. Doughtys Vollständigkeit ist unübertrefflich. Es gibt hier nichts, was wir fortnehmen, und nur wenig, was wir hinzufügen könnten. Er hat ganz Arabien zu seiner Domäne gemacht und seinen Nachfolgern nur die undankbare Kleinarbeit gelassen. Mögen wir auch Bücher über einzelne Gebiete der Wüste oder über ihre Geschichte schreiben – niemals kann es in unserer Zeit ein anderes Bild des Ganzen geben, denn hier ist alles gesagt worden, und dazu von einem großen Meister.

Viele gut ausgerüstete Engländer haben Arabien bereist, und die meisten von ihnen haben auch Bücher darüber geschrieben. Keiner jedoch hat so reiche Schätze heimgebracht wie Doughty, dessen Verdienste noch dadurch unterstrichen werden, daß er dies alles ohne jede Hilfe erreichte. Er hatte viele Hindernisse zu überwinden. Vor vierzig Jahren war die Wüste Fremden gegenüber weniger gastfreundlich als heute. Die Türkei war dort noch immer mächtig, und die wahabitische Bewegung hatte den Fanatismus in den Stämmen wach gehalten. Doughty war als Europäer wie als Christ in nahezu allen Gegenden, in die er vorstieß, ein Pionier. Auch war er arm. Er kam als einsamer Mann mit der Pilgerkarawane aus Damaskus und blieb in Medain Salih mit unzureichenden Empfehlungsschreiben zurück. Von dort drang er in die Wüste vor, gekleidet und reisend wie die wirklich Armen, wobei er versuchte, sich durch eine vernunftgemäße ärztliche Praxis in einer Gesellschaft zu erhalten, die sich lieber auf Amulette verließ.

Hinzu kam, daß er ein kranker Mann war. Seine Gesundheit war schon angegriffen, als er aufbrach, und das Klima des arabischen Hochlandes mit seinen extremen Temperaturunterschieden, dazu die kärgliche Ernährung zehren an den Kräften. Er war in England aufgewachsen, einem fruchtbaren Land mit reichlicher und guter Kost. Als

Gast kam er in die Zelte der Beduinen, um von dem wenigen zu leben, das ihnen selbst genügte und das sie in ihrer Gastfreundlichkeit mit ihm teilten. Sie bewirteten ihn mit dem, was sie hatten. Die Kamelmilch des Frühjahrs und die seltenen Dattel- oder Fleischmahlzeiten der Dürremonate mochten hinreichen, ihre hageren Körper zu erhalten, für einen Engländer jedoch bedeutete eine solche Ernährung den langsamen Hungertod. Schon für einen Menschen von sitzender Lebensweise wäre es eine magere Kost gewesen, Doughty jedoch zog rastlos von Ort zu Ort und ritt oft von Sonnenaufgang bis Sonnenuntergang, wenn nicht auch noch die halbe Nacht, in Gewaltmärschen über beschwerliches Felsenland, unter sengender Sonne oder in schneidendem, erschöpfendem Wind. Auch unter den günstigsten Bedingungen, mit einem Troß von Dienern, guten Reittieren, Zelten und einer eigenen Küche ist eine Reise durch Arabien ein gewagtes Unterfangen. Doughty aber reiste nach Art der Eingeborenen und brachte trotz seiner leiblichen Nöte reichere Beute heim als wir alle. Das bloße Ertragen dieser Anstrengungen schon ist bewundernswert.

An einer Stelle entschuldigt er sich fast für seine Schwächen und nennt sein Buch die Vision eines Hungernden, den Bericht eines zu Tode Erschöpften; trotzdem scheint er jede Einzelheit aufgezeichnet zu haben. Wir alle sind manches Mal in der Wüste erschöpft gewesen, und einige von uns haben dort auch Hunger gelitten, aber keiner hat so über seinen Körper gesiegt wie Doughty. Er zieht aus seinen Nöten noch Gewinn und läßt aus ihnen jenes Gefühl höchster Anspannung und Verlassenheit in seine Seiten einfließen, das jeden Arabienreisenden lebhaft an eigene glücklose Momente erinnern wird. Aber auch in solchen Augenblicken, die er in diesen beiden gefahrvollen Jahren so häufig erlebte, ließ Doughtys scharfe Beobachtungsgabe nicht nach. Er fährt fort, uns die Umstände, Charaktere und Örtlichkeiten seiner Erlebnisse vor Augen zu führen, ohne daß sein Interesse erlahmt, und stellt damit nicht nur der eigenen Geistesstärke ein hohes Zeugnis aus, sondern auch der Anziehungskraft, die Arabien und die Araber auf seine und unsere Imagination ausüben. (. . .)

Ich verbrachte neun Monate in Westarabien, einen großen Teil davon in Gegenden, die Doughty bereist hatte, und stellte fest, daß er zu einem Stück Wüstengeschichte geworden war. Mehr als vierzig Jahre waren vergangen, und ein solcher Zeitraum würde auch in unserem Lande viel in Vergessenheit geraten lassen. In der Wüste aber ist dieser Zeitraum noch ungleich länger, denn die Mühsal des täglichen Lebens zehrt die Menschen viel früher auf, und ihre Erinnerungen an Fremde und an Ereignisse außerhalb des eigenen Stammes verblassen rasch. Doughtys Reisen führten ihn zu ihren Vätern oder Großvätern, und dennoch hatten sie alle von ihm gehört. Man erzählt sich von ihm, und Legenden ranken sich um die hochgewachsene, eindrucksvolle Gestalt voller Weisheit und Edelmut, die wie ein Herold aus einer anderen Welt zu ihnen kam. Daß er über den Sorgen und Nöten ihres täglichen Lebens stand, beflügelte ihre Phantasie. Er war sehr geduldig, großzügig und voller Mitleid, und sie schenkten ihm rückhaltlos ihr Vertrauen.

Sie erzählen, sein ganzer Stolz sei es gewesen, ein Christ zu sein, und doch habe er sich niemals gegen ihren Glauben gewendet. Er sei ein gelehrter Mann gewesen, schlicht jedoch in seiner Lebensart, habe nicht viel von Kamelen verstanden, habe jedem sein Vertrauen geschenkt und sei sehr schweigsam gewesen. Er war der erste Engländer, den sie kennenlernten, und er erreichte, daß sie anderen Männern unserer Art nicht mit Vorurteilen begegneten, denn sie hatten ihn für ehrenhaft und gut befunden. So bahnte er seiner Religion einen Weg. (. . .)

Doughty berichtet, daß die Wüste wohlüberdachte Urteile verhindert; ihre Öde und Weitläufigkeit macht die Bewohner freimütig. Die Menschen äußern ihre Meinung hier ohne langes Abwägen und höfliche Zurückhaltung. Die Worte der Wüste sind scharf und schneidend. Doughty fühlte den Sog dieser Wahrheitsliebe sehr deutlich (nur wenige Reiseberichte zeigen eine größere Empfänglichkeit für klimatische und geographische Umstände), und bei den Stämmen sprach er ebenso unverhohlen wie die Menschen dort. Sogar in den Dörfern, wo dies nicht angebracht war, hielt er an seiner bedingungslosen Offenheit fest, in hartem Gegensatz zur beschönigenden, schmeichlerischen Redeweise der Stadtaraber. (. . .)

Fast schon klimatisch bedingt sind auch seine plötzlichen Wechsel von Tonfall und Urteil. Die Wüste ist ein Ort umschlagender Empfindungen und bar auszuzahlender Ansichten. Die Menschen halten mit ihrer Meinung hier nicht tagelang zurück, bis sie zu einem gerechten und ausgeglichenen Durchschnittsurteil gelangt sind. Auf der Stelle nennen sie etwas gut, wenn es gut ist, und schlecht, wenn es schlecht ist. Auch dies spiegelt sich in Doughtys Verhalten wider. So kann ein Abschnitt ein hartes Urteil enthalten, der nächste aber schon wieder voll warmer Freundlichkeit sein. Seine Schilderung fällt und steigt mit seinen jeweiligen Erfahrungen, und wenn man nicht nur einen Teil, sondern das ganze Buch liest, erhält man ein vielseitiges, einfühlsames Gesamtbild seiner Gefährten während dieser stürmischen und ereignisreichen Jahre.

Der Realismus des Buches ist vollkommen. Doughty versucht, die ganze Wahrheit zu sagen und alles wiederzugeben, was er sah. Wenn sich ein Vorurteil findet, so eines gegen die Araber – gerade weil er sie so sehr mochte; die seltsame Anziehungskraft, Unberührtheit und Unabhängigkeit dieser Menschen hatten ihn so beeindruckt, daß er ihre Tugenden vorzugsweise in der Darstellung ihrer Schwächen herausarbeitete. »Wer einmal mit den Arabern gelebt hat, wird sein Leben lang ein Gespür für die Wüste behalten.« Er hatte am eigenen Leib erfahren, auf welche Probe das Nomadenleben, die härteste aller sozialen Daseinsformen, den Menschen stellt, und gab sich für uns um so mehr Mühe, dieses Leben in seinen wahren Farben darzustellen: ein allzu hartes, allzu einsames und allzu entsagungsvolles Leben, dem nur die Stärksten und Entschlossensten gewachsen sind. Nichts ist eindrucksvoller und wirklichkeitsnäher als diese Aufzeichnung seiner täglichen Erlebnisse und Schwierigkeiten und der sie begleitenden Empfindungen. (. . .)

In dem Versuch, ihr Rätsel zu lösen, haben sich bereits viele von uns in die Gemeinschaft der Beduinen begeben und die gläserne Härte ihres Glaubens erfahren, der eine fast mathematische Gesetzlichkeit hat und uns durch seine Gefühlsarmut abstößt. In ihrem Weltbild gibt es keine Halbtöne. Sie sind ein Volk der Hauptfarben, vor allem von Schwarz und Weiß, und sehen im Leben überall eine feste Ordnung. Sie sind ein Volk voller Gewißheit, das den Zweifel, unsere moderne Dornenkrone, verachtet. Sie haben kein Verständnis für unsere metaphysischen Bedenken, unsere Fragen an uns selbst, sie kennen nur Wahrheit und Unwahrheit, Glauben und Unglauben, ohne unsere Unschlüssigkeit vor feineren Schattierungen. (...)

Der Beduine ist ein Kind der Wüste und er liebt ihre für den Reisenden fast unerträgliche Kargheit mit ganzem Herzen, weil er unausgesprochen fühlt, daß in ihr allein seine Freiheit gesichert ist. Er löst sich von allen natürlichen Bindungen, von allen tröstlichen Überflüssigkeiten und Abhängigkeiten, um jene persönliche Freiheit zu gewinnen, deren unheimliche Begleiter Hunger und Tod sind. Die Armut an sich ist für ihn kein Wert, er freut sich durchaus der kleinen Laster und Gelüste – Kaffee, frisches Wasser, Frauen –, die ihm noch bleiben. Sein Leben ist Luft und Wind, Sonne und Licht, Weite und Leere. Kein Menschenwerk und keine üppige Natur sind hier zu finden, nur der Himmel über ihm und die unberührte Erde unter seinen Füßen; die einzige Zuflucht und der Rhythmus des Daseins ist Gott. Dieser eine und einzige Gott erscheint dem Araber nicht anthropomorph, nicht faßbar, moralisch oder ethisch und nicht sonderlich um die Welt oder den Menschen bemüht. Gott allein ist groß, und doch hat dieser arabische Gott, der ihr Essen, ihre Kämpfe und ihre Begierden beherrscht, zugleich etwas Anheimelndes und Alltägliches; er ist ihr ständiger Gedanke und Begleiter, und dies in einer Art, wie man es sich dort, wo Gott hinter den ermüdenden Äußerlichkeiten eines Gottesdienstes verborgen ist, kaum vorzustellen vermag. Die Beduinen sehen keinen Widerspruch darin, Gott in ihre Schwächen und Begehrlichkeiten hineinzuziehen; Gott ist ihr meistgebrauchtes Wort. (...)

Doughty bewegte sich unvoreingenommen unter diesen Menschen, beobachtete ihr Leben und schrieb es Wort für Wort nieder. Da er in seiner Lebensart Araber war, im Geiste jedoch stets Europäer blieb, bewahrte er sich seinen klaren Blick; den Beduinen brachte er volles Verständnis entgegen, was dazu führte, daß sie ihm ihre innersten Gedanken offenbarten. Als seine zweijährige Prüfung vorüber war, brachte er in seinem Tagebuch (soweit Schreiben Leben festhalten kann) die Seele der Wüste zurück, die ganze Daseinsform einer außergewöhnlichen, in sich geschlossenen Gemeinschaft, die in der ewig gleichen Wüste von den Strömungen der Welt abgeschnitten ist und ihren Weg in einer für uns völlig fremden Umgebung geht. Die wirtschaftliche Grundlage ihres Lebens ist der Bedarf an Kamelen, die sich am besten mit den Dornen und Pflanzen der kraftspendenden Hochebenen aufziehen lassen. Andere Entwicklungen läßt die Wüste nicht zu, hierfür jedoch ist sie bemerkenswert geeignet. Durch die Kamelzucht werden die Beduinen zu Nomaden. Die Kamele leben nur von den Wüstenweiden, und da diese karg sind, hat eine große Herde ihr Gebiet bald abgegrast. Dann muß sie mit ihren Hirten zu einem neuen Weidegrund ziehen, und so bewegen sie sich Monat für

Monat in einem Kreislauf, der dem Wachstum der Pflanzen folgt und damit zugleich den jeweils stärksten winterlichen Niederschlägen des Jahres.

Die Wüstengesellschaft gründet sich auf den Stamm, zum Teil aus einem ursprünglichen Gefühl familiärer Zusammengehörigkeit, zum Teil, weil der Selbsterhaltungstrieb größere Menschengruppen dazu zwingt, zur gegenseitigen Unterstützung zusammenzuhalten. Durch die Zugehörigkeit zu einem als solchen anerkannten Stamm hat jedermann einen großen Verbund von Sippenleuten hinter sich, der ihm hilft, wenn ihm Unrecht geschieht, der aber auch die Last trägt und die Schuld begleicht, wenn der Betreffende selbst Unrecht getan hat. Diese kollektive Verantwortlichkeit bringt die Menschen dazu, mit Beleidigungen vorsichtig zu sein, und macht die Bestrafung sehr leicht. Der Übeltäter wird aus der Gemeinschaft ausgeschlossen und muß ins Exil gehen, bis er mit der öffentlichen Meinung seiner Stammesgefährten wieder im Frieden ist. (...)

Da die Gemeinschaft aus Analphabeten besteht, hält sich jede Sippe so klein, daß sich ihre Mitglieder häufig treffen und ihre gemeinsamen Angelegenheiten besprechen können. Solch ein Verkehr aller mit allen und das öffentliche Leben in nebeneinander aufgeschlagenen Zelten machen die Wüste zu einem Ort ohne Privatleben. Der Mensch lebt mit dem Menschen. Es handelt sich hier um eine Gesellschaft, die in steter Bewegung ist, in der jede Stimme gleich viel zählt und in der jedes männliche Mitglied die gleichen Möglichkeiten hat. Die tägliche Versammlung am Herd oder am Kaffeefeuer des Scheichs ist ihre Schulung: eine Universität für jeden Mann von Kindesbeinen an. Dieses Kaffeefeuer ist zugleich auch Nachrichtenbüro, Gericht, Ort der politischen Willensbekundung und Regierung. Täglich bringen die Beduinen ihre Ideen, Erfahrungen und Ansichten dort in aller Öffentlichkeit vor, stellen sie zur Debatte und spitzen sie im Gespräch zu, so daß die Wüstengesellschaft stets lebendig bleibt, auf hoher moralischer Stufe steht und neuen Gedanken aufgeschlossen ist. Allgemeiner Ansicht nach sind die Beduinen so wenig wandelbar wie die Wüste, in der sie leben; in Wirklichkeit zeigen sie sich jedoch in den meisten Fällen außerordentlich aufnahmefähig und für brauchbare Neuerungen empfänglich. Da sie nur wenige grundlegende Interessen besitzen, ist es ihnen ein Leichtes, ihr Leben zu ändern; dennoch ist es erstaunlich zu sehen, wie vorbehaltlos sie eine Erfindung aufgreifen, die zu ihrem Leben paßt. Kaffee, Schießpulver und Manchester-Kattun sind alles neue Dinge und erscheinen trotzdem so einheimisch, daß man sich ein Wüstenleben ohne sie kaum vorstellen kann.

Folgerichtig würde man nun erwarten, daß ein Buch wie ›Arabia Deserta‹, das vor vierzig Jahren geschrieben wurde, in solchen Nebendingen nicht mehr verläßlich ist. Wäre Doughtys Werk rein wissenschaftlicher Art, mehr von der Beschreibung als vom Geist der Dinge abhängig, wäre seine Zeit vielleicht vorüber. Zum Glück wird jedoch die Schönheit der Erzählung und ihre Lebenswahrheit, die reiche Galerie ihrer Charaktere und Landschaften stets Gültigkeit haben und das Werk, einzigartig wie es ist, eine unverzichtbare Grundlage jedes wahren Verständnisses der Wüste bleiben. Und in diesen vierzig Jahren sind die sachlichen Veränderungen nicht so groß gewesen, daß sie eine detaillierte Berichtigung erforderten. (...)

Nun denn, diese Vorbemerkung wird zu lang. Wer als gründlicher Leser ein Buch mit der ersten Seite beginnt, wird von mir abgehalten, sich Doughty zu widmen, und so will ich, um meine Anmaßung voll zu machen, nun meinen Namen vor etwas setzen, was ich für eines der großen Prosawerke unserer Literatur halte. Es ist ein Buch, das machtvoll beginnt und in einem Stil geschrieben ist, der offensichtlich weder Vorläufer noch Nachfolger hat, so straff, so treffend in seinen Worten und Formulierungen, daß er einen ausdauernden Leser verlangt. Es scheint auch nicht mit leichter Hand geschrieben zu sein; aus ein paar seiner Seiten jedoch lernt man mehr über die Araber als aus all dem, was andere zu Papier gebracht haben, und je tiefer man sich hineinliest, um so angemessener scheint auch der Stil dem Stoff und um so natürlicher wird er für unser Empfinden.

Die Geschichte des Karawanenzuges die Pilgerstraße hinunter, das Bild von Zeyds Zelt, die Beschreibung von Ibn Rashids Hof in Hayil, das Negerdorf Kheybar, das Stadtleben von Aneyza, die langen Märsche durch die Wüste des westlichen Nejd nach Mekka – jedes Kapitel scheint besser als das vorhergehende, bis das Buch bei Tayif seinen Höhepunkt erreicht, um nach all dieser Spannung mit einem sanft ausklingenden Kapitel über den Weg nach Jidda im Britischen Konsulat zu enden.

Allein eine solche Reise hinter sich zu bringen, wäre für einen gewöhnlichen Sterblichen schon mehr als genug. Doughty jedoch ruhte nicht eher, bis er dieses Buch geschrieben hatte, das die Reise ebenso rechtfertigt wie die Reise das Buch, und in dieser doppelten Kraft, hinzugehen und darüber zu schreiben, wird er so bald nicht seinesgleichen finden.

Oxford 1921 T. E. Lawrence

Mit der Pilgerkarawane nach Medain Salih

Neu klang mir die Stimme eines alten Freundes, der mich nach meiner Rückkehr von der arabischen Halbinsel begrüßte und fragte: »Erzähle mir doch, was dich bewogen hat, diese Reise in das fanatische Arabien zu unternehmen, und wie du es bewerkstelligt hast?«

Am 10. November 1876 Aufbruch mit der Pilgerkarawane von Damaskus über den Sammelplatz Muzeyrib nach Medain Salih. Auf der Pilgerstraße durch Syrien hinunter nach Arabia Petraea und Arabia Deserta. Nach 25 Marschtagen, am 4. Dezember, Ankunft in Medain Salih, auf halbem Wege nach Mekka. Die Pilgerkarawane zieht weiter. Vom 4. Dezember 1876 bis zum 13. Februar 1877 Aufenthalt im Fort von Medain Salih. Besichtigung der nabatäischen Denkmäler von el-Hejr. Zwischenzeitlich, vom 27. Dezember 1876 bis zum 6. Januar 1877, Besuch von el-Ally weiter südlich.

Aufbruch der Pilgerkarawane

Noch in letzter Stunde nach aufreibenden Tagen voller vergeblicher Bemühungen hatte ich das Unternehmen für unmöglich gehalten. Als erstes hatte ich den *waly,* den Gouverneur von Syrien, um die Erlaubnis gebeten, die Pilgerkarawane bis Medain Salih begleiten zu dürfen. Der Waly richtete daraufhin eine vertrauliche Anfrage an das Britische Konsulat, das als Institution in diesen Ländern sehr geachtet ist. Die Antwort des Konsuls war, daß diese Angelegenheit nicht in seine Zuständigkeit falle; wenn ich eine solch gefahrvolle Reise unternähme, könne er sich um mich ebensowenig kümmern wie um seinen alten Hut. Dabei hatte eben dieser Mann mir in der Vergangenheit seine Hilfe bei meinen Reisen angeboten, der mir jetzt mitteilen ließ, es sei seine Pflicht, meine Reise nach Arabien nicht zur Kenntnis zu nehmen, damit man ihn nicht zur Rechenschaft ziehen könne, wenn mir etwas zustoße. Die türkischen Behörden wußten also, daß sie im Hinblick auf das geplante Abenteuer und meine körperliche Unversehrtheit frei von jeder Verantwortung waren, nachdem mich sogar mein eigenes Konsulat im Stich gelassen hatte. Von Sir Henry Wotton kennt man eine ironische Bemerkung, durch die er bei seinem Souverän fast in Ungnade fiel: »Ein Gesandter ist ein Mann, der ins Ausland geschickt wird, um für sein Vaterland zu lügen.« Hier könnte man hinzufügen: »Ein Konsul ist ein Mann, der seine eigenen Landsleute im Ausland nicht besser als ein Türke behandelt.«

Dieser unangebrachte ›Türkismus‹ stellte die Quelle fast allen Unheils während meiner Reisen in Arabien dar. Was Wunder, daß ich oft nahe daran war, meuchlings ermordet zu werden, da ja doch niemand fürchten mußte, dafür zur Rechenschaft gezogen zu werden. Dabei hätte mich eine inoffizielle freundliche Empfehlung eines ›fränkischen‹ Konsulats von Anfang an in den Schutz der Beamten des großen Pilgerzugs gestellt und mir zu deren Empfehlungsschreiben an die Emire Arabiens verholfen, wenn ich mich von der Karawane getrennt hätte. Nachdem mich das Britische Konsulat in dieser Form abgewiesen hatte, mußte ich befürchten, endgültig zurückgeschickt zu werden, wenn ich bestimmte einflußreiche Persönlichkeiten in Damaskus aufsuchte, wie den vornehmen algerischen Prinzen Abd el-Kader. Ein einziges Wort von ihm, das er mir auch sicherlich gegeben hätte, wäre ausreichend gewesen, mir in allen von maurischen Garnisonen besetzten Festungen entlang der Pilgerstraße eine freundliche Aufnahme zu sichern, und ich wäre nicht später in Medain Salih in höchste Lebensgefahr geraten.

Ich wandte mich nun an den kurdischen Pascha der Pilgerkarawane, Mohammed Said, der mich zwei Jahre zuvor auf meinen Reisen in den Ländern jenseits des Jordans getroffen und als aufrechten Mann schätzengelernt hatte, der nichts heimlich tat. Es herrschte gerade die Cholera, und die Christen hatten fluchtartig die Stadt verlassen, als ich zum ersten Male mit der Bitte zu ihm kam, mit dem Pilgerzug nach Medain Salih reisen zu dürfen. Er empfahl mir daraufhin, mir einen *firman,* einen Freibrief des Sultans, zu beschaffen; die *hajis* (Pilger) seien eine zusammengewürfelte Gesellschaft, und wenn ein böses Geschick mich treffen sollte, würde man ihm die Schuld zuschieben, da ich der Untertan einer fremden Regierung sei. Diesmal hingegen sagte er: Nun, wenn ich durchaus dorthin müsse, solle ich mit der *jurdy* ziehen, der fliegenden Versorgungskolonne, die von alters her von Syrien hinunter gesandt wird, die heimkehrende Pilgerkarawane in Medain Salih in Empfang zu nehmen und zu versorgen. Da sich diese Jurdy dort gewöhnlich aber nur für drei Tage aufhält, wäre mir nicht genug Zeit geblieben.

Die Sterne schienen es nicht gut zu meinen mit meiner Reise nach Arabien, aber meine moslemischen Freunde versicherten mir, selbst der Pascha könne es niemandem verbieten, sich der Karawane anzuschließen. Daß ich *nasrany* (Christ) sei, spiele dabei gar keine Rolle, da ich ja nicht bis zu den *Harameyn,* den beiden heiligen Städten, sondern nur bis Medain Salih reise. Wieso solle ich als ehrlicher Mensch zurückbleiben müssen, wo doch jedes Jahr das schlimmste Gesindel der Stadt mit der *haj* ziehe? Die gefährlichsten Burschen aus ganz Damaskus seien ohnehin schon in Muzeyrib versammelt, um im Gefolge der Karawane mordend und plündernd die Wüste zu durchstreifen, und außerdem sei es erst wenige Jahre her, daß christliche Maurer (in Damaskus üben Moslems dieses Handwerk nicht aus) mit der Haj geschickt worden seien, um den Wasserturm und die Zisterne in Medain Salih auszubessern.

Jedes Jahr vor der Haj herrscht in dieser prachtvollen orientalischen Stadt großer Trubel; viele Fremde mit ihren exotischen Sprachen und in den Trachten der fernsten Provinzen drängen sich in den Bazargassen. Die meisten stammen aus Kleinasien, viele von ihnen mit übergroßen weißen Turbanen, die mehr als die eigenen Köpfe wiegen mögen; in der Mehrzahl sind es arme Leute mit feierlichen Mienen, die durch die Straßen schreiten und die Backstuben suchen, und mir fiel auf, daß viele Damaszener ihnen in ihrer Landessprache antworten konnten. Die ganze Stadt steht im Zeichen der großen Pilgerfahrt, bei der Abreise wie bei der Heimkehr, die wie ein Volksfest begangen wird. Nahezu jeder moslemische Haushalt hat ein Familienmitglied bei der Karawane. Auf den Märkten werden in aller Eile noch Waren für den Weg eingekauft. Eifrigst sind die Zeltmacher in ihrer Straße dabei, die Bahnen von Hunderten von Zelten sowie Schirme und Vorhänge von Sänften nachzusehen und zu flicken. Die Sattler in ihren Läden verkaufen noch schnell die Wasserschläuche, ledernen Eimer und Sattelflaschen, *matara* oder *zemzemieh*; und auch die Schreiner arbeiten in größter Eile für die Haj – zumeist bessern sie Sänftengestelle aus. In dem Piräischen Viertel el-Medan, das außerhalb der Stadt liegt, wird verbilligtes Getreide als Futtervorrat für das Vieh der Haj verkauft. Schon kann man in den Straßen im täglichen Hin und Her die *akkams* mit den hoch auf den großen Pilgerkamelen schwankenden Sänften sehen. Dies sind die Kameltreiber des Pilgerzuges, und auf ihren stillen, großen, schlurfend gehenden Tieren bahnen sie sich rücksichtslos ihren Weg durch die schmalen Bazargassen. Gewöhnlich sind es wilde junge Männer, schreckliche Flüche auf den Lippen, die glauben, daß jeder, der nicht ebenso geartet ist wie sie, auf dieser Strecke nichts zu suchen habe. Die *mukowwems* oder Kamelmeister der Haj haben ihr Vieh – nur starke männliche Tiere – aus der Wüste auf die Kamelhöfe von Damaskus getrieben, wo ihre Diener Kissen unter die Gestelle der Packsättel stopfen, nachdem sie die Rücken der Kamele zuvor mit Filzdecken aus Aleppo gepolstert haben, damit sie sich nicht wund reiben. Dieses Sattelzeug wird erst nach der Rückkehr in vier Monaten abgenommen, falls die Tiere die große Reise überleben. Die Kamelmeister sind rauhe, wettergegerbte Männer, die die Zügel ihrer oft rebellischen Mannschaft fest in der Hand halten. In ihren harten Gesichtern liest man, daß sie es gewohnt sind, Übles mit Üblem zu vergelten, und daß sie auch den Anschlägen räuberischer Beduinen während der langen Wüstenstrecke gewachsen sind. In diesen Karawanenländern ist es Brauch, daß alle, die sich auf den Weg machen, an einem Sammelplatz außerhalb der Stadt zusammenkommen. Die Pilgerscharen treffen sich stets am See von Muzeyrib im Steppenhochland jenseits des Jordan, zwei Tagesreisen von Damaskus entfernt. Hier schlagen die Hajis für eine Woche oder zehn Tage ihr Lager auf, bevor sie ihre lange Reise antreten. Nach Erledigung seiner Geschäfte mit der Regierung in Damaskus trifft auch der Pascha der Karawane drei Tage vor dem Aufbruch ein, um den Beduinen ihre Vorschüsse auszuzahlen und sich mit den Wasserträgern – ebenfalls Beduinen – über ihre militärischen Pflichten zu einigen.

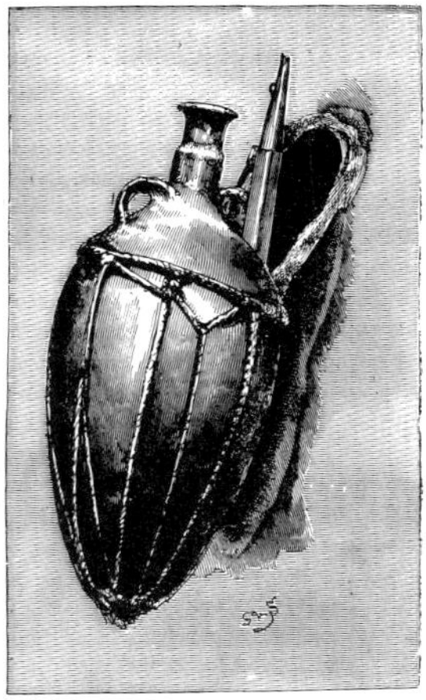
Sattelflasche
(nach Lane-Poole)

Die Landstraßen vor Damaskus, die bis vor kurzem noch in dieser Richtung von dem täglichen Zug Hunderter von Sänften und dem für unsere Augen so fremden und farbigen Train der orientalischen Karawane nahezu verstopft waren, liegen schon bald wieder leer und friedlich da; die Haj ist ausgezogen. Die Hoffnung auf ein paar Silberstücke, wenig Geld, das in diesem so lange von einer korrupten Regierung ausgesogenen Lande aber als sehr viel angesehen wird, führte sogleich fünf oder sechs ärmliche Leute an meine Seite, die mir mit vielen »Bei Gott« versicherten und schriftlich besiegeln wollten, daß sie mich sicher nach Medain Salih bringen würden, sei es auf einem Packpferd, einem Maultier, Esel, Dromedar, auf bloßem Kamelrücken oder in einer Sänfte. Ich wurde schließlich mit einem *ajamy* (Perser) einig, dem Kamelmeister seiner Landsleute, die jedes Jahr aus dem Osten über Bagdad und Aleppo nach Damaskus kommen, um die heiligen Städte zu besuchen. Bei Muzeyrib stoßen sie dann zur großen osmanischen Pilgerkarawane. Dieser arme, für dortige Verhältnisse jedoch reiche Mann war gern bereit, mich für ein paar Pfund in bar, mit denen er seinen Kornlieferanten bezahlen konnte, nach Medain Salih zu bringen. Es war auch höchste Eile geboten, der Pascha war schon seit Tagen aufgebrochen, und mein Führer mußte ihm in Gewaltmärschen

Die Karawane zieht in die Jordanebene hinab (nach einem alten Stich) ▷

folgen. Ich wurde schnell als einfacher Syrer eingekleidet und mit einem Vorrat an Zwieback versehen, um dann mit ihm aufzubrechen; in dieser Kleidung würde ich während der Pilgerfahrt weder den Persern noch den Arabern allzusehr auffallen. Die Bediensteten meines Kamelmeisters und seine Fracht befanden sich schon seit acht Tagen im Lager von Muzeyrib.

Am Nachmittag wünschten mir einige arabische Freunde eine gute Reise, und auf einem mit meinen Kameltaschen beladenen Maultier ritt ich mit dem Perser Mohammed Aga und einer kleinen Begleitgruppe durch die Straßen von Damaskus. Als wir von der langen Straße abbogen, die schon in den Tagen des heiligen Paulus ›Die Gerade‹ hieß, und durch den Vorort Medan zum *Boabat Ullah,* dem großen Stadttor, zogen, fragten einige Leute am Wegrand, als sie mich erblickten: »Was ist denn das für einer?« Ein anderer antwortete, halb im Spaß: »Der muß wohl zu dem Ajamy gehören.« Hinter dem Boabat Ullah, das seinen Namen als Ausfallstor für die große Pilgerkarawane erhalten hat, erstreckt sich offene Wüste über Hunderte von Meilen bis zu den heiligen Städten; zunächst geht es zehn bis zwölf Tagesreisen durch eine öde Ebene aus Kalkstein mit Kies und Lehm, die bis nach Maan im Edomitergebirge nahe Petra unablässig ansteigt. Sechsundzwanzig Tagesreisen von Muzeyrib liegt Medina, die Stadt des Propheten *(Medinat en-Neby),* die in alter Zeit Yathrib hieß; Mekka erreicht man in vierzig Tagesreisen. Auf dem gesamten Weg, den die letzten Hajis fünf Tage vor uns gegangen waren, trafen wir keine Menschenseele. Bei Sonnenuntergang erreichten wir das kleine Dorf Kesmih. An der Straße zeigte man mir eine weiße Kuppel, die Nachtstation des Gebieters der Pilgerkarawane, des *Emir el-Haj,* wo er am Abend des feierlichen Aufbruchs von Damaskus ruht. Wir kamen auf einen ausgetretenen Weg durch die Wüste, der von alters her an den Furten der Flußbette, die im Winter Wasser führen, gepflastert ist. Die Kamele, die sonst auf dem schlüpfrigen Boden ausgleiten würden, können so sicheren Tritt fassen. An anderen Flußläufen trifft man auf verfallene Brücken – wie ja gegenwärtig alles im Osmanischen Reich im Niedergang begriffen ist.

In Kesmih schlugen wir bei herbstlichem Wetter nur für wenige Stunden ein dürftiges Nachtlager auf einem verschmutzten Kamp auf; drei Stunden nach Mitternacht befanden wir uns schon wieder auf dem Weiterritt. Ein paar letzte Nachzügler, arme

Persische Pilger in der Haj (nach Blunt)

Vor den Toren von Damaskus (nach einem alten Stich)

Pilger zu Fuß, hatten sich uns noch angeschlossen, Landsleute und Bekannte des Persers. Fröhlich traten sie ihre heilige Reise an, und als die Sonne aufstieg und die Erde wärmte, begannen sie wie erwachende Vögel ihre süßen persischen Weisen zu trällern. Der munterste Marschierer und beste Sänger war ein blonder junger Derwisch. Mit dem Atem, der ihm noch blieb, lachte und spaßte er; mich begrüßte er vergnügt in dem besten Arabisch, dessen er mächtig war. Unterwegs stärkten die Pilger sich mit Tabak; in der ganzen Welt gäbe es keinen besseren, behaupteten sie, als das süße Kraut ihres Landes. Vor uns erhob sich nun die hohe Kette des Hermongebirges, das bedeckt mit Hauben ersten Schnees wie eine weiße Wolke in der Luft zu schweben schien, wenn auch der Herbst in der Ebene noch mild und warm war. Nach zwanzig Meilen passierten wir Salamen, eine alte Ruinenstadt mit Türmen und bewohnten Gebäuderesten, wie man sie auch im Hauran findet; fünf Meilen weiter lag eine zweite Ruinenstätte. Einige meiner Gefährten wunderten sich über den Fremden, der da dauernd nach den Namen fragte. Wir stiegen erst am Nachmittag bei Keteyby ab, einer Zisterne mit brackigem Wasser, an der zwei verwahrloste Bewaffnete Wache hielten. Als ich trotz meines Durstes ablehnte zu trinken, rief einer der Kerle mit drohender Miene: »Oho! Wer ist denn das? Ich möchte wetten, das ist ein Nasrany! Ja, darf denn der überhaupt mit der Haj ziehen?« Neun Meilen weiter kamen wir an dem Dorf Meskin vorbei; auf dem Weg überholten wir einen Obsthändler, der seinen Esel, mit schwankenden Kisten halb verfaulter Herbsttrauben bepackt, vor sich her trieb, um den Pilgern in Muzeyrib seine schlechte Ware für teures Geld anzudrehen. Während ich ihm ein paar von seinen durststillenden Trauben abkaufte, hatte der Kerl, der voller primitiver Späße steckte, mich erkannt und rief mir zu: »Willst du nach Mekka? So einer wie du darf doch nicht mit der Haj reisen. Und ihr da bei ihm, was ist denn das für ein Pilger!« Im Schritttempo ritten wir nach acht Uhr in stockfinstrer Nacht ins Lager von Muzeyrib ein; der Gewaltmarsch hatte sechzehn Stunden gedauert. Wir mußten nun noch unsere Zelte suchen, was sich aber als nicht allzu schwierig erwies, als wir die Leute unseres *agas*, unseres Hauptmanns, beim Namen riefen; in den Hunderten von Jahren, die der Pilgerzug schon stattfindet, hat sich eine hervorragende Organisation herausgebildet. Die Kamelmeister kennen ihre Plätze, und unsere Rufe wurden rasch von den Dienern des Agas beantwortet, die uns zu ihrer Schlafstatt brachten. Der folgende Tag ging noch ganz in Vorbereitungen hin; am Tag darauf sollten wir aufbrechen. Der Aga gab mir den guten Rat, mich nicht von unserem Zelt zu entfernen. In diesem Jahr sollte der Signalschuß zum Aufbruch der Pilger zwei Tage früher als gewöhnlich abgegeben werden, da die Jahreszeit schon fortgeschritten war. Wir hatten noch zehn Tagesmärsche durch das nördliche Hochland vor uns, und die ersten Regengüsse konnten uns erreichen, bevor wir den Abstieg nach Arabien begannen: Auf diesem lehmigen Boden gleiten die Kamele jedoch bei Regenwetter leicht aus und können keinen sicheren Tritt fassen. Im gesamten Lager herrschte Totenstille; dies waren die letzten Ruhestunden. Als es Nacht wurde, gingen junge Lagerdiener mit Fackeln herum, die jedes Zelt grüßten und zuletzt auch zu den Persern kamen, denen als Fremden und Schismatikern ein Platz in der Nachhut der großen Karawane zugewiesen war, um Reibereien zu vermeiden. Dabei ertönte immer wieder der Ruf *»Bes-salaamy, bes-salaamy, Ullah yetowwel ummr-hu, hy el-ady, Mohammed Aga!«* (Geh in Frieden, Mohammed Aga, Allah mit dir, es lebe das Trinkgeld!) Der Perser, der sich dem Brauch nicht entziehen konnte, mußte mit saurer Miene zur Börse greifen.

Als der Morgen dämmerte, brachen wir noch nicht sogleich auf; erst wurden die Zelte abgebrochen und die Kamele an ihrem Standort bei dem Gepäck der Einzelgruppen postiert. Wir warteten nun auf den Signalschuß, der die Pilgerfahrt dieses Jahres eröffnen sollte. Es war schon fast zehn Uhr, als der Schuß endlich ertönte; ohne die geringste Unordnung wurden nun jäh die Sänften hochgestemmt und auf den Tragtieren festgeschnallt, die knienden Kamele mit den Lasten bepackt, und die Tausende von Menschen, alle aus den Karawanenländern stammend, saßen schweigend auf. Danach standen nur noch die Kameltreiber – oder sie ruhten sich bis zum letzten Augenblick im Schneidersitz aus. Sie müssen mit den anderen Lager- und Zeltdienern die neunhundert Meilen zu Fuß zurücklegen, auch wenn sie vor Erschöpfung fast zusammenbrechen, und dann steht ihnen noch einmal die gleiche Strapaze bevor, wenn die

Kameltreiber (nach Field) ▷

müden Füße sie von den heiligen Städten zurücktragen. Wenige Augenblicke später, nach dem zweiten Signalschuß, setzte sich die Sänfte des Paschas in Bewegung, gefolgt von der Spitze der Karawane. Mehr als fünfzehn Minuten dauerte es für uns in der Nachhut, bis sich der lange Zug vor uns aufgereiht hatte, dann trieben wir die Kamele an, und die große Pilgerfahrt hatte begonnen. Gewöhnlich gehen drei oder vier, selten fünf Kamele nebeneinander; die Länge der sich langsam fortbewegenden Menge Mensch und Tier beträgt etwa zwei Meilen bei einer Breite von einigen hundert Yards auf freier Ebene. In diesem Jahr belief sich nach Schätzung der Pilger (die vielleicht etwas übertrieben ist) ihre eigene Zahl auf etwa sechstausend; von diesen waren mehr als die Hälfte Diener zu Fuß. Das Vieh wurde auf zehntausend Stück geschätzt, zumeist Kamele, aber auch Maultiere, Mietpferde und Esel, dazu einige wenige Dromedare arabischer Besitzer, die in der Sicherheit des großen Geleitzugs in ihre Heimatgebiete zurückreisten. (. . .)

Die Karawane bestraft einen Dieb

Als ich mich in meinem kleinen Reisezelt ausruhte, wurde ich plötzlich von Wehgeschrei und Lärm aus dem großen Zelt der Perser aufgeschreckt; in solch einem Hauptzelt eines Kamelmeisters mögen gut hundert Personen Platz haben. In der Mitte steht eine zerlegbare quadratische Sitztruhe – groß genug, daß sich drei Männer mit gekreuzten Beinen darauf niederlassen können –, in der die gesamte Habe des Kamelmeisters nebst zwei Kamelsänften untergebracht ist. Als ich eintrat, wurde ich Zeuge eines beklagenswerten Strafgerichts. Ich stieß einen in der Kette der ernsten Gesichter an, um zu erfahren, was da vor sich gehe. Er flüsterte: »Ein *haramy*«, d. h. ein Dieb. Der Angeklagte wurde gefoltert – aber falls der Ärmste unschuldig war, so konnte ihn keine göttliche oder menschliche Einsicht je für seine zerstörte Gesundheit entschädigen! Schrecklich klangen die Schläge und sein gequältes Stöhnen durch die Stille des Zeltes. Ich fragte wieder: »Warum wird er so geschlagen?« Antwort: »Bis der verdammte Kerl gesteht, wo er es versteckt hat!« – »Aber wenn man ihn weiter so prügelt, wird er sterben!« – »Wenn er nicht gesteht, wird er nicht mit dem Leben davonkommen.« Als ich mich nach vorn drängte, hörte ich, daß schon vier kräftige Männer auf ihn eingeschlagen hatten, bis sie nicht mehr konnten, und der fünfte fing gerade an. Mit ernstem Gesicht hob er beidhändig eine starke Rute und schlug jedesmal mit aller Kraft zu. Der Übeltäter lag auf dem Bauch, einige Männer hielten seine Beine, andere knieten auf seinen Schultern und drückten ihn erbarmungslos nieder. Er war ein sich windender Wurm und kein menschliches Wesen mehr, der nach den ersten Schreien jetzt nur noch gräßlich und voller Pein stöhnen konnte. Mir schien, sie müßten ihn in Kürze zu Tode geprügelt haben, und schon jetzt war er ein gebrochener Mann für den Rest seines Lebens. Es war gefährlich für mich, die Augen so vieler Fremder auf mich zu lenken, aber wie es die Menschlichkeit gebietet, rief ich ihnen zu: »Ihr Herren, ich bin Arzt; dieser Mann wird keine weiteren Schläge mehr aushalten, hört auf, oder er wird unter euren Händen sterben!« Außer jedoch, daß man mich anblickte, wurden meine Worte nicht beachtet. Wenig später wurde der sich krümmende Unglückliche vom Boden aufgehoben – er hatte seine Schuld gestanden; einige Männer faßten ihn unter den Armen, und während alle ihn verfluchten, schleppte er sich, so geführt, so gut es ging davon. Von diesem Liegen und Geschlagenwerden unter den Augen des Richters können wir schon bei Moses lesen. Bei dem Dieb handelte es sich um einen grauhaarigen arabischen Karawanendiener aus Bagdad. Er hatte ein Schloß erbrochen, die Börse seines persischen Herrn, eines albernen jungen Mannes, mit vierzig Pfund in bar gestohlen und sie dann neben dem Zelt in der Erde vergraben.

Die Vollstreckungsgewalt liegt bei den Führern der Pilgergemeinschaften; sie halten die gefährlichsten Elemente der Karawane in ihren Schranken. Viele der Karawanendiener sind vor dem Gesetz und dem Militärdienst geflohen. *»Khalil Effendi«*, sagte der Perser, als er mich alleine traf, »was mischst du dich in die Bestrafung dieses Mannes ein? Willst du nach Medain Salih oder nicht? Diese Sache kann morgen schon dem Pascha zu Ohren kommen, dann kennt man dich, und du wirst zurückgeschickt. Laß dich nicht mehr in der Öffentlichkeit sehen.« Aber als Europäer übertrat ich jeden Tag ihre orientalischen Vorsichtsregeln; im Lager sollte ich mich fern von den anderen in meinem kleinen Zelt aufhalten. Doch es ist gefährlich, in der Pilgerkarawane nachts allein zu kampieren; darum heuerte ich einen der Treiber an, damit er mein Essen kochte, das Zelt bei der Ankunft aufstellte und auch nachts bei mir schlief. (...)

Beduinenreiter am Berg Seir

In der Nacht vom 19. zum 20. November waren unsere Zelte steif gefroren. Der Berg Seir oder Jebel Sherra (*sherra* heißt soviel wie hoch) ist hoch und kalt, und die Sommerkleidung der Araber gewährt im Winter nicht mehr Schutz als die bloße Haut. Offen liegt das Land da, es gibt keinen Felsen, Baum oder Busch, der den eisigen Wind bricht. Man erzählt, daß vor nicht allzu langer Zeit Reisegruppen und ihr Vieh in den Wintermonaten auf dieser Strecke erfroren seien. Der Tod kam nachts, und man fand die Männer neben der kalten Asche ihrer ausgebrannten Wachfeuer. Nicht weit von diesem *wadi* (Wüstenflußtal) nimmt eine Ebene, bedeckt mit Feuerstein, ihren Anfang, der auch über große Teile der Berge von Esau verstreut liegt: eine steinerne Blöße, vom Wetter geschwärzt, eine Felsenfläche, deren Erdschicht Wind und Regen abgetragen haben. In der klaren Sonne verdampft dieser Kieselboden das Wasser, die Steine glänzen, als wären sie wie die Felsen und sogar die Berge im Sinai von staubführenden Winden, *ajaj*, poliert. Dieses weite und oft über fünf Meter tiefe Kieselbett ist das höchste Plateau der ganzen Provinz; die abgeschliffenen Feuersteine stammen aus dem ausgewaschenen Kalkfelsen darunter, den starke Kieseladern durchziehen. Wir kennen solche Kiesel aus flachen Wasserläufen, aber woher soll hier, auf dieser Hochebene, viertausend Fuß über dem Meeresspiegel, das Wasser kommen? Die Araber nennen diese ganze Region *Ard Suwwan*, den Feuersteingrund, was dem Arabia petraea bei den alten Geographen entspricht. Seltsamerweise ist dieser Kies nicht älter als die Vorgeschichte der Menschheit; ich habe dort Feuersteinwerkzeuge gefunden, wie wir sie von einigen Flüssen, Seen und Böden Europas kennen. Das Wadi hinter uns lassend, kamen wir auf unserem Zug an sechs oder sieben alten Meilensteinen ohne Inschriften vorbei. Nach zwölf Meilen überquerten wir den ausgetrockneten Ausläufer eines tief eingeschnittenen Wasserlaufs *(seyl)*, der von den Pilgern *Durf ed-Darwish*, Buttersack des Derwischs, genannt wird und sich nicht nach Westen zum Toten Meer, sondern nach Osten in die Wüste hinzieht. Die Pilger sagen deshalb, daß »das ganze Land zum *Tchol Bagdad* fließt«. Als ich zuletzt hier entlang kam*, hatte ich in der tiefen Klamm mein Nachtquartier aufgeschlagen. Auf unserem weiteren Marsch fanden wir den Boden unter unseren Füßen seltsam mit Lava übersät, welche sich von dem Steinland wie eine Trift abhebt, die vom Westen, wo große schwarze vulkanische Berge zu sehen sind, herabgeflossen ist. Hier und auf weiteren fünfzig Meilen ist Esaus Land eine einzige riesige Steinöde. Wir befinden uns im Gebiet der Howeytat, eines nicht kleinen Beduinenstamms, dessen Grenzen die beiden Meere sind. Die Howeytat sind mehr nomadisierende *fellahin* (Bauern) als Beduinen; viele treiben Ackerbau, und alle wohnen in Zelten. Es würde mich nicht wundern, wenn sich herausstellte, daß sie Nabatäer sind. Ibn Jeysey ist der Scheich der Darawessha-Howeytat im Gebirge von Edom; zu seinem Gebiet gehört Petra. Am frühen Nachmittag passierten wir eine Turmruine, und selbst ein so dürftiges Zeugnis menschlicher Gegenwart tut den Augen in dieser Wüstenei wohl. Drei Stunden von hier nach Osten zur Wüste hin finden sich die Ruinen einer bedeutsameren Stätte: Borma oder Burma.

Vor Sonnenuntergang schlugen wir unser Lager kurz vor der Kellat Anezy auf, einer Regenwasserzisterne, die von zwei tölpelhaften Burschen gehütet wurde, Söhnen alter Damaszener Turmwachen von Müttern aus dem Shobek-Stamm. Gewöhnlich leben sie zu Hause in ihrem Dorf. Meine Reisegefährten wollten mir kaum Glauben schenken, als ich ihnen berichtete, daß ich im Jahr zuvor nach dem Regen hier getrunken hatte; sie hatten in diesem Brunnen noch nie Wasser vorgefunden. Einige Meilen westlich liegen die Ruinen eines Ortes, den die Araber Jardania nennen; als ich früher hier vorbeikam, hatte ich einen Umweg dorthin gemacht. Da man in Jardania Schatten und Unterkunft findet, benutzen umherziehende Beduinen den Ort oft als Versteck. Aus diesem Grunde war damals nur einer meiner bewaffneten Gefährten bereit gewesen, mich für ein zusätzliches Entgelt zu begleiten. Ich fand dort eine im Geviert angelegte Stadtmauer von nahezu dreißig Fuß Höhe und Gebäude aus Lavablöcken, in Trockenbauweise aufgeschichtet. An den Ecken befanden sich Wachtürme und auf einer Seite

* Im Sommer 1875 war Doughty durch Edom nach Petra gereist.

zwei Mittelbefestigungen; dabei war das ganze Areal nicht übermäßig groß. Innerhalb der Mauern waren neben den hohen Schuttbergen zerfallener Lavahäuser lediglich ein runder Bogen in der Mitte und ein kleiner Brunnen zu sehen. Welchen Zweck hatten diese stolzen Mauern? Ist der Ort nicht zu klein für eine Stadt, der Boden nicht zu unfruchtbar für den Ackerbau? Weniger Stadt als Festung, könnte das Geviert ein befestigtes Amtsgebäude *(praesidium)* der Handelsstraße gewesen sein. In der Nähe ragt ein schwarzer vulkanischer Berg auf, der sich dem Auge von Maan aus als Landmarke anbietet. Als ich bei früheren Reisen hier vorbeikam, sahen wir Nomadenreiter, die sich uns näherten. Da wir in der Überzahl waren, baten sie lediglich frech um eine Handvoll Tabak. In ihren Lagern würden sie uns freundliche Gastgeber gewesen sein, wären wir aber in der Wüste in ihre Hände gefallen, hätten sie uns als Feinde behandelt, uns bis auf die Haut ausgeplündert und einigen von uns vielleicht gar in wilder Wut die Kehlen durchschnitten. Hier waren es drei langhaarige Beduinen, die uns ihr *salaam* (Frieden) entboten; ein vierter wildmähniger Zyklop der Wüste, den die Schnelligkeit ihrer Pferde zurückgelassen hatte, trottete hinterdrein, unbeholfen auf dem mageren Widerrist seines Dromedars sitzend, ohne Sattel, ohne Zaumzeug, wie ein Hirte das Tier nur mit der Stimme und dem Kamelstock antreibend. Seine Begleiter ritten mit nackten Beinen und ohne Schuhe auf ihren wunderbaren sattellosen Pferden, die Zügel in einer Hand und die lange, auf der Schulter ausbalancierte Lanze in der anderen. Wir sollten sie für großartige Reiter halten, denn prahlerisch oder als kriegerische Übung angesichts unserer bewaffneten Gruppe führten sie uns vor, wie geschickt sie in vollem Galopp zu wenden verstanden; tief über die Kruppe gebeugt, mit angepreßten Schenkeln gaben sie ihren Tieren die Fersen, schwärmten im Handgalopp aus und boten uns ein Scheingefecht dar; jetzt brachen sie in weitem Bogen in die Wüste aus, wobei jeder seinen Speer handhabte und ausrichtete, wie um einen unsichtbaren Gegner anzugreifen. Während wir weitermarschierten, beschrieben sie so einen großen Kreis und langten stolz, obzwar ein wenig außer Atem, wieder bei uns an. Der zerlumpteste dieser

Lanzenreiter (nach Laborde)

Reiter saß auf einem jungen, einzigartigen Rotfuchs – so herrlich gebaut, wie man es nur selten findet. Niemals von ihrem ruppigen Herrn gestriegelt, von eigener leuchtender Schönheit und Anmut, war die Fuchsstute ein großartiges Stück Leben auf diesem rauhen Boden, der es nicht wert war, ihre grazilen Fesseln zu tragen. Der abgespreizte Schweif floß bis zum Boden herab, und der Mähne hatte Mutter Natur ihre liebevolle Pflege gewährt.

Die seßhaften Stämme im arabischen Raum sind in ihren inselartigen Oasen stets mißgünstige Gegner der Nomaden, die sie mit der Gefahr der Wüste umgeben. Meine Reisebegleiter waren der Hauptmann der Pilgerstraße von Maan und seine Truppe, bei deren Männern es sich zumeist um bewaffnete Bauern der Gegend handelte, die eine der Regierung gehörende Ziegenherde zum Verkauf nach Nablus trieben, ein widerwilliger Tribut der wenigen noch nicht unterworfenen idumäischen Dörfer. Einige von ihnen feuerten nun in die Luft, zu Schmach und Schaden der Beduinen, deren Pferde bei jedem Schuß scheuten und hochstiegen, so daß die sattellosen Männer beinahe abgeworfen wurden. »Ihr Herren«, riefen sie, »ihr Herren, warum macht ihr unsere Pferde scheu?« Doch während die Beduinen über ihre Schultern zu uns herblickten, gaben die Bauern nur noch mehr Schüsse ab, in der Hoffnung, sie stürzen zu sehen. Der auf der wundervollen Stute saß bereits auf dem Hals seines Pferdes, die anderen waren fast vom Rücken ihrer Tiere gerutscht. Als der Offizier den Soldaten zurief: »Halt, Leute« und »Schluß jetzt, Leute«, hieß es: »Die Schüsse haben sich wie von alleine gelöst.« Den Befehlen ihres verkommenen Kommandanten standen sie fast gleichgültig gegenüber, hatten sie doch seit sechzehn Monaten keine Spur von ihrem Sold gesehen. Zum Schlag der Trommeln marschierten sie dann in einem springenden, schneller werdenden Takt weiter; wilde Weisen singend, drehten und wendeten sie sich wie in einem pyrrhischen Tanz und vollführten Scheingefechte mit gezogenen Schwertern. »Und wer ist das?« fragten jene Beduinen grob, indem sie auf mich zeigten. Auf die Antwort »ein Nasrany«, ein Wort von böser Vorbedeutung, aus dem die Nomaden nur Unheil für ihr Land herauslesen konnten, erhoben sie frech ihre Stimme: »Bringt ja nicht ein zweites Mal so einen hierher!« Als ich das hörte, rief ich: »Nehmt sie fest! Ergreift sie!« Nun schien es ihnen wohl an der Zeit zu verschwinden, und ohne Grußwort wandten sie sich ab und waren schnell am Horizont untergetaucht. (...)

Die Haj erreicht Arabien

Gegen Mittag näherten wir uns dem Rand der Kalksteinhochebene des Jebel Sherra, bei den alten mohammedanischen Schriftstellern *Masharif es-Shem,* Stirn Syriens, genannt. Unterhalb beginnt nun das eigentliche Arabien, *Beled el-Aarab* – aber diese Unterschiede sind den hier wohnenden Beduinen nicht bekannt.

Die abwärts führende Pilgerstraße liegt in einer Vertiefung, ähnlich dem Kopfende einer Talmulde aus scharfkantigen Flint- und Kalksteinplatten. Wir sind dabei, in den

Sandstein abzusteigen, aus dem der meiste Sand Arabiens besteht. Die Ruinen einer *kella* (Festung) und einer Zisterne liegen zu unserer Linken. Während die Spitze des Karawanenzugs schon an den Eingang des Hohlwegs gekommen ist, müssen wir in der Nachhut noch dreißig Minuten warten. Die Karawanenleute nennen einen solchen Ort *akaba*, einen Aufstieg; dieser heißt syrischer oder nördlicher Aufstieg, *es-Shemiya*. Ich maß hier eine Höhe von viertausendeinhundertfünfunddreißig Fuß über dem Meeresspiegel. Auf einem vorspringenden Felsen, gleich am Anfang unseres Abstiegs, saß unter einem weißen Sonnenschirm der Pascha selbst mit seinen hohen Offizieren, denn hier gewannen wir am 24. November den segensreichen Sonnenschein und den Sommer zurück, der in Arabien noch nicht zu Ende war. Die Karawanenschlange hat sich stark aufgelockert und am Abhang langgezogen, der oben durch Felsen ein wenig schwer begehbar ist. Da die Kamele hier kaum in Zweierreihen passieren können, hat der Pascha Gelegenheit, in Muße die Pilgerschaft beim langsamen Vorbeimarsch zu mustern. Die Pilger sind aus den Sänften und vom Rücken ihrer Tragtiere gestiegen und gehen ausnahmslos zu Fuß. Mein unseliges neues Kamel, das ich von Beduinen in Maan gekauft hatte, zerriß seine Führleine genau zu Füßen des Paschas, was einiges Durcheinander zur Folge hatte, und ich mußte mich beeilen, alles wieder in Ordnung

Zug der Pilgerkarawane (nach Blunt)

zu bringen. Aber ich verließ mich darauf, daß er mich nicht mehr kennen würde, obwohl er mich in Damaskus in arabischer Kleidung gesehen hatte. Die Akaba ist lang, vom Sitz des Paschas an aber wenig schwierig. Die Beduinen nennen diesen Hohlweg *Batn el-Ghrol,* Bauch des Menschenfressers (. . .); es ist ein Ort der Verlassenheit in diesen rostfarbenen Ruinen ausgetrockneter Sandsteinberge, die in ewiges Schweigen gehüllt sind und in denen man kein Zeichen von Leben sieht. Die Akaba führt nicht sehr tief hinunter; an ihrem Ende, wo die Pilger wieder aufsaßen, sah ich, daß wir knapp zweihundertfünfzig Fuß abgestiegen waren. Die Länge der Karawane betrug hier fast eine Stunde, und von einem Unglück waren wir verschont geblieben. Beim Abstieg wirken Kamele mit ihren unbeholfenen Vorderbeinen wie Holzpferde; die plumpen Tiere lassen sich, mit Ausnahme der frischen und willfährigen, einfach mit steifen Gelenken von Tritt zu Tritt herabfallen. Der ungastliche, schreckliche Sandstein erinnert an das bröckelnde Sandsteingebirge bei Sherm im Sinai.

Am Ende des Abstiegs finden wir Sandboden vor, rechts und links gesäumt von Sandsteinwänden, zwischen denen die lange offene Passage sich als Tal vor uns ausbreitet. Die Klippen zur Linken sind mit schwärzlichem Schiefer überkrustet, dessen schwarze Platten herabgefallen sind und, vom Treibsand der Wüste poliert, glänzend am Fuße der Felsen in der Sonne liegen. Hier befinden wir uns an der Grenze eines kleinen Lavafeldes oder *harra;* eruptive Basaltfelsen hatte ich schon während des Abstiegs an der Akaba gesehen. Nach drei Meilen verläßt der Weg die Enge der Berge, und wir marschieren über eine große Sandebene, *Debibat es-Shem, Ard Jiddar,* die schwierig zu bewältigen ist; der Sand fließt durch die Finger. Ein paar Meilen von der Straße entfernt tauchen zur Rechten die wolkenartigen, seltsam zerklüfteten Bergzüge des unwirtlichen Hisma auf.

Tod eines Derwischs

Ich sah einen Mann, der niedergestürzt war – halb saß er im Sand, halb lag er auf den Händen. Es war ein Bettelmönch, irgendein armseliger Derwisch in seinem fadenscheinigen Bettelgewand, der in äußerster Qual stöhnte und seine Hände wie Klauen dem Mitleid der Vorbeikommenden entgegenstreckte. Als letzte in dem langen Zug kamen auch wir an ihm vorbei. Sein Bettelsack voller zerbröckelter Happen war ihm vom Hals gerutscht, der Inhalt lag verschüttet vor ihm. Der Ärmste wandte sich klagend an die langsam vorbeiziehenden Scharen der Mekka-Pilger. Die Masse hatte ihn schon passiert; sie sahen, daß er im Sterben lag, und hofften zweifellos insgeheim, daß ihnen ein ähnlich schlimmes Geschick erspart bleiben möge. Einige mitfühlende Diener aus unserer Begleitgruppe, Damaszener, traten zu ihm. *»Ana meyet«,* ächzte der Derwisch, ich bin ein sterbender Mann. Einer aus unserer Mannschaft, der auch mein Diener war, als tapferer Geächteter kein Mann frommer Worte, aber menschlicher Taten, hob ihn mit einem aufmunternden Wort und einem Schwung seiner starken

Arme auf den Packsattel eines unbesetzt niederknienden Kamels. Der sterbende Derwisch schrie noch einmal schwach auf, fast wie ein Kind, und eilig ließ man das Kamel sich unter ihm erheben, sammelte die verstreuten Bissen auf und reichte ihm seinen Beutel hinauf, während er zitternd vor Angst mit kaum hörbarer Stimme Worte der Dankbarkeit murmelte. In der grausamen Pilgerarmee gibt es keinen medizinischen Hilfsdienst, und das Mitleid der reisemüden, selbst leidenden Menge ist in dieser weiten und schrecklichen Wüstenei erloschen.

Hernach starb täglich jemand in der Karawane; die Besitztümer des Verstorbenen werden versiegelt, seine Gefährten vom Nachtlager waschen und bekleiden den Leichnam und legen ihn in ein flaches Grab, das sie mit den Händen ausgescharrt haben. Dann errichten sie dem Toten einen unbehauenen Grabstein am Rande der Wüstenpiste. Jeden Pilger, der so auf dem Pfad ihrer Religion stirbt, nennen sie *shahud,* Märtyrer. Aber der einsame, mittel- und beistandslose Mann, der in der Abgeschiedenheit der Wüste zusammenbricht, kann auf keine Hilfe rechnen. Wenn der große Zug an ihm vorbeiwandert und er von allen im Stich gelassen wird, ist es nur allzu wahrscheinlich, daß er von Beduinen, die ihn halb bewußtlos, aber noch lebend finden, ausgeraubt wird. Die unbeerdigten Leichen werden von den Hyänen zerrissen, die dem Gestank der Karawane folgen. Bei den *ageyl,* die hinter dem Zug reiten, ist wenig Barmherzigkeit zu finden, und niemand entlang der Piste wird eine gute Tat tun, es sei denn für Silber. – »Wenn wir gerecht gelebt haben, werden wir sicher auch in Frieden sterben. Wenn Gott uns gnädig ist, wird uns das Ende in der lieben Anwesenheit unserer Freunde ereilen.« – Jedes Jahr läßt der Pilgerzug sterbende Wallfahrer zurück; Alte und Kranke, die ihre Hoffnung in Allah gesetzt hatten und den ganzen langen Weg nur von den widerwillig gegebenen Almosen ihrer Mitreisenden leben, überstehen diese gewaltige Reise nach Mekka nicht. Der Gestürzte, an Jahren weit fortgeschritten, hatte sich wahrscheinlich während der ganzen Haj nicht satt essen können, und über zweihundert Meilen schon hatte er seit Muzeyrib zu Fuß zurückgelegt. (. . .)

Vor Sonnenuntergang kamen wir an unsere weißen Zelte, die vor den Trümmern einer Festung aufgebaut waren. Diese Kella ohne Tor war für gewöhnlich verlassen und trug den Namen *Dar el-Hamra,* rotes Haus. Verwunschen sind die Erde und die Steine, aus denen diese Wasserburg gebaut ist. Im Zwielicht machte sie in dieser gottverlassenen Gegend einen erhabenen und furchterregenden Eindruck zugleich. Wir befinden uns hier in einer Höhe von nahezu viertausendzweihundert Fuß. Nachdem wir mehr als hundert Meilen in dreiundvierzig Stunden zurückgelegt hatten, waren wir endlich an Wasser gekommen – Wasserpfützen, in denen es von Würmern wimmelte. Die heißen Sommernächte sind hier nach Sonnenuntergang sehr frisch, im Frühjahr und Herbst sind sie so kalt, daß sie eine Gefahr für die Gesundheit der Wallfahrer darstellen, vor allen Dingen bei ihrer Rückkehr aus dem tropischen Mekka.

Eswad, ein Begleiter, erzählte mir die schaurige Geschichte eines Cholerajahres, das nun drei oder vier Jahre zurückliegt; nach seiner Schätzung starben von den zurückkehrenden Pilgern während des Marsches und der Nachtaufenthalte täglich etwa hundert Menschen. »Die Toten und Sterbenden wurden mit Stricken auf den schwankenden Kamelrücken festgebunden, bis wir diesen Ort hier erreichten«, erzählte er, »und jeder hatte Angst, der nächste zu sein, den das Schicksal ereilte und der sein Zuhause nie mehr wieder sah. Am Tag waren Regenschauer gefallen, nachts regnete es ununterbrochen. Der Signalschuß wurde schon lange vor der Morgendämmerung abgefeuert, und eilig brach die Haj auf, wobei sie auf dem nassen Grund der dunklen Wüste wohl an die hundertfünfzig Tote und Sterbende zurückließ. Zuletzt mußten jene, die die Pilgerfahrt überstanden hatten, acht Tage in ez-Zerka in Quarantäne gehen, als sie das Petraeische Hochland erreicht hatten.« Eswads Bericht nach war es kaum die Hälfte der Pilger, die als Überlebende durch das Boabat Ullah wieder in die schönen Straßen von Damaskus einzogen.

Es gibt viele solcher eigenartigen Geschichten von Pilgerzügen in Cholerajahren, darunter diese: Ein armer Mann, der auf dem Wege starb, wurde von seinen Freunden in ein flaches Grab gelegt, das sie als Gläubige mit den Händen für ihn ausscharrten; eilig häuften sie Sand über den Leichnam und setzten ihre Reise mit der Karawane fort. In der trockenen Wärme kam der ›Verstorbene‹ jedoch nach und nach wieder zu sich; er erhob sich aus seinem flachen Grab und fand sich in einer menschenleeren Gegend von der Haj zurückgelassen. Der Kranke machte sich dann auf, schleppte sich in den Fußspuren der Pilger immer weiter durch die Einöde und legte, von Festung zu Festung und gelegentlich von Nomaden versorgt, zu Fuß die Hunderte von Wüstenmeilen nach Damaskus zurück; doch als er dort nach Hause kam, wurde er von seinen nächsten Angehörigen nur mürrisch empfangen, die bar jeden Mitleids bestritten, daß er tatsächlich in eigener Person vor ihnen stehe; hatten einige von ihnen doch erst kürzlich seinen erkalteten Leichnam in Arabien beerdigt. Man hatte seinen Tod gebührend beklagt, und nun kam er wider alle Natur zurück; dabei war sein Vermögen bereits unter ihnen aufgeteilt. (. . .)

Medain Salih

Bei warmem und dunstigem Wetter gelangten wir in zweistündigem Marsch über die lehmige Sandebene nach Medain Salih, der zweiten Wasserstation auf der Strecke, auf halbem Wege der langen Pilgerstraße; die ankommende Karawane wurde mit vielen Salutsalven aus den Feldgeschützen begrüßt, und wir stiegen in unserem Lager ab, dessen weiße Zelte kurz vor der Kella aufgeschlagen waren.

Der Perser wollte sofort von mir entlassen werden und eine Bescheinigung über seine Dienste haben. Ich hielt es für besser, sofern das möglich war, im Fort selbst zu übernachten; der *kellajy*, der Aufseher dieser und der nächsten Festungen, hatte mir einst in Damaskus versprochen, mich freundlich aufzunehmen, sollte ich je hierher gelangen. Es waren Beduinen im Fort, die, wie ich hörte, aus drei Tagesreisen entfernten Wanderzeltlagern stammten und morgen dorthin zurückkehren würden. Ich bat den Perser, noch mein Gepäck zu befördern, aber da sein Vertrag ausgelaufen war, schlug er mir meine Bitte ab, obwohl er für die Medizin, die er während der Reise kostenlos und soviel er benötigte von mir erhalten hatte, in meiner Schuld stand. (...) In der Zwischenzeit hatten sich die vom Marsch erschöpften Menschen auf dem Lagermarkt bei den Beduinenmetzgern Fleisch gekauft, und frische Hammelstücke hingen bald vor allen Pilgerzelten. Die Damaszener, Einwohner einer Stadt am Fluß, machten sich ihrer Müdigkeit zum Trotz sofort eifrig daran, ihre verschmutzten Gewänder zu waschen. Die zu Köchen bestimmten Mitglieder der Zeltgemeinschaften hatten Reisig gesammelt und hüteten ihre kleinen Feuergruben; alles war emsig beschäftigt und unterwegs.

Hier in Medain Salih sind die Pilger besonders auf der Hut, denn ihrer Meinung nach ist dieses der diebischste Rastplatz auf der ganzen Strecke nach Medina, wobei als ›Diebe‹ natürlich die armen Beduinen gelten. (...) Freundliche Mitreisende rieten mir, mich vorzusehen, von einem Augenblick zum anderen könne ich meine Habseligkeiten auf Nimmerwiedersehen verlieren. Als ein paar arme Nomaden sich zu uns gesellten, schrien die städtischen Pilger sie an: »Macht, daß ihr fort kommt!«, stießen mit Stöcken nach ihnen oder packten sie bei den Schultern und warfen sie wie wilde Tiere kopfüber hinaus; einige Perser hatten sich aus Angst vor Diebstahl mit Steinen bewaffnet. Später jedoch lernte ich all diese armen Leute als freundliche Weggefährten ohne böse Absichten kennen. Mit den Beduinen waren einige ihrer Frauen gekommen, die uns Gebinde aus Straußenfedern anboten, die sie in der Wüste aufgelesen hatten. Die Gauner von Kameltreibern boten ihnen im Austausch ein paar Hände voll zerbröckelten Zwiebacks; dabei sind diese gezackten kurzen Federn in Damaskus mehr als ihr Gewicht in Silber wert. Eswad, ein übermütiger Bursche, beleidigte bei diesem Handel eine der Frauen mit einer unanständigen Geste, worauf die arme junge Frau ihm zurief: »Pfui, Schande über dich!« Die Nomaden hegen eine tiefe Verachtung für das rohe Benehmen der Städter. Ich ging durch das Lager und kam zur Kella, wo Händler mit Süßigkeiten standen und für Pfennigbeträge auf ausgebreiteten Mänteln ihre Datteln anboten; diese Waren werden gewöhnlich auf Eseln transportiert. Ich bat einen der Händler, mir sein Tier für ein Entgelt zu leihen, so daß ich mein Gepäck hereinholen könne. »Mein Sohn«, antwortete der alte Mann, der mich für ein Mitglied der maurischen Garnison hielt, »ich brauche den Esel selbst, ich kann ihn dir nicht geben.« Ich kehrte dann zu dem Perser zurück, der mir jetzt plötzlich ein Maultier leihen wollte. Als ich ihm seine Bescheinigung ausgeschrieben hatte, wurde der düstere Kerl mit einem Mal wieder freundlich. Jetzt wirkte er auf mich wie ein Brunnen voller Lächeln und lieber Worte, als ob er kein Wässerchen trüben könnte. Er wies el-Eswad an, mein Gepäck auf einem Maultier hinüberzutreiben, und geleitete mich mit ekelhafter orientalischer Freundlichkeit und falscher Höflichkeit hinaus. Während ich ging, sagte der anständigste unter den Kameltreibern: »Khalil Aga, verzeih uns!« Sie wollten wohl nicht, daß ich sie wegen ihres oft rüden und ausfallenden Benehmens während der Reise in schlechter Erinnerung behielt.

Jenen Vorsteher trafen wir vor dem Tor seiner Kella (über dem Torbogen fiel mir eine schön geschnittene arabische Inschrift auf); geschäftig nahm er die Lebensmittel für die Garnison und die Vorräte für die Karawane in Empfang. Er hieß mich kurz willkommen und bat mich, einstweilen einzutreten, bis er draußen nicht mehr benötigt würde. Die Soldaten der Garnison hätten mich sonst wohl kaum eingelassen und gesagt, daß kein Fremder hinein dürfe.

Erstaunlich die Gleichgültigkeit der müden Pilger! Keiner machte sich auf, die Denkmäler zu besichtigen, obwohl sie in ihrer Religion ebenso berühmt sind wie Sodom und Gomorrha und im Koran solch seltsame Dinge über sie erzählt werden. Wie schade, daß Mohammed Petra nicht gesehen hat! Auch im Wadi Musa, im Tal des Moses, hätte er seiner Phantasie die Zügel schießen lassen können. Vom Lager aus sind diese Wunder des Glaubens freilich kaum deutlich zu sehen. Die Wallfahrer, die im übrigen große Angst vor den Beduinen haben, wagen sich nur in größeren Gruppen hinaus. Da sie stets bei Nacht aufbrechen, kommt es, daß die Pilger die ›Städte des Salih‹ auf dem Hinweg gar nicht zu Gesicht bekommen, sondern sie erst sehen, wenn sie mit der Haj zurückkehren. Bei Anbruch der Nacht kam Eswad zum Tor, um mir Lebewohl zu sagen, dazu mit dem Rat, sehr vorsichtig zu sein, denn die Besatzungen der Forts seien wie auch die anderen Dienstmannschaften der Haj als gewalttätig bekannt. Endlich kam der Vorsteher herein, der überrascht war, mich hier immer noch unbeachtet mit meinem ganzen Gepäck sitzen zu sehen, und wies mir einen kleinen Schlafraum an. Kurz danach erschien ein Bote, der ihn zum Pascha bat; später erfuhr ich, daß es bei dieser Unterredung um mich ging.

Gegen Mitternacht ertönte der erste Alarmschuß im Lager, ein zweiter gab das Signal zum Aufbruch. Ich hörte zum letzten Mal den Lärm der rüstenden Karawane, und wenige Augenblicke später erklang das feierliche Schellen der *takht er-Rum*, der glöckchengeschmückten Kamelsänften, die mit der scheidenden Karawane wieder hinaus in die Dunkelheit zogen. Wenige Meilen weiter passieren sie einen *boghraz*, einen Paß in den Bergen. Ihre erste Station ist Zmurrud, eine verlassene Kella, der nächste Tag sieht die Karawane dann in der Festung Sawra, und weiter geht es nach Hedieh, Sujwa, Barraga und Oweynat el-Beden, wo das Pilgerlager, kurz vor Medina, noch einmal aufgeschlagen wird. Mit jedem Schritt, der sie näher nach Mekka trägt, kommt das Herz der Pilger nun mehr zur Ruhe, und fromme Zuversicht erfüllt sie, daß sie die heiligen Stätten sehen werden, haben sie doch die Hälfte des langen Weges schon hinter sich gebracht. In der Morgendämmerung hörte ich draußen den Lärm einiger armseliger Nomaden, die gierig wie schmutzige Raben die verlassene Lagerstätte absuchten.

Als es hell wurde, strömten die Beduinen mit großem Lärm in die Festung, und für den Rest des Tages waren wir von ihnen überlaufen. Mohammed Aly, der Kellajy, meinte: »Ach, wir sind keine Stunde vor ihnen sicher; wenn ihre Stimmung umschlägt, können sie jederzeit das Fort angreifen!« Hier handelte es sich um die gleichen Fejir-Beduinen, die seine Kella ein paar Jahre zuvor eingenommen hatten, als die Verwaltung der Haj neue Regeln für die Pilgerstraße aufgestellt und den zuvor an die Nomaden ausgezahlten Wegzoll gekürzt hatte. Nach dem Abzug der Karawane hatten die Beduinen, die sich damals in der Kella befanden, mit ihrem Scheich Motlog plötzlich die hilflose Wache überfallen, der jedoch nichts geschah, sondern die in Frieden nach el-Ally gesandt wurde. Dann brachen die Fejir die verschlossenen Kammern auf und raubten alles, was ihnen in die Hände fiel, die Vorräte der Haj ebenso wie die der Jurdy-Soldaten samt allem, was kurz zuvor zur Versorgung dieser und der anderen Medain Salih unterstellten Kellas hierher gebracht worden war. In jenem Jahr hatten die Stämme kaum die Karawane selbst friedlich passieren lassen wollen, und andere Forts wurden in der gleichen Art überrascht und erobert: So hatten Wuld Aly zur gleichen Zeit das nächste Fort nach Medain sowie die Feste Sujwa ausgeraubt. Die Beduinen behaupteten, sie nähmen sich nur das, was ihnen zustehe; der Brauch der *surra,* des Wegzolls, dürfe nicht verletzt werden. Im nächsten Jahr wurde daraufhin eine Schwadron syrischer Kavallerie zum Schutz dieser Festungen mit der Haj hinuntergesandt und in el-Ally einquartiert, doch als die Karawane durchgezogen war, schlossen die Beduinen – vor allem Wuld Aly – die Oase ein und belagerten sie bis zum nächsten Jahr. Ich fragte die Beduinen: »Wenn nun die Wachen die gepanzerten Türen ihrer Kella schlössen, wo bliebet ihr dann mit all euren Drohungen?« Die Nomaden verstehen es nämlich nicht, eisenbeschlagene Tore mit Rammstößen aufzubrechen oder durch Anlegen von Feuer die hölzerne Rückseite der Tür abzubrennen, auch fehlt ihnen der Mut, ihr elendes Leben gegen bewehrte Mauern einzusetzen. Sie antworteten mir: »Man kann die Kella ja nicht ewig vor uns verschlossen halten, die Beduinen kennen außerdem viele Schliche; wenn es nicht anders gelingt, irgendwie in das Fort zu schlüpfen, dann schaffen sie es doch durch eine *thubiha* (die Schenkung eines Schafs oder eines anderen Schlachttieres).«

Der *mohafuz,* der Wachtmeister dieses Forts, war ein alter Maure aus Fes, Haj Nejm; zu den anderen Wächtern gehörte Haj Hasan, ein Maure aus Marokko, der früher schon zur Fortbesatzung gehört hatte und auf Drängen seines Landsmannes Nejm hiergeblieben war, nachdem er mit unserem Pilgerzug von Damaskus gekommen war. Dann war da noch Abd el-Kader (Diener des Allmächtigen), ein junger Mann, der nach dem vornehmen algerischen Prinzen benannt und Sohn von dessen verstorbenem Kämmerer war. Dieser junge Mann war in Damaskus in üble Kreise geraten, und sein ›Onkel‹, der eine Ehrenherrschaft über alle maurischen Emigranten ausübt, hatte den Nichtsnutz für ein Jahr in die große Wüste geschickt und dem Kommando von Mohammed Aly unterstellt. Der Vierte im Bunde war Mohammed, ein halber Beduine, der Sohn eines früheren Damaszener Festungsaufsehers und einer Nomadenfrau. Außer den Genannten gab es nur noch einen Sklaven und einen armen Mann, der sich um das Wasser des Brunnens Moaddam zu kümmern hatte.

Unsere Handvoll Mauren ging wegen der heimtückischen Beduinen stets bewaffnet in der Festung umher, und Haj Nejm saß mit der Muskete auf den Knien unter seinen Nomadengästen im Kaffeeraum. Er war schwach und alt, und der einzige Mann, auf dessen Kraft man sich verlassen konnte, war Hasan. Dieser kräftige Bursche sang den ganzen Tag bei seiner Arbeit und lächelte in unerschütterlich guter Laune stillvergnügt vor sich hin. Er war eigenwillig und ein heller Kopf, so daß er sich stets zu helfen wußte und ihm alles recht leicht fiel. Außerhalb seines engen Horizonts jedoch war sein Denken roh und ungesittet, und Mohammed Aly klagte oft über seinen Eigensinn: »Ach, Hasan, du bist ein Berber!« (Die Berber, häufig blauäugig und blond, sind Nachfahren der früheren Urbevölkerung in der Berberei.) Zwölf Jahre schon hatte er im Osten gedient, und er schien ein Mann mittleren Alters zu sein, er selbst aber schätzte sich auf mindestens fünfzig Jahre oder älter. »Und weißt du, wie das kommt«, pflegte er mit einem Lachen zu sagen, »mein Herz ist jung geblieben.« Die Mauren werden als unstete Wanderer geboren. Viele kommen, in den weißen Burnus gehüllt, mit jeder Pilgerfahrt nach Mekka; von dort zerstreuen sie sich nach Syrien, Mesopotamien und in die ganze östliche arabische Welt, wo sie Gewinst und Arbeit suchen. Ihre alten Gewerbe führen sie auch in dem neuen Land fort, und wer keines hat, verdingt sich als Soldat (alle haben sie eine Vorliebe für Waffen). Anderen Männern werden sie wegen ihrer Umsicht und Härte vorgezogen, in Damaskus etwa stellt man sie gern als Gartenwächter ein, und auch viele Vertrauensangelegenheiten werden den kühnen Maghrebinern angetragen. Man erkennt diese Männer aus dem Westen an ihren rauhen, kehligen Stimmen und ihrer fremdartigen Aussprache.

Nejm, der nun schon lange diesseits des Meeres lebte, war weniger alt als gebrechlich geworden. Er konnte nicht mehr hoffen, sein geliebtes Fes wiederzusehen, jenes glücklichere Fleckchen Erde, von dem er ununterbrochen in lächelnder Einfalt schwatzte. Er hatte die Länder der Berberei durchwandert und kannte sogar die algerische Sahara; in Tunis hatte er Lohndienste angenommen, danach war er auch irgendwann in Ägypten am Oberen Nil gewesen; anschließend war er Soldat in Syrien und später im Lager von Maan Beamter der Haj-Verwaltung. Ein glühender Moslem zwar, half ihm das, was er draußen in der Welt gesehen und erlitten hatte, doch, duldsam zu sein, und ich wurde freundlich von ihm empfangen. Er sagte, daß die Engländer am *Jebel al-Tarik* (Gibraltar) die Nachbarn seines Volkes auf der anderen Seite der Meeresenge seien, und zog die *Engleys* den *Stambuli* vor, denn die Türken seien schlecht und keine guten Moslems. Sei es doch erst im letzten Jahr gewesen, daß der *Sir Amin*, der türkische Emir, ein Faß Wein bis zu seiner Rückkehr in der Kella habe aufbewahren lassen: »Ein gottverfluchter Mann«, sagte er, »das zu trinken, was den *moslimun* verboten ist!« Er war Vater zweier Kinder, aber da sie Töchter waren, bedeuteten sie ihm anscheinend nicht viel; Mädchen sind mehr eine Last als eine Freude in einer armen moslemischen Familie, und wenn sie zu guter Letzt den Haushalt verlassen, erhält der Vater lediglich ein geringes Brautgeld für sie.

Der junge Mohammed war in einem schwierigen Alter; eitel und dabei furchtsam, hatte der Grünschnabel den Ehrgeiz, irgend etwas in der Welt darzustellen, ohne sich jedoch rechte Mühe geben zu wollen. Unlustig, wie er bei der Arbeit, und schlaftrunken, wie er am Morgen war, machte ihm Mohammed Aly oft Vorwürfe: »Es ziemt sich, zur Stunde des Morgengebetes aufzustehen, mein Sohn, wenn der Tag dämmert. Das ist der

Augenblick, wenn die Engel der Nacht weichen und die Engel des Tages erscheinen; die aber, die säumen und weiterschlafen, die wird der Teufel holen. Weißt du, ich hatte einmal einen jungen Diener in meinem Haus, einen Nasrany, und obwohl er sich den Kopf mit Seife wusch und sich das Haar kämmte, wirkte sein Gesicht immer verquollen und farblos, bei Allah, wie ein Schwein! Wenn du sie einmal am Morgen betrachtest, wirst du sehen, daß alle Nasara (Christen) wie die Schweine aussehen.«

Der junge Abd el-Kader war eher dumm *(jahil)* als bösartig, dabei von riesenhaftem Körperbau, so daß Hasan, als er ihn eines Tages beobachtete, sagte: »Abd el-Kaders Schädel ist so groß wie der unseres weißen Maultieres, und nichts ist drin.« In dieser Art hänselten sie den armen Kerl in der Kella fast zu Tränen. Er wurde dann auch immer wieder weggeschickt, um mit einem anderen das Wasser am Brunnen Moaddam zu bewachen.

Mohammed Aly, mit dem Beinamen *el-Mahjub* (der Verborgene), der Oberaufseher der Kellas zwischen Tebuk und el-Medina, schwankte hin und her zwischen Liebenswürdigkeit und Grobheit und war etwas wirr im Kopf. Seine halb gutmütige, halb bösartige Natur war in der Schule des türkischen Regierungsdienstes verdorben worden, wie man es bei vielen dieser unruhigen Geister findet, die hoch hinaus wollen. Er war ohne Bildung. Seine Familie hatte in Algerien im Gebirge gelebt, wo nach seinen Worten noch die »alten, lauteren Sitten« herrschten. Nach der Eroberung waren sie aus eigenem Entschluß in französischen Regierungsschiffen nach Syrien ausgewandert, weil sie nicht unter die Herrschaft von Christen geraten wollten. Einer alten Familienüberlieferung zufolge hatten seine Vorfahren einst das ganze Land um Maan besessen, wo auch Moses die Herden des Propheten Jethro weidete. Die Söhne Israels hätten ihnen dann ihren Besitz genommen. Nachdem Mohammed Aly sich als Soldat verdingt hatte, kämpfte und litt er im Kaukasus mit den syrischen Truppen in einem furchtbaren *jehad* (Religionskrieg) gegen die Moskowiter, wobei er zweimal verwundet wurde. Ein Schuß, dessen Mal er mir zeigte, schien in den Rücken eingedrungen zu sein, und bei schlechtem Wetter quälten die alten Wunden ihn noch heute. Später diente er in Palästina und in den Ländern westlich des Jordan als Anführer einer kleinen Reitertruppe unter Mohammed Said, von dem er auch seinen jetzigen Posten bekommen hatte. In seinen besseren Augenblicken konnte dieser Mann, ein halbwilder Krieger, klar und vernünftig reden; dann, wie es Gegenströmungen in jeder Flut gibt, schien er menschenfreundlich, denn die besten wie die schlimmsten Moslems können sehr fromme Reden führen. Die Tapferkeit der Mauren hielt er für unvergleichlich, und in diesem Punkt war es gefährlich, ihm zu widersprechen. War er schlechter Stimmung, wurde er zum Tiger; früher hatte er sich mit seinen Grausamkeiten auf dieser Straße einen Namen gemacht. Er rühmte sich, während seiner Zeit als Leutnant in Maan drei Männer gehenkt zu haben. Als er einmal den Auftrag hatte, ein Gewölbe über dem Springquell beim Fort Medowwara zu errichten und dafür zu sorgen, daß das Wasser sicher vor allen Überfällen der Beduinen war, nahm er einige ihrer Scheichs gefangen, die angeklagt waren, den Pilgerzug ausgeraubt zu haben. Er ließ sie in Fesseln legen und gab ihnen in der Festung täglich nur zwei Zwiebäcke zu essen. Auf seinen Befehl hin wurde jeden Tag ein Scheffel Mehl in einer Handmühle von unerträglichem Gewicht auf ihrer Brust gemahlen. Diese Qual ertrugen sie eine gewisse Zeit mit männlicher Standhaftigkeit, dann schickten sie nach dem Lösegeld, das er von ihnen verlangte. Nun war dieser Mann krank und verbraucht, und sein Körper war mit Schwären bedeckt. Schon über die mittleren Jahre hinaus, hatte es nicht den Anschein, als ob er noch lange zu leben hätte. Sein Gesicht hatte etwas Teuflisches, gezeichnet vom Aussatz seiner Seele und halb von Wahnsinn überschattet; merkwürdig fremd klang seine polternde Stimme, als sei er ein *ghrol,* ein Wüstengespenst. Stündlich wurden wir in der einsamen Kella aufgeschreckt, da sein finsteres Herz von einem schwächlichen Verstand beherrscht wurde. Er konnte überzeugend und nicht ungebildet, wortreich oder knapp, je nachdem, wie es seinen Absichten dienlich war, seine Angelegenheit vortragen. Die Orientalen tun den ganzen Tag über ja wenig mehr, als in ihrer Männergesellschaft beim Kaffee zu sitzen; in dieser unerschöpflichen Schule der Menschenkenntnis wird ihnen beigebracht, wie man zum Herzen des anderen spricht. Seine Geschichten waren mit Sprüchen gewürzt, in denen sich die Lebensweisheit des einfachen Volkes widerspiegelte. Mehr als zwei Monate flossen sie in nicht endender Zahl über seine Lippen. Doch erzählte er mit unübertrefflicher Lebhaftigkeit und Anschaulichkeit, und zum Teil stammten diese Weisheiten auch aus seiner eigenen bunten Erfahrung. Mit seiner zügellosen Soldatensprache, seinen heruntergekommenen Verstandeskräften, seinen viehischen, ungesunden Instinkten und der Bedenkenlosigkeit einer verbrauchten Menschenfreundlichkeit hätte dieses Wrack ein zweiter alter Tiberius sein können, wenn er dazu die Gelegenheit gehabt hätte. Bei alledem war er sehr fromm, wie man es nur in diesen Gegenden findet, und in der Ausübung seiner Religion peinlich genau. Es lag ihm schwer auf der Seele, mich, den Christen, als »Khalil« (Scheich) anreden zu müssen, und er schaffte sich Erleichterung, indem er mich für einmal »Khalil« fünfmal mit »Ibrahim« ansprach. Mit wundersamer Feierlichkeit kehrte er immer wieder zu seinen Gebeten zurück, in denen er einen süßen Vorgeschmack des Paradieses fand; hier in der Wüste war das Gebet der einzige Trost seiner schwarzen Seele. Selbst ein Leuteschinder, fiel es ihm leicht, die osmanische Verwaltung anzuprangern und all ihre Schandtaten beim Namen zu nennen. In Damaskus hatte er sich in die Liste der französisch-algerischen Untertanen eintragen lassen, damit ihm ein Schlupfloch blieb, sollte er einmal Schwierigkeiten mit der türkischen Regierung haben. In den Ländern des türkischen Reiches hat es jeder, der in Verlegenheiten gerät, eilig, zu den ausländischen Konsulaten zu laufen, sofern er ein Anrecht auf ihren Schutz hat.

Die türkische Verwaltung der Haj steht bei den Nomaden in schlechtem Ansehen; das willkürliche und rücksichtslose Benehmen dieser angeblichen Herrscher, ihrer Brotgeber, ist ihnen ein Dorn im Auge. Alle Städter wiederum schmähen die Nomaden als die schlimmsten Räuber und Banditen. Wenn ein Nomade bei einem Vergehen ertappt wird, ertönt sofort mit der Stimme des Racheengels die militärische Order: »Fort mit dem Beduinen – bindet ihn an das Kanonenrad!« Mohammed Aly war verblendet in seinem maurischen Stolz und von einer übersteigerten Empfindlichkeit; im letzten Jahr erst hatte er es gewagt, sich hier in der Wüste in einen Streit mit dem Pascha der Haj einzulassen. Zu ebener Erde befanden sich in einem Raum der Kella versiegelte Vorräte der Regierung und Gerätschaftsdepots der Kamelmeister; auch einen Beutel mit Reals, Regierungsgeld, hatte der Zahlmeister hier in Aufbewahrung. Bei der Rückkehr der Pilgerkarawane sandte der Pascha seinen Diener, das Silber abzuholen. Dieser Mann wog den Beutel in seiner Hand und behauptete nun, die Börse enthalte nicht mehr die volle Summe; die Araber sind mit solchen gemeinen Verdächtigungen stets schnell bei der Hand. Er begann, Mohammed Aly zu beschuldigen, doch der Maure zog seinen Krummsäbel, schlug den unbedachten, waffenlosen Diener nieder, ließ ihn an den Füßen aus dem Fort schleifen und warf mit wilden Verwünschungen das Eisentor hinter ihm zu. Der Pascha ließ nun nach Mohammed Aly schicken, damit er sich für diese Gewalttat rechtfertige, aber der syrische Maure schwor, noch wutschäumend, er werde nicht gehen, bis er Genugtuung erhalten habe. »Verschwinde und übermittle dem Pascha von Mohammed Aly, wenn Mohammed Said Kanonen hat, dann habe ich meine Artillerie auf dem Dach dieser Kella – beim allmächtigen Gott, wir werden bis zum letzten durchhalten; er soll daran denken, daß wir *moghrareba* (Mauren) sind!« Dies hieß, blindwütig eine alte Freundschaft aufs Spiel setzen und sich ins Unglück stürzen, aber er baute darauf, daß er aufgrund seiner langen Dienstjahre von dem wenig empfindlichen Pascha nichts zu fürchten habe. Schlimmstenfalls würde er sich entschuldigen und auf die Wunden hinweisen, die er um der heiligen Sache ihres Glaubens willen davongetragen habe. Außerdem konnte er immer noch klagen, er sei manchmal nicht ganz klar im Kopf und zudem ein Maure, d. h. ein Mann von heißem Blut und freier Wesensart. Im allerschlimmsten Falle aber würde er ihnen trotzen und darauf pochen, daß er ein Ausländer und französischer Untertan sei. Seine Artillerie (und das zeigt den Wert arabischer Prahlereien) bestand aus zwei kleinen verrosteten Geschützen von so billiger Machart, daß sie von einem Nomadenschmied hätten zusammengehämmert sein können; vor Jahren waren sie von Borj herübergebracht worden, einem alten Turm, der eine halbe Meile entfernt in Richtung der Denkmäler liegt. Angeblich waren sie einst in den Kriegen zwischen den Beduinenstämmen der Annezy und der Harb benutzt worden.

Vor dem Aufbruch der Beduinen suchte noch einmal ihr Scheich Motlog nach mir: »Wo steckt er, dieser Regierungsmann?« Er stieß die Tür zu meiner Kammer auf, und ich sah einen dunkelhäutigen Beduinen vor mir stehen, der mich drohend und kalt anstarrte, da er mich für seinen *gomany*, seinen Feind, hielt. Mohammed Aly hatte den Männern gesagt, daß ich ein Sir Amin wäre, ein Sekretär auf einer Reise im Dienste der Regierung. Diese Täuschung war jedoch nur von kurzer Dauer, denn da die Moslems öffentlich beten und ich, Khalil, dabei nie gesehen wurde, hieß es bald, daß ich nicht ihrer Religion angehören könne. Mohammed Aly haßte jeden, der nicht seines Glaubens war, und voller Mißgunst sah er den wachsenden Einfluß der gefährlichen Nasara, der Christen. Und so grübeln sie in wildem Ingrimm über den Niedergang des streitbaren

Blick ins Innere der Kella von Medain Salih (nach Doughty)

Islam nach. Als Philosoph jedoch, der eine natürliche Nachsicht in allen religiösen Fragen übt, konnte er mich zugleich wohlwollend betrachten.

Das waren also die Bewohner der Kella, eines rechteckigen Turmes von siebzig Fuß Breite. Im Inneren sind diese Wasserstationen düster, und alle, die ich betrat, waren im gleichen Stil gebaut. Um den Brunnenhof in der Mitte liegen der Stall, das Futterlager und die Warenkammern. Über Stufen gelangt man dann zu einer Galerie, an deren Nord- und Südseite Reihen kleiner steinerner Wohnräume liegen. Von dieser Galerie führen Treppen auf das Dach, das die Besatzung schnell erreichen kann, wenn die Kella verteidigt werden muß. (...)

Scheich Zeyd. Die Denkmäler von Medain Salih

Tage vergingen, in denen Mohammed Aly mir jeden Abend aufs neue versprach, daß er mich »am nächsten Morgen« zu den Denkmälern begleiten wolle. Aber das waren ›türkische‹ Versprechungen. Ich hatte es mit einem Mann zu tun, der insgeheim den Nasrany haßte. Nun hatte er in Syrien mit Erstaunen jene seltsame Leidenschaft der Europäer kennengelernt, die da Jagd auf Antiquitäten machen. »Was gibst du mir«, fragte er, »wenn ich dir die Denkmäler zeige? Vergiß nicht, ich bin dein einziger Schutz in dieser Einöde. Es sind Leute im Fort, die dich umbringen würden, wenn ich sie nicht daran hinderte. Beim allmächtigen Gott, ich spreche die Wahrheit!« Meine Antwort war, daß er nur den Preis für seine Dienste festsetzen solle, ich würde ihm dann einen

Scheck für Damaskus ausschreiben. Aber Versprechungen auf längere Sicht werden kaum je von einem Araber gebilligt; ihre Welt kennt weder Treu noch Glauben, und selbst die feierlichsten Zusagen gelten hier nichts.

So standen die Dinge, als Zeyd, ein Scheich der Fejir-Beduinen, auf seinem Dromedar aus der Wüste geritten kam, sein Gewehrträger hinter ihm auf demselben Tier und an seiner Seite sein junger Sohn auf einer Stute. Zeyd hatte in Damaskus gelebt und in der Stadt die Kunst erlernt, sich auf osmanische Weise durch Bestechungen die Gunst von Regierungsbeamten zu erkaufen. Vor zwei Jahren, als seine Stute fohlte und es kein weibliches Füllen war (das männliche Fohlen ist in ihren Augen die Aufzucht kaum wert), schenkte dieser Nomadenfuchs das unfruchtbare Tier dem Maurenwolf Mohammed Aly; der Kellajy war auf diesem jetzt ausgewachsenen jungen Hengst von Syrien hierher geritten. Als Gegenleistung hatte Zeyd bisher nichts als leere Versprechungen gesehen; doch nun bot sich die gute Gelegenheit, es so zu drehen, daß der Christ die Rechnung zwischen ihnen beglich: »Gib Zeyd zehn Pfund, Khalil, und er wird dich auf seiner Stute reiten lassen und zu allen Denkmälern in der Umgebung begleiten.« Dabei lag das am weitesten entfernte Bauwerk nur etwa zwei Meilen von der Festung entfernt; die meisten waren in einem Umkreis von einer Meile zu finden. Zeyd behauptete jedoch, bei Bir el-Ghrannem gäbe es ich weiß nicht was zu sehen, aber dorthin müßten wir einen *rafik*, einen Führer, vom Stamme der Billi Aarab anheuern. Sicher ist nur, daß sie das ganze Land, das auf etwa dreißig Meilen zwischen Mubrak en-Naga und Bir el-Ghrannem liegt, zum Ruinengebiet von el-Hejr rechnen. Auch an der alten Handelspiste bis hinunter nach el-Medina gibt es im übrigen Ruinen von Dörfern. Einstimmig versichern die Nomaden jedoch, daß nirgendwo in diesen Gebieten *byut* (Häuser) oder *beban* (Tore) zu finden seien, also Felsenkammern wie die von el-Hejr oder Medain Salih.

Zeyd war ohne Säumen zu den Zelten seiner Stammesbrüder geritten und hatte sie sich alle mit dem Satz »*Jirak*, ich bin dein Nachbar« verpflichtet. Hätte ich Zeyd abgelehnt, hätte ich auch keinen der anderen als Führer gewinnen können. Die Würfel waren gefallen und hatten entschieden, daß wir für lange Zeit Gefährten sein sollten. Zeyd war ein dunkelhäutiger, fast schwarzer Wüstenscheich mittlerer Größe und mittleren Alters mit einem ernsten, vom Hunger gezeichneten Gesicht. Eine so dunkle Hautfarbe ist bei den Arabern, die in diesem Hochland weniger schwarz- als rotbraun sind, schlecht angesehen. Sie glauben, es zeige sich darin das unreine Blut der Sklavenrassen, und aus diesem Grunde gilt auch krauses und sich ringelndes Haar als Makel. Dabei werden wir an das Hohelied erinnert, in dem die Braut sich ihrer schwarzen Schönheit schämt: »Ich bin schwarz, aber schön, ihr Töchter Jerusalems, wie die Hütten der Beduinen, wie das Zelttuch Salomons«, und sie preist das weiße und rote Gesicht ihres Geliebten. Dunkel, Lichtlosigkeit ist die Farbe des Todes *(mawt el-Aswad)* und, damit verbunden, zugleich auch die des Unglücks und des Bösen; auch das Herz eines sündigen Menschen ist schwarz *(kalb es-Aswad)*. Im Einklang mit dieser ihrer Vorstellung wird der Weltenrichter beim Jüngsten Gericht ein beschleunigtes arabisches Verfahren anwenden und nicht mit jeder Seele im Meer der Generationen einzeln rechten, denn der Aussatz des Bösen wird die Gesichter der Gottlosen mit schrecklicher Schwärze überziehen. Nach den Worten des Evangeliums werden die Schafe von den Böcken geschieden – worin auch ein Farbvergleich liegt –, und der Gerechte wird scheinen wie die Sonne. Von einem untadeligen Menschen sagen die Araber »*Kalb-hu abiath,* sein Herz ist weiß«.

Zeyd hatte die tiefste Stimme, die ich je aus einer menschlichen Kehle gehört habe; diese schlanke, männliche Beduinengestalt hätte einem großen Maler als Modell für das Porträt eines Ismaeliten der Wüste dienen können. Seine Wangen waren eingefallen, der Blick seiner Augen war streng geworden in diesem gesetzlosen Land des Hungers, wo die Nahrung von morgens bis abends größtenteils aus Kaffee und Tabak besteht und wo die Haupttugend der Beduinen *es-Subbor* ist, das tapfere Unterdrücken und Ertragen des Hungers. »Bei Gott«, sagte Zeyd, »*el-Aarab fasidin,* die Nomaden sind verdorben, aber die Regierung ist es nicht weniger.« Das Gift hatte jedoch auch schon sein eigenes Herz erreicht; dieser Beduinenphilosoph blickte über alles Menschliche mit nachsichtiger Skepsis hinweg. Durch Erstgeburt Scheich unter seinen Stammesbrüdern, genoß er dennoch keinen ehrenvollen Ruf, denn er zeigte sich Gästen gegenüber wenig großzügig, was bei den Nomaden der einsamen Wüste als Schande gilt. Scharfsinnig und frei denkend, war er seit seiner Jugend als *Mejlis*-Mann durch die unübertreffliche Schule dieses Stammesparlaments gegangen. Nichts an ihm zeigte Mangel an Bildung oder Erziehung; er bewegte sich mit dem anmutigen Stolz eines ungezähmten Tieres. Nie habe ich an ihm auch nur eine Spur von fanatischer Verbissenheit bemerkt; lächelnd unterhielt er sich mit mir über die Unduldsamkeit seiner Landsleute, da er wohl begriff, daß Gottes Allmacht allein die Welt regiere, ohne die törichte Einmischung der Menschen. Ein tapferer Mann, war er doch kein Abenteurer, das heißt, er setzte sich nicht leichtfertig einer Gefahr aus. Jämmerlich dagegen war sein Verhalten daheim, wo er sich wie ein schnöder Geizhals aufführte. Als Beduine war er eher argwöhnisch als sehr weitblickend. Zeyds Freundschaft war im wesentlichen aufrichtig, und man mußte ihn nicht als Feind fürchten. Er konnte großzügig sein, wo es ihn nichts kostete, und in seiner lässigen Klugheit als Scheich hatte er keine Eile, sich auf irgendeine Sache einzulassen, die sich nicht auszahlte.

Listig auf das Gastrecht der Wüste setzend, hatte Zeyd fünf hungrige Mäuler mit in die Kella gebracht; eine solche Gastfreundschaft wurde zur Belastung für seine Wirte, und Mohammed Aly, der sah, daß dieser Spaß auf seine Kosten ging, kam am nächsten Morgen mit ernstem Gesicht in mein Zimmer. Er fragte mich: »Weißt du eigentlich, daß das gesamte Getreide auf Kamelrücken von Damaskus hier herunter gebracht werden muß?« In Unkenntnis ihrer verschlungenen Gedankenwege antwortete ich ihm, daß ich die Beduinen nicht gerufen hätte. Darauf er mit lauter Stimme: »Nun werde endlich mit ihm einig oder halte ihn wenigstens nicht länger hier, Khalil! Er ist ein Nomadenscheich; weißt du nicht, daß das Herz jedes Beduinen an seinem Zeltlager hängt und daß er während seiner Abwesenheit keine Ruhe wegen der Herde findet, die er in der offenen Wüste zurückgelassen hat?« Ich fragte, ob es nicht das beste sei, wenn ich vor

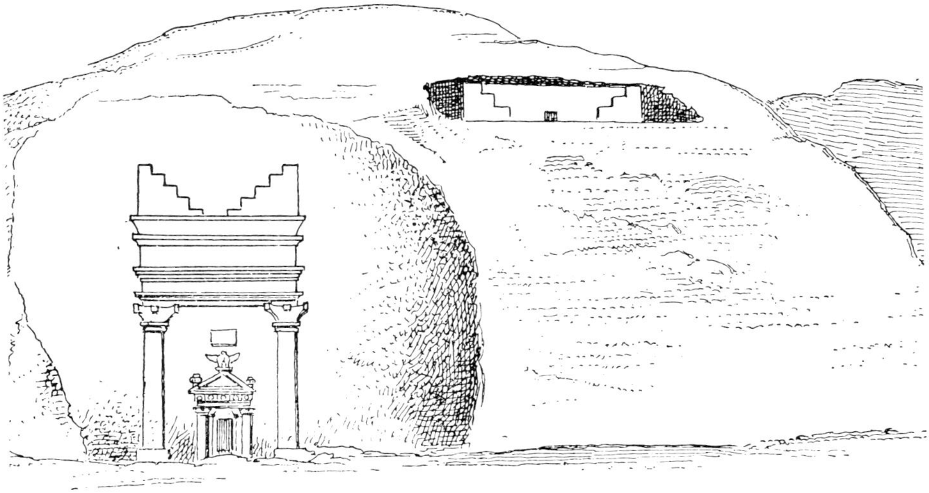

Die ersten Monumente (nach Doughty)

weiteren langen Diskussionen endlich die Denkmäler zu sehen bekäme. »Das wäre schon vernünftig«, meinte er, und Zeyd sollte mich auch zu den nächsten Beban bringen. »Trotzdem, es ist unglaublich, Khalil, daß sich ein Christ in dieser Gegend aufhält (fast vor der Tür der heiligen Stätten).« Ich antwortete, indem ich die Hände auf die grob behauenen Steine des Festungsgebäudes legte: »Aber diese Mauern zeugen doch für mich, sie sind von den Händen christlicher Männer aufgeschichtet worden.« – »Das hast du gut gesagt, und wir alle hier sind ja schließlich auch deine Freunde geworden. Moslem oder Christ, Khalil ist nun einer von uns; aber – bei Allah – einen anderen würden wir hier nicht dulden. Doch jetzt mach dich mit Zeyd auf den Weg, und hinterher werden wir uns mit ihm einigen. Wenn das nicht geht, werde ich selbst dich mit jemandem aus dem Fort losschicken, damit du die Denkmäler siehst.«

Nach einer halben Meile kamen wir zu jenen alten Brunnen, die jetzt den Beduinen der Gegend als Wasserstelle dienen. Sie sind so tief wie der Brunnen in der Kella, und der Mund hat einen Durchmesser von zehn oder zwölf Fuß; auf der einen Seite sind die Ränder zu quadratischen Plattformen ausgestaltet, als ob dort einst Schöpfräder für ein Bewässerungssystem ihren Platz gehabt hätten. Von den weichen Stricken vieler Generationen von Nomaden sind die Brunnenränder aus rohen, ohne Mörtel zusammengesetzten Steinen tief eingekerbt; wer könnte solche Spuren ohne tiefe Bewegung betrachten? In der Nähe sah ich nun das erste Denkmal und dann ein zweites, das darüber aus dem Stein herausgeschlagen ist und wie die Bekrönung einer gewaltigen Fassade wirkt; es besitzt jedoch nur eine blinde Tür, die ohne einen dahinter befind-

Fassade des ersten von Doughty betretenen Denkmals

lichen Raum flach in den Felsen eingelassen ist. Dieses Steinmonument mit einer Breite von siebzig Fuß wird *Kasr el-Bint,* Haus des Mädchens, genannt. Es ist nicht unzugänglich, wie es zuerst hieß, denn meine unbeschuhten Gefährten konnten den ganzen Felshang erklettern, nachdem sie einige alte Stufen am hinteren Ende der Klippe hochgestiegen waren. Ich selbst sah diese große, traumhafte Fassade jedoch nur von unten in ihrer kristallinen Symmetrie und Feierlichkeit vor mir aufsteigen, gekrönt von den seltsamen Halbzinnen der Denkmäler von Petra; auch besteht dieser Felsen aus dem gleichen gelbgrauen, weichen Sandstein mit eingestreuten Kiesadern und kleinen Quarzsteinen. *Kasr,* Plural *kassur,* bedeutet in Arabien im allgemeinen feste Behausung, ob nun aus Lehm oder Stein, und steht im Gegensatz zum *Beyt es-Shaar,* dem Zelt aus Haartuch, dem ›wandernden Haus‹ der Nomaden. Deshalb heißen auch die einsamen und nur zeitweise bewohnten Lehmhütten bei den draußen in der Wüste gelegenen Saatfeldern Kassur. In Hayil und er-Riad wird die Residenz des Fürsten *el-Kasr* genannt; hier kommt dem Wort die Bedeutung von Schloß zu. In manchen Wüstendörfern bezeichnet Kasr eine Ansammlung von Häusern, die von einer Hofmauer umschlossen sind. Vom Dorf Semira sagt man deshalb, es bestehe aus drei Kassur. Jedes feste Gebäude, das zur Verteidigung und zum Schutz bestimmt ist (und solche Gebäude sind häufig in Arabien anzutreffen), wird *gella* oder Kella genannt. (. . .)

Hinter dem Borj-Felsen gelangten wir an den Fuß eines Hauptdenkmals. An der Fassade sah ich eine Tafel mit Inschrift und einen Vogel, was für die Hejr-Fassaden typisch ist. Die Breite der Felsbau-Architektur mit Gesims und Säulen beträgt zweiundzwanzig Fuß. Ich sann darüber nach, welche Rätsel wohl in diesen seltsam verschlungenen Buchstaben schlummern mochten, derentwegen ich so weit gereist war. Das ganze Denkmal ist in den Felsen hineingeschlagen; zuerst hat man eine Nische aus dem weichen Gestein gebrochen, um in der Mitte dann das tempelartige Monument auszumeißeln. Vom ersten Eindruck her ist der Stil korinthisch; die stufenförmigen Zinnen –

Gesamtansicht der Kasr el-Bint-Klippe (nach Doughty)

eine asiatische Schmuckform, die hier für europäische Augen seltsam fremd wirkt – habe ich in den hohen Lehmhäusern von Hayil wiedergefunden. Flache Seitenpilaster sind gleichsam die Glieder dieses architektonischen Körpers, und die Kapitelle von eigenartig strengem Entwurf sind vierkantig und zugleich ausgekehlt wie jene, die ich früher in Petra gesehen hatte. In der Mitte dieser vorgetäuschten Tempelfassade findet sich ein stattliches Portal mit gleichartiger Architekturornamentik. Ich trat ein und fand im Innern lediglich eine grob ausgehauene niedrige Kammer vor, die der Pracht der Fassade nicht im geringsten entsprach; es handelt sich um eine Grabkammer. Im Halbdunkel des Raums sah ich einige lange Wandnischen oder *loculi,* der Fußboden war mit Treibsand bedeckt. Mit Hilfe eines Fernrohres wollte ich dann die Inschrift, die in der Sonne schwach zu erkennen war, abschreiben, aber Schwärme von Fliegen trübten immer wieder meine Sicht. Die Araber meinten, sie träten in solchen Wolken auf, weil hier in den letzten Jahren kein Regen gefallen sei. Es war Mittag, und die Wintersonne, die auf dem Sand gleißte, schien heiß herab; kein Lüftchen regte sich am Fuß der sonnenbestrahlten Denkmäler, während die aufdringlichen Insekten im Modergeruch der alten Grabmäler tanzten. Zeyd weigerte sich, weiterzugehen, er sagte, die Sonne sei zu heiß und er selbst schon erschöpft. Wir kehrten dann durch die Borj-Felsen zurück, wobei ich einige weitere Denkmäler sah, die ebenfalls bemerkenswerte Hejr-Fassaden aufwiesen. Da sie in der Nähe des Karawanenlagers und der Kella liegen, sind sie die ersten, die von neugierigen Pilgern besucht werden. Unter dem Vorbau eines dieser Denkmäler und über dem Portal stehen als Stützen vierfüßige Ungeheuer, wie man sie sonst an keinem der anderen Denkmäler sieht. An einem anderen Monument erinnern die Seitenpilaster an Greife; auch dieser Schmuck ist einzigartig. Hier und bei einigen anderen Monumenten ist das Giebelfeld mit einer sechsblättrigen Blume, vielleicht einer Granatapfelblüte, in durchbrochener Steinmetzarbeit verziert. Über einem dritten Portal ist das Bild eines Vogels, von dem nur der Kopf erhalten ist, als wenig konturiertes Flachrelief in das Giebelfeld gemeißelt. Alle anderen Vogelskulpturen an

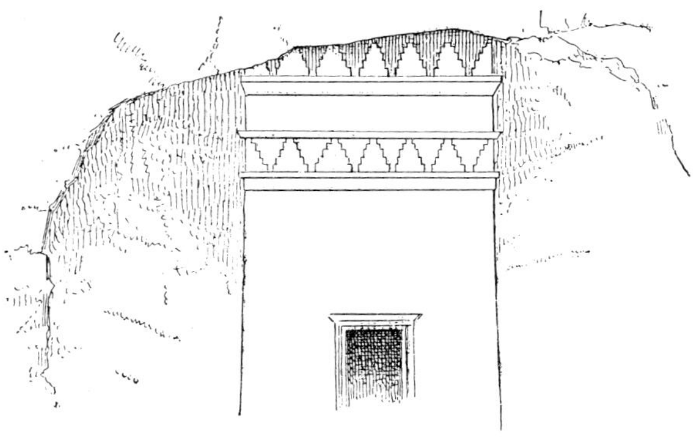

Fassade in den Borj-Felsen (nach Doughty)

Fassaden und Eingänge von Denkmälern in den Borj-Felsen (nach Doughty) ▷

diesen Monumenten sind als Hochrelief aus dem Fels der Fassade herausgeschlagen und stehen auf vorspringenden Gesimssockeln. Bei keinem dieser Bildwerke hat sich jedoch der Kopf erhalten, sei es, daß er im Laufe der Jahrhunderte durch die mutwilligen Steinwürfe der Hirten, sei es, daß er durch die Unbilden der Witterung zerstört worden ist. Nachdem ich nach und nach viele Kammern betreten hatte, wurde mir klar, daß ich in allen Fällen Grabstätten vor mir hatte. Bei den Aussparungen in den Wänden der niedrigen, roh ausgehauenen quadratischen Räume handelt es sich um schmale Nischen von einer Länge, wie sie der Größe des menschlichen Körpers vom Kind bis zum Erwachsenen entspricht, ihre Tiefe ist jedoch so gering, daß sie meiner Meinung nach nicht zur Aufnahme eines Leichnams gedient haben können. Im Felsboden sieht man eingesunkene Grablöcher, die voller menschlicher Knochen sind, und auch auf dem Sandboden liegen Gebeine verstreut. Ein scheußlicher Geruch wie von Mumien legte sich in einigen Grabkammern schwer auf unseren Atem, und schon nach wenigen Minuten Aufenthalt im Innern schienen unsere Mäntel diesen ekelhaften Geruch angenommen zu haben. In einem anderen dieser Denkmäler, *Beyt es-Sheykh* (Haus des Scheichs), fand ich den Sandboden mit verrotteten Lumpen bedeckt, die bei jedem Luftzug zitterten. Als ich sie aufhob, stellte ich fest, daß es die Grabtücher dieser ausgetrockneten Gerippe waren.

»Khalil«, sagte Mohammed Aly eines Tages, »ich rate dir, Zeyd dreihundert Piaster zu geben.« Damit war ich einverstanden, aber der Scheich wollte sich mit weniger als tausend nicht zufrieden geben. Hätte ich mich damals dieser überspannten Habgier gebeugt, würde diese Neuigkeit die ganze Gegend aufgerührt haben. Als Zeyd sich verabschiedete, drückte ich ihm jedoch ein kleines Aufgeld in die Hand, damit er nicht

Blick ins Innere einer Grabkammer mit Wandnischen (nach Doughty)

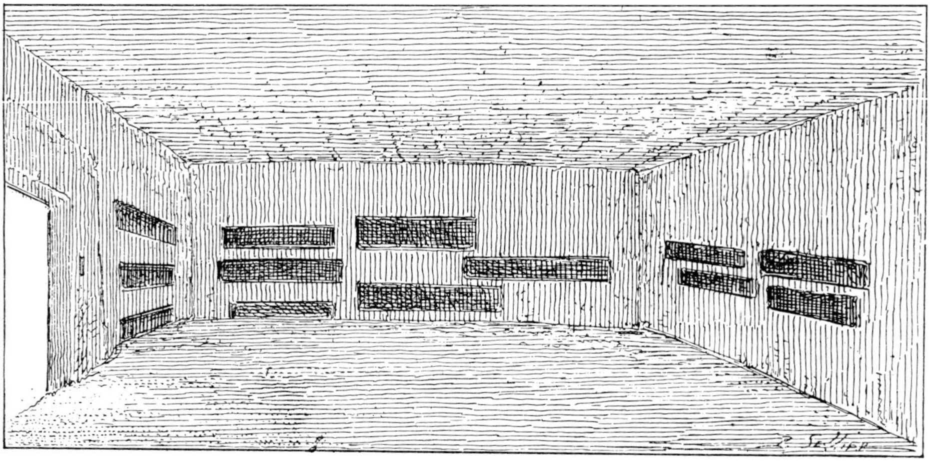

Die westlichen Felsen von Medain Salih (nach Doughty)

beleidigt heimkehre. Daraufhin versprach er mir, mich zur Zeit der rückkehrenden Haj abzuholen und in die Wüste mitzunehmen: ich könne mit ihm unter den Beduinen leben; Zeyd hoffte, daß meine praktischen Erfahrungen im Impfen ihm von Nutzen sein könnten. Den Hauptmann wiederum verlangte es nach meinem Gewehr, einem englischen Kavallerie-Karabiner; in diesen unruhigen Landstrichen sind gute Waffen sehr geschätzt. »Wenn du mir dein Gewehr schenkst, Khalil, werde ich dir jeden Tag jemanden von der Kella mitgeben, bis du bei allen Denkmälern gewesen bist, die du besuchen wolltest. Wenn du mehr von diesen Sachen sehen willst, werde ich dich auch noch nach el-Ally schicken, und wenn du zu Ibn Rashid möchtest, werde ich dafür sorgen, daß du auch dorthin gebracht wirst.« (. . .)

Später besichtigten wir noch die Felsen im Westen, *K'ssur* oder *Kassur B'theyny* – eine Bezeichnung, die mit Ausnahme des *Beyt es-Sany* (Haus des Schmieds) alle Denkmäler von el-Hejr einschließt. In die unregelmäßige Oberfläche und in die Nischen dieses Felsens sind noch viele weitere jener Blendfassaden eingehauen, nicht wenige mit Adlern, einige ohne Grabinschriften, andere mit noch unbeschrifteten Grabtafeln. Einzelne Fassaden sind durch Witterungseinfluß fast ganz zerstört und abgeschliffen.

In ihrer Gesamtheit werden diese Felsen mit ihren vielen Denkmälern *Medain Salih,* Städte des Salih, genannt. Wir waren nun seit fünf Stunden unterwegs. Meine mit langen Luntengewehren bewaffneten Gefährten ließen mir kaum irgendwo einmal Zeit, einen Augenblick Atem zu schöpfen: »Du kannst dir überhaupt nicht vorstellen, wie gefährlich diese Gegend hier ist«, sagten sie. »Von jedem dieser Felsen und aus den Grabkammern könnten feindliche Beduinen sich auf uns stürzen!« Das Leben der Araber wird von ständigem Mißtrauen bestimmt; so drehten sie sich auch jetzt immer wieder besorgt um und spähten nach allen Seiten. Vor allem Haj Nejm, der irgendwann einmal das Blut eines Wuld Aly vergossen hatte, lebte in ständiger Furcht, außerhalb des Forts überfallen zu werden. Bei unserem Ritt über die flache Ebene fanden wir zwischen Felsen und Denkmälern Haufen verstreuter Tonscherben und zerbrochenen Glases. Wir lasen kleine Kupfermünzen auf, die von den Beduinen *himmarit* (was vielleicht unserem ›himyaräisch‹ entspricht) genannt werden. Silber- und Goldmünzen werden dagegen von den Beduinen nur selten in dem von den Kamelen aufgewühlten Boden gefunden. Ein Dorfbewohner von el-Ally stieß jedoch vor dreißig Jahren in einem Steintopf auf fast einen Scheffel alter Silbermünzen. Auch zwei Männer vom Stamm der Aly, von denen einer mir bekannt ist, haben in den letzten Jahren einen

Himyaräische Handelsmünzen aus dem Gebiet von Medain Salih (nach Doughty)

ähnlichen Hortfund gemacht. Von den nicht völlig verrosteten ›Himmarit‹ zeigen einige als Prägung eine athenische Eule, die in groben Zügen dem Vorbild griechischer Münzen folgt. Hierbei handelt es sich um himyaräische Münzen. Tonscherben und zerbrochenes Glas, diese fast unzerstörbaren Materialien, sind überall an den alten Stätten Arabiens zu finden, während man heutzutage statt so zerbrechlicher Gegenstände nur noch Holz- und Kupfergefäße benutzt. Das Arabien der Alten Welt mit seinen bedeutenden Handelsstraßen stand zu seiner Zeit auf einer wesentlich höheren Kulturstufe. In unseren Tagen macht es hingegen den Eindruck eines verblühten Landes. Einst holten sich alle Völker ihr Gold und den heiligen Weihrauch aus dem ›Glücklichen Arabien‹, heute ist die ›Tochter Arabiens‹ von der Welt verlassen und vergessen.

Wenig ist von der alten Karawanenstadt el-Hejr und ihrer einstigen Bevölkerung geblieben; die lehmgebauten Straßen sind wieder zu Wüstenstaub geworden. Doch können wir die Geschichte der Stadt heute noch in den verwitterten Lettern auf vielen Klippen dieser unheimlichen Landschaft und in den Steininschriften ihrer Grabmäler lesen – heute nur noch einsame Felsen, die der Reisende in dieser Bergwildnis beklommen und staunend betrachtet. Die Fundstellen der Tonscherben mögen alte Wohnsiedlungen bezeichnen, vielleicht sogar eine ganze Gruppe von Dörfern; die semitischen Niederlassungen in den Oasenländern werden in der Regel über Grundwasserbetten gegründet. Einst stand hier vielleicht ein Markt mit Vorstädten, der Handelsplatz Hejra, von Palmenhainen umgeben. (...)

Doughtys Plan des Gebietes von Medain Salih (el-Hejr) ▷

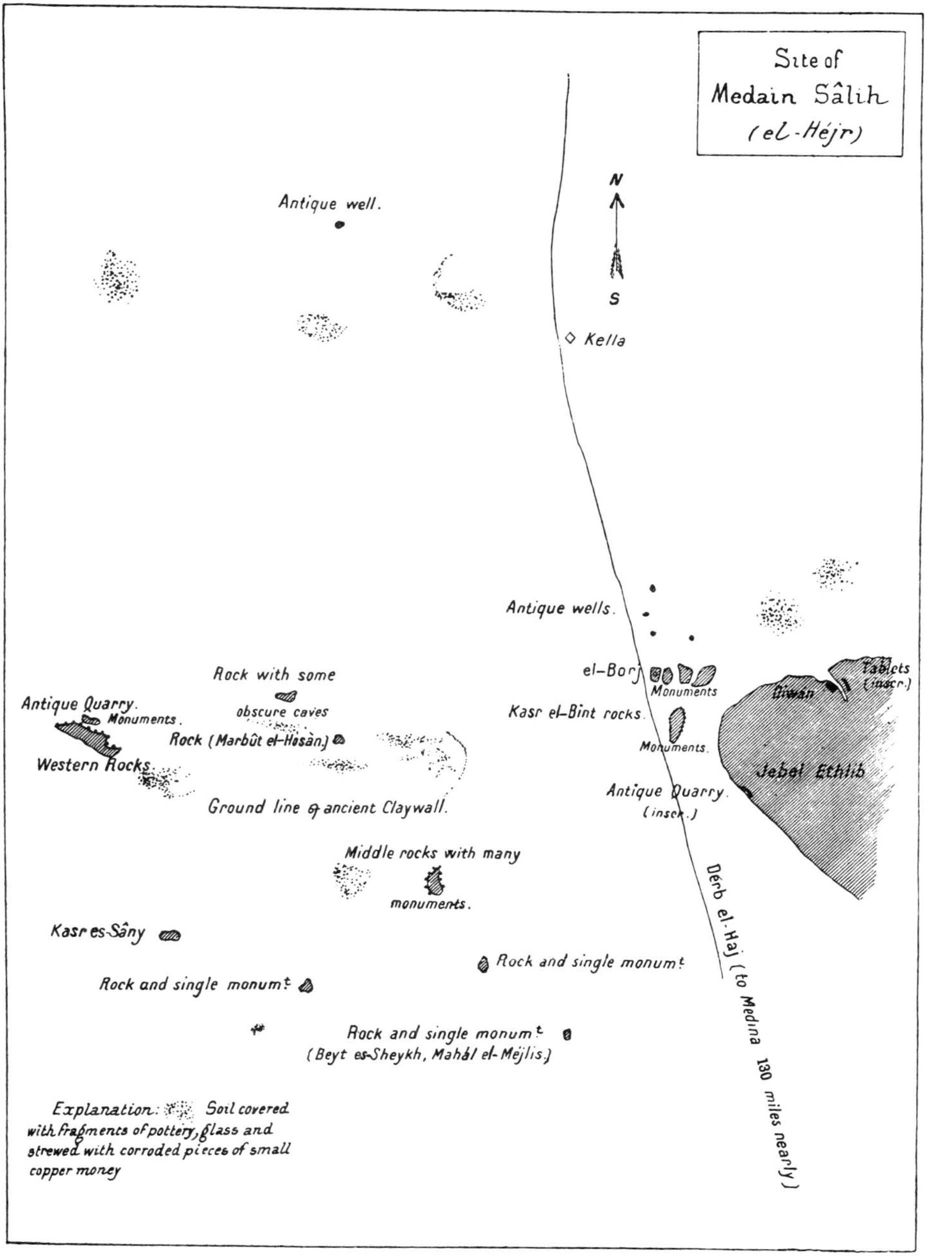
Site of
Medain Sâlih
(el-Héjr)
N
S
Antique well.
Kella
Antique wells.
el-Borj
Monuments
Tablets
(inscr.)
Diwan
Kasr el-Bint rocks.
Monuments.
Jebel Ethlib
Antique Quarry.
(insck.)
Rock with some
obscure caves
Antique Quarry.
Monuments.
Rock (Marbût el-Hosân.)
Western Rocks.
Ground line of ancient Claywall.
Middle rocks with many
monuments.
Kasr es-Sâny
Rock and single monumt.
Rock and single monumt.
Rock and single monumt.
(Beyt es-Sheykh, Mahál el-Mëjlis.)
Dérb el-Haj (to Medina 130 miles nearly)
Explanation: Soil covered with fragments of pottery, glass and strewed with corroded pieces of small copper money

Bei einer anderen Gelegenheit konnte ich die Monumente mit mehr Muße besuchen und drang dabei auch bis zum letzten und prächtigsten Denkmal vor, das den Namen *Beyt Akhreymat* trägt. Zwischen den beiden Wandgesimsen ist hier noch eine Reihe von vier niedrigen Pilastern in das Gestein gemeißelt. Über dem Giebelfeld findet sich keine Vogelfigur, sondern nur der leere Sockel. Anstelle der kannelierten Urnen sieht man Tiergestalten als Seitenschmuck des Ziergiebels: Hunde oder Greifen. Die Innenkammer des Monumentes, in der man wie in den Grabkammern kleine flache Loculi findet, ist nicht bis ganz auf den Boden herab ausgehauen, so daß die Sockel der Seitenpilaster mit der Felsbasis verwachsen bleiben und die weiche Sandsteinarchitektur eine größere Dauerhaftigkeit und Festigkeit gewinnt. So hat sich hier ein epigonenhaftes Kunstgebilde auf eigenartige Weise mit der ewigen und ordnungslosen Natur verbunden. Über dem Eingang sind der Architektur in kunstloser Weise Ornamente hinzugefügt; die üppigen Arbeiten schienen mir der Symmetrie der Architektur nicht recht angepaßt. Im übrigen gibt es nur wenige Fassaden, die eine mit Werkzeugen geglättete Oberfläche aufweisen. Die antiken Handwerksmeister (höchstwahrscheinlich aus Petra stammend) gehörten zu einem Volk, das sonst in Lehm baute; ihre Arbeit an diesen Tempelgräbern war Nachahmung. (. . .)

Zuletzt kamen wir zum *Mahal el-Mejlis*, dem Senatshaus, wo man die Fläche eines einzigen Felsens in einer Breite von mehr als vierzig Fuß zu einem mächtigen Grabmal

Mahal el-Mejlis oder ›Senatshaus‹ ▷
(nach Doughty)

Beyt Akhreymat (nach Doughty)

P Sellier

Grabinschrift am Mahal el-Mejlis (nach Doughty)

von ansprechender, feierlicher Schlichtheit ausgehauen hat. Die großen Seitenpilaster sind paarweise angeordnet, wie man es sonst bei keinem dieser Monumente findet. Großartig, wie diese gewaltige Fassade auf uns wirkt, ist sie doch unvollendet. Wer war der Auftraggeber dieses groß begonnenen Werkes, wer liegt allein oder fast allein in diesem gewaltigen Grabmal menschlicher Eitelkeit? Die innere Kammer ist nur eine kleine grob ausgeschlagene Zelle mit ein oder zwei Grabstätten. Zweifellos ist das sein Name, der da in tief ausgemeißelten Kursivbuchstaben in die mächtige Grabtafel eingeschrieben ist: in einer einzelnen Zeile von solcher Größe, wie es sie hier kein zweites Mal gibt. Die Gelehrten haben sie inzwischen entziffern können: »Für Hail, den Sohn des Douna, und seine Nachkommen.« (...) Das unvollendete Portal mit Adler und Seitenornamenten ist so erhalten geblieben, wie es einst aus dem Stein gehauen wurde. Die großen Pilaster sind nicht ganz bis zum Boden herunter ausgemeißelt; der rohe Felsen steht noch vor dem Grabmal, jedoch bereits in Blöcke zum Abräumen zerteilt. Hier kann man gut die Arbeitstechnik der alten Steinmetze erkennen. Auf die Steinblöcke weisend, meinten meine einfachen Gefährten, dies wären die Sitzbänke des Stadtrates gewesen.

Die Deckel der Gräber und die Türen der ›verlassenen Häuser‹ – wahrscheinlich hatte man Akazien- oder Tamariskenbohlen verwendet – sind ohne Zweifel schon vor langer Zeit als Brennmaterial in die fröhlich flackernden Wachfeuer der Nomaden gewandert, zumal kein Totenkult oder Götzendienst sie hier davon abhielt. Trotz aller Pracht, die diese Handelspartner der Sabäer nach römischem Vorbild entfalteten, findet man keine einzige Marmorplatte an ihren Monumenten und auf der ganzen Ebene von Hejr keine verstreuten Marmorbruchstücke. Man begnügte sich damit, auf dem weichen Sandstein der arabischen Berge ›mit eiserner Feder für die Ewigkeit‹ zu schreiben. In

Stammeszeichen der Beduinen (nach Doughty)

allen Türpfosten ist eine Nut eingelassen, die vielleicht dazu gedient hat, den Riegel eines hölzernen Schlosses aufzunehmen. Häufig sind die Fassaden über und über mit den müßig eingeritzten Stammeszeichen *(wasm)* der alten Nomaden bedeckt, und ich war erstaunt, wie sehr sie oft den frühen himyaräischen Buchstaben ähneln. (. . .)

Weitere nabatäische Fassaden mit figürlichem Schmuck (nach Doughty)

Zusammenstoß in der Kella

Eines Morgens bat ich Mohammed Aly, mich nach besten Kräften zu unterstützen, denn die Zeit für die Erkundung Medain Salihs wurde knapp. Ich versagte es mir, freimütig zu sprechen, hatte aber das Gefühl, daß er mich scheel ansah. »Du mußt dich doch daran erinnern, daß du mir bestimmte Versprechen gemacht hast.« – »Ich werde dir das Gewehr zurückgeben!« Die Waffe war in meinem Zimmer; er aber stand in wachsender Erregung auf, ging zu meiner großen Verwunderung in seinen eigenen Raum, kam mit dem Karabiner zurück, wandte sich ab und ließ mich allein zurück. Mit einem freundlichen Wort stellte ich die Büchse wieder an den Eingang seiner Kammer. »Hinaus!« schrie mich der Schurke wutschäumend an, wobei er aufsprang und mich beim Mantel packte. Dann schlug der maurische Hund mir plötzlich mit der flachen Hand ins Gesicht – all sein Zorn lag in dem Schlag; da wir auf der Galerie standen, wäre ich fast in den Hof hinabgestürzt. Mit wilder Stimme brüllte er mir zu: »Weißt du jetzt, mit wem du es zu tun hast?« und ging in den Kaffeeraum; ich folgte ihm, da ich einige Beduinen dort sitzen sah. Die Nomaden, die den Glauben der Wüste achten, verabscheuen primitive Wutausbrüche. Ich wandte mich also an sie: »*Ya rubba*, ihr Kameraden, ihr seid Zeugen der Übeltat dieses Mannes!« Die Nomaden blickten uns starr vor Entsetzen an; in ihren Augen ist es eine Todsünde, Gewalt gegen einen Gast anzuwenden, der ja Gast Allahs ist. Mohammed Aly, zitternd vor Wut, sprang daraufhin von seinem Platz auf und warf sich an der Tür wieder mit der Kraft eines Tigers auf mich; während seine Schläge auf mich herabregneten, packte ich seine Handgelenke und hielt sie fest: »Jetzt laß es genug sein, oder ich zeige dir, wer der Stärkere ist!« Er wehrte sich, und die rote Kappe fiel ihm vom Türkenkopf; dieser neue Verlust an Würde ließ den Zorn aber nur verstärkt in ihm aufwallen, und er riß sich los. Dieser kränkelnde Hauptmann roher Soldaten entwickelte für einige Augenblicke die Kräfte eines Schlächters, und ich glaube, drei friedenswillige Männer hätten ihn jetzt nicht festhalten können. Die Wachen des Forts, die Mohammed Aly nicht sonderlich liebten, hielten sich unter Haj Nejm zurück, waren sich aber ihrer Sache nicht sicher, da sie vom Pascha zur Rechenschaft gezogen werden konnten, wenn mein Blut vergossen wurde. Die Nomaden versuchten, meinen Gegner mit milden Worten zu besänftigen, doch wagte es niemand, sich zwischen den Aga und den Christen zu stellen. »Ah, bei Allah«, schrie der Unhold, »jetzt bringe ich dich um!« Hätte er ein Messer oder eine Pistole im Gürtel gehabt, wäre er wohl nicht zurückzuhalten gewesen. So ergriff der Schurke jedoch nur zähnefletschend meinen Bart und riß mich hin und her – eine äußerst schwere Schmach in diesem Land. Währenddessen ließ die Tollheit in seinem kranken Körper nach, und er schien etwas verwirrt, weil er die ernüchterten Blicke der Männer ringsum bemerkte und den Nasrany bluten sah, den ihm der Pascha um den Preis seines Kopfes anvertraut hatte. Eilig ging er in die Kaffeestube zurück, wo ich ihn und die Männer allein ließ. Die Mehrzahl der Fortbesatzung hatte mich in ihr Herz geschlossen, sogar der sonst nicht kleinliche Haj Hasan war aufgebracht, als er sah, daß ich mißhandelt wurde. Sie alle jedoch geben nicht viel um ein Menschenleben, wenn es hart auf hart geht, und dieser Aga war ihr Brotherr, wenn er auch einen Teil ihres Soldes in die eigene Tasche steckte; außerdem war er wie sie Maure und gehörte ihrer Religion an. Wenn Mohammed Aly mich erneut in seinem Zorn angreifen sollte und mein Leben in Gefahr geriet, würde ich mich mit meiner Pistole verteidigen müssen, die – was diese Männer nicht wußten – bereits sechs mörderischen Arabern das Leben gekostet hatte. (. . .) All die Mühen der Reise von Syrien hier herunter sah ich nun vergeblich werden, denn solchen heimtückischen Angriffen konnte ich mich nicht länger aussetzen.

Als der Bastard Mohammed Aly vorbeikam und mich an meiner Zimmertür friedlich lesend vorfand, forderte er mich in einem neuen Anfall von Bosheit auf, mein Quartier zu verlassen und mich mit meinem Gepäck in den Liwan zurückzuziehen, eine überwölbte Kammer, die nach Damaszener Art in nördlicher Richtung offen ist. Sommertags wird dort das Kaffeefeuer bereitet, aber jetzt, in dieser Höhe, herrschte eine Todeskälte. Er gab meinen Raum jemand anderem, und ich mußte in dessen Zimmer auf der eisigen Seite umziehen, das sich unmittelbar über dem Abtritt befand und, wenn der Wind zum Fort drehte, dessen pestilenzialischen Ausdünstungen ausgesetzt war. Danach schickte Mohammed Aly den jungen Mohammed, um von mir als *rahn*, als Entschädigung, das Gewehr zurückzufordern. Ich trug die Waffe zu Mohammed Aly, der niedergeschlagen in seinem Zimmer saß und zu Boden starrte.

Am frühen Nachmittag ging ich hinüber in die *kahwa*, den Kaffeeraum, wo Mohammed Aly und Haj Nejm saßen. Ich mußte mich vergewissern, wie die Lage war, ob ich weiterhin mit ihnen in der Kella leben konnte oder ob es besser für mich war, nach el-Ally zu gehen. Ich breitete also mein *biuruldi*, mein Empfehlungsschreiben eines früheren Gouverneurs von Syrien, vor ihnen aus. »Ja und? Ich habe dreißig solcher Firmans zu Hause!« – »Seid ihr nicht Diener der *Dowlat es-Sultan*?« – »Ich fürchte nichts und niemanden; wir sind Maghrebiner, heute hier, morgen dort, was kümmert uns die Dowla (Regierung) von Stambul oder Mambul?« – »Und würdest du es auch in Damaskus wagen, mich zu schlagen?« – »Beim Allmächtigen, jeden Tag werden in *es-Sham* (Damaskus) Männer geschlagen und auch getötet! Ha, Engländer, Franzose oder die Dowla – willst du mir im Land der Beduinen mit solchen Namen kommen?« – »Aber du wirst doch wenigstens es-Seyid (Abd el-Kader) respektieren – und es kommt der Tag, wo ich ihm von dieser Sache berichten werde!« – »Es-Seyid wird noch wütender sein als ich – und wer ist gewaltiger in seinem Zorn als der Seyid? Was, Haj Nejm? Bei Allah, in Damaskus zählen nur es-Seyid und Mohammed Aly! Mir unterstehen schließlich (welche Anmaßung!) siebenhundert Gewehre!« – »Du hast mich geschlagen; nun sage mir, weshalb! Ich wüßte nicht, womit ich dich beleidigt haben könnte.« – »Bei Allah, wäre ich nicht gottesfürchtig, ich hätte dich von der Galerie gestürzt. Und niemand hätte je gefragt, wie du gestorben bist. Dein eigener Konsul lehnte vor unserem Waly (dem syrischen Gouverneur) ausdrücklich jegliche Verantwortung für dich ab, indem er seinen *berneta* in die Hand nahm und sagte, du bedeutetest ihm nicht mehr als dieser alte Hut.« – »Dieser Konsul wird sich vielleicht eines Tages dafür rechtfertigen müssen!« – »Nun, das ist wahr, und, Haj Nejm, ich habe gehört, daß er bei unseren Paschas in Damaskus als *khanzir* (Schwein) gilt; deshalb will ich ihn nicht zählen. Auch wird der Bote bereits Khalils Briefe in Damaskus abgegeben haben. Dort weiß man, daß du hier bist, und man wird uns für dein Leben verantwortlich machen.« Darauf sagte Haj Nejm: »Ja, und er ist einer von denen, für deren Blut man eine Stadt des Islam zerstören wird.« (Das Bombardement von Jidda und die Strafexpedition nach Syrien waren eine bittere Erinnerung für sie.) – »Wie du siehst, Haj Nejm«, sagte ich, »ist dieser Mann etwas schwer von Begriff.« Mohammed Aly begann sich nun widerstrebend zu entschuldigen, er habe der Dowla die letzten dreißig Jahre treu gedient, er trage die Wunden an seinem Körper, und jeder wisse, daß er ein guter Mann sei. – »Schluß jetzt, Schluß mit euch beiden!« rief Haj Nejm, der uns wieder versöhnen wollte, und Mohammed Aly, der fast kindisch religiöse Menschenfreund und Schurke nannte mich bereits wieder »*Habib,* mein Lieber!« Wir tranken gemeinsam und schieden als Freunde. (...)

Die Rückkehr der Pilgerkarawane

Es war jetzt sicher, daß die Haj die Pocken mitbrachte. Diese schreckliche Krankheit und die Cholera sind das Verderben der arabischen Nomaden. In ihrem unterernährten Zustand können sie schweren Erkrankungen nur wenig Widerstand entgegensetzen. Mit den Pilgerkarawanen (von denen viele aus den arabischen Provinzen selbst kommen) strömt die Seuche jedes Jahr wie ein Fluß aus den Städten durch die menschenleere Halbinsel.

Lang erwartet, sah man am achten Morgen die Haj, die die ganze Nacht gezogen war, sich über die Ebene heranwälzen. Die Soldaten der Jurdy stiegen auf und galoppierten dem Zug mit ihren Offizieren entgegen, um den Pascha zu begrüßen. Vorneweg zogen die Zeltmannschaften; in wenigen Minuten hatten sie die Zeltstadt der Pilger beim Lager der Jurdy errichtet. Unsere Ohren vernahmen wieder das Geklingel der Glöckchen an den prunkvollen Sänften (von denen nur wenige zurückkamen), im Gleichtakt zu den langsamen Schritten der riesigen Tragkamele. Die bunte Pilgermenge ritt hinterdrein. Ihre verstreuten Reihen zogen eine halbe Stunde lang an uns vorbei, bis auch der letzte der Karawane sein Quartier erreicht hatte. Zweimal jedes Jahr steht diese Zeltstadt einen Tag lang voller Geschäftigkeit hier in der thamuditischen Ebene. Am Rande des Marktes saßen Schuster bei ihrem Handwerk; sie hatten Fußsohlen von Kamelen bei sich, die auf dem Weg zusammengebrochen waren. Mit diesem Material flickten sie die Schuhe derer, die die ganze Strecke zu Fuß zurückgelegt hatten. Hier auf dieser Mittwegstation liegt der Preis für kleine Gebrauchsartikel fünf- bis achtmal über dem Marktpreis von Damaskus. Die Zeltladenstraße der Jurdy wurde bald durch Zelte neu eintreffender Händler erweitert. Die Jurdy hatte syrische Oliven mitgebracht, dazu Lauch, Käse und Karawanenzwieback, und der Bäcker der Jurdy hantierte an seiner Feuergrube mit Reisigholz und Blechen, um den armen Pilgern für einige Pfennige feines weißes Fladenbrot zu backen. Die erfrischenden süßen und sauren Limonen und Datteln aus el-Ally waren schon bald ausverkauft. Die Händler, die auf Kamelen aus Damaskus gekommen waren, öffneten ihre Ballen in den Zelten und boten Kaffeetassen, Eisenwaren, wertvolle Teppiche (mit ihren frischen Farben Gärten gleichend und weich wie eine Frühlingswiese) als Liebhaberstücke für große Scheichs feil, daneben auch Kleidungsstücke für die armen Beduinen. Die rückkehrenden Händler des Pilgerzuges führten Waren aus Mekka mit; in ihren Zeltständen sah ich Berge von Kaffee aus dem Jemen (dem ›Glücklichen Arabien‹), außerdem wurden Gewürze aus Malaya, Parfüme aus Indien oder Mekka und sogar chinesisches Porzellan angeboten; dies alles hatten moslemische Pilger aus vielen fremden, fernen Ländern in die heilige Stadt mitgebracht. (. . .)

Von den Offizieren der Jurdy und von Mohammed Aly war ich dem Pascha warm empfohlen worden, aber ich hielt es nicht für zweckmäßig, ihn so früh am Tage aufzusuchen, da er meine Reise nach Medain Salih zuvor mit großem Mißfallen betrachtet hatte. Mohammed Aly hatte mir – in seinen guten wie in seinen schlechten Augenblicken – die ganze Geschichte erzählt. In der Dezembernacht, als der Pilgerzug von Medain aufbrach, hatten der türkische Sir Amin und Mohammed Said Pascha noch einmal Mohammed Aly rufen lassen. »Bei Allah«, fragten sie, »hast du nicht den Christen versteckt, um ihn heimlich nach Medina und Mekka reisen zu lassen?« – »Gott ist mein Zeuge, ihr Herren, daß dies nicht stimmt! Dieser Mann hat sich gewiß nur hierher gewagt, um Medain Salih zu sehen. Ich bürge dafür, daß er nicht einen Schritt weiter ziehen wird. Aber ich werde ihn holen, er kann euch selbst Rede und Antwort stehen.« – »Nein«, sagte der Pascha, »ich will ihn nicht sehen; ich muß mein Gesicht wahren.« (Als ich ihn in Damaskus besuchte, hatte ich es wohl unterlassen, den alten fettleibigen Verschwender öffentlicher Gelder mit ›Eure Herrlichkeit‹ anzureden.) Darauf meinte der Sir Amin aus Stambul: »Hör gut zu, Kellajy, wenn uns dieser Engländer auch nur einen Schritt nach Medina folgt, dann bringst du mir den Kopf des Hundes!« (. . .) Und der Pascha sagte zu Mohammed Aly: »Laß ihn bei dir in der Festung bleiben – du kannst ihn dann hier in der Umgebung zu allen Grabmälern schicken, damit anschließend nicht noch mehr Franken hierher kommen. Gib acht, daß diesem Mann nichts zustößt, denn, bei Allah, du bist uns für sein Leben verantwortlich.« Der Sir Amin fügte hinzu: »Beim Allmächtigen Gott, wenn wir ihn bei der Rückkehr nicht lebend vorfinden, werden wir dich, Mohammed Aly, über der Tür deiner eigenen Festung aufknüpfen lassen!« So besorgt sind sie neuerdings, daß man sie für das Leben eines europäischen Bürgers zur Rechenschaft ziehen könnte. Grimmig dreinblickend schwor Mohammed Aly daraufhin bei ihren Bärten, daß er dieser Order nachkommen werde, aber, beim Großen Gott, er sei ein Maure und lasse sich von niemandem einschüchtern.

Jetzt mußte ich vom Pascha die Gefälligkeit erbitten, er möge mich den wilden, wandernden Beduinen empfehlen, denn nach dem Aufbruch der Karawane am Morgen wollte ich mit den Nomaden weiter in die unermeßliche Wüste ziehen. Die Offiziere der Jurdy hatten versucht, Zeyd davon abzuhalten, mich zu begleiten, und auch der Pascha selbst hatte ihm zugeredet; aber Zeyd lockte das Silber, und über ihn, den freien Beduinen, hatten sie keine Macht.

Im Reich der Beduinen

»Dies ist das Reich der Beduinen«, sagte Zeyd und wies mit seiner dunklen Hand auf das wilde Land vor uns. Er beobachtete mich, um zu sehen, ob der Städter nicht etwa vom bloßen Anblick der menschenleeren Wüste entmutigt würde.

Zwischen dem 13. Februar und dem 2. September 1877 Wüstenwanderungen mit Beduinenstämmen. Unter dem Schutz des Scheichs Zeyd zieht Doughty zunächst mit den Fukara. Vom 27. Februar bis zum 1. März erster Besuch in der Oasenstadt Teyma. Rückkehr ins Fort von Medain Salih, dann Aufbruch in das Harra-Gebiet, um mit den Moahib-Beduinen zu leben. Begegnungen mit den Moahib- bzw. Sehamma-Scheichs Tollog und Mahanna. Noch einmal Besuche von el-Ally und Medain Salih. Danach Ritt nach Teyma und vom 2. September bis 10. Oktober 1877 zweiter Aufenthalt in der Stadt. Am 10. Oktober Aufbruch nach Hayil, der Residenzstadt des Wüstenfürsten Ibn Rashid.

Nomadenleben

Bis zum späten Nachmittag dauerte unsere Reise, die wir bald zu Fuß, bald reitend zurücklegten und auf der wir Zeyds Wunsch entsprechend unsere Mäntel tauschten. Da die Nomaden oft ihren Zeltplatz wechseln, konnte Zeyd die Lagerstelle nicht auf zwölf oder zwanzig Meilen genau angeben; er war deshalb auch im Zweifel, ob wir noch bei Tageslicht zu ihnen stoßen würden. Einer der Ageyly vom letzten Nachtlager kam mit uns; mit einem Hammer trieb er mein krankes Kamel an. Nach unseren Nomaden Ausschau haltend, sahen wir plötzlich langsam hin und her schwankende Leiber von Kamelen, die am Horizont verstreut weideten; da es kurz vor Sonnenuntergang war, wurden sie zum Beduinenlager, *menzil*, getrieben, das eine Stunde entfernt lag. Bei den Hirten angekommen, saßen wir ab, und einer der Burschen nahm unsere Trinkschalen und molk eine seiner Kamelstuten für uns. Milch wird hier *kheyr Ullah* (Gottesgabe) genannt und darf keinem Reisenden verweigert werden, auch wenn die armen Besitzer der Tiere deshalb selbst ohne eine Mahlzeit bleiben. Bald nach dem Trunk erkundigten sich meine Gefährten, ob ich mich schlecht fühle; gewöhnlich bekämen Fremde Bauchschmerzen, wenn sie das erste Mal Kamelmilch kosteten. Diese säuerliche, dünne Milch gerinnt sofort und liegt dann schwer im Magen.

Als wir uns den Beduinenzelten näherten, hielt ich mich mit dem Ageyl zurück, wie es die Gastregel der Wüste gebietet, während Zeyd, unser Wirt, uns vorausritt. Er besaß ein kleines Sommer- oder Wanderzelt, *hejra* genannt, das auf dem Wüstensand aufgeschlagen wird. Mir schien es ärmlich und niedrig, gar nicht, wie es sich für einen großen Scheich ziemt, und auch ohne einen bunten Teppich im Innern; den Wohlstand, den ich zuvor bei den Beduinen im Norden kennengelernt hatte, gab es hier nicht. Mit seinem gewohnten feierlichen Lächeln führte Zeyd mich hinein und hieß mich, ein wenig zu meiner Überraschung, in das abgeteilte Frauengemach eintreten. Beduinen wie er, die manchmal weit herumgekommen sind, hegen kein Mißtrauen gegen die Christen, die sie im Norden kennengelernt haben, wo sie als ehrenhafter als die Moslems gelten. Er stellte mich nun seiner jungen Frau vor: »Khalil, dies ist deine neue ›Tante‹ (*ammatak* = Wirtin), und Hirfa, dies ist Khalil; gib acht, daß es ihm an nichts mangelt.« Noch während der Nacht kehrten auch die abwesenden Stammesleute vom Pilgermarkt zurück; die Nomaden blieben dann noch einen Tag im Borj-Selman-Lager. Am dritten Morgen brachen wir auf. Wir befanden uns hier auf einer Höhe von nahezu viertausendfünfhundert Fuß.

Das Abbrechen eines Nomadenlagers und der Viehtrieb zu einem anderen Weidegrund wird bei den Arabern *rahla* genannt. Tags zuvor wird im Stammesrat bestimmt, wann und wohin man zieht. Wenn diese Entscheidung aber allein beim Scheich liegt, müssen dessen Zeltnachbarn bei Tagesanbruch darauf achten, ob die Frauen des Scheichs das Zelt zusammenlegen, was dann den Beginn der Rahla bedeutet. Die Beduinenfrauen ziehen nun eilig die Zeltpflöcke heraus, die Zelte fallen zusammen, das Zelttuch wird aufgerollt, und die Zeltstangen werden eingesammelt und zu einem Bündel verschnürt. Den Hausrat verstaut man in selbstgewebten wollenen Säcken, die dann auf die Lastkamele geschnallt werden. Nach und nach werden die Nomaden in dem weitgestreuten Lager am Beispiel ihrer jeweils nächsten Nachbarn gewahr, daß es zu neuen Weidegründen geht, und brechen ihre Zelte ab. Die Hirten treiben nun das Vieh an, der *harem* (Plural von *horma* = Frau) steigt mit dem Gepäck auf, die Männer, nur mit ihren Waffen bestückt, Säbel oder Luntengewehr am Sattelknauf, die lange Lanze in der Hand, folgen mit dem Scheich auf ihren Reitkamelen – in dieser Art marschiert ein Nomadendorf. Wenn jedoch eine Stunde nach Sonnenaufgang das Zelt des Scheichs noch steht und das Vieh auf die Weide muß, sagen die Leute: »Treibt die Tiere hinaus, heute gibt es keine Rahla mehr.«

Der Morgen, mutmaßlich der 16. Februar, war hier im Hochland windig und kalt. Zeyd rief: »*Shil,* aufladen!«, und Hirfa packte vor Kälte zitternd und seufzend ihren Hausrat zusammen. Dem schwachen Geschlecht wird beim Aufladen des Gepäcks von den hoheitsvollen Ehemännern keine Hilfe zuteil; das wäre unter ihrer Würde, selbst in den Augen der Frauen. Die Männer bleiben bis zum letzten Augenblick sitzen und wärmen sich an einem rasch zusammengetragenen Reisigfeuer, und Zeyd macht gewöhnlich noch Kaffee. Die Tragekamele werden herbeigeführt, und man läßt sie neben den Lasten niederknien; nur ein Hirte ist Hirfa behilflich, die Habseligkeiten auf dem einfachen Packsattel zu befestigen. Diese Packsättel, *hadaj* genannt, haben einen Rahmen aus dem Holz der Wüstenakazie und sind gewöhnlich das Werk eines Nomadenschmieds oder Kesselflickers. Das untergelegte Kissen aus altem Zelttuch, *wittr,* wird mit trockenen Kräutern ausgepolstert, und das Ganze bindet man mit einem einfachen Strick unter dem Bauch des Kamels fest. Als man Zeyd bat, bei den überschweren Lasten Hand anzulegen, tat er es nur grollend und murrte: »Ist ein Scheich etwa ein Lastenträger?« Ich half ebenfalls, die schweren Lasten beiderseits des Sattels paarweise und gleichmäßig zu verstauen. In einem Stamm nicht unbedeutender Größe war Zeyd ein kleiner König. Nach Ansicht der Leute darf ein Scheich wie er nicht überall selbst Hand anlegen, sondern muß die Arbeit seinen Hirten überlassen. Ein großer Scheich darf allenfalls im Lager sein Pferd selbst versorgen, während die Knechte tagsüber das Vieh auf der Weide hüten. Hat er die Stute jedoch zum Brunnen geführt und trifft er dort ein gewöhnliches Mitglied seines Stammes an, wird der Scheich diesem das Tränken überlassen. Desungeachtet sind die Söhne des Scheichs als Kinder und auch noch später als junge, Waffen tragende Männer viel mit den Hirten draußen bei der Herde. Zeyd selbst habe ich schon mit der Sichel hinausgehen sehen, um Futter für seine Stute zu schneiden. Kam er dann mit einem Mantel voll auf seinem Rücken zurück, lag Kummer auf seinem dunklen Gesicht, und er klagte, daß dies eigentlich die Pflicht seines Sohnes Selim sei. Dem Jungen, der oft ungehorsam war, machte er Vorwürfe, nannte ihn die Strafe seines Lebens, einen *sheytan* (Teufel), bedrohte ihn aber nie, denn das bringt kein Beduinenvater übers Herz.

Wir hatten noch keine zehn Meilen zurückgelegt, da schlugen wir vier Stunden östlich von Dar el-Hamra schon das neue Lager auf. Der Harem baut geschäftig die Zelte auf, die Männer hingegen frönen nach dem Absitzen dem Müßiggang, wenn sie nicht gerade das Vieh weiden oder zu einem Raubzug aufbrechen. Faulenzend sitzen sie den ganzen Tag zu Hause und spielen die großen Herren. Sie sagen: »Die *jowwar* (die beduinischen Hausfrauen) haben die Hausarbeit zu tun und zu gehorchen.« In der Sanddüne, die uns bis zum Aufrichten der Zelte gegen den scharfen Wind Schutz bieten sollte, hatte Zeyd mit dem Fuß eine Feuerstelle ausgescharrt. Mit der Fröhlichkeit der Beduinen kniete er davor und zündete das Zigeunerfeuer an. Selim sammelte Reisigholz, und wir setzten uns nieder, wärmten uns und brieten Heuschrecken.

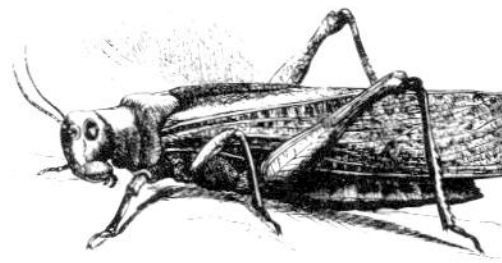

Zwei Tage lang kampierten wir an diesem Platz, dann ging es bei mildem Wetter fünf Stunden durch die gleiche sandige Halbwüste nach Osten, bis wir unser Lager in el-Antarieh aufschlugen. Erfrischend und leicht ist die reine Luft in diesen hochgelegenen Wüsten, das Wasser freilich ist knapp und von Kamelharn verunreinigt. Hirfa gab mir auf Zeyds Anordnung jeden Morgen gerade ein bis zwei Unzen des wertvollen Wassers, damit ich mich ›wie die Stadtleute‹ waschen konnte. Sie hielt dies für eine große Verschwendung, da die durstigen Stammesleute den Tag über nicht einmal genug zu trinken hatten. Oft gibt es zwischen den einzelnen Wasserstellen auch in den Zelten der größten Scheichs nicht ein Pint Wasser mehr, und wenn der Hausherr seine Frau auffordert, dem Gast Kaffee zu bereiten, bekommt er die Antwort: »Wir haben kein Wasser.« Ein allzu großer Teil der Wasserration eines Scheichs wird von seinem Pferd verbraucht, denn das Pferd erträgt den Durst viel weniger gut als die anderen Wüstentiere. (. . .)

Die Kamele. Das Zeltlager

Die Kamele, die als Nahrung jetzt saftiges Grün fanden, waren *jezzin*, d. h. sie wurden nicht getränkt. In guten Frühjahren werden sie fast zweieinhalb Monate auf diesen *diras* (Nomadenkamps) geweidet und nicht zur Tränke gebracht. Dann aber ist die Lebenskraft der vor kurzem noch so saftigen Pflanzen erschöpft; sie welken in der Sonne dahin und vertrocknen. Wenn das ›nicht trinkende‹ Großvieh nach einem Regenschauer Pfützen in Felsvertiefungen findet, beugt es ohne großen Durst nur langsam den schweren langen Hals, schnüffelt am Wasser und benetzt nur den Rand der weichen Lippen, indem es das Wasser wieder ausbläst und den Kopf wie in Abneigung schüttelt. In diesen fetten Wochen der Frühlingsweide sind die Kamele der Nomaden stark und übermütig. Dies ist die Zeit, wo sie Fleisch ansetzen und für die Not des Wüstensommers und des langen Jahres ihren Höcker mit Fett auffüllen. Werden sie mit vollem Bauch bei Sonnenuntergang eingetrieben, eilen sie in gewaltigen Sätzen ihren Hirten voraus. Die Herren der Zelte treten vor ihre Behausung und versuchen, die vorbeitrabenden Tier mit lautem *»Wollu-wollu-wollu«* herbeizurufen bzw. sie mit einem *»Woh-ho, woh-ho, woh-ho«* zum Stehen zu bringen; mit *»Hatch«* wird ein Tier verscheucht, wenn es einen Zeltstrick berührt. Nach Herden getrennt kauern die Kamele neben oder nahe bei den Zelten, zu denen sie gehören, die meisten unmittelbar vor dem Eingang; dort liegen sie dann schnaufend die ganze Nacht und käuen ihre gewaltigen Futtermassen bis zum Morgengrauen wieder. Bei den Nomaden heißt es, daß Kamele niemals schlafen; das müde Tier streckt zwar den langen Hals auf dem Boden aus und schließt für eine Weile seine großen feuchten Augen, aber schon nach kurzer Zeit wird es den schwerfälligen Körper wieder aufrichten und anfangen wiederzukäuen. Jetzt im Frühling stehen die Tiere auch nachts auf, um im Mondlicht erneut zu grasen, und entfernen sich von den Zelten der schlafenden Nomaden; von Natur aus ängstlich, streifen sie nur im Umkreis des Lagers umher. Wenn ich zuweilen nach Mitternacht aufwachte und unsere Kamele verstreut fand, ging ich hinaus, um sie zurückzuholen, aber die Beduinen sagten: »Schlaf weiter, Khalil, laß die Tiere! Sie sollen weiden, wie sie wollen.« Die Nomaden möchten, daß die Tiere nun soviel wie möglich fressen, aber nicht selten verlieren sie dabei durch nachts heranschleichende Räuber Vieh. Kamele, der einzige Reichtum der Nomaden, sind der Anlaß all ihrer Kämpfe. Sie sagen: »*Neshil,* wir beladen sie mit unseren Lasten und wir trinken *halib,* ihre Milch.« Zwölf Monate sind die Kamelstuten trächtig. Jetzt war die Zeit gekommen, in der sie kalben, ein Ereignis, das mit dem Beginn der Frühjahrsweide zusammenfällt. Das Jahr der Nomaden ist folgendermaßen eingeteilt: *er-Rabia,* die Frühlingszeit mit drei Monaten Dauer, *el-Gayth,* der dreimonatige Sommer, *es-Sferry,* der drei Monate währende Herbst, und *es-Shita,* der Winter. Wer den Wechsel der Jahreszeiten bestimmen kann und über den Lauf der Gestirne Bescheid weiß, gilt bei den Beduinen als gelehrter Mann.

Wenn die Nomaden eine gute Weide gefunden haben, schlagen sie ihr Lager dort meistens bis zum dritten oder vierten Morgen auf. (...) Die Hirten erkunden die Weiden in der Umgebung, und nach der Entscheidung der Scheichs im Lagerrat brechen die Bewohner wieder auf und beziehen ein neues Lager, gewöhnlich zwölf oder dreizehn Meilen weiter. Nun lag Teyma vor uns.

Handelt es sich nur um einen kurzen Tagesmarsch, wandern die Beduinen ohne Eile und lassen die Tiere während des Rittes grasen. Die Scheichs reiten gemeinsam voraus, der Harem folgt mit dem Zug der Lastkamele; wenn etwas verkehrt geht, sind die Hirten sofort zur Hand, um zu helfen. Die Nachbarn stehen einander und sogar einem Fremden bei. Das Groß- und Kleinvieh wird beladen mit Haushaltsgütern einhergetrieben. Zuweilen sieht man auch Frauen absteigen und miteinander schwatzend und Geschichten erzählend barfuß (Schuhe sind hier unbekannt) neben ihren langsam schreitenden Kamelen herlaufen. Die beduinischen Ehemänner sehen es jedoch lieber, wenn ihre Frauen reiten und sich nicht ermüden, denn im Lager warten viele Pflichten

Kamelreiter
(nach
Lane-Poole)

auf sie. Die Frauen der Fukara steigen auf dem Marsch stets eine Stunde vor Mittag ab, um ihre paar Schafe und Ziegen zu melken. Jede Familie und Sippe wandert mit ihrem Vieh für sich allein, was zur Folge hat, daß der Beduinenzug sich weit verstreut; in dem offenen, unebenen Land (das zwar meistens flach, aber voller Klippen ist) sieht man gewöhnlich nur diejenigen Nomaden, die in der Nähe marschieren, obwohl insgesamt einige hundert unterwegs sind. Wenn die Beduinen an einen Ort kommen, der ihnen als Lagerplatz zusagt, kehrt Zeyd von der Spitze des Zuges zurück. Wo es ihm gut dünkt, stößt er dann seine lange Reiterlanze, *shelfa* oder *rombh,* in den sandigen Boden eines Wüstenbusches, als Zeichen für seine Gefolgsleute, d. h. für alle, die mit ihm kampieren und die sein ›Volk‹ genannt werden. Hirfa läßt ihr Kamel niederknien; an dieser Stelle wird sie das Zelt aufbauen. Der Rest von Zeyds Verwandten und Gefolgsleuten kommt heran, steigt ab, und jede Familie schlägt in einem gewissen Abstand zueinander rings um Zeyds Rastplatz ihr Zelt auf. Dies ist dann Zeyds Menzil, und die Menschen sind Zeyds Nomaden. Die Packkamele werden mit gutturalem *»ikh-kh-kh«* dazu gebracht, mit ihren Lasten niederzugehen; zeigt sich ein Tier widerspenstig, wird ihm der steife Nacken sanft mit dem Treiberstock heruntergebogen, oder man legt ihm eine Hand auf den schweren Hals. Wenn auch das noch nichts nützt, zieht man es am Bart, dann läßt es sich ohne weiteren Widerstand stöhnend auf die Knie fallen. Nachdem das Gepäck abgeladen und die Packsättel abgenommen sind, stehen die Lastkamele, von einem Fußtritt des Herrn angetrieben, schwerfällig wieder auf und werden auf die Weide geführt. Die Frauen falten die Zelttücher auseinander, ziehen die Eckseile und Seitenstricke heraus, und mit einem Stein als Hammer schlagen sie die Zeltpflöcke in den Boden. Nachdem dann die ›Pfeiler‹, d. h. die Zeltstäbe, untergeschoben sind, heben und spannen sie das Tuch, und nun steht das Zelt. Die Frau tritt ein, und nachdem sie

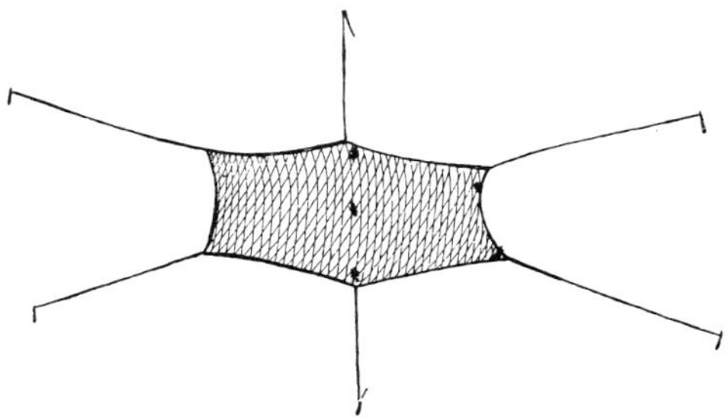

ihre Habseligkeiten verstaut hat, bringt sie ihrem Mann das Frühstück heraus. Dieses Frühstück besteht aus einer Schale *leban,* einer Art Joghurt, das aus dem besonderen Schlauch für die Sauermilch kommt, oder aus einer Handvoll Datteln und einer Schale Wüstenwasser. An Gasttagen gibt es zu Datteln und Buttermilch noch ein Stück frische Butter. Danach sitzt die Hausfrau wieder im Zelt und ruckt den *semila,* den Sack mit saurer Milch, auf ihren Knien hin und her, um die Butter für den Tag zu machen.

Wie Zeyd, so ist auch jeder andere herausragende Mann bei diesen Beduinen der Häuptling eines eigenen kleinen Lagers; das Hauptlager wird nicht (wie sonst bei den Aarab des Nordens) in einer festen Ordnung angelegt. Die Nomaden dieser Gegend bauen ihre Zelte vielmehr an den Rastplätzen nach eigenem Gutdünken auf und ab. Die Fejir oder Fukara wandern nie in *ferjan* (Nomadendörfern), nach Sippen getrennt, wie es sonst wegen der besseren Verteilung der Weideplätze überall Nomadenbrauch ist, sondern ziehen und kampieren stets zusammen. Dies ist deshalb notwendig, weil es mit den nur halb befreundeten oder von ihnen gröblich beleidigten und häufig offen feindlichen Nachbarn an ihren Grenzen zu viele Reibereien gab und weil ihr Land ungeschützt liegt. Zeyds Lager bestand aus sechs Zelten. Das seiner geschiedenen Frau, der Mutter seines noch jungen und einzigen Sohnes, lag dem seinen am nächsten, dann kam das Zelt einer anderen verstoßenen Gattin, von der er selbst eine Tochter hatte und die die Mutter seines Schützlings Settam war. Da Zeyd keine nahen Verwandten hatte, kampierten lediglich noch ein Kamelhirte mit seinem Vater, der schon unter Zeyds Vater Knecht gewesen war, und der Schäfer, beide mit ihrer Familie, bei ihm. Zuweilen schließen sich alleinstehende Personen dem Menzil eines Scheichs an, und so befand sich in unserer Gesellschaft noch eine ältere, elend lebende Witwe, die den vaterlosen Kindern ihrer verstorbenen Tochter die Mutter ersetzte. Der Sohn war so mißgestaltet, daß er wie ein Tier über den Sand kriechen mußte. (»*Ya latif*, welch glücklicher Anblick«, rief die bettelarme und einsame alte Frau mit einem demütigen Seufzer in frommem Spott dazu.) Das Mädchen hatte Haare wie eine Elfe und war geradezu bemerkenswert schmutzig. Ohne Zelt lebten sie unter Gottes freiem Himmel, und der Junge war nackt wie an dem Tag, als er in das Wüstenleben geboren wurde. Das Kamel, auf dem sie ritten, war ein barmherziges Geschenk der Stammesgemeinschaft, worin aber ihre tägliche Nahrung bestand, weiß nur Gott, der ja alle seine Geschöpfe erhält. Kein Beduine wäre so gottlos, solchen Armen, Stammesmitgliedern zudem, Vorhaltungen zu machen, sie zu verletzen oder gar zu verspotten, nachdem Gott sie bereits so schwer heimgesucht hat. Und wo auch immer sie sich auf dem allen gemeinsam gehörenden Wüstenboden niederlassen, wird niemand sie vertreiben. Gelegentlich stand auch das Zelt eines Fremden bei den unseren; es gehörte dann einem durchziehenden Nomaden oder der Familie eines Vertriebenen von einem Nachbarstamm. Im allgemeinen schlagen solche Leute ihr Zelt bei einem Scheich auf, mit dem sie bekannt sind. (. . .)

Wenn unser Zeltlager dann stand, erschienen, sofern der Scheich nicht gerade bei der Mittagsversammlung war, um seinen Kaffee dort zu trinken, die Männer an Zeyds Kaffeefeuer. Etwas Reisigholz wird neben die Feuerstelle geworfen, und einer beugt sich mit Flint und Stahl darüber und schlägt Feuer aus dem Zunder. Dann bläst er es an und nährt die freundlichen Funken mit etwas trockenem Kameldung, überhäuft diesen Brand dann mit trockenem Stroh und legt noch mehr trockenen Kamelmist nach. Wenn das Feuer richtig züngelt, holt der Scheich seine *dellal* heraus, die Kaffeetöpfe, die in der *fatya*, dem Kaffeegeschirrkorb, verpackt sind. Bei einem solchen Nomadenleben müssen alle Besitztümer in einer geeigneten *beyet*, einer Hülle, verpackt werden, damit sie bei den täglichen Umzügen nicht verlorengehen. Jemand steht auf und füllt die Töpfe aus den Wasserschläuchen, oder eine Schale mit Wasser erscheint von der Frauenseite her über dem Vorhang. Steht der Topf dann auf dem Feuer, reicht Hirfa uns ihre kleine Hand voll grüner Kaffeebohnen herüber. Man sitzt in einem Halbkreis um die Feuerstelle, gelegentlich kommen einige Bekannte oder Stammesleute dazu, die zwischen den benachbarten Zeltlagern umherschlendern. In der ersten Zeit bereitete Zeyd den Kaffee zu den vorbestimmten Stunden stets selbst zu; als er dann sah, wie wenig ich mir aus seinem dünnen Gebräu machte, trank er seine Schale Kaffee außerhalb. Wenn er nicht zur Versammlung ging, versteckte er sich oft zwei oder drei Stunden wie eine Eule oder, wie man dortzulande sagen würde, gleich einem Hund, in seinem kleinen geschlossenen Zelt, obwohl es in der Mittagssonne durch die dünne Plane unerträglich aufgeheizt wurde. Es war zum Lachen, Zeyd dort liegen und schwitzen zu sehen, während er uns besorgt darum bat, allen Ankömmlingen zu sagen, daß er nicht zu Hause wäre. Seine boshaften Stammesgenossen freuten sich wie Gläubiger, wenn sie ihn aufstöberten. »*Mukkarin el-Beduw!*« sagen die seßhaften Araber, »die Nomaden sind voll Arglist!«

Sobald ein neuer Lagerplatz erreicht ist, versammeln sich die Scheichs und die angesehenen Leute im Zelt des obersten Scheichs oder in einem anderen Häuptlingszelt. Dort trinken sie Kaffee, wobei die meisten den Kamelstock, *mishaab, mehjan* oder *bakhorra,* wie ein Zepter in der Hand halten (eine Sitte, die noch aus dem Altertum stammt). Die ersten Fragen betreffen gewöhnlich die neuen Standorte der verschiedenen Zelte, so heißt es etwa: »Rahyel (ein Bruder des Scheichs), *fen ahl-ak,* wo zelten deine Leute?« (...), denn jeder neue Marsch verändert die Lagerplätze der Nomaden, und nur wenige Zelte sind innerhalb des engen Wüstenhorizontes sichtbar. Während der Zubereitung des Kaffees sitzt der Beduine meist schweigend da, denn das, was man gewöhnlich bespricht, ist bereits hundertmal gesagt worden. So schlagen einige ihre Zeit tot, indem sie zur Unterhaltung mit ihren Treiberstäben im Sand malen. Am Tage gehen sie mit diesen Schmuckstöcken einher, aber wenn ihre Zeltlager weit auseinander liegen oder wenn es dunkel geworden ist, haben sie ihr Schwert zur Hand, das an einem Strick von der Schulter herabhängt. Die beste Schwertklinge ist die persische: sie ist ein wenig gebogen und hat einen einfachen Kreuzgriff von wunderbarer Form, der mit Metalldraht bewickelt ist. Nächst der persischen wird die indische Klinge, *el-Hindy,* am meisten geschätzt.

Bei den Nomaden hat das Wort *aarab* die Bedeutung von Volk oder Stamm. Beduinen, die auf ihren Wanderungen Hirten in der Wüste treffen, fragen: »*Fen el-Aarab,* wo ist dein Stamm?« Die Gesamtheit der Nomadenstämme aus Ost und West wird in der Pluralform als *el-Arban* bezeichnet. Das andere Wort, Beduine, das in all unsere Sprachen übernommen worden ist, heißt im Arabischen *beduwy,* was so viel bedeutet wie Bewohner der Wüste *(badia);* der Plural lautet *bedauwy,* in der Regel aber wird die Form *el-Beduw* benutzt.

Sobald wir im Zelt sitzen, wird eine kleine Schale mit ein wenig schwarzem Kaffee zweimal herumgereicht. Nach diesen Schlückchen von dem kochend heißen Gebräu und

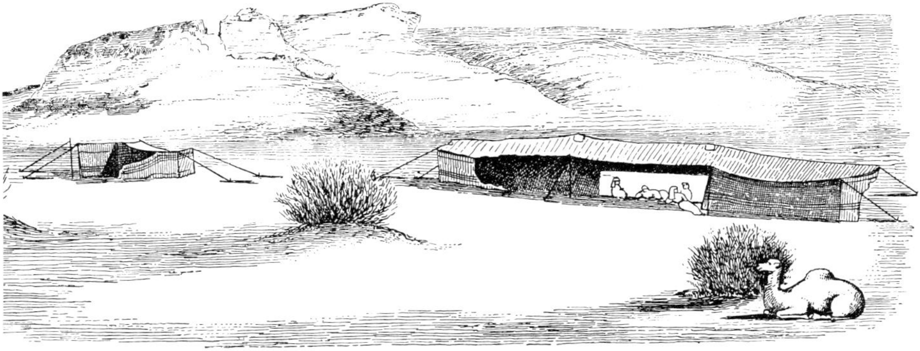

Zelt der Sehamma-Beduinen (nach Doughty)

dem damit verbundenen Austausch kleiner Neuigkeiten stehen die Männer einer nach dem anderen auf und gehen über den heißen Sand zu ihren eigenen Zelten zurück; alle sind barfuß, nur selten besitzt einer der Nomaden ein Paar Sandalen. So ist nun jeder wieder daheim, er spricht sein Mittagsgebet und verschläft nach dem Frühstück die schwül-heißen Mittagsstunden meist in der abgetrennten Frauenwohnung. Ich fragte einmal eine ehrbare Frau: »Wie vertreiben sich eure Faulenzer von Männern eigentlich diese langen Tage bis zum Abend?« Sie antwortete, verschämt lächelnd: »Nun, Herr, sie trösten sich mit dem Harem!« (...)

Das Nomadenzelt, das hier *beyt es-Shaar* (Haus aus Haar) genannt wird und aus schwarzem, haarigem Wollstoff besteht, hat mit seinem durchhängenden Dach in etwa die Form einer Hütte. Das starke und rauhe Zelttuch wird durch eine Leiste gestützt, die an der Spitze der *am'dan,* der Zeltstäbe, untergenäht ist, und kann, wie die Beduinen behaupten, eine ganze Generation überdauern, wobei es nur etwas dünner wird. Ist das Tuch für das Dach jedoch einmal fadenscheinig, stellt es nur noch einen schwachen Schutz dar, da es von den sengenden Strahlen der arabischen Sonne durchdrungen wird und nur einen grauen Schatten wirft. Das arabische Zelt spannt sich fest über alle seine Stäbe und kann auf gutem Untergrund auch starken Böen widerstehen, wie sie an den Jahreswenden vor allem in tiefen Bergtälern auftreten. Sogar auf lockerem Sand werden die Zelte nur selten vom Wind niedergelegt. Häufig jedoch reißen die von den Frauen selbstgesponnenen wollenen Stricke, *tunb el-Beyt.* Wer es sich (wie größere Scheichs) leisten kann, benutzt deswegen Stricke aus Hanf, der in der Stadt gekauft wird. Alle Stämme entlang der Pilgerstraße erhalten jedes Jahr Seile, Kleidung und Geräte als Abschlagszahlung auf das Weggeld. Das Zelttuch wird aus schmalen Bahnen

Beduinenzelt in der Wüste (nach Lane-Poole) ▷

eines groben Wollstoffs zusammengenäht, den die Frauen selbst gewebt haben; auch das Garn dazu wird von ihnen selbst gesponnen, wobei sie Schafs-, Kamel- und Ziegenhaar mischen. Daher auch die schwärzliche Farbe des Tuchs, von der wir schon im Alten Testament lesen: »Schwarz wie die Zelte von Kedar.« Gute Weberinnen weben weiße Borten aus Schafswolle oder auch grob gesponnenes Baumwollgarn hinein (die Baumwolle kauft man in Medina oder im Küstengebiet). Wenn das Zelttuch auf den Stangen ausgespannt ist, werden die Zeltvorhänge an diesem Dach befestigt – oft eine einzige lange Stoffbahn, die die Wand der Nomadenbehausung bildet. Die Stoffkanten werden mit hölzernen Pflöcken zusammengesteckt. Gewöhnlich bleibt die ganze Vorderseite des Zeltes oder wenigstens eine Hälfte offen für den *mukaad,* den Wohnraum der Männer. Der Frauen- oder Haushaltsraum als andere Hälfte ist dagegen oft durch einen Vorhang geschlossen, wenn die Frauen beim Schlafen oder Kochen nicht beobachtet werden wollen. Immer ist der Frauenwohnteil von dem der Männer durch einen in der Regel nicht mehr als brust- oder halshohen Vorhang abgetrennt, der an den Mittelstangen des Zeltes hängt. Vorn wird der Sitzraum der Männer nie mit einem Zelttuch verschlossen, nur bei Regen senkt man die Zeltstäbe und zieht die Zeltkante tiefer herab. Alles in allem sind solche Nomadenzelte nur sehr behelfsmäßige Behausungen, und die Beduinen, die nicht besser als Tote bekleidet sind, haben bei kaltem oder stürmischem Wetter sehr zu leiden. Im Winter wird die Zeltrückwand oft mit großen Steinen beschwert, während man die offene Vorderseite durch einen Vorbau aus trokkenen Büschen schützt; die Seitentücher des Zeltes können je nach Windrichtung und Sonnenstellung verschoben werden. So kann die Rückwand eines Beduinenzeltes von einem Augenblick zum anderen zur neuen Vorderseite werden. Eine gute Hausfrau denkt stets darüber nach, ob sie einen Vorhang lösen und anders aufhängen soll, damit die Gäste ihres Gatten Schatten und frische Luft haben oder vor den Unbilden der Witterung geschützt sind.

Auf der Frauenseite, die auch als Wirtschaftsteil des Zeltes dient, sind alle Gerätschaften untergebracht. Neben dem Vorhang der Frauen stehen auch die wenigen Zelttuchsäcke ihres armseligen Gepäcks, *el-Gush,* in denen sie Korn und Reis aufbewahren, sofern sie solches haben; außerdem finden sich hier einige Brocken Steinsalz, da nichts ungewürzt gegessen wird, der Besitz der Hausfrau an Wolle und gesponnenem Garn – eine gute ›Wollfrau‹ zu sein gilt als Ehre unter den arabischen Weibern – und einige Ellen Kattun, schließlich manchmal auch eine Tannenholzwurzel, *er'n,* deren rote Späne eingeweicht werden, um mit dem Wasser zwei oder drei Tage später, zwischen zwei Märschen, die Ziegenfelle für Wasserschläuche, Milchsäcke, das Leder für die Wassereimer und Tröge sowie anderes Gerät der Nomaden zu gerben. Auch die ärmste Frau hat irgendeinen Kasten (gewöhnlich vom Markt in der Stadt), in dem sie ihre wenigen Hausarzneien, ihren Kamm und ihren Spiegel, den bescheidenen Erbschmuck, die Ohrringe und den Nasenring aus Silber oder sogar Gold (noch von den Vorfahren) und zusammen mit diesen Schätzen einige kleine Besitztümer ihres Mannes aufbewahrt, die ihr anvertraut sind (Nomadenkleider haben keine Taschen). Wenn aber ihr Ehemann vermögend ist, dann hat sie für seinen kleinen Schatz an Reals und ihre paar Schmucksachen eine verschließbare, zinnoberrot gestrichene Lade aus Medina, die bei der Rahla (als Zeichen für den Reichtum des Scheichs) auf ihrem Tragkamel festgeschnallt wird. (. . .) Im allgemeinen trägt die Frau den Schlüssel zu ihrem Kasten als glitzernden Anhänger hinten an ihrem Schleier. Dort hängt er zusammen mit ihrem Fingerhut und einer Zange (um eingetretene Dornen aus den bloßen Sohlen zu ziehen) an einem scharlachroten Schmuckband von ihrer Kopfbinde herab. Die getrockneten Datteln, sofern sie welche besitzen, werden zusammengedrückt in großen Taschen aus Kamelleder verstaut, die sich während des Marsches dann an langen Lederriemen auf dem Rücken der Tragtiere hin und her schieben. Dieser ganze Zierat mit Fransen und Quasten kennzeichnet von jeher den semitischen Geschmack; wir lesen davon schon bei Moses und begegnen ihm auch auf alten jüdischen Skulpturen. Aus dem Leder ihrer alten Kamelsättel, die vom Dattelsaft durchtränkt sind, werden die besten Sandalen geschnitten. Die prall gefüllten schwitzenden Wasserschläuche legt man auf frische Ginster- oder andere Wüstensträucher, damit sie sich am Boden nicht durchreiben. In der Mitte des ganzen Hausrats aber steht der große Kupferkessel, *jidda,* der von einem Nomadenschmied oder von einem Handwerker im Marktdorf innen verzinnt worden ist. Wenn die Nomaden Butter haben, erhitzen sie diese darin, um *samn,* Butterschmalz, zu bereiten, auch kochen sie in diesem Gefäß ihre wenigen Speisen. An den Tagen, an denen man Gäste erwartet, wird das Gastmahl in der Jidda bereitet.

Die Byut es-Shaar der Beduinen sind also Zelte aus selbstgewebtem Haartuch. Diese ›Häuser aus Haar‹ fügen sich in die trostlose Landschaft. Das Zelt ist das Haus der Semiten; ihre Lehmhäuser sind in der gleichen Art gebaut: mit einer öffentlichen Halle für die Männer und Gäste sowie einem inneren Wohnteil für die Frauen und den Haushalt. (. . .) Wiewohl häufig von Räubern bewohnt, sind die wandernden Wüstenhäuser doch zugleich auch Freistätten der *theuf Ullah,* der Gäste Gottes, d. h. der Reisenden und aller Menschen, die zufällig bei ihnen absteigen. Gefährliche Wegelagerer auf freiem Land, sind die Hirten der Wüste in ihrem Heim Könige und väterliche Gastgeber für alle, die die Nacht über bei ihnen Zuflucht suchen. »Sind wir nicht alle«, so sagen die armen Nomaden, »Gäste Allahs?« Was Gott ihnen gegeben hat, teilen sie auch mit Gottes Gästen. Wenn sie nicht um Allahs willen etwas von seinem Eigentum zurückerstatten, wird es ihnen selbst nicht gut ergehen. Nachdem der Gast eingetreten ist und sich zwischen ihnen niedergelassen hat, bewahren die Nomaden respektvolles Schweigen; keine Frage darf vorzeitig gestellt werden (so wollen es Erziehung und Sitte der Wüste), bis der Fremde nicht wenigstens etwas gegessen oder zumindest getrunken hat. Indem man Brot und Salz miteinander teilt, wird Friede geschlossen, der so lange währt, wie der Gast die Speise in sich trägt (man rechnet zwei Nächte und den dazwischenliegenden Tag). Dergestalt herrschen unter dem ›Schutz Allahs‹ inmitten der Wüste goldene Zeiten, und reisende Beduinen sind bestürzt über die geizige Ungastlichkeit der Städte, wo es jedoch unmöglich wäre, diese Sitte der Nomaden zu erhalten. (. . .)

Das Los der Frau. Söhne und Töchter

Das Los der Frau ist das eines Konkubinats mit ungleichen Rechten, bedeutet innerhalb des allgemein dürftigen Lebens also traurige Knechtschaft. Das Eigentumsrecht der Eltern und Vormünder geht (unter Nichtachtung und Nötigung des schwachen Geschlechtes) zu einem bestimmten Preis an den Ehemann über, von dem die Frau jederzeit weggeschickt werden kann, wenn er keinen Gefallen mehr an ihr findet. Es kann auch vorkommen (obwohl bei den Nomaden die Frauen selten gegen ihren Willen dazu gezwungen werden), daß die wenigen blühenden Jahre ihrer Jugend und ihre Jungfräulichkeit einem ungleich älteren Mann ausgeliefert werden, dessen Herz ihr dabei nicht einmal allein gehört; wenn das nicht schon von Anfang an der Fall ist, so muß sie doch damit rechnen, daß eines Tages an ihrem Eheleben eine andere Frau teilhaben wird. Und wenn sie verblüht ist, was nicht lange dauert, oder wenn sie nicht das Glück hat, Knaben zu gebären, wird sie mit Sicherheit wie ein nutzloser Gegenstand weggestoßen werden, ihr Mann wird sie nicht mehr lieben, aber alle häusliche Arbeit wird weiterhin auf ihren Schultern lasten. Wie soll sich wahre Herzensfreundschaft bei solchen Partnern einstellen, deren Los nicht in Treue miteinander verbunden ist? Süße, von Herzen kommende Liebe mag für eine kurze Zeit blühen, sie wird aber bei so ungleichen Lebenspfaden nicht bestehen können. Lieben heißt, sich taubengleich vertrauen, doch kann im Herzen einer Frau, der man Unbill angetan hat, solches Vertrauen niemals wachsen.

So gibt es nicht viele Nomadenfrauen, deren Eheglück über Jahre hinweg währt. Tatsächlich findet man fast keine, die auf Dauer im Haushalt ihres ersten Mannes geblieben ist. Und wenn doch, so sind es die Mütter vieler Kinder oder Frauen, die in arme Familien verheiratet wurden, so daß die Ehemänner nicht imstande waren, sich eine zweite Frau zu kaufen. Reiche und hochstehende Männer jedoch werden stets frühzeitig ihre alten Ehefrauen abschieben und sich in neue Brautbetten begeben, andernfalls wären sie keine Moslems. Und da sie reich sind, geben sie ihr Geld ebenso unbekümmert für neue Frauen aus wie für den jahreszeitlichen Wechsel ihrer Kleidung. Die verstoßene Ehefrau wird vielleicht von einem anderen ehrenwerten Mann aufgenommen, der eine alte Zuneigung zu ihr hegt, oder sie muß sich in eine neue Ehe und damit in den Haushaltsdienst eines ärmeren Mannes einfinden. Trost und Freude der Frau ist es, Mutter von Söhnen zu sein, so daß sie wenigstens als Matrone im Zelt ihres Sohnes bleiben kann, auch wenn dessen hartherziger Vater sie verstoßen hat. So war es auch mit Ghrobny, der Mutter von Zeyds jungem Sohn Selim. Aus Mitleid mit ihren Tränen hatte Zeyd ihr einen anderen Ehemann aus dem armen Stamm der Khamala gesucht, von dem sie inzwischen ebenfalls ein Kind hatte. Dieser Mann jedoch war nicht gut zu ihr, und so kehrte sie zu ihrem jungen Sohn zurück, um als unglückliche Witwe an Zeyds Seite zu leben. Eines Morgens jedoch war Ghrobnys Zelt verschwunden! Die Nomaden standen neugierig und lachend da. Ein etwas beschränktes Geschöpf, war Ghrobny in der Jugend eine schöne Frau gewesen. Von Selim erfuhren wir dann, daß sie während der Nacht ihr Kamel beladen und sich zu dem Khamaly in ein entferntes Lager weggestohlen habe. Der elende Kerl war tags zuvor zu ihr gekommen, hatte sie geküßt und ihr wie ein zärtlicher Liebhaber geschworen, er wolle sie wieder bei sich aufnehmen. Nach zwei Tagen aber kehrte das arme verliebte Weib mit roten Augen und wenig hübsch anzusehen wieder zu uns zurück und umarmte ihr Kind, das in der Zwischenzeit verwirrt bei seinem Vater geblieben war. Und von der nächsten Rahla an schlug die unkluge, einsame Frau wie zuvor ihr Zelt in Zeyds Lager auf.

Bei den Nomaden heißt es, daß es zweimal soviel Frauen wie Männer gebe. Wenn das aber so sei, entspreche es nur der Natur, daß ein Mann mehr als eine Frau habe. Tatsächlich glaube ich, daß die Frauen in der Mehrzahl sind. Von einem Frühling zum anderen, neun Monate im Jahr, müssen die meisten Nomadenfrauen mit dem Hunger leben. Sie gebären nur wenige Kinder, und von Zwillingen habe ich nie etwas gehört. Sie sind gute Mütter und stillen, wenn sie nicht von neuem schwanger sind, ihre Kinder sehr lange an den mageren Brüsten. In Zeyds Lager fand sich ein kleines Mädchen von vier Jahren, das noch nicht entwöhnt war; die Mutter meinte dazu: »Wir haben keine Ziegen, und es gibt nichts zu essen in dieser Wüste, was sollte ich meiner kleinen Tochter sonst geben?« Sie waschen ihre Kleinkinder mit Kamelharn und glauben, sie dadurch vor Insekten zu schützen. Der Urin ist scharf, vor allen Dingen, wenn das Vieh von bestimmten salzhaltigen Büschen wie dem *rimth* geweidet hat. Mit der gleichen Flüssigkeit waschen sie auch ihre langen Haare, Männer wie Frauen. Doch werden dadurch zuweilen ihre Locken gebleicht, so daß ich junge Männer sah, deren geflochtene ›Hörner‹ grau geworden waren. Außerdem gibt es noch eine seltsame Sitte, nicht nur bei den Nomadenfrauen, sondern überhaupt in den arabischen Ländern, sogar unter Christen, vielleicht ein Überbleibsel des alten Götzendienstes: daß nämlich Mütter und ihre Freundinnen und sogar junge Mädchen verheiratete Frauen besuchen und mit einer Art von Verehrung das Glied der Knaben, den *hammam,* küssen.

Überall in Arabien färben sich Männer und Frauen, Städter und Beduinen, die Augen mit *khol* (Antimon). So hat auch Mohammed Ibn Rashid seine Vogelaugen blau gefärbt. Die Männer möchten nicht nur auf ihre Frauen, die sie bemalt haben und die ihre langen Männerlocken an den Schläfen flechten, verführerischer wirken, sondern glauben auch, daß dies ihre Sehkraft schärft und erhält. Mit dem langen, in der Mitte gescheitelten Haar, das beidseits in geflochtenen Zöpfen herabhängt, und den künstlich blau gefärbten Augen wirkt der schmale Kopf des arabischen Mannes unter dem bunten Tuch ausgesprochen weiblich, und in vielem ähneln die Beduinen Frauen.

Während die Frauen aus den wohlhabenden städtischen Familien innerhalb des alten Herrschaftsbereichs der Wahabiten die Gebete lernen und manchmal sogar lesen können, sieht man bei den Nomadenstämmen selten Frauen beten, außer im *Ramadan,* dem Monat der Abstinenz und Andacht, und es gibt nur wenige, die die Gebete überhaupt kennen; ja ich glaube sogar, daß die Hälfte der Männer sie nie erlernt hat. In Arabien gilt ein Beduine schon fast als Gottesgelehrter, wenn er die vorgeschriebenen Gebete hersagen kann; die Nomaden jedoch, bei denen am meisten gebetet wird, sind oft die schlimmsten. Frauen beten nicht wie die Männer, die sich zu Boden werfen, sondern sprechen die Worte kniend und mit gekreuzten Armen. *»El-Entha,* das Weib (willig bei der Arbeit und den Wohlstand der Hirten sichernd), ist bei allen Tieren das bessere Geschlecht, nur bei den Menschen nicht«, sagen die Araber. Dies ist jedoch nicht die Meinung aller Nomaden, denn der *hurr,* der Kamelhengst, wird wegen seiner männlichen Kraft von den Mauren oder westlichen Arabern bevorzugt. Die Semiten führen all ihr Unglück auf die Frau zurück. Sie meinen, daß sie von Natur aus böse sei, klagen, sie hätte sieben Leben, und wünschen Gottes Fluch auf sie herab: »Einige Frauen«, sagen die Beduinen, »vergiften ihre Ehemänner, und es gibt viele Ehebrecherinnen.« (. . .) Aber was könnten die Frauen nicht Tag für Tag alles von der lasterhaften Unbeständigkeit ihrer Ehemänner berichten? (. . .) Der Schleier und das eifersüchtige Gitterfenster sind eher Produkte der bigotten mohammedanischen Sittenstrenge in den Städten; bei den großzügigeren Zeltbewohnern der offenen Wüste haben die Hausfrauen eine Freiheit des Umgangs, als sei man unter Verwandten. Doch sieht man neuerdings bei den meisten arabischen Stämmen den Harem halb verschleiert gehen. Als mich einmal jemand an Zeyds Kaffeefeuer fragte, ob auch unsere Frauen den Schleier trügen, antwortete ich: »Nein! Sie zeigen ihr Gesicht offen; unter anständigen Menschen braucht man keine Gesichtstücher. Auch glaube ich, daß unter euch Beduinen die Stämme die lasterhaftesten sind, bei denen die Frauen verschleiert gehen.« Die Beduinen freuen sich immer, wenn man andere Stämme tadelt. So bekam ich zur Antwort: »Ja, bei Gott, sie sind in der Tat verdorben!« Ich fragte Zeyd: »Bist du auch dieser Meinung?« – »Khalil«, sagte er, wobei er in seinem Herzen sicher dachte, ›du sprichst wie ein *kafir,* ein Heide‹ – »das Gesicht einer Frau sollte kein Mann außer ihrem eigenen Gatten sehen.«

◁ Verschleierte Stadtfrauen (nach Lane)

Dorfbewohnerin mit ▷ Wasserbehälter (nach Doughty)

Das weibliche Geschlecht wird im alten Nomadenrecht wie auch nach dem göttlichen Gesetz des Moses geringgeschätzt. Nach der Geburt eines Mädchens gilt die Mutter doppelt so lange als unrein wie nach der eines Knaben, und auch dem neugeborenen Mädchen selbst wird nur die halbe Wertschätzung zuteil. Tut eine Frau ein Gelübde, ist es ungültig, wenn ihr Ehemann ihm nicht zustimmt. Die Mutter eines Sohnes jedoch steht bei den Semiten in hohen Ehren. Es steht geschrieben: »Ein Mann soll seiner Mutter und seinem Vater gehorchen«, wobei der semitische Schriftgelehrte die Mutter an erster Stelle nennt. Und gewöhnlich ist unter den sonst so rauhen Arabern der erwachsene Sohn voll zärtlicher Hochachtung für seine Mutter: Sie ist so sehr seine Herrin, daß sie sogar zwischen ihm und der glühenden Liebe seiner jungen Frau stehen kann. Umgekehrt ist auch die Liebe der Mutter zu ihren Nomadensöhnen weiblich und voller Zärtlichkeit. Wenn sie ihre Söhne erwähnt, fügt sie stets einen liebevollen abergläubischen Wunsch wie *»el-Agal Ullah,* der Herr beschütze sie« hinzu. Wie andere Mütter bekommen auch die Nomadenfrauen ihre Kinder unter Schmerzen nach mehrstündigen Wehen. Es ist ein Irrglaube, daß die Töchter der Wüste ähnlich wilden Tieren bei der Geburt nicht zu leiden hätten. Aber da ihr Haushalt und ihr Stamm stets auf der Wanderschaft sind, gibt es für sie keine Aussicht auf Ruhe und Erholung. Die Kräuter im Umkreis werden täglich abgeweidet, das durstige Vieh braucht immer neue Weide und neues Wasser, der Stamm zieht unaufhörlich weiter; auf dem Platz, wo sie heute lagern, können sie vielleicht schon morgen nicht mehr nächtigen. Ihr Bett ist ein Mantel oder ein Zelttuch, das auf der Erde ausgebreitet wird, und so leben sie in der Tat nur mit dem Allernotwendigsten, fast den wilden Tieren gleich. Daher hat die Nomadenfrau – aus Gewohnheit und Notwendigkeit – auch einen ganz anderen Mut. Ist der Stamm gerade auf dem Marsch, wenn ihre Zeit gekommen ist, macht ihre Familie halt, steigt ab und baut das Zelt über ihr auf. Wenn sich der Stamm im Lager befindet, stiehlt sie sich mit einigen älteren befreundeten Frauen fort, um fernab in der Wüste zu entbinden. Steht der Aufbruch der Nomaden bevor und wäre es gefährlich, sie zurückzulassen, wird sie sanft wie jeder andere Kranke oder Schwache auf den Packsattel des Kamels gehoben, auf dem man ein Nest aus ihrem Zelttuch und ihrem Teppich vorbereitet hat, damit sie der Rahla reitend folgen kann. Da sie gewohnt sind, ihr Leben umherziehend zu verbringen, fühlen die Nomaden sich dadurch kaum ermüdet, vielmehr ruhen sie sich beim Reiten aus.

In der *jahaliat,* der ›alten Zeit des heidnischen Unwissens‹, herrschte eine schreckliche Sitte in der Wüste, die fast bis zur Zeit Mohammeds erhalten blieb: Die weiblichen Neugeborenen wurden lebendig begraben (was auch zeigt, daß die weiblichen Geburten überwogen). Eine Frau ist nicht dazu geboren, das Schwert zu führen, ihre Hand bedient die harmlose Spindel. Sie stärkt *ashira,* den Stamm, nicht und trägt auch nicht zum Wachstum und Aufbau des väterlichen Haushaltes bei. Nur ein weiterer nutzloser Esser, vermehrt sie die Zahl der hungrigen Mäuler, die von dürftigen Vorräten zehren. Jahrelang muß sich der Vater sorgen, wie er ein Mädchen erhält, und am Ende steht doch nur ein unsicheres Brautgeld (von dem er ihr zudem als Mitgift noch einigen

Hausrat kaufen muß), wenn sie als Fremde in ein anderes Haus geht. Am Tag ihrer Geburt versteckt sich der Vater vor seinen Bekannten.

Als ich die Beduinen fragte, ob sie von jener grausamen alten Sitte aus ihrer Überlieferung wüßten, antworteten sie mir verwundert, sie könnten sich nicht vorstellen, daß einmal ein solch gottloser Brauch in ihrem Lande geherrscht habe. Doch auch heute wird in den arabischen Haushalten auf ein Mädchen, ist es erst einmal über das erste liebenswerte Kindesalter hinaus, wenig Wert gelegt. Dem heranwachsenden Sohn dagegen bringt sein Vater mehr Liebe entgegen als der Frau, die ihn geboren hat, mehr als seiner eigenen Seele und fast ebensoviel wie dem eigenen Vater. Kaum weniger wird der Knabe auch von seinen älteren Geschwistern geliebt. Gott hat dem Haushalt einen Sohn geschenkt, und der Vater wird ihm, solange er ein Kind ist, nichts abschlagen. Denn ist es doch eben dieses Kind, das später einmal der Trost seines Alters sein wird und das ihm am Ende für ein ehrenvolles Begräbnis bürgt. Jahr für Jahr, wenn die Nomaden auf ihren Märschen in der Nähe vorbeiziehen, wird der Sohn das Totenopfer darbringen und Gebete für ihn sprechen; so wird sein Name den Lebenden im Gedächtnis bleiben. Viel eher würde ein Mann seiner Frau einen Schlag oder auch zwanzig versetzen, als daß er bereit wäre, sein widerspenstiges Kind, wenn es der Sohn ist, zu züchtigen oder sich von ihm abzuwenden. Voller Bitterkeit über ein Ungemach wird er seinen ungehorsamen Sohn zwar heftig anfahren, aber weiter geht er nicht in seinem Zorn, denn er will den Frieden des Hauses nicht stören. In einigen Jahren wird er sich diesem Kind zu fügen haben, und daher darf er es jetzt nicht beleidigen. Wohl berichten die Nomaden von Vätern, die mit dem Stock herrschen, doch glaube ich nicht daran. Wenn ein Sohn stirbt, ist das Gemüt des Vaters auf lange Zeit verdüstert, und er ist von seinem stillen Schmerz überwältigt; dagegen währt das Andenken an eine verstorbene Tochter nicht sehr lange, es sei denn, ihr Leben hatte für den Vater einen besonderen Wert oder war mit einer schönen, nun unerfüllten Hoffnung verknüpft. Die Moslems (d. h. all jene, ›die sich der göttlichen Herrschaft über die Welt unterworfen haben‹) kennen keine Totenklage; sie sagen nur: »Er ist von uns gegangen, der Herr erbarme sich seiner!«

Ich entdeckte auch, daß die Beduinen sich nur schwer ein Leben nach dem Tode vorstellen können; sie beten und fasten, womit sie die Hauptpflichten ihrer Religion erfüllen, stehen aber, wie schon die semitischen Patriarchen vor ihnen, den Freuden des diesseitigen Lebens keineswegs ablehnend gegenüber. Es gibt bei ihnen ein Totenopfer, das, wie ich festgestellt habe, bis in die dritte Generation fortgesetzt wird. Ich selbst sah einen Scheich in frommer Verehrung zu dem Erdhügel kommen, wo sein Vater oder seines Vaters Vater begraben lag, dort das Opfertier schlachten und die Totengebete sprechen, und sah einen anderen, wie er im Vorbeireiten dem Grabhügel seines Vaters jedesmal eine Kußhand zuwarf und mit fast fraulicher Zärtlichkeit Segensworte und Gebete flüsterte. Sicherlich ist es ein tröstlicher Gedanke für den Sterbenden, daß seine Kinder ihn lange Zeit so liebevoll im Gedächtnis bewahren werden. In den Gebieten der seßhaften Semiten gehen der Harem und sogar christliche Frauen an bestimmten

Tagen hinaus an die Gräber, um zu klagen. Ich habe einmal gesehen, wie eine Witwe ihre vaterlosen Kinder dorthin führte, mit ihnen niederkniete und sie weinen lehrte, wobei sie ihren Toten mit gepreßter, in Schluchzen erstickender Stimme »*Ya habiby*, ach, mein Geliebter« nannte.

Die Kinder der Nomaden werden allein durch Bitten gelenkt; die Mädchen sind zu Hause oft schnippisch, die Knaben verstoßen immer wieder gegen die Anordnungen der Mutter. Ich habe ein mißratenes Kind gekannt, das seine gutherzige, liebevolle Mutter mit einem Stock zu schlagen pflegte; als ich die Mutter fragte, warum sie sich das gefallen lasse, antwortete sie seufzend: »Mein Kind ist ein Heide.« Damit wollte sie sagen, daß es eine gottlose, unbeugsame Natur habe; dieser Junge war nämlich kein reinblütiger Beduine: Sein Vater, Abu Sinun, war ein Maure. Als man mich fragte, ob unsere Kinder auch so widerspenstig seien, und ich ihnen von der unerbittlichen Strenge der alten mosaischen Gesetze berichtete, riefen sie: »Aber bei uns gibt es viele böse Burschen, die, wenn sie erst stark genug sind, ihren eigenen Vater schlagen!« Die Nomaden schwatzen jedoch viel, und auch dies konnte ich kaum glauben. Wilde härten ihre Söhne ab, die Kinder der Beduinen aber wachsen ohne Belehrung durch die Eltern auf. Sie lernen nur, was sie aus den Redensarten der Leute in den Haarzelten entnehmen, und ihr einziger Erzieher ist die öffentliche Meinung. Das religiöse Leben der Wüste kennt fromme Beduinen, die, von natürlichem Glauben erfüllt, bisweilen ein Kind zurechtweisen mögen, doch wird es nie für eine Lüge bestraft, obwohl die Araber doch die Lüge schändlich nennen. So ist die Unwahrheit eine einfache Kriegslist und ein stets bereiter Schutz; sie dient zur Irreführung des Feindes. (. . .)

Ein Tag in der Wüste: Kaffeerunde und Stammesrat

Da die Kamele nun jezzin waren, marschierten wir, ohne uns an die großen Wasserplätze zu halten; die Menschen stillen ihren Durst an den kleinen Wasserstellen des *suffa*, des Felsbodens. Überall in diesem Wüstenbergland gibt es kleine grubenartige Vertiefungen, gefüllt mit altem Treibsand. In diesen Sandbecken hält sich das Wasser der Winterregen lange, doch ist es gewöhnlich trübe, von üblem Geruch und faulig durch modrige Pflanzenfasern und den Urin des Viehs, das von den Nomaden seit dem Regen hier zur Tränke geführt wurde. Mit diesem trüben Wüstenwasser (das sie aber klarem Wasser vorziehen) kochten die Nomaden jetzt ihren täglichen Kaffee, der dabei nicht einmal schlecht schmeckte. Am schlimmsten ist das schwärzliche Wasser, das aus Gruben stammt, die lange in Vergessenheit geraten waren, nachdem man sie einmal bis auf den Grund geleert hatte. Ich ertrug lieber den Durst, als dieses Wasser zu trinken, und oft verbrachte ich die Nächte deswegen halb schlaflos.

In dieser Wüste zeigt der zerfressene Sandstein oft seltsame Formen; man sieht Spitztürme, Nadeln, Zinnen und zerklüftete Berge, die sich gut als Landmarken eignen. Ich frage Zeyd, ob er sie alle kenne, und er gab mir zur Antwort: »Seit meiner Kind-

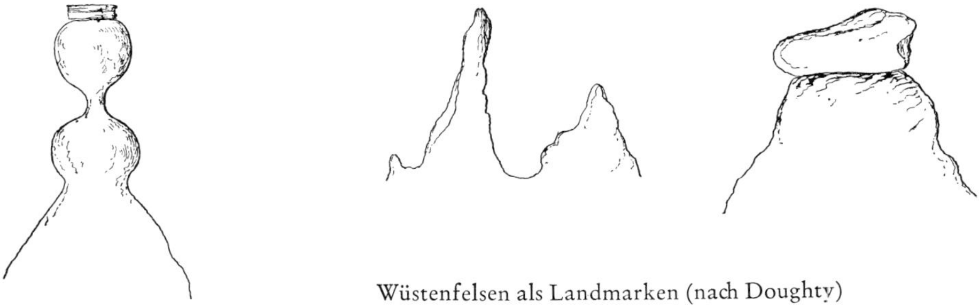

Wüstenfelsen als Landmarken (nach Doughty)

heit kenne ich so gut wie jeden großen Felsen auf all unseren Marschrouten«, in einem Gebiet also, das etwa drei- bis viertausend Quadratmeilen umfaßt. Der Berg, der in den seßhaften Gegenden *jebel* heißt, wird von den Nomaden gewöhnlich *thulla* genannt, Rippe (Diminutiv: *thulleya*). (. . .) Jeder große Gipfel, jeder Felsen oder kleine Berg, der als Landmarke dient, wird als *towil* bezeichnet; ein Vorgebirge heißt *khusshm,* Nase. (. . .) Bestimmte Berghänge nennt man *huthb,* und die Moahib-Beduinen sagen zu jedem stumpfen Hügel *bottin.* Die flache Wüste wird *khala* genannt, leeres Land, und der Boden heißt *beled.* – Dies also ist Arabia deserta.

Aber nun zu den nomadisierenden Bewohnern dieses Landes und zu dem Leben, das sie führen. ›*El-Beduw ma yetaabun*‹ heißt es, die Beduinen arbeiten nicht, d. h. nicht körperlich. Ihr Geist jedoch erschöpft sich in der ständigen angespannten Erwartung ihrer Feinde und ihr Körper durch immerwährenden Durst und Hunger. Führen sie ihr ärmliches Leben auf rechtschaffene Art und Weise, reicht es gerade für die notwendigsten Bedürfnisse; gezwungenermaßen werden die Nomaden zu Räubern. Es gibt ein Sprichwort unter den Oasen-Arabern, daß ein Leben in der Wüste besser als jedes andere wäre, gäbe es nicht die Beduinen. In ihren Augen sind die Beduinen Habenichtse voller Niedertracht, *melaun el-Weyladeyn,* vom üblen Schlage ihrer Väter und Mütter.

Angenehm ist der Aufenthalt im wandernden Dorf auf unberührter Erde und in reinster Luft, in der Gemeinschaft dieser Menschen, die sich jeden Tag in Muße beim fröhlichen Kaffeefeuer mit tausend neuen Aussichten einfinden. Heute sind wir hier abgestiegen, ist hier unser Rastort, morgen werden wir an einem neuen Platz zu Hause sein. Von Osten her kehrt der Tag in die Wüste zurück und weckt den Beduinen, der sich zu seinen Gebeten erhebt oder, wenn er das vorgeschriebene Gebet nicht kennt, in natürlicher Demut zum Himmel fleht: »Oh Herr, mein Gott« und »Oh, daß dieser Tag Glück bringen möge, hilf Herr, daß wir dem Bösen nicht begegnen!« Er verfügt nicht einmal über die Hälfte der täglich benötigten Nahrung, und wenn er ein Tier seiner Herde schlachtet, wovon soll sein Haushalt leben? Nach und nach macht sich der Hirte fertig, und die Tiere werden weit hinausgetrieben.

Kein süßes Vogelgezwitscher begrüßt das Morgenlicht der Wüste; in diesem trockenen, öden Land erhebt sich keine Stimme außer der des Menschen. Die Beduinen, die sich in ihren Mänteln kaum vor Mitternacht auf der sandigen Mutter Erde in ihren offenen Zelten niederlegen, sind schon auf und geschäftig. Im Zelt eines jeden Kaffeescheichs wird das Feuer neu angeblasen, und der Scheich setzt seine Kaffeetöpfe auf. Dann legt er ein Stück Holzkohle auf seine Tabakpfeife. Die wenigen Kaffeebohnen, die er von seiner Frau bekommt, werden geröstet und zerstoßen; sobald das Wasser kocht, ist es Zeit, die kleinen Kaffeeschalen, *fenjeyl* (von *fenjeyn*), aufzudecken. (...) Wenn er mit heiterer Würde seinen *gutia,* den Tassenkasten, abgeschnallt hat, sehen wir, daß der Nomade nicht mehr als drei oder vier solcher Schalen besitzt, eingewickelt in einen Lumpen, mit dem er sie jetzt eifrig putzt, als ob er sie damit säubern könnte.

Die gerösteten Bohnen werden bei den Arabern mit großartigem Getön und – wie all ihre Arbeit – rhythmisch in einem Mörser aus städtischem Messing oder mit Ziernägeln beschlagenem Holz (die Arbeit eines Nomadenschmieds) zerstampft. Wenn das Wasser in der kleinen Kanne sprudelnd kocht, schüttet er sein feines Kaffeepulver, *el-Bunn,* hinein und zieht den Topf einen Moment vom Feuer. Aus einem Knoten in seinem Tuch nimmt er dann eine Gewürznelke, eine Stange Zimt oder ein anderes Gewürz, *bahar,* und gibt diese Zutaten in das Gebräu, nachdem er sie zuvor zerstoßen hat. Nach kurzer Zeit gießt er sich dann einige heiße Tropfen seines Kaffees ein, um ihn zu kosten; entspricht der Geschmack seiner Vorstellung, bettet er geschickt alle Schalen in seine Hand wie in ein Nest und mit verheißungsvollem Geklapper macht er sich bereit, den Kaffee für seine Gäste einzuschenken. Er beginnt zu seiner Rechten und zuerst, falls ein solcher anwesend ist, bei einem der größeren Scheichs oder einer anderen Person von Rang. Die *fenjeyn kahwa,* die Kaffeeschale, darf nur vier Schlückchen fassen; sie einem Gast bis an den Rand gefüllt zu reichen, wie man es in den Städten des Nordens tut, gilt bei den Beduinen als Beleidigung und als unfreundliche Aufforderung: ›Trink und mach, daß du fort kommst.‹ Über die Frage, wer zuerst trinken soll, entspinnt sich oft ein Wettstreit an Höflichkeit, zumal im größeren Kreis. Manch einer, dem die Tasse im Turnus schon überreicht ist, wird noch nicht trinken – er bietet sie jemand an, der im Rang unter ihm steht, als wäre dieser der ehrenwertere. Der andere jedoch wird abwehrend die Hand heben: »*Ebbeden!* Nein, bei Allah, das kommt gar nicht in Frage! Trinke du bitte selbst!« So aufgefordert, wird der bescheidene Mann sich beeilen, seine drei Schlückchen zu nehmen, um dann seine leere Schale hochzuhalten. Wenn sein Angebot aber sehr nachdrücklich ist, zeigt er damit seine Bereitschaft, sich mit jemandem zu versöhnen, der nicht sein Freund ist. Jener Nachbar, der die Augen der Kaffeegesellschaft auf sich ruhen sieht, nimmt dann würdig und huldvoll und mit scheinbarem Widerstreben die Tasse. Ein unnachgiebiger Mann jedoch kann das liebenswürdige Angebot durchaus zurückweisen.

Manch einer mag einen niedrigeren Sitz eingenommen haben, als ihm als Scheich aufgrund seines edlen Geblüts zusteht, um das ihn die Nomaden beneiden. Wer nicht rechtzeitig kommt, läßt sich eher außerhalb der Rangordnung nieder, als daß er die Runde stört. Ein Scheich, der erst spät eintrifft und sieht, daß die Männer beschäftigt sind, setzt sich oft ganz an den Rand der Versammlung, wobei er sich durch diese Geste ehrenwerter Bescheidenheit als leutseliger Mann zeigt. Mit der Höhe der Stellung gelangt man immer mehr in das Zentrum der Zeltversammlung, wo sich auch – neben den Scheichs – der Platz eines Fremden befindet. Die einfachen Leute sitzen in einem lockeren äußeren Kreis und vor dem Zelt. Ein neu eintreffendes Stammesmitglied läßt sich dort oder an einem etwas schlechteren Platz nieder, wo sein Anspruch in den Augen aller Anerkennung findet; die Beachtung solcher Regeln guter Erziehung ist für einen Nomaden unter seinen Stammesleuten Ehrensache. Doch ist das auch schon nahezu alles, woraus der Nomade sich ein Gewissen macht; es zählt allein, was die Männer von ihm halten. Ein armer Mann, der sich von hinten nähert, steht dort mit ernster Förmlichkeit in seinem zerschlissenen Mantel, bis diejenigen, die lässig vor ihm im Sande lagern, sich dazu herablassen, Notiz von ihm zu nehmen. Dann stehen sie widerwillig auf, rücken nach hinten und vergrößern so den Kaffeekreis, um ihn aufzunehmen. Wenn jedoch ein Scheich ankommt, der Gastgeber einer Kaffeerunde, ein nach ihren Begriffen reicher Viehbesitzer, begrüßen ihn die Männer mit geckenhaft liebenswürdiger Schmeichelei: »*Taad henneyi*, bitte, tritt doch näher.«

Die klugen Fukara-Scheichs übertreffen alle Männer ihrer Kaffeerunde an Höflichkeit, und Zeyd selbst war mehr als jeder andere groß in diesen vornehmen Heucheleien; einem Niedrigergestellten gegenüber zeigte er sich stets voller großsprecherischer Selbstgefälligkeit und Komplimente. Mit welcher Liebenswürdigkeit konnte er einen Mann ermutigen und auf sanfte Weise nötigen, indem er selbst aufstand und ihm Platz neben einem anderen verschaffte! Solcherart spielte Zeyd den freigebigen großen Mann, obwohl er in Wirklichkeit der übelste Geizhals war. Die Schalen machen zweimal die Runde, wobei man sich nicht daran stört, daß die Lippen des Vorgängers sie berührt haben. Den großen Kaffeescheichs wird die Tasse zuweilen mehrfach gefüllt, was jedoch als Schmeichelei des Kaffeeschenks anzusehen ist. Unter den Fukara-Scheichs sind einige solche Genießer, daß sie aus diesen drei bitteren Schlucken, in denen all ihre Freude liegt, fast zehn machen, indem sie ihre Schale geschickt drehen, neigen und schwenken. Nach Beendigung der Kaffeerunde wird der Satz von der kleinen in die große Kanne mit warmem Wasser geschüttet. Aus der bitteren Brühe bereiten die Nomaden dann ihr nächstes Getränk; so wollen sie Kaffee sparen. (...)

Wenn die Sonne höher steigt, heißt es für die Beduinen, die im Kaffeezelt ihres Lagers sitzen, hinübergehen zur Mejlis, der ›Tagung‹ des Stammesrats. Es findet auch ein gemeinsames Kaffeetrinken statt, und zwar in dem ›Haar-Haus‹ Motlogs oder eines anderen führenden Scheichs. Eben dort, wo der große Scheich mit seiner Kaffeerunde an jenem Morgen sitzt, wird man sich auch versammeln, denn der Stamm ist stets da, wo seine Bienenkönigin ist. Auf der Suche nach dem Ort der Ratsversammlung streifen die Männer durch die weite Lagerstatt und fragen jeden, den sie treffen: »Zur Sitzung – wie komme ich zur Sitzung? He, du da, hast du den Scheich irgendwo sitzen sehen?« In diesem Parlament befassen sie sich mit ihren alltäglichen Problemen und sprechen über ihre Politik in bezug auf Ibn Rashid, die Dowla und die anderen Stämme in ihrer Umgebung. Hier wird über etwaige Feindbewegungen berichtet, über Anzeichen eines *ghrazzu*, eines Überfalls; von Zeit zu Zeit kommen auch Neuigkeiten aus heimatlichen oder fremden Gefilden zur Sprache. Familienhäupter berichten, welche Weiden gestern von den verstreuten Hirten neu entdeckt wurden. Hier kann sprechen, wer will; auch die Stimme des Geringsten wird gehört, ist er doch ein Stammesmitglied. Die Mejlis bestimmt auch über die nächste Stammesreise. (. . .)

Die Versammlung ist zugleich Ältestenrat und öffentliches Gericht. Hierher kommen die Stammesmitglieder mit all ihren Streitfällen, wobei beide Parteien lautstark ihren Standpunkt vertreten und jeder, der will, dazu Stellung nehmen kann. Der oberste Scheich berät sich derweil mit den anderen Scheichs sowie mit älteren und wichtigen Männern; das Urteil wird dann gewöhnlich unparteiisch und unbestechlich gefällt und ist endgültig. Der Unterlegene muß als Strafe eine bestimmte Anzahl Kleinvieh oder Kamele zahlen. Wenn diese Zahlung nicht auf der Stelle erfolgt, muß er den Stamm verlassen, bevor der Scheich Männer aussendet, die Vieh in Höhe der Schuld pfänden. Die armen Beduinen sind stets unwillige Zahler und sehen sich oft nicht in der Lage, sofort ihre Schuld zu begleichen; daher findet man in jedem Stamm einige Familien von ›Emigranten‹ aus anderen Stämmen.

Ihre Gerechtigkeit ist eine solche, daß die Wüstenaraber in den Nachbarländern, in denen Regierungen herrschen, als die gerechtesten unter den Sterblichen gelten. In diesen kleinen Gesellschaften, in denen das Leben eines jeden Stammesmitglieds von Kindheit an und ebenso seine jetzige Stellung allen wohlbekannt sind, irren die Richter und Ältesten nur selten. Wie alle Tätigkeiten bei den Arabern, werden auch ihre Rechtsstreitigkeiten ohne Säumen zu Ende geführt; selten, daß ein Fall nicht innerhalb einer Sitzung angehört und abgeschlossen wird. Ist die Anklage schwerwiegend und fehlen einige Zeugen, so wird der Fall bis zur nächsten Anhörung ausgesetzt. Die Gerechtigkeit der Nomaden ist barmherzig, wohingegen das hebräische Gesetz in den seßhaften Ländern grausam ist. In der Wüste verwirkt man sein Leben nicht, selbst nicht bei Mord, wenn die nächsten Blutsverwandten des Getöteten – einstimmig allerdings – in eine Wiedergutmachungszahlung seitens des Schuldigen einwilligen, die in Stück Vieh bemessen wird. Das hebräische Gesetz schneidet die faulen Stellen aus dem Gemeinwesen heraus, und die Gewißheit einer Vergeltung soll das Gewissen der Übel-

täter belasten und peinigen. Der Beduine hingegen braucht nicht mehr zu fürchten als – in weiter Ferne – eine Geldstrafe; er mag sogar allem entgehen, wenn ein böses Herz ihn leitet und er die Seinen verläßt, um für immer in die Fremde zu gehen.

An den Tagen, wenn das Lager steht, endet die Beratung gegen Mittag, und die Versammlung beginnt sich zu zerstreuen. Die barfüßigen Beduinen kehren einzeln über den heißen Sand zurück und legen sich in ihren Zelten bis zur Vesper, *el-Assr*, zum Schlaf nieder. Die Nomaden sind Tagschläfer, und einige Beduinen begeben sich vormittags gegen zehn Uhr zur Ruhe, als ob die Nacht bereits wieder angebrochen wäre. Es ist jedoch unschicklich, während der Kaffeerunde einzuschlafen; ist man schläfrig, zieht man sich zurück, um sich im Zelt hinzulegen. Wenn ein Mitglied der Runde von Müdigkeit übermannt wird, stoßen die anderen ihn an und sagen: »Auf Mann! Was fällt dir ein, hier einzuschlafen?« Und dennoch schlummerte ich mitten in ihren gemurmelten Gesprächen, geschwächt vom Fasten, nicht selten plötzlich beim Kaffeetrinken ein. Diese Schwäche der Natur sehen sie an einem Fremden mit ungläubiger Frömmigkeit und Mitgefühl. Alle Araber achten den Schlaf eines Mannes; es ist, als sei der Schläfer aus seinen immerwährenden Sorgen zu Gott und in dessen Frieden entrückt. Innerhalb ihres Hauses ziehen sie sich fromm zurück und würden den Schlafenden nicht einmal leicht stören, ehe er nicht von selbst erwacht. Nur in der Zeit zwischen Vesper und Sonnenuntergang schlafen sie nicht, weil sie dies für ungesund halten. Aufgrund ihres vielen Schlafes sind sie hellhörig in den dunklen Nachtstunden, in denen Alarmsignale häufig Unruhe bringen. Die Hunde verbellen oft bis zur Morgendämmerung einen Wolf, und auch *habalis*, Räuber, sind unterwegs. Die Mittagsstunden verbringen manche Männer draußen im Schatten eines nahen Felsens, unter dem dünnen Blätterdach einer Akazie oder im großen Zelt des Scheichs im Gespräch. Zur Vesperstunde wird der Beduine wieder munterer; er murmelt einige Worte frommer Vorbereitung auf sein Nachmittagsgebet, fällt auf die Knie, legt die Hände auf den Sand vor sich und reibt sie am Boden, bringt sie dann an die Stirn und wäscht so in Ermangelung von Wasser sein Gesicht mit Sand. Wenn er sich dann vom Gebet wieder erhebt, schlendert er herum, um nach neu aufsteigendem Rauch Ausschau zu halten; dort wird er dann ein Kaffeefeuer und fröhliche Gesellschaft finden. (...)

Der Anführer des Stammes, Motlog, war ein ansehnlicher, starker und wohlgestalter Mann von mittlerer Größe und mittlerem Alter mit einem ansprechenden semitischen Gesicht und einem dichten schwarzen Bart, der einem Araber stets zur Ehre gereicht. Unter der Maske der Zurückhaltung blickte dieser Scheich auf seine Umwelt mit männlicher Selbstsicherheit herab. Unter günstigen Umständen war er wie alle Nomaden ein aufrechter Mann, jedoch voller Schliche und beduinischer Ränke, wenn seine eigenen Interessen berührt wurden. Schlicht in seinen Umgangsformen, war er der einzige, der ohne bunten Kamelstock in der Hand ging und auch nie ein Schwert trug; hinter dieser

◁ Mohammedanisches Gebet (nach Lane-Poole)

bewußt dargebotenen Leutseligkeit verbarg er das übertriebene Selbstwertgefühl, das dem Edelmann zukommt. Wenn sich eine vielköpfige Versammlung in seinem Zelt einfand, pflegte er, der große Scheich und Gastgeber, in stolzer Bescheidenheit unter den einfachen Leuten zu sitzen, den Blick auf den Boden geheftet. Seine Augen waren dabei jedoch voller unruhiger Seitenblicke, da sein Geist ununterbrochen arbeitete und alles wahrnahm. Seine Autorität schlummerte, bis er bei irgendeiner Gelegenheit mit einem einzigen Wort die unbeherrschten Beduinen zügelte. Als ich zum ersten Mal an einer solchen Versammlung teilnahm, setzte sich ein rauher Wüstensohn, der Schäfer von Zeyds Lager, neben mich. Ich flüsterte ihm fragend ins Ohr: »Wer von denen ist Motlog?« – »Da drüben ist Motlog!« Und vor mir, dem Fremden, fügte der Schäfer prahlend hinzu: »Dieser Mann dort ist unser Pascha; so wie es der Haj-Pascha bei sich tut, regiert Motlog die Beduinen. Wenn er sagt: ›die Rahla‹, steigen wir alle auf und machen uns auf den Weg, und wo er absitzt, dort schlagen wir unsere Zelte auf. – Du, Motlog, hab ich das diesem Christen nicht gut gesagt? – Und Khalil, wenn es ihm einfiele, könnte er uns allen – bei Allah – den Kopf abschlagen!« Motlog hob seine Augen und blickte einen Moment lang mit dem Anflug eines Lächelns zu uns herüber, dann zog er sich wieder in sich selbst zurück. Der Scheich eines Nomadenstammes ist kein Tyrann; wenn ein großer Scheich ein Stammesmitglied schlägt, schadet er damit seiner eigenen Ehre. (. . .)

Allah ist der Arzt

Es war nun Zeit für mich, mit der medizinischen Behandlung zu beginnen, aber gerade jetzt, zum ungünstigsten Zeitpunkt, versagten meine Impfungen! Die Lymphe war von einem kriecherischen christlichen Impfer in Damaskus besorgt und der Jurdy mitgegeben worden, aber da man sie in offenen Impffedern ungeschützt transportierte, hatte sie bereits alle Wirkung verloren, als sie mir in Medain Salih ausgehändigt wurde. Ich hatte die neue Kunst des Impfens schon mit gutem Erfolg in syrischen Dörfern ausgeübt. Für den Nutzen der Impfung würden mir die Beduinen fast meinen Unglauben verziehen haben, und ich hätte meine Daseinsberechtigung in einem Land gehabt, in dem es schon lebensgefährlich ist, wenn man ein paar Silberstücke bei sich trägt. Mir blieb nun nicht mehr als ein krankes Kamel und ein wenig Gold in meiner Börse, und ich dachte schon daran, diese öde Gegend zu verlassen, in der ich ohne glaubwürdige Erklärung fortan als Spion angesehen werden mußte und wo jeder gesetzlose und fanatische Bursche – da ich nicht zu ihrer Religion konvertieren wollte – mir seinen Dolch an den Hals setzen konnte; wohin ich auch immer unter den größten Entbehrungen zöge, ein jeder Beduine würde mich verfluchen.

Ich war nicht der erste Christ, der als Impfarzt das Land der südlichen Beduinen besuchte. Sie alle erzählten mir von einem gewissen Abu Faris, der vor vielen Jahren einmal mit seiner Kunst zu ihnen gekommen war, ein Mann aus einem Dorf des syrischen Hochlandes, das zum Teil von Christen bewohnt wird. Die Nomaden konnten sich seiner noch gut erinnern, und ich glaube, ihm verdanke ich es auch, daß ich mancherorts weniger feindlich aufgenommen wurde. (...) Abu Faris verbrachte ein Jahr bei den Beduinen, wobei er die Städte nur kurz berührte, weil er die Duldsamkeit ihrer Bewohner doch bezweifelte. In Teyma war er und in Hayil, ja er war sogar bis Kasim gekommen und hatte schließlich in Aneyza Impfungen durchgeführt. Nach ihm gab es noch einen zweiten Abu Faris, auch ein Christ, der zehn Jahre später die Stämme besuchte; sein eigentlicher Name war zwar Sleyman, aber da er die Kunst des Abu Faris ausübte, wurde er von den Nomaden nach ihm benannt.

Die Beduinen wissen, daß die Schutzimpfung aus dem Norden kommt; Lymphe, die aus dem Süden oder den beiden heiligen Städten stammt (was selten ist), wird deswegen wenig geschätzt, wie auch die mohammedanischen Impfer, im Gegensatz zu den christlichen. Die Beduinen an der syrischen Grenze werden von Damaskus aus versorgt, wo es drei oder vier ›Professoren‹ gibt; ich stellte jedoch fest, daß es sich bei ihnen um Tuchverkäufer aus dem Basar handelte und daß die einzige Kunst, auf die sie sich verstanden, die Bereicherung war. Wenn der Frühling kommt, machen sie ihre Runde durch die Dörfer; nur selten wagt sich jedoch einer von ihnen zwei oder drei Tagesreisen weit nach Osten zu den syrischen Nomaden. Abu Faris, ein rauher Mann aus dem Hochland und nicht so ängstlich wie die Damaszener Christen, war der erste, der mit den Nomaden in das Innere Arabiens zog. In den ›Häusern aus Haar‹ war er wohlwollend aufgenommen worden: ein Mann, der offen böse Launen zurückweisen und sich (wie man mir erzählte) in begründeten Fällen auch mit starker Hand zur Wehr setzen konnte. Die Wüstenbewohner ihrerseits waren zufrieden, in dem Christen einen so standfesten und männlichen Charakter zu finden. Später war derselbe Abu Faris in Hayil von einigen Spaßvögeln aus dem Gefolge des dortigen Fürsten einmal gebeten worden, die in Ocker geschriebene Zeile über dem inneren Torweg des Burghofs zu lesen, falls er dazu imstande sei. »Natürlich kann ich lesen, ihr Herren«, antwortete er. »Dann sage uns doch, was diese Inschrift bedeutet (wobei sie vorgaben, nicht lesen zu können)?« – »Es steht dort: ›Es gibt keinen Gott außer Allah!‹« – »Und weiter?« – »Und weiter steht da noch, wie ihr sagt, ›Mohammed, der Bote Allahs‹.« Viele Jahre nach diesem Vorfall forderten sie mich ebenso auf zu lesen, und als ich den Satz ohne Pause vortrug, riefen die hämischen Witzbolde: »Ha, Khalil hat sich nicht geweigert, alles zu lesen – aber erinnert euch an Abu Faris, der hat hinzugefügt: ›Wie ihr sagt, Mohammed, der Bote Allahs‹!«

Der zweite Abu Faris zeigte sich bei den Beduinen nicht so standhaft: Als die Nachricht von den Massakern unter den Christen in Syrien die Ratsversammlung erreichte, weinte und seufzte er in Kummer und Angst, und als die freundlichen Beduinen ihn fragten: »*Meskin,* du Ärmster, was weinst und klagst du denn so? Faß doch wieder Mut, Abu Faris, glaubt ihr in eurer Religion denn nicht, daß alles nur nach Allahs Willen geschieht?« antwortete er ihnen: »Ich denke an meine Eltern, oh Du großer Gott! Ob sie jetzt wohl tot daliegen? Ach, alle grausam dahingeschlachtet!« Und ohne jeden männlichen Stolz fügte er hinzu: »*Ya rubba*, oh, meine Gefährten, werdet ihr, die ihr mir bislang freundlich gesinnt wart, mich nun auch ermorden? *La, la, dakhilakom*, nein, bitte tut es nicht, ich flehe euch an, ich gebe mich in eure Hände!« Dann, sich noch mehr erniedrigend, fügte er zur allgemeinen Erheiterung der Wüstennomaden hinzu: »*Udkhul hareemakom*, ich bitte sogar eure Frauen, mich zu beschützen!« – »Bei Allah«, entgegneten die Beduinen, »der Mann ist *mejnun*, nicht bei Sinnen! Sieh uns an, Mann! Abu Faris! Sleyman, was soll das?« Und viele Stimmen der Wüste fügten großmütig hinzu: »Hast du nicht mit uns Brot und Salz geteilt? *Bess! Khalas!* Schluß jetzt, es reicht! Zwischen uns sollen keine Zweifel stehen! Was die Ereignisse in es-Sham betrifft, so sind wir nicht deren Richter, aber wir sind el-Beduw, wir kümmern uns nicht um die *Shwam* (Damaszener). Hier bei uns, bei deinen Freunden, brauchst du dich nicht zu fürchten. *Henna el-Beduw, wa eth-thaif aziz* – wir sind Beduinen, und der Gast ist uns wert und teuer wie einer unserer Nächsten.« (. . .)

Der Beduine läßt seine Krankheiten von seinen Haremsfrauen behandeln, die alle über kleine Vorräte an Drogen, Gewürzen und Aromastoffen verfügen (die man aus Medina bezieht), wie er auch auf die Heilkünste alter Kräuterfrauen vertraut, von denen es freilich nicht viele in diesen Wüsten gibt. Von den besseren Arzneien aus Khalils Händen versprachen sich die Nomaden nicht viel; war dies doch ihnen fremde und kostspielige ›Regierungsmedizin‹. Sie baten mich, meine Mittel dem Harem zu zeigen, der, wie sie glaubten, diese gewiß kennen müsse. Die Heiltätigkeit der armen, gütigen Frauen wird ihnen jedoch keineswegs immer zum besten ausgelegt; in böswilliger Unterstellung machen die Männer oft ›die Hexerei des Harems‹ für ihre unerklärlichen und langsam fortschreitenden Leiden verantwortlich. »Sieh doch, Khalil«, sagte ein Patient zu mir, »wie taub und verbraucht mein Körper ist; ich glaube, das war eine eifersüchtige Frau, die mir ein ›ungutes‹ Getränk gegeben hat.« Wenn die Vorstellung um Verbrechen kreist, ist allen Arabern der Gedanke an Gift vertraut. Medikamente nennen sie *dawwa*, nicht anders als in den besiedelten Gegenden; die Beduinen geben diesen Namen aber auch den paar Kräutern und Gewürzen, die sie ihren Speisen hinzufügen, um einen angenehmen Geschmack oder eine schöne Farbe zu erzielen. (. . .)

Um noch einmal auf meine medizinische Praxis zurückzukommen, so glaube ich, daß es fast hoffnungslos ist, die Beduinen behandeln und heilen zu wollen, und daß auch der vollkommenste Arzt kaum von ihnen geschätzt würde. Derjenige, dessen Wissenschaft nicht sofort Ergebnisse zeitigt und der ein ehrlicher Mann ohne große Versprechungen ist, erleidet Schiffbruch; man wird seine Zweifel und seine Versuche verachten. Wer unter diesen Menschen vorwärtskommen will, muß sich ihnen anpassen und seine Zunge so schärfen, daß sie in die Tiefen der semitischen Gemüter dringt. In ihrer wilden Ungeduld erwarten die Beduinen Wunder; ein richtiger Arzt muß in ihren Augen schon beim Fühlen des Pulses den Zustand eines Mannes und seine sämtlichen vergangenen Krankheiten erkennen. Auch erwartet man von ihm eine besondere Arznei für jede einzelne Krankheit, denn ›die Natur hat ein Mittel für jedes Leiden‹. (. . .)

Die Nomaden leben fast wie die wilden Tiere; sie halten sich nicht an bestimmte Speisen und trinken infiziertes Wasser. Nur wenige haben keine Verdauungsbeschwerden – *el-Kibd*; und da ihre nur unzureichend bekleideten Körper fortwährend dem Wind ausgesetzt sind, leiden sie unter allen möglichen rheumatischen Beschwerden, *er-Rihh.* Krankheit heißt bei ihnen allgemein *wajja* (Schmerz), der Patient entsprechend *wajjan.*

Von frühester Jugend an größten körperlichen Strapazen ausgesetzt, kann der Beduine über Jahre ein schmerzhaftes Leiden ertragen, und eher wird er im Stillen leiden, als dem *mudowwy,* dem Arzneimann, einen Pfennig für eine unsichere Heilung zu geben. Die widerspenstigen Semiten vertrauen hierin keinem Menschen, sondern Gott allein; sie sehen die Heilkunst lieber an einem anderen erprobt. So kommt denn fast niemand zu einem Heilkundigen, wenn er nicht auf den Tod krank ist; meist sind es denn auch die hartnäckigsten oder hoffnungslosen Fälle, die dem Mudowwy gebracht werden. Und dennoch lieben sie es alle, dem *hakim,* dem Heilkundigen, mit ihren Beschwerden in den Ohren zu liegen. Als ich durch die Dörfer Arabiens kam, bin ich oft beim Mantel gefaßt worden: »He du, Apotheker, kannst du den Blinden nicht ihre Sehkraft wiedergeben?« Oft wurde ich so um Hilfe für jene gefragt, die das Augenlicht verloren hatten. Ihrer Ansicht nach ist es nur recht und billig, daß man zum Arzt geht, verdienstvoll ist es aber, wenn man dann gelassen eine Krankheit erduldet, die einen (durch den Willen Allahs) überkommen hat. Wenn ich ihnen sagte, daß ich wenig oder gar keine Hoffnung auf Heilung sähe, antworteten sie mir munter: »*El-Hakim Ullah,* Allah ist der Arzt, er heilt alles!« Einige jedoch meinten schwermütig: »*Ma ly ghreyr Ullah,* was bleibt mir dann noch als der Herr?« Für die von Menschen empfangenen Dienste danken sie Allah und bezahlen darum auch nicht den Apotheker; sie sagen: »Ich zahle nicht für die Arzneien, sondern für die Heilung; vertraue mir nur, Mudowwy, wenn die Zeit gekommen ist, werde ich dir alles so vergelten, wie es dein Herz sich nur wünschen kann.«

In den Städten gibt es das Sprichwort: ›Der Beduine trägt seinen Verstand in den Augen.‹ (. . .) Sie sind nicht davon zu überzeugen, daß ein wenig Chininpulver tatsächlich ein Silberstück wert ist, während ihre Frauen doch für eine kleine Münze in Medina ganze Hände voll (kümmerlicher) Arzneien bekommen. (. . .) Nicht einmal der Beweis der starken Wirkung eines Mittels wie Morphium (selbst schwere Schmerzen werden mit einem Tropfen der Heilflüssigkeit gelindert) kann ihre Meinung ändern: das alles ist bedeutungslos im Vergleich zu den Wundern Allahs. (. . .)

Oft geben die Beduinen Amulettschriften *(hijab)* den Vorzug vor den in den Händen des Harems oft nutzlosen Medikamenten. Die Mauren, die ›westlichen Araber‹, werden in Arabien als die besten Schreiber dieser magischen Hijab angesehen, so wie die Menschen ihnen auch ein wunderbar feines Gespür für verborgene Schätze zusprechen. Es gibt Hijab gegen eine Vielzahl von Krankheiten und gegen das Besessensein von *jan* oder Erddämonen; wieder andere sollen in Lebensgefahr helfen, so z. B. Hijab, die als Schutz gegen Bleikugeln geschrieben sind. Metaab Ibn Rashid, als Nachfolger seines

Bruders Tellal Fürst der Shammar, war Träger eines derartigen Amuletts; in der Annahme, daß eine gewöhnliche Kugel ihn nicht treffen werde, erschossen seine mörderischen Neffen ihn mit einer silbernen Kugel. Später erzählte mir ein Leutnant der türkischen Truppen in Kheybar einmal von einem Mann, der wegen der Teilnahme an einem Aufstand in Medina festgenommen und von einem Militärgericht zum Tod durch Erschießen verurteilt worden war. Als die Exekution stattfand, prallten die Geschosse von dem Verurteilten wie von einer Wand ab, und er blieb unverletzt; daraufhin schoß ihm jemand mit der Pistole in die Brust, das Blei fiel jedoch wirkungslos zu Boden. In seinem Leid rief der Unglückliche: »Ihr Herren, Eisen kann ich nicht abwehren!« So banden sie ihn vor eine Kanone, deren Schuß er dann nicht überstand. Der Türke schwor uns tausend Eide, daß er dabei gewesen wäre, daß er diesen Vorfall mit eigenen Augen gesehen hätte; auch andere bestätigten, daß sie derartiges schon erlebt hätten, »bei Allah!« – Dies sind die alltäglichen Wunder, von denen man hört, die man bestätigt und dann auch selbst glaubt. (. . .)

In der Annahme, daß ich mich auf die Handlesekunst verstünde, hielten mir Beduinen manchmal die Hände hin: Ich sollte ihnen die Zukunft weissagen, ob ein günstiges Schicksal sie erwarte. Einige junge Gecken wollten, daß ich aus ihrem Gesicht weissagte, und fragten, ob ich darin eine Ähnlichkeit mit Menschen entdecken könne, die stets Glück gehabt hätten. Nach Meinung der Araber können die Menschen in Leib und Seele von den Jan, den Dämonen, besessen sein, von denen eine Hälfte schlecht, die andere gut und moslemisch sei. In der Unterwelt bewohnen die Dämonen sieben Kreise (entsprechend den sieben Himmeln über ihnen). Unerklärliche Krankheiten und Anfälle von Wahnsinn werden ihrem Einfluß zugeschrieben; verspottete und verwirrte Menschen, heißt es, stehen im Banne der Jan, sie sind Mejnun, Besessene. Aber jedes Leiden hat sein Heilmittel, und so gibt es für die Mejnun Arabiens Exorzisten – und gibt es sie nicht auch noch heute in unserem kirchenseligen Europa? Indem sie über diesen Kranken mächtige Zauberformeln aus ›Gottes Schrift‹ daherbeten, wollen sie die Beduinen glauben machen, daß sie die Dämonen in Angst versetzen und austreiben können. Viele kamen zu mir und bestürmten mich, diese Kunst für sie zu üben und damit kranken Blutsverwandten zu helfen; und mit haßerfüllten Blicken und Widerworten nahmen sie meine schlichte Ablehnung auf, denn sie meinten, ich handelte so nur aus Bosheit und wolle ihnen als Moslems diese Gefälligkeit nicht erweisen. (. . .)

Erzählungen und Musik

Es ist eine Freude, den fröhlichen, verträumten Erzählungen der Beduinen zu lauschen; hier kann sich der Reisende in der Schule des Menschseins bilden. (. . .) Die Dinge innerhalb ihres Horizontes bilden das Gesprächsthema der Nomaden. Jene leichtfertigen ›Geschichten aus Tausendundeiner Nacht‹, die die großen Grenzstädte hervorgebracht haben, sind nach ihrem strengen, urwüchsigen Urteil nichts als gottlose Dummheiten.

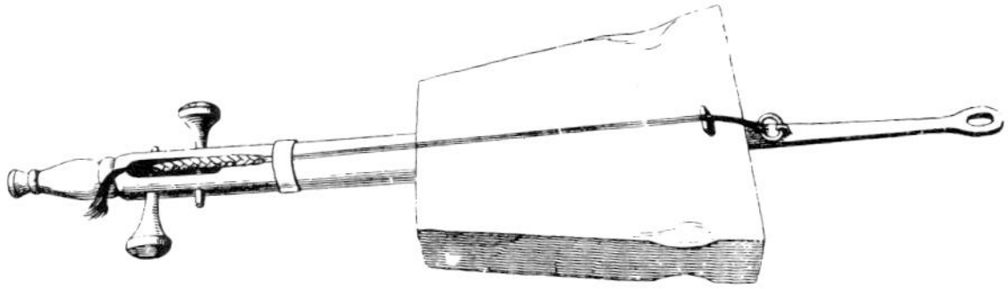

Die arabische Geige (nach Lane)

Und doch haben sie so viel orientalisches Blut in den Adern, daß viele von ihnen – ohne die verspielte Phantasie der Städter – ihr Leben lang von verborgenen Schätzen träumen; von Reichtum, der ihnen eines Tages aus dem Schoß des Himmels zufällt. Anstelle der feingesponnenen Erzählungen der Städte haben die Beduinen ihre schmetternden Rhapsodien, wie die der Beny Helal, die man in jedem freien Nomadendorf hört. In allen Dingen, die außerhalb ihres Wissensbereiches liegen, wie z. B. die Geschehnisse in fremden Ländern, sind die Araber sehr leichtgläubig. Sie sprechen stets nur über ihre heimatliche Welt, erzählen von vergangenen Raubzügen und von Abenteuern aus ihrem Wüstenleben. Oft rezitieren sie dabei zwischen Weisheit und Frohsinn die rhythmischen Verse der *Kasasid*, der ›Wüstenpoeten ohne Feder‹; die besten Gedichte sind unter den Stämmen oft weit verbreitet. Jeder Stamm hat seine Dichter: Die Kasasid von Bishr sind die besten in diesem Land. Der *Kassad* trägt vor, und in freundlicher Anerkennung nimmt die geneigte Hörerschaft die letzten Worte jedes Reimpaars auf. Ich selbst konnte von dieser poetischen Redekunst fast kein Wort verstehen; es war eine fremde Sprache für mich. (...) Der Sänger entlockt der *rabeyby* (Violine mit einer Baßsaite) ernste und klagende Töne, wobei er das, was ihn bewegt, mit lauter, näselnder Stimme vorträgt. Hier handelt es sich zweifellos um eine sehr archaische Form des Gesangs in diesem Land, die in unseren Ohren jedoch geradezu trostlos häßlich klingt. Die Männer, die den ganzen Tag mit dem Vieh in der Wüste verbracht haben, sind es, die am fröhlichsten singen, wenn sie abends in die Zeltgemeinschaft und unter Menschen zurückkehren. (...) Die jungen Hirten aus Zeyds Menzil trugen für mich, den Fremden, abends meist den kraftvollen *hadu* vor, das Hirtenlied. (...) Die Rabeyby, ihr Instrument (es entspricht vielleicht dem spanischen Rabel und dem Rebec des alten England), fertigen die Beduinen aus irgendeinem Kistenrahmen an, den sie aus der Stadt haben; ein Stock wird hindurchgesteckt, in den sie ein Loch für den Spannpflock bohren, und eine Ziegenhaut wird über die Hohlseite des Kastens gespannt. Für die rauhe Saite wird das Schweifhaar eines Pferdes genommen, und nachdem man einen gebogenen Zweig als Steg darunter befestigt hat, kann die Musik beginnen. (...)

◁ Ägyptische Rabeyby- oder Rebab-Spieler (nach Lane-Poole)

Alte Bräuche und Riten

Um sich von einem ungerechtfertigten Verdacht zu befreien, sagt man zu seinem Gefährten: »Zwischen uns steht nichts außer Allah.« Die gleichen Worte hören wir aus Jonathas Mund, als er mit seinem Freund David zusammentrifft. Es gibt bestimmte Eide, die von keinem Mann gebrochen werden, der Ehre besitzt, da sie im Brauchtum der Stämme als bindend anerkannt sind. Hier nur einige wenige Beispiele, für die ich bürgen kann. Ein Beduine, dem die Herde eines anderen Mannes – oft ein Dorfbewohner – anvertraut ist, wird seinen jährlichen Bericht über den Zuwachs der Herde ohne Arg und Falsch erstatten; er steht unter einem feierlichen Zeugniszwang, dem er sich nicht entziehen kann, weil der Eigentümer mit seinem Schwert einen Kreis um ihn gezogen hat. Wenn in der Zeltgemeinschaft der Nomaden etwas verlorengegangen ist, kann der Besitzer des Gegenstands wem immer er will einen Eid abverlangen, daß er nichts damit zu tun hat, so wie auch Ahab seine Nachbarn (...) einen Eid leisten ließ, daß sein Untertan und Feind Elias nicht bei ihnen sei. Ich habe selbst gesehen, wie Männer, die unter einer Beschuldigung standen, sich mit dem Ankläger zur Feuerstätte begaben, um ihm dort zu antworten; sie nennen das ›bei ihren Schwertern schwören‹. Der Eid wird über bestimmten Linien geleistet, die die Nomaden mit ihren Klingen in der Asche ausziehen: ein Kreuz in einem Kreis; eine Handvoll Asche entnehmen sie dabei der Feuergrube. Der Eid hat eine so große Bedeutung, daß der Kläger sich hiernach zufriedengeben muß. (...)

Es gibt auch Wüsteneide, die zwischen Feinden Gültigkeit haben. Ich kannte einen Mann der Beny Atieh, der als Gast bei den Moahib lebte und der, als diese in Frieden mit den Fejir zusammen kampierten, sich frei unter jenen, seinen natürlichen Feinden, bewegen konnte, nachdem ihm Motlog an der Feuerstelle den Eid abgenommen hatte, daß er sich jeder feindseligen Handlung gegen sie enthalten würde. (...)

Ferner sind unter den Nomaden bestimmte Gesten gebräuchlich, Zeichen von hoher Aussagekraft. So streiche ich meinen Bart, wenn ich jemanden, der mir Unrecht tut, ermahnen will, und erinnere ihn so an seine Ehre. Fasse ich ihm jedoch an seinen Bart, so erinnere ich ihn daran, daß wir als Menschen Brüder sind und Gott im Himmel unser Zeuge ist. Der Bart gilt in Arabien als Zeichen männlicher Ehre, und jemanden am Bart zu reißen, ist die schwerste Beleidigung. Von einem ehrlichen Mann sagt man: »*Lahyathu taiba*, sein Bart ist gut«, bei einem üblen, habgierigen Menschen heißt es: »*Ma lihu lahya*, er hat keinen Bart.« Ein Bittsteller, der einen bestimmten Knoten in das Kopftuch des anderen knüpft, ist, wie man mir sagt, gerettet; selbst wenn jener der Bluträcher wäre, müßte er um Allahs willen Vergebung gewähren! Küßt man die Stirn eines wutentbrannten Mannes, so wird sein Grimm sich legen; man muß ihn jedoch überrumpeln, sonst wird er diese Geste feindselig abwehren. Ein mit Sicherheit sehr altes Beispiel geheiligter semitischer Gesten wird von Abraham überliefert, der seinen Diener zur Bekräftigung eines Eides auffordert, die Hand unter seinen Schenkel zu legen. Wer in ehrenhafter Weise Nachsicht und Schutz erlangen will, sagt einfach: »*Ana nuzilak,* ich bin bei deinem Zelt abgestiegen«, oder, falls er Verrat fürchtet: *»Ana nusik«* und noch einmal: *»Ana bi wejhak ya sheykh* – Herr, ich bin in eurer Gewalt.« Feierlicher noch kann man sagen, indem man den anderen berührt: *»Terany billah ya sheykh; wa bak ana dakhilak«,* was soviel heißt wie: »Bei Allah, ihr seht mich, Herr, und ich stelle mich unter euren Schutz.« Während meiner langen, gefahrvollen Reisen durch die arabische Halbinsel habe ich dreimal dieses Wort *dakhilak* (Schutz) gebraucht: zweimal, als ich – verlassen in der Wüste – zu fremden Zelten der Heteym kam (sie sind weniger gastfreundlich als die Beduinen und hatten mich zunächst abgewiesen); das dritte Mal wandte ich mich damit an den Hauptmann der Wache in Hayil, als mir auf dem Markt von den Sklaven des Emirs übel mitgespielt wurde. Der Hauptmann vertrieb sie daraufhin sofort; bei dem zuerst erwähnten Abenteuer wurde ich aufgrund dieses Bittwortes von den Heteym freundlich aufgenommen. (. . .)

Wenn Nomaden voneinander Abschied nehmen, geschieht das für europäisches Empfinden seltsam unhöflich und kalt. Der Araber, bis dahin ein liebenswerter Gefährte, wendet sich mit merkwürdig steinerner Miene ab, um für immer fortzugehen. Die letzten Worte werden gesprochen, nachdem beide Teile sich bereits den Rücken zugewandt haben; sie setzen ihren Weg dann fort, ohne sich noch einmal umzudrehen. So will es der landesübliche Brauch, der nichts mit roher Herzlosigkeit gemein hat. Wenn jemand einen Kreis von Gefährten verläßt, so ist es an ihnen zu sagen: »Gehe hin in Frieden.« Wenn sie nicht zusammen gegessen haben, gibt es nichts zwischen ihnen, was einen Abschied nötig machte, denn nach Ansicht der Nomaden sind alle Menschen vor Gottes Thron nichts als einfache Körnchen aus der einen Saat der Menschheit. Verabschiedet sich jedoch ein Gast, so wird er, nachdem er sich abgewandt hat, offen und einfach sagen: *»Nesellem aleyk,* der Friede sei mit euch.« (. . .)

Die Solubba

Als wir wieder einmal auf dem Weg zur Ratsversammlung waren, sagte Zeyd: »Dort drüben kannst du einige Leute sehen, die noch aus der Vorzeit stammen!« Es handelte sich um Solubba, eine Familie armer Wanderer, die gerade eintraf. Voller Bewunderung betrachtete ich die wohlgenährte, strahlende Leibesschönheit ihrer zerlumpten Kinder, die mir auch bei den Heteym-Nomaden stets aufgefallen ist. Diese fremden und verstoßenen Wüstenmenschen sind von gefälligerem Äußeren als die von Hunger gezeichneten Beduinen. Die Heteym, reich an Kleinvieh, haben in der Wüste genug Nahrung, die Solubba leben von ihrer Jagd und der fahrenden Arbeit; sie verdingen sich in den Beduinenlagern als Kesselflicker und Waffenschmiede. Auf dem Amboß schmieden sie Beile, *jedum* (mit denen die Hirten die Zweige der süßen Akazie abschlagen – Futter für ihre Herden), fertigen sie Grassicheln zum Schneiden des Grünfutters, Stahl zum Feuerschlagen und noch anderes mehr in dieser Art an. Außerdem bearbeiten sie das Holz der Wüstenakazie und stellen robuste Sattelgestelle für die Last- und Reitkamele,

Flaschenzugrollen *(mahal)* für tiefe Wüstenbrunnen, einfache Milchkessel und anderes Haushaltsgerät her; auch sind sie Tierärzte. Insgesamt betreiben sie das gleiche Geschäft – wenn auch nicht ganz so geschickt – wie die *Sunna,* die Kaste der Schmiede. Die Solubba gehorchen der Lehre ihres Patriarchen, der ihnen die Viehhaltung verboten hat und ihnen auferlegte, sich von der Jagd in der Wüste zu ernähren, vor den Beduinenzelten abzusteigen, um das Gastrecht zu genießen, und sich bei den Stämmen als Schmiede ihren Lebensunterhalt zu verdienen. Da sie selbst keine Milchtiere haben, pflegen sie an einem der Beduinenhauszelte um Milch zu bitten, und die Hausfrau wird den armen Wanderern Leban aus ihrem Semila, dem Milchschlauch, eingießen. Dabei müssen sie jedoch ihr eigenes Gefäß benutzen, denn die Beduinen, die sonst nicht heikel sind, würden nie nach einem Solubba aus demselben Gefäß trinken, könnte dieser doch vom Fleisch eines Tieres gegessen haben, das *futis* ist, d. h. auf natürliche Weise gestorben. Auch sagen die Beduinen, daß die Solubba sich von Insekten und Würmern ernähren. Letzteres ist nur ein Gerücht, sie essen kein solches Ungeziefer. Abwertend stuft sie die üble Nachrede der Beduinen als *kuffar,* Heiden, ein, denn nur wenige Solubba beherrschen die vorgeschriebenen Gebete. Die Beduinen selbst sind jedoch in den Städten nicht besser angesehen. Die Solubba zeigen einen großen, aber nicht aufdringlichen Eifer für die Religion des Landes, in dem sie geboren sind, und wissen nichts von anderen Glaubensrichtungen; sie sind duldsam und auf ihre bescheidene Art menschlich, da sie selbst verachtet und unterdrückt werden.

Im Sommer, wenn die Beduinen keine Milch mehr haben, laden die Solubba ihre leichten Zelte, ihren Hausrat und das, was sie sich durch ihre Arbeit verdient haben, auf Esel, ihre einzigen Haustiere, verlassen das Nomadenlager und setzen ihre Reise durch die weite Khala fort. Der Solubba-Haushalt läßt sich dann in einer entlegenen, von den Beduinen gemiedenen Wüste nieder, wo es einen guten Brunnen und Wild gibt.

Reitesel (nach Lane)

Sie allein haben die Freiheit, in der arabischen Wüste zu reisen, wohin immer sie wollen; sie zahlen allen Beduinen einen geringfügigen Tribut und werden von niemandem belästigt. Obwohl hier geboren, sind sie keine Bürger der Halbinsel. Kein Beduine, so sagt man, würde einen Solubby berauben, auch wenn er ihn alleine mitten in der Wüste mit einem Straußenbalg in der Hand anträfe, der immerhin den Wert eines *thelul*, eines Reitkamels, darstellt. Im Gegenteil, der reisende Beduine freut sich, wenn er an einer einsamen Wasserstelle das Zelt eines Solubby erspäht, kann er doch hoffen, dort an dem Mahl des Jägers teilzuhaben; und der arme Solubby wird dem Gast mit seinem Wildbret gern ein gutes Essen bereiten. Die Solubba reiten sogar zur Jagd auf ihren Eseln. Und auf diesen schwachen Tieren, die sie jeden zweiten Tag tränken müssen (ansonsten jedoch ist der Esel kaum weniger ein Tier der Wüste als das Kamel), ziehen sie mit ihren Familien durch riesige wasserlose Gebiete, die selbst der Beduine auf seinem schnellen und starken Kamel, das drei Tage dursten kann, nicht leichtfertig durchquert. Diese verstreuten Familien von arabischen Wüstenleuten übertreffen die Viehzucht treibenden Beduinen in allen Belangen der Landwirtschaft, wie diese wiederum den trägen Oasenbewohnern voraus sind. Bei den Solubba, sonst arme, unwissende Menschen, wird die Kenntnis noch der unbedeutendsten Wasserstelle des Landes vom Vater auf den Sohn vererbt. Sie durchwandern die ungeheure Weite Arabiens von den Höhen Syriens bis zum Jemen, bis über Tayif hinaus und ich weiß nicht, wie weit noch! Wenn man eine Auskunft braucht, die ihr rattenartiges Verständnis nicht überfordert, sagen die Araber, sind sie es, an die man sich damit am besten wendet.

Sie müssen Meister der Jagd sein, daß sie in einem toten Land Nahrung finden. Wo andere Männer kaum die Fährte eines Wilds aufspüren, kochen die armen Solubba sich oft das frische Fleisch der Gazellen und wilder Ziegen *(bedun)* und in bestimmten Sandgebieten auch das der Antilopen. Überall kennen sie das Geläuf und die Fluchtwege ihrer Beute. Es sind die Beduinen, die sich diese Wunderdinge von ihnen erzählen; sie sagen, die Solubba seien wie die Hirten wilder Tiere. Wenn sie ein Rudel sähen, könnten sie es zersprengen und sich daraus ein Tier wählen, als handelte es sich um ihre Herde: »Dieses werden wir heute nehmen, und jene dort drüben nehmen wir uns übermorgen.« Es ist nur menschlich, zu übertreiben und Wunder zu sehen, wo man sie sehen will, und diese Art von Großsprecherei gehört zu den edlen Gesten der Araber. Ohne Zweifel jedoch sind die Solubba bewundernswerte Wanderer und ausdauernde Männer, fähig, sich mit ihrer Hände Arbeit den Lebensunterhalt zu verdienen, und diejenigen unter ihnen, die die schärfsten Augen haben, sind ganz ausgezeichnete Jäger. Die Solubba oder Sleyb, wie der eigentliche Name des Volkes lautet, haben verschiedene Beinamen. Westlich von Hayil werden sie häufiger *el-Khula* oder *Kheluiy*, die Einsamen, genannt, weil sie abseits von den Stämmen leben und weder Vieh besitzen noch Gemeinschaft suchen. Dasselbe Wort beziehen die Beduinen auch auf sich, wenn sie auf einer Reise kein Lager finden und sich in der menschenleeren Khala alleine zum Schlaf betten müssen. Auch werden die Sleyb in der boshaften Sprache dieses Landes *Kilab el-Khala* genannt, Hunde der Wüste. *El-Ghrunemy* ist der Name einer weiteren

Sippschaft der Sleyb im östlichen Nejd, und man sagt, daß sie mit den übrigen Solubba keine Ehe eingehen. Die Beduinen nehmen allgemein an, daß die Sleyb alle von einem alten heidnischen Geschlecht oder von Christen abstammen.

Krankheiten und Beschneidung

Von den nomadisierenden Arabern sind mir die Billi am liebsten gewesen. Freimütig und offenherzig, waren die besten von ihnen Männer von gütigem und aufrichtigem Wesen, jedoch bei aller Freundlichkeit nicht sehr gastfrei. Sie waren alle wohlhabend, besaßen viele Kamele, und bei Sonnenuntergang konnte man vor jedem Zelt eine kleine Herde sehen: ein tröstliches Zeichen von Leben in der Wüste. Sie verlassen sich auch nicht auf das Wegegeld der Pilger, das keinen Segen bringt, sondern sind mutige Beduinen, die nur auf sich selbst bauen. Eine Ausnahme bilden jedoch die Billi-Stämme in der Nähe der Küste, die einen Wegzoll für die ägyptische Pilgerstraße erheben, und man sagte mir, der große Billi-Scheich habe als Pensionär der Regierung seine Hauptresidenz in Kairo. Wie sie selbst sind auch ihre Nachbarn, die Jeheyna, Stammesmänner von großzügiger Art. Die Jeheyna, ein großer Stamm von altem Adel, werden unter den Beduinen als Hüter der altüberkommenen Gastfreundschaft gepriesen. In den nördlichen Grenzgebieten der Billi leben die Howeytat, hartnäckige Feinde und Viehräuber; die Billi ziehen in steter Furcht und Sorge vor ihnen umher, und die ganze offene Wüste außerhalb des Herrschaftsbereichs von Ibn Rashid ist noch wesentlich unsicherer. Jeden Tag bestieg Mahannas Sohn, mit einer Lanze bewaffnet, ein schnelles Reitkamel, um das Land jenseits der weidenden Kamele im Auge zu halten; dort draußen blieb er als Späher bis zum Abend. Auf ein bestimmtes Zeichen des jungen Scheichs trieben die Hirten sofort ihre Tiere zusammen und eilten mit ihnen nach Hause. Ich fragte ihn: »Und was machst du, wenn du auf einen Viehdieb triffst?« – »Ich würde ihn mit diesem Speer durchbohren!« entgegnete er mit einem grausamen Blick.

Bei der Ausübung meiner medizinischen Praxis stellte ich fest, daß die Tehama-Beduinen nicht nur an allerlei rheumatischen Beschwerden und Augenkrankheiten leiden, sondern sich auch mit dem Morbus gallicus, der ›französischen Krankheit‹, infiziert haben. Dieses Leiden ist in den letzten Jahren von der Küste her eingeschleppt worden, und wenn man ihnen Glauben schenkt, sind nur wenige Tehama verschont geblieben. Aus diesem Grunde schrecken ihre Verbündeten unter den Binnenland-Beduinen davor zurück, eine Heirat mit Angehörigen der Tehama-Stämme einzugehen. Sie urteilen: »Ihr Fleisch ist nicht gesund!« Dasselbe sagen die Beduinen auch bei anderen Krankheiten. Ich fragte einmal einen Nomadenschmied, ob die Seinen sich mit Schmieden aus Teyma verbänden, worauf er sagte: »Nun ja, wir haben Töchter von ihnen genommen und hätten es wohl auch wieder getan, aber wir gaben es wegen eines Aussätzigen auf, den wir in ihrer Sippe entdeckten.« Die grausame Seuche war auch zu den Moahib gekommen, die sich jetzt aller Fremdheiraten enthielten. Ich selbst lernte bei ihnen nur eine infizierte Person kennen, eine arme hustende alte Frau von dreißig Jahren mit heiserer Stimme und entsetzlich anzusehen, obwohl sie einmal eine der schönsten Frauen gewesen sein soll. Eine Frau der Sehamma, die zu mir, dem Arzt, kam, schien gesund zu sein, aber ihr kleines Kind war erkrankt. Ein Allaydy heiratete vor sechs Jahren eine dieser hübschen Stammesfrauen, aber die schleichende Krankheit in ihren Adern hatte seitdem all seine Lebenskraft zerstört; er zeigte mir auf seinen Händen furchtbare offene Geschwüre. Man nennt diese Krankheit dort *hub el-Frenjy,* den fränkischen Knopf, *el-Bellush* oder auch *tha el-Meluk,* die Königskrankheit; eine andere Bezeichnung von grausamer Ironie ist *el-Mubarak,* der Segen. Ihre ganze Hoffnung setzen sie auf den Gebrauch von rotem Quecksilber in erheblicher Dosis, das sie aus Wejh beziehen. Bei den unterernährten Arabern ist die Disposition zum Aussatz häufig anzutreffen. Darum pflegen sie auch, wenn sie ein Mädchen zur Heirat empfehlen, häufig hinzuzufügen: »*Wa lahm-ha zain,* ihr Fleisch ist gut und gesund.«

Im Lager der Sehamma wurde ich auch Zeuge mehrerer Beschneidungen; es war früh am Morgen, als die Kinder ›gereinigt‹ wurden. Als ich am ersten Zelt vorbeikam, war das Kind unmittelbar zuvor zum Moslem gemacht worden; der Eingriff war aber so grob vonstatten gegangen, daß der Mann mit dem Messer zurückgerufen werden mußte. Das Kind klagte vor sich hin: »*Weyley,* oh weh.« Neben ihm lag das Mutterschaf, das für das Gastmahl geschlachtet wurde, in seinem Blut und röchelte noch mit durchschnittener Kehle, dann kam der Vater des Kindes und trennte den Kopf des Schafes vom Rumpf. Ich ging nun zu einem zweiten Beschneidungszelt; hier war ein Schmied der Wundarzt. Ich beobachtete, wie er seine Klinge wetzte, während einer das Schaf zum Schlachten bereithielt. Der Vater ermunterte seinen kleinen Sohn, hob ihn hoch und ließ ihn auf dem Rücken des Opferschafes reiten, dann setzte er ihn wieder an seinem Platz nieder, zog sein Langmesser, fällte den Hammel mit einem Schlag ins Genick und fleischte ihn ab. Danach schächtete er noch eine Geiß und ein Zicklein. Man setzte das Kind nun auf die Kehrseite einer großen, mit trockenem Pferdedung bestreuten Metallschüssel, die sonst bei den großen Gastessen der Nomaden in Gebrauch ist (›die Tafel Gottes in der Wüste‹). Der Schmied war noch immer damit beschäftigt, auf seinem sehnigen Arm eine rauhe Rasierklinge abzuziehen, bis sie scharf genug war. Dann führte er die Vorhaut des Knaben durch eine durchlöcherte Steinscherbe und band sie mit einem Faden ab. »Paß auf, daß du nicht zu viel abschneidest«, sagte die Mutter. Sie hielt ihr Kind und bedeckte ihm mit einer Hand die Augen, wobei sie den Jungen mit mütterlicher Stimme ermutigte und ihm frische Milch und fette Bissen versprach. Mit einem leichten Schritt trennte der Schmied dann die Haut an dem Knoten ab, bestäubte die Wunde mit Holzkohle und gab das Kind, das keinen Schmerz verspürt hatte, der Mutter zurück. Diese drückte es an ihre Brust und sagte dem Knaben, er solle sich freuen, da er jetzt in die Glaubensgemeinschaft des Islam aufgenommen sei. Das Mahl aus gekochtem Reis und Hammelfleisch wurde großzügig noch vor Mittag verteilt, auch an diejenigen Freunde im Lager, die bei der Beschneidung nicht anwesend waren. Bei den *muzzayins,* den Beschneidungsfesten, sangen die Mädchen und jungen verheirateten Frauen dann in den nächsten Stunden ihre Lieder. (. . .)

Gastmahl und Blutklage

Wenn Fremde eintreffen, weiß es sofort das gesamte Zeltdorf. So erschienen auch die Männer einer nach dem anderen, um uns zu begrüßen und sich nach Neuigkeiten zu erkundigen. Als sie wieder aufstehen wollten, bat unser Gastgeber sie höflich, Platz zu behalten, was bedeutete: ›Bleibt und eßt mit uns.‹ Es verstrich nun eine geraume Zeit, dann wurde die große Holzschüssel hereingetragen, die in einem ordentlichen Nomadenhaushalt zu den wichtigsten Gerätschaften zählt. Dieses Sinnbild der Gastfreundschaft sieht man bei der Rahla wie einen Schild auf dem Gepäck der Lastkamele thronen. Der riesige Topf, bis zum Rand mit gekochtem Reis gefüllt, wurde nun vor uns abgestellt; in der Mitte war eine Mulde mit einem geschmolzenen Stück ihrer kostbaren Butter. Dahinein wird jeder Bissen getaucht (eine halbe Handvoll, die von den Fingern des Essenden zu einem Ball geformt wird) und so geschickt zum Mund geführt, daß man für einen schlecht erzogenen Burschen gilt, wenn auch nur ein kleiner Tropfen zu Boden fällt. Der Wirt ermuntert höflich seine Gäste, bittet sie näher zu treten und sich in die Runde zu setzen, wobei er sagt: »Wenn es auch nur ein ärmliches Mahl ist, so nehmt es doch mit Wohlgefallen an, wie es Allah euch sendet.« Gewöhnlich beteiligt sich der Gastgeber selbst nicht am Mahl; sein Herz ist damit zufrieden, wenn er seine Gäste essen sieht; ihm fällt die Aufgabe zu, sie zu bedienen. Hier jedoch saßen alle wie Brüder zusammen. Die Araber sagen vor dem Essen oder Trinken stets: »*Bismillah,* im Namen Gottes.« Der Reis wird heiß aus dem Kochkessel aufgetragen, und wenn man ihn auch im Sommer zunächst eine gute Weile stehen läßt (in den Lehmhäusern der Oasen wird das Gericht eine Zeitlang in das Fenster gestellt), ist er dennoch so heiß, daß man sich stets noch die Finger verbrennt, wenn das Oberste weggegessen ist. Die in der Tischrunde sitzenden Beduinen halten sich dann einen Augenblick lang zurück, während einer von ihnen das dampfende Mahl mit dem Zipfel seines Mantels fächelt. Mein Nachbar war Mishwat, trotz seiner drohenden Brauen und seiner Streitlust tief im Herzen ein freundlicher Bursche; jetzt ruhten bei Brot und Salz seine Augen wohlwollend auf mir. Er stieß mich mit dem Ellenbogen an, nickte mir zu und sagte: »Iß nur tüchtig, es wird dir gut tun; du mußt so essen wie ich; wenn das Essen vor einem Mann steht, muß er herzhaft zugreifen; iß also nur und sieh zu, daß deine Brust sich hier bei uns Beduinen weitet.« Er streckte seinen kräftigen Arm aus, formte Reisbälle und legte sie mir vor. Fast wäre er heute unser Gastgeber geworden, und so war er uns während des Mahls ein bemühter Freund. Mishwat hatte mich in guter Erinnerung behalten, während ich ihn vergessen hatte. Im Winter war er zu unserer Kella in Medain gekommen, wo ich ihm eine Handvoll Tabak gegeben hatte, als er mich bat, seine Pfeife zu füllen. Er hoffte wohl, daß ich von diesem einlullenden Kraut noch mehr in meinen tiefen Kameltaschen hätte, denn dies war es, was ihm nächst der Hoffnung auf einen Sohn und der Zuneigung seiner Frauen von allen Dingen unter dem Nomadenhimmel am meisten am Herzen lag.

Wer mit dem Essen fertig ist, bleibt ruhig vor der Schüssel sitzen, bis auch die übrigen gesättigt sind, dann segnen alle den Gastgeber, erheben sich und sagen: »Oh Wirt, Allah vergelte es dir.« Der Wirt seinerseits antwortet herzlich: »Zu eurer Gesundheit, Männer.« Man kann jedoch auch sagen: »*Kathir Ullah fothilakom,* Allah vermehre deinen edlen Großmut!« Später erfuhr ich, daß unser Wirt für dieses Gastmahl fast den gesamten Mundvorrat verbraucht hatte, den er so spät im Jahr noch besaß. Es blieben ihm jetzt nur noch Milch – und davon nicht einmal genug – und Trockenmilch. Der Nomade kann lange Monate mit so wenig Nahrung auskommen, daß es uns scheint, als esse er gar nicht. Bewegend ist diese Großzügigkeit der Beduinen, die immer dann zu beobachten ist, wenn es um das religiös verankerte Opfer der Gastfreundschaft geht; um so mehr, da es sich dabei um Männer handelt, die in ihren Taten sonst eine so niederträchtige, betrügerische und selbstsüchtige Gesinnung, Mißgunst und Menschenhaß an den Tag legen. Es ist die größte Ehre im Leben eines Mannes, wenn das Volk seine Großzügigkeit preist. Der Beduine liebt es, in freigebiger Weise Gäste zu empfangen, wobei er viel feines Gespür an den Tag legt; ruhmsüchtig trachtet er nach Achtung und Ansehen in seiner Welt. Aber auch die natürliche Frömmigkeit des Nomaden, dieses Wanderers zwischen der nackten Erde und dem Himmel, den überall Gefahren umgeben, bestimmt sein Verhalten. Getreulich empfängt er die Gäste Gottes, der Gastgeber aller und Spender alles Guten ist, und indem er so handelt, erhofft er sich Segen und göttlichen Schutz. Ein förmliches Danksagen habe ich nie gehört. Wie man mir erzählt, sagt man zuweilen einfach: »*Ullah lebanakom,* der Herr vermehre deine Milch.« Oder auch: »*Bilakom,* er vergrößere deine Herden; *eyyalakom,* er segne dich mit vielen Kindern«, und sogar: »*Kilabakom,* er vermehre die Wachhunde deines Zeltlagers« (so daß dein Eigentum sicherer ist und du gefahrloser leben kannst). (. . .)

Mit einem Führer der Mahuby kamen drei Männer der Howeytat, der feindlichen Nachbarn in der Tehama, in unser Lager. Es war ein Scheich namens Abu Batn mit einem Gefährten und einem Diener. Abu Batn kam wegen der *midda,* der Bezahlung, die zwischen Feinden für das Blut eines Erschlagenen ausgehandelt wird; einer der Seinen war bei einem Überfall auf die Moahib erschossen worden. Das Leben eines Feindes wird bei den Beduinen auf fünf Kamele veranschlagt. Zwischen gegnerischen Stämmen wird dieses Blutgeld nie verweigert, sofern sie sich, wie hier, beide darauf beschränken, die Kamele ihrer Widersacher zu rauben. Nur wo Blutfehde herrscht, wie zwischen den Fejir und den Beny Atieh, gibt es keine Bußzahlung; das Feuer, das vergangene Bluttaten in ihren Herzen entzündet haben, kann Generationen lang brennen, und wer in die Hand des gegnerischen Stammes fällt, ist in Gefahr, ohne weiteres umgebracht zu werden. Bedingt durch ihre entbehrungsreiche Lebensweise (die Schale ihres Lebens ist fast ausgeleert, und es wird darum leicht der Bodensatz aufgewirbelt), die das Blut erhitzt und das Mitgefühl schwächt, sind die Beduinen von einem erbitterten, zügellosen Zorn gegenüber ihren Feinden. (...) Im Kampf sind sie wie menschliche Wespen, ihre Natur verführt sie nur allzuleicht dazu, den Gegner zu stechen, auch wenn sie sich damit selbst Schaden zufügen. So ist es nur gut, daß der zweite Gedanke bei ihren Raubzügen stets der Midda gilt, die sie bezahlen müssen, wenn sie einen Feind töten. Ich fragte: »Und was geschieht, wenn ihr ihnen die Genugtuung verweigert?« – »Wir können sie ihnen nicht verwehren, oder keiner von uns wäre fortan seines Lebens noch sicher; den ersten besten, den sie träfen, würden sie auf der Stelle töten.«

Als die drei Fremden das große Zelt von Abu Sinun sahen, stiegen sie dort ab; vielleicht wagten sie nicht, sich im Lager ihrer Feinde nach dem Scheich zu erkundigen. Hamdy, Mohammeds Frau, kochte ihnen Reis als Gastmahl; danach jedoch rief Tollog sie in sein eigenes Zelt, sie sollten die Gäste des Scheichs sein. Batn und Tollog waren beide ehrwürdige Männer, maßvoll, wie es sich für Scheichs geziemt, und sie sprachen so freundlich wie möglich miteinander. Jene verlangten nur das, was ihnen zustand, und diese beabsichtigten nicht, sie darum zu betrügen oder sie hinzuhalten. Abu Batn, ein Mann schon fortgeschrittenen Alters und, wie es schien, ein armer Scheich, war der Blutkläger – er verhandelte mit den Stammesleuten, die seinen Sohn getötet hatten. Im allgemeinen treffen Beduinenräuber nur auf wenige Hirten, die ihnen keinen Widerstand leisten können; in diesem Fall jedoch hatten einige Moahib, als sie Howeytat auf ihrem Lande vorfanden, in Verteidigung ihres Viehs einen wilden Gegenangriff geführt und einen der Howeytat dabei erschossen. »Oh weh! Weh mir!« seufzte der unglückliche Vater eines tapferen Sohnes, der nun vor der Zeit in seinem Grab moderte: »Wir reiten nur aus, um Vieh zu stehlen, ihr aber bringt Menschen um!« Und er schloß mit einem langgezogenen Schluchzen. Tollog seufzte mit ihm, denn auch er war Vater; danach saßen beide schweigend zusammen. (...)

Waffen

Da die Beduinen der Meinung sind, daß alle Handwerkskünste von den Christen stammen, wandten sich die Stammesmänner oft in den langen Stunden des Lagers mit Fragen an mich, die ihre Schwerter und Säbel betrafen. Sie baten mich, den Härtegrad des Stahles für sie zu prüfen; sie selbst versuchen es, indem sie an dem Stahl riechen oder auf die Klingen atmen, wobei sie dann beobachten, wie sich die Dampffeuchtigkeit verflüchtigt. Einige gaben mir auch ihre langen Gewehre, und wenn sich Inschriften auf diesen Waffen befanden, baten sie mich, sie ihnen vorzulesen.

Mit wenigen Worten möchte ich kurz auf die verschiedenen Waffen eingehen. Die langen arabischen Gewehre sind stets Steinschloßbüchsen. Wie aus den Inschriften ersichtlich, sind die besten davon alte Stücke aus Europa, und – außer einigen, die in neuerer Zeit in Spanien, der Berberei und Ägypten angefertigt wurden – stammen sie aus den letzten Jahrhunderten. Vor vielleicht sechs oder zehn Generationen befanden sie sich noch in den Händen unserer Vorfahren; als diese sie weggaben, wurden sie auf den fernen Märkten des Ostens verkauft. Die besten Gewehre werden *el-Lazzary* genannt, und ich las auf ihnen in lateinischen Buchstaben den Firmenstempel von Lazzarino-Cominazzi! Als die zweitbesten gelten die Stücke, die *el-Majar* genannt werden und aus Ungarn kommen, ein Land, das die Beduinen nicht kennen. Wahrscheinlich sind sie mit den Türken in die Grenzstädte gelangt. Den dritten Rang nehmen *el-Engleysy* ein, auch dies für die Beduinen ein bloßer Name, mit dem sie ansonsten nichts anfangen können. Auf den Engleysy-Gewehren findet sich kein Firmenstempel. Bei allen drei Waffenarten wird besonders die Güte des Stahls geschätzt, wobei die arabischen Schmiede in ihrem Urteil große Sachkenntnis beweisen. Ihrer Ansicht nach hängt es von der Stahlqualität ab, wie gut das Gewehr die Kugel abfeuert und ob es, wie unsere Väter von ihren Bogen sagten, schnell oder lahm schießt. Gutes Metall, so urteilen sie, sollte stets rein und unvermischt sein, und die Mündung sollte blinken wie eine Kaffeetasse. Das Eisen an den Schlössern rostet sehr schnell, was bei den übergroßen Ladungen von grobkörnigem, schwachem Pulver nicht verwunderlich ist. Immerhin habe ich selbst gesehen, daß ihre langläufigen Gewehre eine leichte, schlecht gegossene Kugel in der Horizontalen noch fast zweihundert Yards weit hinausschießen.

Je größer das Alter der Waffen ist, die noch in Gebrauch sind, desto höher werden sie von den Arabern geschätzt. Ihrer Ansicht nach wurde in den alten Zeiten alles besser gebaut als jetzt, doch sind einige ihrer Zündschlösser so abgenutzt, daß sie bei der kleinsten Überforderung explodieren müssen. Der Eigentümer wird dann sein Gewehr zum nächsten Schmied bringen, um es ausbessern zu lassen, und dabei Gott danken, daß er unverletzt geblieben ist; im übrigen vertraut er auf Allah, daß es das nächste Mal nicht schlimmer ausgeht. So sehr schätzen sie ihre besten Gewehre, daß eine Flinte von hoher Leistung kaum für Geld zu haben ist. Die Beduinen des Südens sind so arm, daß man kaum drei Gewehre oder vier Schwerter in den Händen von fünf Leuten findet. Wer sich keine solche Waffe leisten kann, wird mit einem alten Spieß ausgerüstet, der nicht viel mehr ist als ein Stock von ebenmäßiger Länge und einigem Gewicht, oder er

trägt, selbst wenn er zu Fuß ist, die wuchtige Reiterlanze, die Shelfa. Ein ärmerer Nomade, der gerne ein Gewehr hätte, wird sich eine zusammengeflickte Flinte für drei oder vier Reals kaufen; dafür bekommt er eine der gefälschten Lazzarys, die aus der Berberei oder Ägypten stammen und auf denen falsche Stempelmarken schlecht eingeschlagen sind. Der Nomade ist kein Jäger; selten nur muß er sein Gewehr sprechen lassen, nicht einmal bei den Überfällen, bei denen er gewöhnlich nichts weiter tut, als einigen Hirten ein paar Stück Vieh wegzutreiben und dann schnell zu verschwinden, um einer Verfolgung zu entgehen. Die Gewehre, die man bei den wohlhabenderen Beduinen und bei den Scheichs findet, sind im allgemeinen von mittlerer Güte; solche Waffen kosten sechzehn bis siebzehn Reals. Als weitere Schußwaffen finden sich bei den Beduinen des Südens noch einige museumsreife Reiterpistolen; soweit ich gesehen habe, sind sie europäische Erzeugnisse aus den Zeiten unserer Großväter; die besten werden el-Engleysy genannt.

Von den Blankwaffen besitzen der persische und ihm zunächst der indische Skimitar ausgezeichnet gehärtete Klingen, die ebenso stark gekrümmt sind wie die Offizierssäbel unserer Kavallerie; hier im Osten hält man dies für die beste Form. Zu Recht sagt man, daß ein Säbelhieb dann besonders wirkungsvoll ist, wenn man ihn schneidend durchziehen kann. Den Schlag, der wie mit einem Beil geführt wird, hält man für unklug, da er nicht tief eindringt und keine klaffende Wunde hinterläßt, und den geraden Ausfall für schwach. Der weit ausholende Flachschlag ist es, in den ein Mann all seine Kraft legen kann, und mit den besten Klingen in einer verläßlichen Hand kann so der Kopf des Gegners mit einem Schlag vom Rumpf getrennt werden. Bei dieser kleinen Gruppe von Moahib sah ich auch Blankwaffen aus westlichen Ländern, darunter zwei Marinesäbel, die sie vor langer Zeit einmal aus einem gestrandeten Schiff an der Küste geborgen hatten. In Latein fand sich darauf der Wahlspruch: Pro Deo et Patria. Auf einem anderen Schwert las ich eine deutsche Inschrift; es handelte sich um einen eisernen Skimitar, der wahrscheinlich für die orientalischen Märkte angefertigt worden war. (. . .)

Was andere Waffen angeht, so findet man das Messer, *khusa,* kaum in drei Zelten dieser armen Nomaden; ein kleines Klappmesser von der Art, wie ich es benutze, nennen sie *rish;* den Krummdolch im Gurt, *khanjar,* sieht man selten in diesem Gebiet, wo die Beduinen ihn häufiger *kiddamiyyah* und *shibbriyyah* nennen: denn all diese Stücke stammen aus den entfernten Grenzländern; hier aber umgibt uns grenzenlose Wüste in ihrer Armut und Kargheit.

Fürstenhöfe und Wüstenstädte

In was für ein Land, dachte ich bei mir, bin ich hier geraten? Was sind das für Leute, die mich als einen Feind der Menschheit betrachten, nur weil ich mich zum süßen Namen Christi bekenne?

10. September 1877: Doughty reitet mit Beduinen nach Hayil, der Residenzstadt des Wüstenfürsten Ibn Rashid und seines Staates Jebel Shammar. Ankunft am 22. Oktober. Aufenthalt in Hayil bis zum 20. November.
20. November 1877: Ritt nach Kheybar, einem Wüstendorf der Dowla (türkischen Regierung) im Grenzgebiet zum Reich Ibn Rashids. Ankunft am 28. November. Aufenthalt als Gefangener des ›Gouverneurs‹ Siruan bis zum 17. März 1878. Auf Geheiß des Paschas von Medina wird Doughty von Siruan zurück nach Hayil gesandt.
18. März bis 1. April 1878: Ritt nach Hayil, wo Doughty nach zweitägigem Aufenthalt in Ibn Rashids Abwesenheit von dessen Stellvertreter Aneybar vertrieben wird.
2. April bis 26. April 1878: Ritt nach Boreyda. Doughty wird von seinen Begleitern bedroht und im Stich gelassen. Von Beduinen aufgenommen, gelangt er schließlich nach Boreyda, einer Oasenstadt in der Landschaft el-Kasim. Dreitägiger Aufenthalt in der Stadt. Emir Abdullah, der Bauernfürst von Boreyda, erzwingt Doughtys Abzug in die Nachbarstadt Aneyza.
28. April bis 6. Juli 1878: Zunächst wiederum in der Wüste zurückgelassen, hält sich Doughty über zwei Monate in Aneyza auf, wo Emir Zamil eine duldsamere Haltung gegenüber dem Christen einnimmt. Doughty findet vor allem in dem Auslandskaufmann Kenneyny einen treuen Freund, der ihm nach Unruhen in der fanatischen Bevölkerung zur Abreise verhilft.

Hayil

Nach langem Ritt erreichten wir müde und erschöpft das kleine Dorf Mogug kurz vor Hayil. Hier sah ich erstmals Waren aus Bagdad, die man im *suk* (Basar) von Hayil verkauft. Die Männer in Mogug zünden ihre Pfeifen nicht mehr mit Feuerstein und Stahl an, sondern mit den in der ganzen Welt verbreiteten Wiener Zündhölzern – so waren wir also wieder in die Welt zurückgekehrt! Ihr düsteres, behelfsmäßig gebautes Kaffeehaus war schmutzig und wenig gastfreundlich, der Lehmboden, auf dem wir saßen, mit alten Dattelkernen von den gemeinsamen Mahlzeiten der täglichen Gäste bedeckt. Die Dorfbewohner zeigten sich wohlwollend und unterhielten sich gerne mit mir, dem Fremden, über andere Länder und Religionen, soweit ihr geringes Wissen es ihnen erlaubte. Sie beklagten, daß die Heiden sich immer noch dem wahren Glauben widersetzten, und vor allem die Christen, die doch sonst ein Quell der Künste und der Gelehrsamkeit seien. Von Zeit zu Zeit reichten sie mir friedlich ihre Pfeifen herüber. In meiner ungeheuren Müdigkeit empfand ich den bitteren Geschmack ihres grünen Tabaks als unvergleichliche Wohltat, und es war beruhigend und angenehm, nach den wilden, boshaften Reden der Bishr ihre höflichen Stimmen zu vernehmen. Ein junger Mann fragte mich, ob ich lesen könne und ob ich irgendwelche Bücher bei mir habe. Er stammte aus Mogug und war hier der Lehrer. Ich gab ihm ein Geographiehandbuch, das ein gelehrter amerikanischer Missionar aus Beirut in Arabisch geschrieben hatte. Der junge Mann begann zu lesen, den Kopf in der Dunkelheit des Raumes tief über das Buch gebeugt; dabei verschlang er die Zeilen mit einem solchen leidenschaftlichen Wissensdurst, wie man ihn sonst nur in glücklicheren Ländern auf dem weiten Felde der Wissenschaft findet. Als die Sonne unterging, schlug er das Buch endlich zu und legte es auf seinen Kopf, um mir zu zeigen, wie hoch er es schätze – eine orientalische Geste, die ich in Arabien nie wieder gesehen habe, wo man so wenig oder gar nichts ›Orientalistisches‹ findet. Er fragte mich, ob er das Buch kaufen könne, und als ich ihm diese Bitte abschlug, bat er mich, es mit nach Hause nehmen zu dürfen, um es in der Nacht zu lesen, was ich ihm gestattete. (. . .)

Am nächsten Morgen blieben wir noch bis zum ersten Kaffee, dann ritten wir die letzte Meile über die Hochebene mit ihren blauen und roten Granitfelsen auf die Steilhänge der Ajja-Berge zu. Mitten durch diese Berge führt eine Paßschlucht in einer Länge von achtzehn Meilen in die jenseitige Ebene hinunter; der Paß heißt *Ria es-Self*. Zunächst ist der Weg steil und felsig; gegen neun Uhr kamen wir an eine kalte Quelle, die von einem Felsen über uns herabplätscherte! Im wasserlosen Arabien habe ich sonst nirgendwo einen ähnlichen Wasserfall gesehen. Dort füllten wir unsere Schläuche, und die Araber legten ihre Kleidung ab und wuschen sich; bei jeder sich bietenden Gelegenheit vergnügen die Nomaden sich wie Spatzen im Wasser. Nicht weit davon entfernt finden sich die rohen Grundmauern eines alten Dammes, und in einem Bergtal, dessen Boden früher sicher einmal bestellt worden war, sahen wir verwilderte Beduinenpalmen. Den höchsten Punkt des Passes maß ich mit fünftausendeinhundert Fuß.

Auf der Ebene hatte sich uns ein armer Beduine auf einem Esel angeschlossen. Er war froh, als ich ihm eine Handvoll Datteln aus Teyma als Frühstück hinüberreichte. Später stießen wir dann an einer Wegbiegung zwischen den Felsen auf drei verwegen aussehende Beduinen des Shammar-Stammes, die mit wildem Ungestüm und waffenschwingend auf uns zuritten. Diese Männer hielten uns an, und während wir stehenblieben, um, wie bei den Arabern üblich, Neuigkeiten auszutauschen, musterten sie mich wie Teufel. Sie hatten vielleicht durch irgendeinen boshaften Burschen davon erfahren, daß der Nasrany heute den Paß durchritt, und waren gekommen, mich zu überfallen. Als sie jetzt sahen, daß wir ihnen an Zahl gleich waren, riefen sie ihrem Stammesgefährten auf dem Esel zu: »Kehr um und laß uns ihn töten!« – »Allah verbietet es«, antwortete ihnen der arme Mann, »er ist mein Gefährte!« Mit einem breiten, grausamen Grinsen ritten sie daraufhin weiter. »Nun Khalil«, sagte Nasr, mein Begleiter, »hast du es jetzt gesehen? Genau das meinte ich, als ich dich davor warnte, allein durch dieses Land zu reiten! So sind diese verfluchten Shammar, und wären wir allein gewesen, sie hätten dich angegriffen. Allah verdamme sie, die Shammar!« – »Aber haben wir nicht in den letzten Tagen ihre Gastfreundschaft genossen?« – »Ja, wie ich dir sage, in den Zelten sind sie freundlich und gut zu ihren Gästen, aber wenn sie einen einsamen Mann in der Khala treffen und kein Zeuge da ist, bringen sie ihn um! Und jene, die wir gerade gesehen haben, sind Mörder, die hinter Felsen lauern, um allen den Weg abzuschneiden, die ohne Schutz daherkommen.« (. . .)

Gebirge des Jebel mit Fata Morgana (nach Blunt)

Nachdem wir eine weitere Nacht in Gofar verbracht hatten, saßen wir bei Tagesanbruch wieder auf; Nasr wollte frühzeitig in Hayil sein, damit er dort noch in der Gästehalle das Frühstück einnehmen konnte. Mit Erstaunen sah ich, daß die Hayil zugekehrte Seite von Gofar in Ruinen lag und die einstmals fruchtbaren Obstgärten nun wieder dem kahlen Boden der Wüste gleichgeworden waren; die Reihen der hohen Palmenstämme waren verdorrt und abgestorben. Wir ritten über die ausgetretenen Pfade der Lastkamele durch ein Labyrinth von zerfallenen Lehmhäusern, deren Balken man aus den Mauern herausgebrochen hatte, und kamen an Brunnen vorbei, die nun verlassen lagen. Als ich fragte, was das für ein Ort sei, antwortete mir Nasr: *»Beled mat,* dieses Dorf ist ausgestorben.« Die Einwohner waren (wie die von Mogug) umgekommen, als die Pest das Dorf vor sieben Jahren heimgesucht hatte. Nun waren ihre Brunnen, die in dieser Siedlung mehr als fünfundzwanzig Faden tief gegraben werden mußten, verschüttet. Die Besitzer der Grundstücke hatten nach der Pestepidemie nicht mehr die Kraft gefunden, die Arbeit von neuem in Angriff zu nehmen, und hatten sich in die innere Oase zurückgezogen.

Hinter den Mauern der Gärten von Gofar beginnt jenes extrem trockene Wüstengebiet *(mahal),* das sich von hier bis Hayil erstreckt; der Boden, ein scharfkantiger Granitkies, breitet sich zwischen den einsamen Ajja- und Selma-Bergen unfruchtbar wie ein Meeresstrand und tot wie der Staub unserer Straßen aus; dennoch findet man auch hier über Grundwasseradern Weiler und Dörfer. Der Boden ist felsig, und nahezu nichts wächst auf ihm von selbst; bewässert jedoch trägt er Gerste und Weizen wie auch andere Getreide des Nejd. Obwohl die Palmen sehr hoch werden, haben sie nur kleine Datteln, scharf im Geschmack und deshalb wenig bekömmlich. Außer dem Sennesbaum mit seinen gelben, erbsenähnlichen Blüten sahen wir unterwegs kaum einen Halm oder Busch. (. . .)

Nach einer Weile stieg ein hohes Gebäude mit Zinnen und Türmen vor uns auf; diese gut gebauten, stattlichen Wachtürme sind aus Lehmziegeln aufgeführt und haben die Form unserer Leuchttürme. Nasr sagte zu mir: »Dies ist die Sommerresidenz des Emirs.« Als wir uns Hayil näherten, sah ich, daß die Stadtmauern sich weit nach hinten erstreckten und aus der Stadt eine riesige, ummauerte Palmenoase machten. Zu unserer Rechten zog sich ein langgestreckter Palmenhain in die Wüste hinein, von hohen Mauern umschlossen; auf der linken Seite liegt in der Einöde ein zweiter und noch größerer Hain, den Abeyd als Erbteil für seine Kinder gepflanzt hatte. Jetzt erschien – gleichsam über der Stadt schwebend – der weiße Burgfried des Schlosses (Kasr): Solche Lehmbauten werden hier allgemein mit Kreide geweißt. Wir passierten die Sommerresidenz, die unmittelbar an der Straße liegt und in deren Turm, wie man sagt, ein kleines Geschütz aufgestellt ist. Unter der Mauer des Sommerhauses verläuft eine neue Wasserleitung, durch die das Wasser zu einer öffentlichen Zisterne geführt wird. Die Frauen aus der Stadt kommen hierher, um sich dieses Wasser zu holen, das *Ma es-Sama* genannt wird und als das beste in der Stadt gilt, wohingegen das aus allen anderen Brunnen einen etwas salzigen und mineralisch-bitteren Geschmack hat, der zwar nicht

Lehmturm des Schlosses von Hayil (nach Blunt)

sehr ausgeprägt ist, aber Fieber verursachen soll. Wir stiegen ab, und auf meine Bitte nahm eine Frau den großen metallenen Wasserkessel von ihrem Kopf und gab uns zu trinken. Nasr empfahl mir, nicht wieder aufzusteigen, wir kämen noch durch mehrere niedrige Torwege. Das war jedoch nur eine Ausrede meines wilden Beduinen, der mit seinen langen verklebten Locken mehr einem Satyr oder Werwolf als einem Menschen glich. Die Beduinen fürchten, in der Stadt allein schon wegen eines falschen Wortes herabgesetzt oder sogar mißhandelt zu werden; und so wollte Nasr es vermeiden, den Christen auf der stolzen Höhe eines Kamelrückens in die Stadt zu bringen.

Ich schritt also die kurze äußere Straße entlang und kam an das rohe zweiflügelige Tor des inneren Suks von Hayil, das nachts geschlossen wird. Dort traf ich einen alten Bekannten, der mich erwartete – Abd el-Aziz, der vor nun zwölf Monaten das Geschenk Ibn Rashids, die Stute, zur Kella in el-Hejr gebracht hatte. Wir begrüßten uns, er erkundigte sich freundlich nach meinem Befinden und bat mich einzutreten. Er selbst ging mir auf einem anderen Weg voraus, um den Emir von meiner Ankunft zu benachrichtigen, und ich setzte meinen Weg durch den offenen Markt fort, auf dem sich zu dieser Stunde Händler und Beduinen drängten. In den kleinen und dunklen arabischen Läden war man eifrig damit beschäftigt, zu kaufen und zu verkaufen, so daß die Leute in dem Gedränge von Menschen und Kamelen kaum den Fremden bemerkten; nur wenige drehten sich um und schauten uns nach. Etwas weiter kam ein gut gekleideter Kaufmann mit einem safrangelben Bart aus seinem Geschäft, nahm mich nach arabischer Sitte bei der Hand und geleitete mich einige Schritte, um den Fremden vorsichtig auszufragen, woher er käme. Es gibt mehrere solcher Safranbärte in Hayil; auch Abeyd Ibn Rashid hatte in den letzten Jahren seinen grauen Bart mit Safran gelb

Basargassen (nach Lane-Poole)

gefärbt. Dies ist eine persische Mode, und zu meinem Glück in Arabien mag auch beigetragen haben, daß ich auf meinen Reisen einen Bart von eben dieser englischen Farbe trug. Die wohlhabenden Männer färben ihre Augen mit Khol, denn bei den vogelähnlichen Arabern ist es das männliche Geschlecht, das sich bunt gefiedert und aufgeputzt bewundern läßt. Zum Ende des Suks hin befindet sich der Getreidemarkt, wo auch Kamelladungen von Brennholz und wildes Heu aus der Wüste verkauft werden. Weiter unten sah ich verschleierte Händlerinnen unter einem Torbogen sitzen, die aus ihren Körben jeden Tag von Sonnenaufgang an Datteln und Kürbisse anbieten; einige von ihnen verkaufen auch billigen Schmuck aus dem Norden für den Harem.

Wir betraten nun den langen, rechteckigen öffentlichen Platz, *el-Meshab*, der vor dem Schloß liegt. Unter dem nächsten Tor, einem Schlafplatz für arme Beduinenreisende, brachte Nasr eilig mein Kamel zum Niederknien, lud das Gepäck ab und ließ mich allein zurück; der arme Nomade hatte Angst. Als Abd el-Aziz später aus dem Schloß zurückkam, fragte er mich, warum ich hier säße. Dann ließ er sich neben mir nieder und erkundigte sich erneut nach meinem Befinden. Er schien mir, dem Fremden, wohlgesinnt, dabei jedoch auch Angst vor einem Vorwurf zu haben, denn war nicht er es gewesen, der mich zu meiner Reise hierher ermutigt hatte? Schließlich verließ er mich wieder und trat durch das Tor des Schlosses, um noch einmal mit dem Emir zu sprechen. Abd el-Aziz, ansonsten ein ehrenwerter Mann, war nun ängstlich und ohne Herzlichkeit, denn das kleinste Mißfallen Ibn Rashids konnte für ihn wie für jeden hier den Tod bedeuten, und er war ein Diener des Emirs. Als solchem stand ihm ein fester, öffentlicher Sitz in der Kahwa des Fürsten auf dem Marktplatz zu, wo er mit seinen Gefährten bei jeder Ratsversammlung seine Pflicht tat. Die Leute auf dem Platz

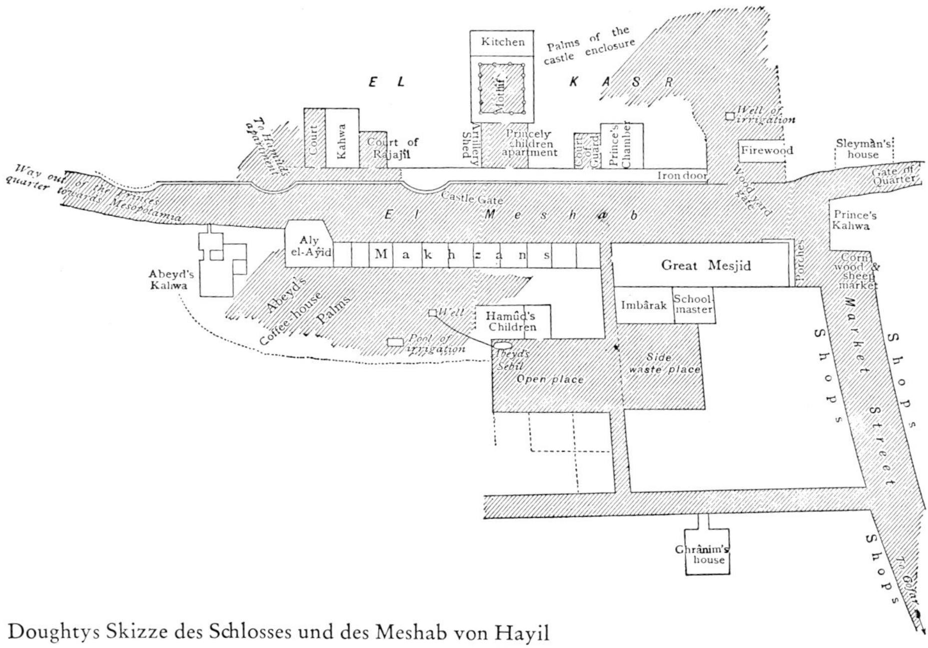

Doughtys Skizze des Schlosses und des Meshab von Hayil

waren noch nicht auf den Christen aufmerksam geworden, und so saß ich denn eine Dreiviertelstunde mitten in Hayil. In der Zwischenzeit wurde vielleicht hinter den Lehmmauern des Schlosses über mein Leben entschieden. Ich erwog bei mir, daß die arabische Neugier und Habsucht mir eigentlich einen Aufschub gewähren müßte, zumindest aber hoffte ich, daß jemand mich zum Frühstück hereinrufen würde, um mich von meinem qualvollen Hunger zu erlösen.

Am anderen Ende des Platzes lagerten Gruppen von Kamelen; sie gehörten den Beduinen, die täglich ankamen, um mit dem Emir über ihre Angelegenheiten zu verhandeln. Einige der Beduinen versammelten sich jetzt um mich, erstaunt, einen Fremden unter diesem Tor sitzen zu sehen. Gleichzeitig fiel mir ein Mann auf, der aus dem Eingang eines Schloßturms aus Lehm trat. In reicher und gepflegter Kleidung, auf seinen Amtsstab gestützt, näherte er sich mir. Dies war Muffarrij, der den Titel *Rajul el-Mothif* trug, Marschall der Gästehalle des Fürsten. Wie so viele in Hayil, die in den Diensten des Emirs stehen, war auch er kein Einheimischer. (. . .) Der würdige Bedienstete kam, um den Fremden zum Frühstück zu bitten; zuerst führte er mich und mein Kamel jedoch über den Platz und wies mir eine Unterkunft an, den letzten Raum in der Reihe der Gastzimmer *(makhzans)*, die an der Längsseite des Platzes gegenüber dem Schloß liegen. Dann brachte er mich durch das Schloßtor zur großen Kaffeehalle, die für die Gäste und das Gefolge des Emirs bestimmt ist. Zu dieser Stunde – lange nachdem alle gefrühstückt hatten und gegangen waren – war die Halle leer, aber man sandte nach dem Kaffeekoch. Ich bewunderte die edlen Proportionen dieser Lehmhalle, wie schon zuvor die des großen Schlosses; die hohen Wände weisen Schriftschmuck in Ocker und Weiß auf; eine Reihe ragender Säulen in der Mitte trägt das schlichte Flachdach aus Tamariskenbalken und Palmfasermatten, das vom Rauch der täglichen Gastmähler dunkel gefärbt und gefirnißt ist. An den Wänden finden sich Lehmbänke, bedeckt mit Bagdadteppichen, und am Eingang steht, mit Wasser gefüllt, ein mächtiges verzinntes Kupferbecken, der sogenannte ›See‹. Dieser Kessel, an dem ein angeketteter Becher hängt, wird täglich von den Frauen der öffentlichen Garküche aus dem Brunnen Ma es-Sama frisch aufgefüllt; hier schöpft der Kaffeekoch sein Wasser, und hier kann trinken, wer durstig ist. Am oberen Ende der fürstlichen Kaffeehalle befinden sich zwei Feuerstellen, wie flache Gräber, auf denen bei kalter Witterung Wüstenbüsche verbrannt werden. An gutem Brennholz fehlt es am Ort, und das Feuer unter dem großen Kaffeekessel muß in den Lehmherden wie bei einem Schmiedeofen angeblasen werden.

Große Kaffeehalle von Hayil (nach Blunt)

Wenig später rief mich Muffarrij in den Gästesaal, *mothif*, hinüber, der sich innerhalb des Schloßbezirks befindet: Um den quadratischen Hof des Mothif liegen ringsum Säulengänge, über denen sich eine Galerie hinzieht. Die eintretenden Gäste kommen an der Artillerie des Fürsten vorbei, fünf oder sechs kleinen Geschützen, deren Eisen alt und deren Holz morsch ist.

Die Beduinen essen unten, große Scheichs und ihre Begleitung jedoch oben auf der Galerie. Muffarrij brachte mich nach oben, an einen Platz, wo ein Teppich lag, mit alten Dattelkernen bestreut. Hier ließ ich mich nieder, und man servierte mir in einer Metallschüssel Datteln, die dick mit fettigem Staub bedeckt waren: die denkbar schlechtesten dieser Wüste. Man ließ mich zum Essen allein, aber ich zog es vor, weiter zu fasten. So begrüßt denn also ein arabischer Herrscher seine morgendlichen Gäste – Beduinen – nicht einmal mit der Sauberkeit der meisten arabischen Wüstendörfer, in denen es genug Wasser gibt. Bis man mich wieder holte, ging ich auf der Galerie spazieren, wo kleine weiße Haustauben aus dem Irak herumflatterten, so zahm, daß ich sie in die Hand nehmen konnte. Die Galerieseiten haben jeweils eine Länge von etwa achtzig Fuß, ihr Lehmboden ruht auf fünf runden Säulen mit groben, gezahnten Kapitellen. Muffarrij erschien wieder, und wir kehrten gemeinsam zurück in die Kahwa, wo der Kaffee inzwischen bereitet war. Bald betrat ein in glänzende Seide gekleideter junger Mann den Raum und begann mich auszufragen. Dieser arabische Geck war der Sekretär des Fürsten, und in seinen hingeworfenen Worten lag Verachtung: »He, du da! Wer bist du denn? Woher kommst du und weshalb bist du gekommen?« Ich antwortete, wie es bei den Nomaden üblich ist: »Junger Mann, ich kann nur eine Frage auf einmal beantworten. Sag, was du als erstes wissen willst!« Diese freimütigen Worte aus dem Munde eines Armen brachten ihn etwas aus der Fassung, und eine freundliche Stimme flüsterte mir zu: »Behandle ihn mit mehr Achtung, dies ist Nasr!« Jener Nasr jedoch sagte: »Auf, der Emir möchte dich sehen«, und so gingen wir denn zu den Wohnräumen des Fürsten.

Ibn Rashid

Unter dem Hauptteil des aus Lehm gebauten Schlosses gibt es einen langen Gang, der entlang der Außenmauer zum Platz hin verläuft. Durch diesen Gang schritten wir nun; in der Mitte versperrt eine eisenbeschlagene Tür den Weg, bewacht von einem jungen Gallasklaven. Wir klopften an, und die Tür öffnete sich in einen kleinen Innenhof, wo einige Soldaten des Emirs Wache hielten. An der Südseite liegt das Gemach des Fürsten. Wir passierten den Hof und traten in den Eingang des offenen Zimmers; Dämmerlicht liegt über dem Raum, denn die Fenster sind hier bloße Mauerluken: Glasscheiben gibt es im ganzen Nejd nicht. Mohammed, der Herrscher – ein jüngerer Sohn von Abdullah Ibn Rashid, erster Fürst der Shammar und vierter Emir seit seinem

Vater –, lag dort auf Kissen ausgestreckt und gestützt auf einen Ellenbogen neben seiner Feuerstelle, in der etwas Wüstenbuschholz brannte.

Ich begrüßte ihn: »*Salaam aleyk*, der Friede sei mit dir.« Er hob die rechte Hand an seinen Kopf, wie er es in den Küstenländern gesehen hatte, erwiderte aber meinen Gruß nicht; denn in ihrer fremdenfeindlichen Haltung glauben sie, daß nur, wer zu ihrer seligmachenden Religion gehört, diesen Friedensgruß im Munde führen darf. Der Emir trug die langen geflochtenen Haarlocken, die ihm in der Wüste den Ruf eines hübschen jungen Mannes eingetragen hatten. Er war auffallend hellhäutig, von fast gelblicher Hautfarbe. Knochig und hohlwangig wie die meisten Einwohner des Nejd, war er von mittlerer Größe, und die vogelartigen Augen in dem hageren Nejd-Gesicht hatten den Blick eines Menschen, der in dieser Welt viel Leid gesehen hat. Wer hätte auch früher je vermutet, daß er einmal Emir werden würde.

»Nimm Platz!« sagte er. Mohammed, der während der Regierungszeit der ihm vorangegangenen Fürsten Führer der persischen Pilgerkarawane gewesen war, hatte damals die Städte Mesopotamiens besucht und die Gebräuche der türkischen Regierung kennengelernt. Der Hauptmann der Wache brachte mich zum ›Platz des Fremden‹. In der Mitte eines langen, zwischen mir und dem Emir auf dem Lehmboden ausgebreiteten Teppichs saß noch eine zweite hohe Persönlichkeit in die Kissen gelehnt; wie ich später hörte, war dies ein Verwandter von Ibn Rashid, ein würdiger alter Mann mit wohlwollender Miene. Der Emir fragte mich: »Woher kommst du und was ist der Zweck deiner Reise?« – »Ich komme jetzt von Teyma und el-Hejr und habe die Reise von Syrien herunter gemacht, um Medain Salih zu besuchen.« – »*Rajul saduk*, bei Allah, ein Mann, dem man vertrauen kann!« rief der alte Scheich. »Er ist nicht wie jener, der damals hierher kam, erinnerst du dich, Mohammed, sondern einer, der uns geradeheraus antwortet.« Der Emir fragte weiter: »Erzähl mir von Teyma! Was hast du in Teyma Besonderes gesehen?« – »Teyma ist ein freundlicher Ort mit Palmen und guter Luft.« – »Wie heißt du?« – »Khalil.« – »Du hast also mit den Beduinen gelebt,

Empfang beim
Emir (nach Blunt)

Khalil, was hältst du nun von den Beduinen? Ist es nicht so – die Beduinen taugen alle nichts! Bei welchen Stämmen warst du?« – »Ich war bei den Fukara, den Moahib und den Sehamma jenseits der Harra.« – »Und was hältst du von den Fejir und ihren Scheichs? Motlog – ist er ein guter Mann?« – »Die Fukara machen ihrem Namen Ehre, ihre Nachbarn nennen sie *Yahud Kheybar* (Kheybar-Juden).« Der Emir nahm halb erstaunt und lächelnd meine Worte auf, wie es arabische Sitte ist, und wiederholte sie für die Anwesenden: »Er sagt, sie sind Kheybar-Juden!« – »Nun, Khalil, wie haben dich die Nomaden behandelt? Haben sie dir Milch gegeben, haben sie dir Gastfreundschaft gewährt?« – »Sie haben selbst nicht genug Milch.« Der Emir dachte nach und senkte den Blick, denn er hatte gehört, daß ich mit den Beduinen zöge, um Kamelmilch zu trinken. »Und die Moahib – sind sie gute Leute? Und Tollog – ist er gut?« – Der Prinz erwartete, daß ich diese Frage verneinte, denn Tollog war in seinen Augen ein alter Feind, ein ›Rebell‹. – »Der Mann war sehr gut zu mir, in meinen Augen ist er ein ehrenwerter Beduine.« – »Mmm, mmm! Und die Sehamma, wer ist ihr Scheich?« – »Mahanna und Fothil.« – »Und wieviel Zelte haben sie?«

Dann fragte er: »Hast du etwas zu verkaufen?« und: »Was ist dein Beruf?« – »Ich habe Arzneien dabei, ich bin Arzt.« – »Was für Arzneien? *Kanakina* (Chinin)?« – »Ja, und zwar vom besten.« – »Und was sonst noch?« – »Ich habe noch dies und jenes, aber ich kann nicht alles aufzählen. Außerdem habe ich sehr guten *chai* (Tee) bei mir, den ich euch, Emir, zum Geschenk machen möchte!« – »Wir haben Tee hier aus Bagdad, nein, nein, wir haben selbst genug.« (Später wurde mir einmal gesagt, daß er den Tee nie angenommen hätte, und wäre er noch so gut gewesen. Ibn Rashid ißt und trinkt nichts, was ihm nicht von einem bestimmten Sklaven zubereitet wird; er lebt in der ständigen Furcht, vergiftet zu werden.) Der Emir: »Wohlan, welche Krankheiten kannst du heilen? Kannst du die Narrheit (der von bösen Geistern, Jan, Besessenen) kurieren?« Der Emir hatte in der Familie von Abeyd einige Vettern, die davon befallen waren, und in seinem Herzen trug er wohl noch die traurige Erinnerung an seinen Bruder Telal. Ich entgegnete: »*El-Mejnun hu mejnun*, wen die Natur zum Narren bestimmt hat, der bleibt ein Narr.« Der Emir wiederholte diese Weisheit und beifällig mit dem Kopf nickend sagte er zu den Anwesenden: »*Hu sadik*, er sagt die Wahrheit!« Einige Höflinge antworteten jedoch: »*Fi tarik*, auch dagegen gibt es ein Mittel.« Die Beduinen glauben nämlich, daß es für alles einen von Gott bestimmten Weg *(tarik)* gibt, den man nur finden muß, um das zu erreichen, was man will. – »Und sag mir, welche Tiere hast du in der Wüste gesehen?« – »Hasen und Gazellen, aber ich bin kein Jäger.« – »Ist der Hase für dich ein verbotenes Tier, ißt du sein Fleisch?« (Er wollte auf diese Weise erfahren, ob ich wirklich ein Christ sei.) »Und ißt du Schweinefleisch?« (. . .) Dann fuhr er fort: »Du bist also ein *mesihy* (Anhänger des Messias)?« Dies war eine großzügige Formulierung. Er wollte mich nicht mit der beleidigenden Bezeichnung Nasrany kränken; im übrigen hieß es, daß der Emir eine Christin unter seinen Frauen habe. Die Arabisch sprechenden Christen der großen Küstenländer bezeichnen sich selbst als *mesihiyun* (Jünger des Messias). (. . .)

Nasr kam nun mit einem Briefumschlag zu mir und bat mich, die Aufschrift zu lesen. Ich sagte: »Das ist kein Arabisch!« – »Gerade deshalb wollen wir, daß du es liest.« – »Woher habt ihr diesen Brief?« – »Von einem Christen, der aus dem Hauran-Gebirge hierher kam; dem haben wir ihn abgenommen.« Auf dem Siegel stand in griechischen Buchstaben ›Patriarchat von Damaskus‹ und in lateinischer Sprache: ›Gehet hin in alle Welt und lehret alle Völker‹. Als ich den Brief in der Hand hielt, waren die Anwesenden gerade dabei, sich ihre Sandalen anzuziehen. Während ich ihnen den Sinn des Satzes wiedergab: *»Ukhruju fi kulli el-Alam«*, hielten sie einen Augenblick inne, und der ehrwürdige Scheich wandte sich andächtig an den Emir: »Mohammed, hast du gehört? Dies sind die Worte des Messias!«

Alle, die im Raum gewesen waren, folgten dem Emir jetzt nach draußen: befreundete Hofleute und Bedienstete. Außer dem alten Scheich, dem Hauptmann der Leibwache und Nasr war niemand von ansprechendem Äußeren dabei. Die Männer des Palastes und das Gefolge des Fürsten tragen städtische Kleidung, aber ungegürtet. (. . .) Emir Mohammed zeigte mir dann seine Gärten und wies mich auf die einzelnen Pflanzen hin, und mit einem gewissen kindlichen Stolz zeigte er mir auch die Gazellen, die weiter unten in den Schloßgärten gehalten werden. Auf dem Rückweg unterhielt sich der Fürst sehr leutselig mit mir und fragte schließlich: »Wo sind deine Sandalen?« – »Seid nicht überrascht, daß ihr mich ohne Schuhe und mit zerrissenen Kleidern seht; seit einem Jahr lebe ich bei den Beduinen in der Khala.« – »Und wenn du auch ohne Sandalen gehst«, erwiderte der gütige alte Scheich, »so ist das keine Schande, denn das taten auch die Propheten Allahs.« Dieser würdige Mann war, wie ich erfuhr, ein Onkel des Emirs mütterlicherseits. Mir gegenüber zeigte er das milde Wohlwollen, das die Araber dem entgegenbringen, dem sie Glück auf seinem Weg wünschen. (. . .)

Nun kamen wir wieder in den Schloßhof, wo das Holz gestapelt wird und wo ein zweiflügeliges schiefes Tor auf den Platz hinaus führt. Hier mündet auch das Ende des Ganges, durch den wir ins Schloß gekommen waren. Der Weg wird durch eine eisenbeschlagene Tür verschlossen; die Eisenplatten ähneln in ihrer einfachen Art den schildartigen eisernen Blechen *(tannur)*, auf denen die Hausfrauen der Stadt ihre runden Fladenbrote backen. (. . .) An diesem Tor entließ der Emir den Christen mit einer freundlichen Geste und befahl einem seiner Leute, mich zu meiner Unterkunft, *beyt*, zu begleiten.

Hamud, der Bruder des Fürsten

Als der Tag sich neigte, ließ mich Muffarrij nach der Gästegalerie rufen, wo man mir das abendliche Essen, Hammelfleisch und Reis, vorsetzte. Als ich wieder in die Kaffeehalle zurückkam und die Kaffeeschale die Runde machte, begann unter den Beduinengästen und den höfischen Bediensteten ein Fragen nach meiner Religion. Ich zog mich früh in mein Logis zurück, wurde von dort aber noch einmal von Dienern des Schlosses abgeholt, um jemandem meine Aufwartung zu machen, der ›großer Scheich‹ genannt wurde. Als ich fragte, wer denn dieser große Scheich sei, hieß es: *»El-Emir!«* Man brachte mich dann zu einem Haus *(dar)* ganz in der Nähe, Kahwat Abeyd geheißen. Die Diener klopften an, und ein Gallasklave öffnete die Tür. Wir kamen durch einen kurzen Gang, in dem es köstlich nach Rosenwasser duftete, in einen Raum, der meinen noch an die Wüste gewöhnten Augen wie eine prächtige Halle erschien. Die orientalischen Räume sind luftabgeschlossen und unmöbliert und haben als einzigen Schmuck Teppiche, die hier an den oberen drei Seiten des Raumes als Sitze dienten und für den ›Emir‹ und seine nächsten Verwandten mit Kissen belegt waren. Der ganze Raum bestand aus Lehm, der Boden war festgestampft, die Lehmwände hatte man ockerfarbig ausgemalt. Anwesend waren führende Persönlichkeiten der Stadt, ein oder zwei Beduinenscheichs und Männer aus dem Gefolge des Fürsten. Diese reichen Araber waren in ihren städtischen Gewändern prächtig anzusehen. Man hatte mir ja gesagt, daß ich zum ›Emir‹ gebracht würde, und tatsächlich sah ich auf dem Hauptsitz eine große edle Erscheinung liegen, gestützt auf den Ellenbogen. Aber hatte ich denn an diesem Morgen nicht mit dem Fürsten Ibn Rashid selbst gesprochen? Es bereitet den Arabern stets ein spitzbübisches Vergnügen, einen Fremden in Verlegenheit zu setzen.

In Wirklichkeit handelte es sich bei diesem Edelmann um Hamud, den Thronfolger, obwohl nicht der älteste Sohn seines Vaters Abeyd. Fahd, der ältere Sohn, war *khibel,* geistesgestört, ansonsten aber von gutmütigem und offenherzigem Wesen; mir gegenüber hat sich dieser arme Prinz jedenfalls stets freundlich gezeigt. Prinz Hamud hatte sich durch einen Eid auf Leben und Tod seinem Vetter, dem Emir, verbunden; ihre Väter waren Brüder, und da aus dem Haus des Fürsten kein älterer Prinz als er am Leben geblieben war, würde Hamud Ibn Rashid nach Mohammed die Herrschaft zufallen. Er war schon jetzt daheim Mohammeds Stellvertreter, kämpfte auf dem Schlachtfeld an seiner Seite und trug den Titel eines Emir. Bei allen Staatsgeschäften

Hamud Ibn Rashid (nach Blunt)

und Beratungen des Tages war Hamud der Gefährte des Herrschers. Der Sohn Abeyds bereitete mir einen liebenswürdigen Empfang, bat mich, zu seiner Rechten Platz zu nehmen, und als er sah, daß ich sehr müde war, forderte er mich auf, die Beine auszustrecken und es mir ohne weitere Förmlichkeiten bequem zu machen.

Hamud unterhielt sich freundlich mit dem fremden Nasrany; er war von stattlichem, hohem Wuchs, mit bemalten Augen und gescheiteltem Haar (wie wir es von den Bildern Christi kennen), das in Locken zu beiden Seiten herunterfiel, und trug einen kleinen Bart. Er hatte ein gut geschnittenes männliches Gesicht, und geschickt verbarg er eine leichte Steifheit des Halses, indem er sich etwas vorbeugte und sie so in eine liebenswürdige Geste umwandelte. Während unserer Unterhaltung erkundigte er sich nach all den Wunderdingen der Christen: dem Telegraphen, dem Glas und woraus es gemacht werde? Auch sei zu hören, daß es in unseren christlichen Ländern einen Palast aus Kristall gebe und, daß *Baris* (Paris) eine Stadt ganz aus Glas sei. Weiter wollte er wissen, was es mit jenem ›Petroleum‹ auf sich habe, das dort in der Lampe auf dem Ständer brenne. Dieses Öl wird in den größeren Häusern von Hayil gebraucht, und man war der Meinung, daß es aus menschlichem Urin hergestellt würde. Der Prinz wunderte sich sehr, als ich ihm erzählte, daß man es aus Quellen in der Neuen Welt fördert; er hatte auch schon von jener *Dinya el-Jedida* gehört und wollte wissen, in welcher Himmelsrichtung und jenseits welcher Meere sie liege. Dann kam er auf meine Arzneimittel zu sprechen und bat: »Beuge dich zu mir herüber, ich möchte dich etwas fragen.« Hinter seinem vorgehaltenen parfümierten Kopftuch flüsterte er mir dann zu: »Hast du keine Medizin, die meine Manneskraft stärkt?« Ich antwortete, ohne zu zögern: »Nein, bei deinem Leben!« – »Nein, bei meinem Leben«, wiederholte er, wandte sich wieder den Anwesenden zu und lachte fröhlich, denn mißtrauische Seelen hätten vermuten können, er habe sich im Flüsterton nach einem Gift erkundigt. Auch ist der in der Wüste allgemein gebräuchliche Schwur ›Bei deinem Leben‹ unter diesen Halb-Wahabiten verpönt. (...)

Hamud erhob sich nun, um sich zur Ruhe zu begeben (sein Haus liegt in einem anderen Stadtteil), und wir alle standen mit ihm auf. In diesem Haus des Prinzen, das in der Nähe der öffentlichen Zisterne steht, die aus dem Brunnen des Palmengartens bei seiner Kahwa gespeist wird, leben seine Kinder, seine Frau und deren Mutter sowie seine jüngeren Brüder; als Mitglied der fürstlichen Familie besitzt er zusätzlich jedoch eine Wohnung innerhalb des Schlosses, wo er schläft. Die Prinzen von Hayil sind gekleidet wie die Nomaden, nur daß ihre Gewänder neu, sauber gewaschen und aus den besten Stoffen sind. Die lange weite Tunika ist hier in der Stadt weiß wie ein Chorhemd, darüber trägt man einen Nomadenmantel aus feiner Bagdadwolle oder aus schwarzem europäischem Tuch. Den Leib gürten die Männer von Hayil sich mit dem *haggu*, dem geflochtenen Lederriemen, wie es in allen Nomadengebieten Arabiens üblich ist.

Leben in Hayil

In meiner schmalen, dunklen und ungefegten Zelle war ich schlecht untergekommen; man erzählte mir, vor mir habe ein Jude aus Bagdad nach seiner Ankunft hier gewohnt. Jetzt sei er ein gut verdienender Moslem geworden, er habe geheiratet, wohne in Hayil, und wie bei Labans Schwiegersohn nehme sein Reichtum ständig zu. Der Mann besaß ein schönes Haus in der Stadt und einen Laden im Suk, wo er Kleider, Datteln und Kaffee an die Nomaden verkaufte; seine Frau, die aus Hayil stammte, hatte ihm zwei Kinder geboren. Wenn sich Gaffer um mich sammelten, bedrängten sie mich stets: »Bekenne doch auch du, Khalil: ›Es gibt nur einen Gott und Mohammed ist sein Prophet‹, und du wirst ebenso reich werden; der Emir selbst wird dafür sorgen!« (. . .)

Bei Sonnenuntergang kam ein Sklave aus Abeyds Kaffeehalle, um mich zum Abendessen zu holen. Hamud speist dort zu Abend, wenn er nicht beim Emir zum Essen geladen ist; sein ältester Sohn Majid und dessen Erzieher essen mit ihm. Wenn sie geendet haben, wird dasselbe Gericht den Männern des Gefolges vorgesetzt. Das einfache Mahl ist sehr nahrhaft und besteht aus gekochtem Hammelfleisch auf einem Berg von Reis mit Butter, gewürzt mit Zwiebeln und einer Art Curry. Nachdem der Sklave unsere Hände über einer Schale mit einem Krug Wasser abgespült hat, lassen wir uns mit gekreuzten Beinen vor der großen kupferverzinnten Schüssel auf dem Teppich nieder. »*Mudd yedak,* bediene dich«, lautet die arabische Aufforderung, und mit einem »*Bismillah,* im Namen Gottes« beginnt man, mit den Fingern zu essen. Die Mahlzeit dauert nicht länger als acht oder zehn Minuten, dann sind alle gesättigt. Der Sklave reicht nun seine Schale herum, und wir trinken etwas Wasser. Mit »*el-Hamd'lillah,* der Herr sei gelobt« stehen alle auf und treten beiseite, um den Mund auszuspülen und die Hände zu waschen; der Sklave bringt dazu geraspelte Seife. So erfrischt kehren die Männer dann auf ihre Plätze zurück, und die belebende Kaffeeschale macht die Runde. Der Kaffeekoch muß jedoch wegen der steten Sorge des Prinzen, vergiftet zu werden, unter den Augen Hamuds vorkosten. Große Festtafeln gibt es nicht, und kein Araber kann es fassen, daß die eßbaren Tiere der drei bewohnten Elemente in unseren glücklicheren Ländern kaum ausreichen sollen, einen menschlichen Magen zufriedenzustellen. Daß Männer sich zusammensetzen, um ihren Verstand zu vertrinken, erscheint ihnen als abscheuliche heidnische Unart. Hier gibt es keine verschwenderischen Ausgaben für den Palast und keine maßlosen Zuwendungen an aalglatte Günstlinge auf Kosten des armen Volkes.

Kurz nach Sonnenaufgang nehmen die Shammar-Prinzen ihr Frühstück ein, das aus rundem Fladenbrot mit Butter und einem Schluck Milch besteht; zur Mittagszeit wird eine Schüssel mit Datteln aufgetragen. Bei Sonnenuntergang speisen sie, wie wir es gerade gesehen haben; Fürst und Volk ernähren sich auf die gleiche bescheidene Weise. Der Teufel findet sie nicht bei Tisch; alle Ausschweifung und Liederlichkeit ihrer Natur liegt im mohammedanischen Luxus des Harems. Ich erinnere mich, wie jemand, der ihn persönlich kannte, mir von der bescheidenen Kost des verstorbenen Sultans Abd el-Aziz erzählte, dem man ansonsten eine unstillbare Verschwendungssucht vorwarf. Nur ein einziges Gericht, das seine Mutter vorgekostet und versiegelt hatte, wurde ihm aufgetragen, und das war der für einen Türken alltägliche Pilaw aus gekochtem Reis und Hammelfleisch (den Tamerlan eingeführt haben soll). Abd el-Aziz enthielt sich aus Gründen, über die man nur mutmaßen kann, sogar des Kaffees und des Tabaks. (. . .)

Wenn etwa zwei Stunden später die Stimme des Muezzin zum Nachtgebet ruft, versäumt Hamud es nie, mit seinem Gefolge aufzubrechen. Ein Sklave schreitet ihm mit einem brennenden Palmenzweig voraus, und so geht es zum Gebet in die Moschee, die am oberen Ende des öffentlichen Platzes in einer Reihe mit den Gästehäusern liegt, aber durch einen schmalen Durchgang von ihnen getrennt ist. Herrscher über ihr Volk, sind die Fürsten doch zugleich Knechte ihrer Religion.

Bei seiner Rückkehr rollt ein bereitstehender Sklave für Hamud einen kleinen *sajjeydy,* einen Gebetsteppich, aus. Das Gesicht Mekka zugewandt, kniet der Prinz nieder und wiederholt noch einmal endlos die vorgeschriebenen Gebete. Als ich ihn eines Abends fragte, ob er denn nicht schon seine Gebete in der Moschee gesprochen habe, antwortete Hamud: »Die Gebete, die wir in der Moschee sprechen, sind allgemein vorgeschrieben, diese nun jedoch entsprechen der Tradition der Sunna.« Die Gäste in der Kaffeehalle ließen sich durch Hamuds Gebete nicht in ihrer Unterhaltung stören, und keiner betete mit ihm. Sie waren keine Prinzen, warum also sollten sie sich diesen überflüssigen religiösen Übungen unterziehen! Je höher der Rang eines Moslems ist, um so mehr Frömmigkeit muß er zeigen, um sich den Segen Gottes zu verdienen. Nie versäumt Hamud die Gebetsstunden in der Moschee; ansonsten trägt er das Los seiner bevorzugten Stellung mit der Unbesorgtheit eines mächtigen Mannes, der die Unannehmlichkeiten der Welt von sich fernzuhalten versteht. Wohl etwas jünger als der Emir, ähnelt er, wie man sagt, in seiner männlichen Erscheinung und seinem hohen Wuchs sehr seinem Vater, einem Krieger und Poeten. Hamud und Emir Mohammed sind selbst nicht unbewandert in der Dichtkunst, die sich von den Vätern her in diesem Fürstengeschlecht weiter vererbt hat. Ihr neuer Stil wird von der öffentlichen Meinung sogar mehr geschätzt als der alte.

Fürst Mohammed geht nur einmal zum Nachmittagsgebet in die große Moschee, sonst betet er in einer Kapelle des Schlosses oder nach dem vorgeschriebenen Ritus in seinem eigenen Gemach. Wollte er jeden Tag mehrmals den Palast zum öffentlichen Gebet verlassen, würde ihm und seinem Gefolge das ebenso zur Last werden wie den Stadtbewohnern, da alle seinen Anblick fürchten, trägt er doch das Schwert des Tyrannen. Aber auch Mohammed selbst lebt in Angst vor dem Schwert, das den Tod in seine fürstliche Familie getragen hat, denn, wie die Nomaden sagen: »Es wird nicht zur Ruhe kommen, bis alle ausgelöscht sind.« Mohammed ließ alle erwachsenen Mitglieder seiner Familie köpfen, mit Ausnahme von Hamud. Doch nun wächst eine jüngere Generation heran, und in Mohammeds Träumen muß oft der Schrecken walten; trotz all seiner Sicherheitsmaßnahmen lebt er in steter Furcht vor der Rache der Menschen.

Kann er es wirklich wagen, häufig und zu bestimmten Stunden den öffentlichen Platz zu überqueren? Viele schon sind auf diese Art umgekommen! Hamud wie auch Emir Mohammed geben sich dabei gerne volkstümlich: Hamud unbekümmert und mit jener lächelnden Freundlichkeit, die den Abstand zwischen ihm und dem gemeinen Volk überbrücken hilft; Mohammed wiederum mildert die fürstliche Strenge und sät freundliche Worte unter das Volk, wo er es ohne Gefahr für seine Sicherheit tun kann. Er ist ein sehr feinsinniger, mit einem scharfen Verstand begabter Mann, der seine Umwelt, wenn er ausgeht, mit den unruhigen Augen eines Falken beobachtet. Sein Gang hat etwas von dem eines Bühnenschauspielers an sich, wenn er vor seinen Höflingen und bewaffneten Begleitern einherschreitet. Ist Hamud bei ihm, so gehen die Prinzen Seite an Seite vor der Hofgesellschaft. Die Bewohner der Stadt (so unmöglich das erscheinen mag) sagen, daß sie den Emir zugleich lieben und fürchten. Sie preisen den Fürsten, unter dessen starker Hand es ihnen besser geht denn je, unter dem sie sicher leben und alles ringsumher gedeiht; gleichzeitig fürchten sie aber die Schärfe seines Herrscherschwertes, das schon so viele getötet hat. (. . .)

Um nun aber vom öffentlichen Leben in Hayil zu berichten: Etwa zwei Stunden nach Sonnenaufgang kommt der Emir zum öffentlichen Platz, um die morgendliche Ratsversammlung abzuhalten, die der Mejlis der Nomaden entspricht. Der oberste Scheich sitzt mit den anderen Würdenträgern allen sichtbar vor dem Volk. Die Ratsversammlung des Fürsten stellt zugleich das öffentliche Gericht dar, wobei der Emir als Vorsitzender und Richter unter den Versammelten sitzt. Gegenüber der Moschee zieht sich an der Schloßmauer entlang eine Lehmbank über den ganzen Platz bis zum Torturm hin. Sie ist in der Mitte um eine Stufe aus dem gleichen einfachen Lehm erhöht, deren einfache Strenge durch keinen Teppich verhüllt wird. Auf diesem erhöhten Sitz nimmt der Emir Platz, auf der Stufe darunter sitzt zu Füßen des Fürsten sein Schreiber und Sekretär Nasr. Hamuds Platz (auch ein erhöhter Sitz aus Lehm mit einer Stufe, aber etwas niedriger) befindet sich in der Nähe des Schloßtors. Eine gleichartige Bank mit einem erhöhten Sitz befindet sich auf der gegenüberliegenden Seite, an der Wand der Moschee, wo die Scheichs im Schatten sitzen, wenn sie am Nachmittag die zweite Ratsversammlung abhalten. Dem Emir gegenüber sitzt auf dieser Seite stets der *kady*, der Mann der geistlichen Gerichtsbarkeit. Es gibt ihrer mehrere in Hayil; bei schwierigen Prozessen tragen sie dem Emir die Worte des Korans vor und legen ihren Sinn aus. Zu beiden Seiten des Fürsten nehmen Männer vom Rang eines Scheichs und Höflinge Platz; die Sklaven des Fürsten stehen vor ihnen. Neben den Scheichs sieht man auf der langen Lehmbank die hohen Beamten der Stadt mit ihren Untergebenen; und mitten unter allen Anwesenden sitzen, angefangen vom höchsten Platz nach dem Fürsten und ihrem Rang nach geordnet, die in der Stadt weilenden Beduinen. Schließlich kauern vor dem so versammelten Rat, auf ihre Schwerter und Schwertscheiden gestützt, die *rajajil*, die Wachen des Fürsten, in weitem Bogen im Staub des Platzes; ihre Zahl beträgt gewöhnlich etwa hundertfünfzig. Es sind diese Soldaten, die die Befehle des oft grausamen Emir vollstrecken und zu Pferde in seinem Auftrag Überfälle durchführen.

Hier sitzen sie vor dem Herrscher an der Stelle, die in der Mejlis der Nomaden das Volk einnimmt. Die Ratsversammlung in Hayil wird somit zu einer täglichen Musterung dieser gemischten Truppe, deren Soldaten zu anderen Zeiten des Tages vielfach bürgerlichen Beschäftigungen in der Stadt nachgehen. In diesen bewaffneten Kreis treten die Prozeßparteien, die Angeklagten und die Bittsteller, also alle, die ein persönliches Anliegen haben oder die sich öffentlich vor dem Emir verantworten müssen. Er hört sich ihre Fälle an und spricht dann jedem kurz und bündig das Urteil. Der vom Fürsten verkündete Richterspruch wird auf der Stelle vollstreckt. Während meines einmonatigen Aufenthaltes in Hayil betrug die Mitgliederzahl der fürstlichen Ratsversammlung täglich etwa vierhundert Personen.

So ist der Emir dem Volk nahe und mit den meisten seiner Sorgen vertraut. Mohammeds Urteil und volkstümliche Weisheit sind dadurch geschärft, daß er selbst widrige Zeiten durchgemacht hat. Er ist ein Richter von verständnisvoller Nachsicht, wie der Scheich einer Beduinengemeinschaft, aber auch von unerbittlichem, strengem Gerechtigkeitssinn. Ich habe nie jemanden über die Redlichkeit seiner Rechtsprechung klagen hören, und meine Frage, ob man bei jenen, die in Hayil das Ohr des Fürsten haben, mit Bestechungen arbeite, wurde verneint; byzantinische Korruption hat keinen Boden in der Armut eines Nomadenlandes, dessen Menschen sich die altüberlieferte und edle Schlichtheit des freien Wüstenlebens bewahrt haben; indes ist diese Kunst einigen listigen Shammarprinzen nicht unbekannt, die sich damit bei den benachbarten türkischen Regierungsstellen zu helfen wissen. Aber auch einige von Ibn Rashids Nomaden, Stammesleute aus dem Gebiet von Medina, haben sich diese Unsitte angeeignet. Man erzählte mir von einem dieser Beduinen, der eine Bestechungssumme mitbrachte, um sich bei seinem Prozeß in Hayil Vorteile zu verschaffen. Als seine Angelegenheit verhandelt werden sollte, drückte er dem Kady heimlich zehn Reals in die Hand. Der Kady sprang jedoch auf, und Stockschläge hagelten auf den Rücken des schuldigen Beduinen herab, bis dem Richter endlich der Arm erlahmte. Dann führte er ihn zum Richtersitz des Fürsten, der den Übeltäter erst selbst schlug und ihn dann seinen Sklaven übergab, die die Prügelstrafe fortsetzen sollten.

Die Gerichtsversammlung dauert selten länger als zwanzig Minuten, und gewöhnlich kommen nur so wenige Fälle zur Anhörung, daß die Versammlungen auch einige Tage ausgesetzt werden können, wenn der Fürst sich nicht wohl fühlt (meist handelt es sich dann um sein übliches Kopfweh oder sein Gallenleiden). Danach werden die Fälle von sieben Tagen in einer einzigen Morgensitzung erledigt. (...) In diesem Land von Räubern herrscht der Fürst wie ein Habicht unter Bussarden durch seine Augen und seine Klauen. Im allgemeinen ist er jedoch nicht unbarmherzig, denn das würde seine Macht letztlich nur schwächen. Ein Araber stellt keine langen Fragen, bei Gefahr werden lästige Knoten mit dem Schwert zerhauen. (...)

Gegen Abend tritt Muffarrij wieder heraus auf den Platz; wenn er nicht selbst vor das Schloßtor kommt, sendet er, sobald eine Gruppe von Gästen das Mahl beendet hat, einen Küchendiener, um neue Beduinengäste zum öffentlichen Abendessen einzuladen, bei dem es sich um ein einfaches Mahl aus gekochtem Reis zweiter Güte oder Gerste handelt, mit sehr wenig Butter angemacht. In seiner würdigen Art bittet Muffarrij sie herein, wobei er gebührend berücksichtigt, ob es sich um einen Scheich oder um einen einfachen Beduinen, um einen Verbündeten oder einen Feind des Emirs handelt und ob der Gast dem Fürsten mehr oder weniger willkommen ist. Auch ich, der Christ, wurde täglich zum Mahl auf die Galerie geladen, und aus zwei Gründen nahm ich an – zum ersten war ich so schwach, daß ich mich nicht der Mühe unterziehen wollte, für mich selbst zu kochen, zumal es mir an Brennstoff mangelte, mein Zimmer keinen Kamin hatte und ich im Rauch erstickt wäre, und zweitens fühlte ich mich vor plötzlichen Willkürmaßnahmen des Emirs sicherer, solange ich das ›Brot und Salz‹ der Gästehalle zu mir nahm. Auf das Frühstück in der Mothif jedoch verzichtete ich, da ich für wenig Geld auf dem Markt die besten Datteln bekommen konnte. Hätte ich großzügig mit meinen Mitteln umgehen können, wäre mein Aufenthalt in Hayil wesentlich angenehmer gewesen; seit meiner Ankunft in Arabien war jedoch mehr als ein Jahr vergangen, und die wenigen Geldstücke in meiner Börse mußten für die dringendsten Notfälle aufgespart werden. (...)

Nach Beendigung des öffentlichen Mahles sieht man viele arme Frauen und einige Kinder mit Schalen in der Hand vor dem Schloßtor warten. Ihnen und anderen Armen wird vom Emir eine freie Abendspeisung aus den Resten gewährt. Täglich wurden in der Halle den Gästen und den Soldaten hundertachtzig Portionen Gerstenbrot und Reis zweiter Güte gereicht; jede Portion besteht aus etwa dreieinviertel Pinten, dazu kommt noch eine bestimmte Menge Butter. Diese Butter für die öffentlichen Gastmähler wird bei den Beduinen des Emirs eingekauft, und zwar von jedem Zelt eine bestimmte Menge zu einem längst überholten Preis, der nur dann und wann im Frühling angemessen wäre, nämlich zwei Shilling für drei Pinten, die jetzt in Hayil einen Real kosten. Alle acht oder zehn Tage wird auch ein Kamel oder ein kleineres Tier geschlachtet und den bevorzugten Gästen ein bescheidenes Fleischgericht aufgetragen. Ist der Fürst abwesend, kommen keine Beduinen nach Hayil, und es werden, wie ich gesehen habe, dann auch keine Gäste bewirtet. Die jährlichen Ausgaben des Fürsten für das Gästehaus betragen meiner Berechnung nach etwa tausendfünfhundert Pfund Sterling. (...)

Der Fürst des Nejd verfügt über einen sehr reichen Viehbestand – wenn man seinen Leuten Glauben schenken will, sind es vierzigtausend Kamele. Die Pferde seines Gestüts sind von reinem Nejd-Blut, und wie Aly el-Ayid (ein zuverlässiger Mann und mein Hausnachbar, der ehemals im Gestüt angestellt war und im Auftrag der früheren Emire Pferde an die ägyptischen Paschas geliefert hatte) mir sagte, hält man dort um dreihundert Stuten und hundert Hengste, die Fohlen und Stutenfüllen nicht mitgezählt. Von anderer Seite hörte ich, daß Ibn Rashid vierhundert freie und leibeigene Soldaten sowie zweihundert Vollblutstuten und hundert Hengste besitzt; die Pferde werden voneinander getrennt in der Wüste von hundert Leibeigenen gehütet, die mit ihren

Pferde aus dem Gestüt Ibn Rashids (nach Blunt)

Familien wie die Nomaden in Haarzelten leben. (...) Die Herden sind über die Wüste verstreut, bald hier, bald dort, bald nah, bald fern, je nach dem jährlichen Wuchs der Wüstenpflanzen. Die Pferde des Emirs werden wie die der Nomaden geweidet; mit Springfesseln an den Vorderläufen treibt man sie morgens zum Grasen hinaus. Gerste oder anderes Getreide bekommen sie nicht zu schmecken; am Abend werden sie zu den Zelten heimgeholt, angepflockt und mit der Abendmilch der Kamelstuten, ihrer Ziehmütter, getränkt. So kann man annehmen, daß der Fürst des westlichen Nejd insgesamt Pferde und Kamele im Wert von einer Viertelmillion Pfund Sterling sein eigen nennt; so viel ist in zwei Generationen durch die Ausplünderung der armen Beduinen zusammengekommen. Daneben besitzt er noch ein großes Privatvermögen in Bargeld, während die öffentlichen Abgaben in das Schatzhaus der Regierung, *beyt el-Mal,* fließen, wo sie in Säcken und Gruben aufbewahrt werden. Weiterhin besitzt der Fürst große Ländereien, nicht nur in Hayil; große Plantagen in Jauf und einigen anderen eroberten Oasen gehören ihm ebenfalls. (...)

Nachdem ich so lange in der Wüste gelebt hatte, machten mir die Straßen von Hayil mit ihren Reihen einstöckiger Häuser einen sehr ordentlichen Eindruck. Nirgendwo sah ich Verfall, vielmehr schien alles neu zu sein und von Wohlstand und Aufwand zu künden. Der Hauptort wirkt ebenso wie seine Bewohner sehr stattlich. Hayil ist in elf Stadtbezirke aufgeteilt, ein zwölfter ist S'weyfly. Alle Niederlassungen in den Nomadengebieten Arabiens, sogar die kleinsten von der unberührten Wüste umschlossenen Weiler, zeichnen sich durch eine bestimmte Frische und Anständigkeit vor den Siedlungen aus, die der aus dem Westen eintreffende Reisende in Syrien zu sehen bekommt. Die arabischen Dorfbewohner, die von Nomaden abstammen, sind unter der milden und gerechten Herrschaft ihrer eingeborenen Scheichs glücklich, solange der Frieden Allahs nicht durch Fehden gestört wird. Auf ihren grünen Palmeninseln haben sie sich viel von dem freigeborenen und unerschrockenen Geist der Wüste bewahrt. In Hayil und Teyma fallen dem Fremden hoch auf der Frontmauer vieler Häuser kleine, eng stehende Holzaufbauten in der Form rechtwinkliger Dreiecke auf; auch über den Hauseingängen findet man sie. Es handelt sich um Schießscharten (wie die Zinnen unserer alten Festungen), die der Verteidigung des Haustores dienen.

Was die Verwaltung der Stadt anbelangt, so kennt man in Hayil keine Abgaben für die Instandhaltung der Wege, für eine Straßenbeleuchtung (die selbst in Damaskus unbekannt ist) oder auch für Wächter. Dennoch sind die Straßen sauber, und Abfälle werden in dafür bestimmte Gruben geworfen oder auf abseits gelegene Plätze geschafft. Wasser für die Landwirtschaft, das durch Kamele aus den tiefen Brunnen nach oben gezogen wird, steht, wenn auch nicht von bester Beschaffenheit, in Zisternen und Röhren überall zur Verfügung. Die Hausfrauen der Stadt kommen zu diesen öffentlichen Wasserstellen, um ihre Töpfe und Schläuche zu füllen und die Wäsche zu waschen. Tagsüber sieht man in keinem der Dörfer des Nejd Hunde, nur nachts streichen einige dieser herrenlosen Tiere, die in den wenigsten Oasen zu finden sind, durch die Straßen. An Haustieren findet man in nahezu allen Niederlassungen kleine Kühe, die frische Milch liefern und auch als leichte Zugtiere eingesetzt werden, Reit- und Lastesel, Katzen, die Schädlinge fernhalten, und Geflügel. (. . .)

Machtkampf im Hause Ibn Rashid

Doch nun ein Wort zur fürstlichen Familie und dem Staat Jebel Shammar, wobei ich mit den Tragödien im Hause Ibn Rashids beginnen will. Als Telal einmal von er-Riad zurückkam (dem Sitz der Wahabiten, denen er alljährlich Pferde als Geschenk brachte), erkrankte er plötzlich – wie es hieß, an einem Gift, das ihm im östlichen Nejd heimtückisch in einer Schale Kaffee beigebracht worden sei. Seine Gesundheit verzehrte sich mehr und mehr, und der Fürst verfiel in Schwermut und Wahn. Er ließ nun einen bestimmten persischen Arzt aus Bagdad kommen. Dieser Arzt nahm die weite Reise nach Hayil auf sich; als er den Fürsten dann untersucht hatte, gab er unbedacht sein Urteil ab: »Diese Krankheit führt nicht zum Tod, es handelt sich vielmehr um ein langes Leiden, das dir zuletzt deinen Verstand rauben wird.« – Telal rief: »Ha, so soll ich also zum Narren werden? Bei Allah, ein Narr! Ich, der Herrscher?« Und da sein edles Herz es nicht ertragen konnte, mit dem Mitleid der Umwelt zu leben, schloß er sich eines Tages in seinem Zimmer ein, richtete die Pistole auf seine mutige Brust, drückte ab und starb. Durch seinen Tod wurde Metaab, sein Bruder, als nächstältestes Mitglied des fürstlichen Hauses Emir von Hayil und Träger der Würde, die ihr Vater Abdullah ihnen vererbt hatte. Telals Kinder wurden – nach geltendem Recht – übergangen, da der älteste Sohn Bunder, der sich später durch Mord zum Emir machte, damals ein Junge von erst siebzehn Jahren war. Man rühmte mir Metaab oft als einen Mann von warmherzigem Wesen und hervorragenden Verstandesgaben; er sei zugleich fürstlich und volkstümlich gewesen, wie die meisten seiner Familie, diplomatisch wie die großen Nomadenscheichs und ein Herrscher von glücklichen Entscheidungen. Metaab regierte nicht einmal ganze zwei Jahre, stets gefährdet durch die ehrgeizige Mißgunst seines Neffen Bunder, eines rohen und starrsinnigen jungen Mannes, der mit seinem jüngeren Bruder Bedr schließlich ein Komplott gegen den Onkel anzettelte. Die gnadenlosen jungen Männer waren entschlossen, ihn unbarmherzig zu töten.

Da sie wußten, daß der Onkel am Arm ein Amulett trug, ›das sein Leben vor Bleigeschossen schützte‹, ließen die mörderischen Prinzen eine silberne Kugel gießen. In seiner Schicksalsstunde saß Metaab mit seinen Freunden und mit den Bewaffneten zu seinen Füßen in der nachmittäglichen Ratsversammlung, die, wie erwähnt, am oberen Ende des Platzes fünfundzwanzig Schritt vor dem Schloß abgehalten wird. Bunder und Bedr hatten sich heimlich aus dem Inneren des Schlosses auf die Mauer geschlichen, wo sich eine Terrasse und eine Brustwehr befindet. Bunder legte seine Steinschloßbüchse durch eine kleine Maueröffnung an und feuerte zuerst. Wahrscheinlich zitterte seine Hand, da alles von diesem einen Schuß abhing, denn seine Kugel ging fehl und streifte nur das dicke Stirnband eines großen Beduinenscheichs, Ibn Shalan, des Anführers der befreundeten Ruwalla, eines mächtigen Annezy-Stammes aus dem Norden, der an diesem Tage gekommen war, um den Fürsten Metaab Ibn Rashid zu besuchen. Ibn Shalan hörte die Kugel an seinem Ohr vorbeipfeifen, sprang auf und rief, die Hand an den Kopf gepreßt: »Mein Beschützer, willst du mich ermorden?« Der Fürst, der sitzen blieb, da er sich nicht durch feige Flucht retten wollte, antwortete dem Scheich unerschüttert: »Habe keine Furcht, du wirst sehen, daß der Schuß mir galt!« Ein zweiter Schuß, von Bedr abgegeben, traf den Emir dann in die Brust.

Bunder, der jetzt Fürst geworden war, saß nicht einmal ein Jahr auf dem Thron und herrschte nicht glücklich; unter seiner Regierung verheerte die Pest das Land. Mohammed, der jetzige Emir, floh nach dem Tod seines Bruders Metaab nach er-Riad, wo er eine Zeitlang lebte. Abdullah Ibn Saud, der Fürst der Wahabiten, vermittelte zwischen den Parteien, und Bunder, der in seinen Briefen Frieden versprach, lud seinen Onkel zur Heimkehr ein. Mohammed kehrte also zurück und erhielt sein altes Amt als Oberherr der Pilgerkarawane von Bagdad. Mit der Haj zog Mohammed von Mekka nach Mesopotamien, wo er den Reisvorrat für das Gästehaus abholen sollte (wenn man den Berichten Glauben schenken will, tausend Kamellasten, also hundertfünfzig Tonnen!). In el-Meshed traf Mohammed nur Thuffir-Nomaden an, von denen er unter Zusicherung freien Geleits in den Ländern Ibn Rashids Kamele mietete. Die Thuffir waren nämlich auswärtige Beduinen und mit dem Jebel nicht befreundet. Zwei Wochen dauerte die Reise der Nomaden mit den Lastkamelen. Als Mohammed sich Hayil näherte, sandte er jemanden voraus, um den Emir zu begrüßen, und ließ ihm sagen: »Mohammed grüßt dich; er bringt dir deinen Reisvorrat für das Gästehaus.« – »Ha! Mohammed ist gekommen«, rief Bunder, »er soll Hayil nicht betreten!« Dann ritten Bunder, Bedr und Hamud zusammen hinaus, um Mohammed in Empfang zu nehmen; auf Befehl Bunders wurden die Stadttore hinter ihnen geschlossen.

Als sie sich begegneten, saß Mohammed noch so auf seinem Kamel, wie er vom Norden heruntergeritten war, und Bunder fragte: »Mohammed, was bringst du mir denn da für Beduinen nach Hayil? Das sind Thuffir, und du weißt doch, daß sie mit uns in Fehde liegen!« Mohammed: »Bei Allah, oh Beschützer, ich habe sie ›bei meinem Antlitz‹ hierher geleitet (und nach arabischer Sitte strich er sich dabei bis zum Bart über das Gesicht) – sonst fand ich niemanden, der deinen Reis hätte befördern können.« Während Bunder ihn lauernd ansah, machte Hamud, der mit seinem Vetter Mohammed im Bunde war, ihm ein Zeichen, daß sein Leben in Gefahr sei, indem er sich (so erzählt man) mit dem Zeigefinger über die Kehle fuhr. Mohammed sagte daraufhin zu jemandem aus der Stadt, der zu Pferd war: »He, du, leih mir für eine Weile deine Stute!«, so als wolle er den Einzug und das Abladen seiner Karawane überwachen. Sowie er aber auf dem Pferd saß, sprengte er auf den jungen Fürsten zu, packte seine Locken›hörner‹ und zog mit der anderen Hand den breiten Krummdolch, den man auf Reisen im Gürtel zu tragen pflegt. »*La ameymy, la ameymy,* tu es nicht, lieber Onkel!« schrie Bunder in seinem Entsetzen und voller Todesangst. Mit tödlicher Entschlossenheit aber erwiderte ihm Mohammed: »Warum mußtest du deinen Onkel ermorden? *Wa hu fi batn-ak,* seine Würde, sein Leben und all seinen Besitz hast du verschlungen!« Und mit einem mörderischen Stoß trieb er seinem Neffen die Klinge in den Leib!

Als Mohammed von Hamud das Zeichen bekommen hatte, blieb ihm keine andere Wahl, als den Sohn seines älteren Bruders umzubringen, sonst wäre er selbst verloren gewesen. Denn wie hätte er den gottlosen jungen Mördern entkommen sollen? Flucht war unmöglich: Sein Kamel war müde, er selbst erschöpft; darüber hinaus hätte er die Thuffir im Stich lassen müssen, denen er mit seinem fürstlichen Wort verpflichtet war. Der ohnmächtige Wunsch nach der Herrschaft verzehrt alle Araber, die ihr als Würdenträger nahe sind. Unter Metaab war Mohammed ein treuer Untertan gewesen; nach dem Tode seines Bruders aber blieb ihm nur der Weg der Rache – und die Krone wurde sein.

Nachdem Bunder nun tot war, mußten auch seine Angehörigen beseitigt werden, die dem Emir sonst gefährlich werden konnten. So war es weniger verabscheuungswürdiger Ehrgeiz als ein grausames Schicksal, das Mohammeds Hand bei diesen Verbrechen führte. Dies sind die Tragödien des Hauses Ibn Rashid! Mit Telal, der selbst Hand an sich legte, nahmen sie ihren Anfang; es ist der Fluch der bösen Tat, daß die Schuld eines Menschen immer weitere Kreise zieht, wie ein Stein, der ins Wasser fällt. Es heißt, Hamud habe mit einem Pistolenschuß Bunders Tod besiegelt – er könnte dies tatsächlich getan haben, denn sein Los hing von Mohammeds Leben ab. Verläßliche Männer in

Hayil haben mir jedoch versichert, daß Hamud bei der Gewalttat seine Hand nicht im Spiel hatte. Nun riß Hamud sein Pferd herum, galoppierte zur Stadt und befahl, die Tore unter allen Umständen geschlossen zu halten und niemanden herein oder hinaus zu lassen. Dann ritt er zum Marktplatz und rief: »Hört her, ihr alle! Ein Rashid hat einen Rashid umgebracht – euch geht das nichts an! Keiner erhebe seine Stimme oder rühre sich, oder, bei Allah, ich schlage ihm den Kopf mit diesem Schwert ab!«

In Hayil wurde es totenstill, die Untertanen zogen sich von der Straße in ihre Häuser zurück. Die Beduinen innerhalb der Stadtmauern, Bewohner der freien Wüste, wo es weder Türen noch Riegel gibt, waren entsetzt, als sich die Stadttore von Hayil auf allen Seiten schlossen.

Im Palast begann nun ein schreckliches Morden. Mohammed befahl, alle Kinder Telals zu töten, und mit ihnen die vier Kinder seiner eigenen Schwester, der Witwe eines gewissen el-Jabbar aus dem Hause Ibn Aly (das, ehe Abdullah alles an sich riß, mit den Rashids um die Vorherrschaft in Hayil gekämpft hatte und aus dem Mohammeds eigene Mutter stammte). Der grausame Befehl des Onkels wurde ausgeführt, und die blutigen Leichen der Kinder, die um ihr junges Leben betrogen waren, wurden – noch nicht erkaltet – in der gleichen Stunde auf den Friedhof hinausgetragen; mit ihnen starben auch die gleichaltrigen Sklaven, die, obzwar Leibeigene, wie Brüder im Hause aufgewachsen waren und sonst jederzeit willige Werkzeuge der Rache gewesen wären.

An jenem Tag zitterte ganz Hayil bis zum Abend und die lange Nacht hindurch, bis am nächsten Morgen Mohammed mit gezogenem Schwert auf den Marktplatz trat und denen, die voller Angst auf den Lehmbänken saßen – die meisten waren Beduinen – zurief: »Ihr Moslems! Ich wäre mit ihnen nicht so umgegangen, wenn ich nicht dies hätte fürchten müssen (er schlug sich dabei mit der linken Hand gegen den Hals)! Als sie danach trachteten, mich zu töten, *ana sabaktahum,* bin ich ihnen zuvorgekommen!« Später sagte er: »Glaubt ihr denn, daß die, die meinen Bruder Metaab ermordet haben, mich verschont hätten?« (. . .) Dann setzte sich Mohammed als *muhafuth,* als Herrscher, auf den Platz des Emirs. Nach und nach kamen einige der angesehenen Männer von Hayil auf den Platz, um sich vor dem neuen Herrscher über ihr Leben zu verneigen und ihm zu der errungenen Macht Glück zu wünschen. Nachdem Bunder so wie ein Unkraut beseitigt war, trat Mohammed die Herrschaft an, und wie man sagt, lag sie nie in besseren Händen.

Am Nachmittag war Bedr auf seinem Pferd hinaus in die menschenleere Wüste geflohen, um sein nacktes Leben zu retten. Am nächsten Morgen erschoß er, von Hunger und Durst geschwächt, übermüdet und verzweifelten Sinnes, sein abgehetztes Pferd und kletterte auf einen Berg. Von dort wollte er wohl noch einmal einen Blick auf die Schrecken der Welt werfen, die für ihn ein riesiger Friedhof geworden war. Mohammed hatte mittlerweile Reiter ausgesandt, die die Wüste nach Bedr absuchen sollten; als sie ihn in den Felsen fanden, töteten sie ihn erbarmungslos, ohne auf sein klägliches Bitten zu hören. Eilig luden sie die Leiche auf und trafen noch am selben Tag wieder in Hayil ein. Als der Führer des Trupps, vom Ritt erhitzt, vor den Emir trat,

Wüstenreiter (nach einem alten Stich)

rief er Mohammed frohlockend zu: »Bei Allah, Beschützer, ich bringe dir gute Nachricht! Geruhe mit mir nach draußen zu kommen, damit du dich selbst überzeugst: Bedr ist tot! Diese Hand tat es, und so sollen alle Feinde des Emirs zugrunde gehen!« Mohammed jedoch starrte den Mann finster an und rief: »Wer hat dir befohlen, ihn umzubringen? Habe ich dir etwa den Befehl dazu gegeben, du Sohn einer Hündin? Wann hätte ich das getan, du Verfluchter? Gottverflucht sei dein Vater! Du hast Bedr erschlagen?« Und er riß sein Schwert heraus und schlug dem Unglücklichen mit einem Hieb ins Genick den Kopf ab. Mohammed machte sich so eine alte, grausame List der Tyrannen zu eigen, die ihre Winkelzüge in den leicht zu täuschenden Augen der Allgemeinheit ehrbar erscheinen lassen soll. (. . .)

Hamud und Mohammed hatten sich verbündet, weil ihnen von Telals Söhnen Gefahr drohte; wenn sie Bunder und Bedr nicht zuvorgekommen wären, hätten sie dafür mit ihrem Leben bezahlt. Doch widersprach das Blutbad mit Sicherheit der sanftmütigen Natur des klugen Hamud. Er, der wegen seiner stets liebenswürdigen Miene in den Augen der Leute den Namen *aziz*, Liebling, verdient, kann, wenn man sich ihm nicht freundlich nähert, freilich auch ein herrischer Mann mit einer spitzen, verletzenden Zunge sein und gewalttätig wie sein Vater; zweifellos konnte er, so unmittelbar bedroht, auch zu einem blutrünstigen Barbaren werden. Im übrigen ist dies die Art, wie Araber mit Arabern umgehen; es gibt keine erbitterteren und unnachgiebigeren Feinde als sie. (. . .) Mohammed seinerseits hatte unter einem schrecklichen Zwang gehandelt: Ohne diese Morde an seinem eigenen Blut hätte er sich keinen Tag mehr sicher fühlen können. Der Emir ist kinderlos, *ajir*, ein unfruchtbarer Mann; dagegen hat der ihm treu ergebene Hamud el-Abeyd viele Kinder.

Nachdem die unmittelbar drohende Gefahr so abgewendet war, widmete Mohammed sich der Regierungsarbeit, um die öffentliche Meinung für sich zu gewinnen. Er gab sich volkstümlich und war freigebiger als Telal vor ihm. Zwar übt er wie kein anderer Herrscher zu Hause seine Autorität mit strenger Zurückhaltung aus, solange man sich ihm nicht widersetzt, doch ist er erbarmungslos, wenn es um die Ausmerzung ungesunder Elemente des Staatswesens geht. Als ihm die Stadt Jauf durch die Meuterei der wenigen in der Garnison zurückgebliebenen Mauren wieder zufiel, soll auf seinen Befehl hin vielen Überläufern zur Dowla die rechte Hand abgeschlagen worden sein. Dabei hatte Jauf nicht einmal eine Generation unter der Herrschaft des Jebel gestanden; Mohammed selbst war als junger Mann mit seinem Onkel Abeyd an der Eroberung der Stadt beteiligt gewesen und damals auch von einer Kugel am Fuß verwundet worden, die im Knochen stecken blieb; erst kürzlich hatte in Hayil ein persischer Arzt, der eigens zu diesem Zweck aus Mesopotamien heruntergereist war, dieses Geschoß entfernt. (. . .)

Der Staat Jebel Shammar

Was ist das für ein Staat und was ist das für eine Macht, um die diese grausamen Araber kämpften? Wenn ich recht berichtet bin, ist Ibn Rashid Herrscher über etwa dreißig Oasen, von denen fünf reiche Wüstenstädte sind: Sh'kaky, Jauf, Hayil, Gofar und Teyma mit einer Gesamtbevölkerung von zwölftausend oder dreizehntausend Seelen; blühende Oasendörfer sind unter anderem el-Kasr, Mogug, Aly, Mustajidda, Feyd, er-Rautha, Semira und el-Hayat mit knapp fünftausend Einwohnern. Außer den Oasen gibt es noch viele abgelegene Weiler in der Wüste des Jebel Shammar, die von ein, zwei oder drei Familien, Siedlern aus den nächstgelegenen Dörfern, bewohnt werden. (...) Einige davon sind nur Gehöfte, die zwischen Aprilernte und Herbstaussaat mit den sich anschließenden neuen Monaten der Bewässerung verlassen liegen, die Palmpflanzungen jedoch, wie Biddia und Thurghrod, sind dauernd bewohnt. Die seßhafte Bevölkerung des Jebel Shammar beläuft sich somit auf knapp zwanzigtausend Seelen; hinzu kommen noch die tributpflichtigen Nomaden: die Fejir mit achthundert und der halbe Stamm der Wuld Aly im Süden mit sechzehnhundert Menschen, zusammen also etwa zweitausendfünfhundert Beduinen. Dazu noch die Bishr im Süden mit höchstens dreitausend Mitgliedern, die von Ibn Rashid im Norden unterworfenen Harb mit zweitausend, die Shammar im Süden mit wiederum kaum zweitausend Seelen, dazwischen die Heteym mit etwa fünfzehnhundert und die Sherarat mit zweitausendfünfhundert Angehörigen. Insgesamt mag es sich um etwa vierzehntausend Nomaden handeln; zusammen mit den seßhaften Untertanen wird die Gesamteinwohnerzahl des Emirats also dreißigtausend nicht sehr übersteigen.

Die allgemeinen Abgaben an den Emir werden von den Siedlungen in Form von Getreide und Datteln erhoben; in Teyma beträgt die Steuer nahezu ein Pfund Sterling pro Kopf; unter den Nomaden (die den Regierungsmaßnahmen für das Gemeinwohl wenig Beachtung schenken) beläuft sich die Abgabe für acht oder zehn Personen auf etwa die gleiche Summe, so etwa bei den Fukara, einem armen Stamm. Daneben gibt es noch bestimmte andere Gebühren, über die ich jedoch nicht genau unterrichtet bin, wie z. B. einen Zoll in Höhe von sechzig Reals auf jede Kamellast Hameydy-Tabak, die auf den Markt von Hayil kommt. Überschlägig berechnet, dürften sich die staatlichen Einkünfte Ibn Rashids, die ihm teils in Naturalien, teils in Silber zufließen, auf nahezu vierzigtausend Pfund Sterling belaufen, von denen jedoch nicht einmal der zwanzigste Teil von den Nomaden aufgebracht wird. Auch die Privateinkünfte des Prinzen sind sehr hoch. Der Gewinn aus den Ernteerträgen aller beschlagnahmten Güter wandert jährlich in das öffentliche Schatzhaus, Beyt el-Mal.

Die regelmäßigen Staatsausgaben für die Bediensteten des Schlosses – die Soldaten, die als Stallknechte im Gestüt arbeitenden Sklaven, die Hirten, die in der Wüste über das lebendige Vermögen des Emirs, seine Herden, wachen, die Verwalter, die Kommissare und die Stellvertreter in entfernten Städten wie Teyma und Jauf –, für die öffentliche Bewirtung in Hayil und für neue Kleidung dürften fast zwölftausend Pfund

Ibn Rashids Stallungen in Hayil (nach Blunt)

betragen. Die außerordentlichen Ausgaben belaufen sich auf nahezu tausend Pfund jährlich für Schießpulver und die Ausrüstung der öffentlichen Raubzüge sowie für jährliche Geschenke. Die Bestechungsgelder gehen, den politischen Wechselfällen entsprechend, an hohe Männer der osmanischen Regierung; gerade jetzt hatte der Emir wieder einige Gaunerfinger in Medina vergolden müssen (es ging um Kheybar). Diese Ausgaben werden durch den Verkauf von Zuchthengsten aus dem Nejd-Gestüt nach Indien gedeckt, die fast jedes Jahr entsprechend der Nachfrage, gewöhnlich etwa vierzig Stück, in Kuwait verschifft werden. Die Stallknechte, die die Pferde begleiten, sind auf dieser Reise nach Indien in der Regel nicht weniger als zwei Monate unterwegs.

Im Kriegsfall kann Ibn Rashid nach meiner Schätzung ohne größere Schwierigkeiten zweitausend mit Kamelen (meistens Reitkamelen) berittene Krieger aus seinen Dörfern zusammenziehen, die jedoch nicht alle mit Feuerwaffen ausgerüstet sind. Für kleinere Feldzüge wird ihm allerdings kaum mehr als ein Viertel dieser Zahl zur Verfügung stehen. Von den Beduinenuntertanen, die stärker an ihn gebunden sind (...), kann er nach meiner Kenntnis des Landes bei Bedarf schätzungsweise achthundert oder neunhundert Mann ausheben. Dazu kommen noch die Beny Wahab, die als Grenzbewohner durchweg nicht sehr zuverlässig sind und nicht selten rebellieren, mit zweihundertfünfzig und die unterjochten Sherarat, die gerne von ihm zur Dowla übergehen würden, wenn die syrische Regierung nur hinter ihnen stünde, mit noch einmal nahezu zweihundert Kriegern. Zusammen verfügt er also über etwa eintausenddreihundert arabische Nomaden, vornehmlich Dromedarreiter (nur einige wenige große Scheichs haben Pferde), von denen zwei Drittel mit Steinschloßgewehren bewaffnet sind, während die übrigen sich je nach ihren Möglichkeiten mit Schwertern, Keulen, Speeren und Lanzen behelfen. Man sagt, der Fürst habe vierhundert seiner eigenen Pferde an zuverlässige, in seinem Sinne tätige Männer der unterworfenen Stämme ausgeliehen, damit sie als berittene Krieger für seine jährlichen Expeditionen zur Verfügung stehen. In den großen allgemeinen Raubzügen des Fürsten reitet seine Truppe zusammen mit Einwohnern aus Hayil und Siedlern der nächsten Dörfer in einer Streitmacht von ungefähr vierhundert Mann, begleitet von nahezu ebenso vielen tributpflichtigen Beduinen, die in der Hoffnung auf Gewinn stets bereit sind, sich auf ein Wort hin dem Emir anzuschließen. Allen wird der Tag und der Versammlungsort mitgeteilt. Da die Araber in einem menschenleeren Land leben, stellt die Menschenmasse, die zu Ibn Rashids Raubzügen zusammenströmt, in ihren Augen eine überwältigende Heerschar dar. Stolz berichten sie, daß dabei die ganze Strecke zwischen Hayil und Gofar mit Reitern übersät ist, während doch auf diesen knapp zwölf Meilen bei lockerer Marschordnung nur ein Reiter auf zwanzig Schritte kommt. Achthundert oder neunhundert bewaffnete Araber auf Kamelen sind jedoch selbst für europäische Augen ein großartiges Schauspiel.

Ghrazzu im Wady Sirhan (nach Blunt)

In der Schlacht kennt Prinz Mohammed keine Gnade; er schießt mit einer europäischen Büchse. Hamud, von großer Körperkraft, kämpft wie im Rausch an der Seite des Emirs; da sie auf Leben und Tod miteinander verschworen sind, würde er ihn im Notfall mit seinem eigenen Körper schützen. Die Fürsten steigen vor der Schlacht von ihren Kamelen und kämpfen in Kettenhemden (›Davidshemden‹) vom Pferd aus. Man sieht sie in der ersten Kampflinie, während die Flügeltruppen den Feind unter Feuer nehmen und die Vorpreschenden von den Seiten decken. Die Truppe des Emirs ist den armen Beduinen nicht nur zahlenmäßig überlegen, sondern auch an Schlagkraft, denn die Soldaten und die Reiter aus den Dörfern sind an ein geregeltes Leben gewöhnt und beachten die Kommandos, wodurch sie eine geschlossene Truppe bleiben. Die unsteten Beduinen jedoch, denen in ihrem Hirtenleben militärische Überlegungen fremd sind, können am Tag der Schlacht unter ihren Scheichs kaum zusammengehalten werden: Wie kreischende Falken kämpfen sie verstreut, stürzen sich bald hierhin, bald dorthin, wobei jeder einzelne weniger an das gemeinsame Ziel als an seine persönlichen Interessen denkt, d. h. seine kümmerliche Beute zu machen, betrogen, wie die armen Nomaden selbst eingestehen, von *toma*, seiner Gier nach Geld. So bieten sie nur schwachen Widerstand, und wehe den Besiegten und den Fliehenden! Keinem der Feinde des Emirs wird Pardon gewährt, ehe die Beduinen nicht vollständig am Boden zerstört sind; grausam ist noch die Gnade der Soldaten und der Sklaven von Ibn Rashid, die ein Herz aus Stein haben. Ich habe erlebt, daß einige unglückliche Nomaden, die in Gefangenschaft geraten waren, von den Soldaten des Emirs in ihre eigenen Brunnen geworfen wurden; Araber machen keine Gefangenen. Diese Kämpfe finden gewöhnlich im Sommer an den Hauptwasserstellen statt, wo die Nomaden längere Zeit in großen festen Zeltlagern leben.

So kommt es, daß die Stammesleute sagen: »Ibn Rashid ist es, der die Beduinen schwächt!« Wenn ihr Widerstand gebrochen ist, macht er die Stämme zu seinen tributpflichtigen Verbündeten und befreit sie dafür seinerseits von allen Feinden. Ein Teil der allgemeinen Beute wandert in den Besitz der Soldaten, wobei jeder Mann üblicherweise das erhält, was ihm zuerst in die Hand gefallen ist. (. . .)

Um nun über die Ausdehnung des Wüstenreichs unter Ibn Rashid zu sprechen: Die Grenze im Norden bilden die Gebiete der Ruwalla, der nördlichen Shammar und der Thuffir – Nomadenstämme, die dem Jebel freundlich gegenüberstehen, ihm jedoch nicht tributpflichtig sind. Im Osten grenzt das Reich an das Gebiet von Boreyda, ein eigenes Fürstentum mit vielen reichen Dörfern (wie el-Ayun, Khubbera, er-Russ) in der Wüste von Kasim, das jedoch über keine Beduinen gebietet. Das Fürstenhaus von Hayil ist durch Heirat mit dem emporgekommenen Bauern Weled Mahanna, dem Tyrannen von Boreyda, verbunden; ihnen beiden steht der Osten gegenüber, Aneyza und der jetzt zerfallene Machtbereich der Wahabiten jenseits der Berge. Nach dem Verlust von Kheybar erstreckt sich Ibn Rashids Reich im Süden bis etwa hundert Meilen vor Medina, im Westen werden die von ihm beherrschten Wüsten durch die große Pilgerstraße von Syrien herunter begrenzt. (. . .) Mit einem Wort, alles, was zwischen Jauf, el-Kasim und der *derb el-Haj*, der Pilgerstraße, liegt, gehört zu Ibn Rashids Wüstenreich, das sich von Nord nach Süd über etwa zweihundertsiebzig Meilen erstreckt. Und dieses ganze Gebiet hält der Fürst mit einer Truppe von ungefähr fünfhundert Kamelreitern (nach ihren eigenen Angaben) im Griff, die aus seinen Soldaten und Dorfbewohnern besteht. Wer außer ihm könnte auch in dieser menschenleeren Wüste ein solches Truppenaufgebot zusammenziehen, dem selbst die doppelte Zahl von freien Beduinen, von denen die meisten nahezu unbewaffnet sind, keinen Widerstand zu leisten vermag? (...)

Im Land des Propheten: Kheybar

Hayil lag hinter uns. Nach einigen Tagesmärschen kamen wir durch Palmenhaine in eine Talsenke, Wadi Jellas, so benannt nach jenem alten Stammeszweig der Annezy, der jetzt mit den Ruwalla im Norden lebt, nachdem er Kheybar schon vor langer Zeit verlassen hat. Der Boden ist tief und schlammig, mit Binsen und stehendem Wasser, und der stickige, feuchte Dunst legte sich schwer auf unser Gemüt. In der Mitte des Wadis überquerten wir einen Bach, der durch ein Feld von grüner Kresse floß. Der faulige Boden, der nur wenige verkrüppelte Palmen trug, war auf beiden Talseiten mit einer weißen Kruste von bitterem Salzschlamm, *summakha*, und rostfarbenem Schimmel bedeckt. Von dieser Erscheinung rührt die Fabel her, daß ›die Erde sich selbst von dem vielen Blut der Juden reinigt, das bei der Eroberung Kheybars vergossen wurde‹. Die Reitkamele, die keinen festen Tritt fassen konnten, hielten oft ängstlich inne. Dann führte der Weg wieder aufwärts zwischen rohen Mauern aus Basaltsteinen, morschen Palmenstämmen und Klumpen schwarzen Lehms. Wie befremdend wirken doch diese feuchten Täler von Kheybar im wasserlosen Arabien! Eine Vorahnung von etwas Bösem lastete schwer auf meinem Herzen, als wir durch diese leblose, stickige Luft ritten.

Auf festem Boden bewegten wir uns (...) unter dem langen Basaltrücken der alten Zitadelle el Husn weiter aufwärts. Auf dem abfallenden Hang zur Linken steht hier ein altes viereckiges Steingebäude, eine Moschee aus der Zeit Mohammeds, in deren Bezirk die *Ashab en-Neby* begraben liegen, jene wenigen Moslems der ersten Stunde, die als Mitstreiter und Gefährten des ›Apostels‹ noch zu seinen Lebzeiten bei der Einnahme Kheybars fielen. (...)

Wir ritten durch das aus rohen Palmholzbrettern gezimmerte Tor von Kheybar, kamen in die Hauptstraße des Hejaz-Negerdorfes und stiegen in der Dämmerung vor dem Haus eines Bekannten von Ghroceyb, meinem Begleiter, ab. Als der Wirt uns an der Tür des Erdgeschosses hörte, blickte er aus dem Fenster und fragte mit seiner rauhen Negerstimme, wer wir seien. Ghroceyb antwortete ihm, worauf der Mann mit seinem Bruder nach unten kam, um die Gäste zu empfangen. Die beiden schulterten mein Gepäck und führten uns über eine Lehmtreppe in ihr Wohnzimmer, das wie in

Blick auf die Zitadelle el-Husn und Kheybar (nach Doughty)

el-Ally ein höher gelegener Raum ist, hier *suffa* genannt. Das Untergeschoß dient in diesen feuchten Oasen nur als Aufbewahrungsort für das Gartengerät und als Stall für die wenigen Ziegen, die nachts eingetrieben werden. Der Hausherr hieß Abd el-Hady, ›Diener dessen, der den Weg der Wahrheit weist‹, ein jüngerer Mann kaum mittleren Alters mit feingeschnittenen Negerzügen – diese negroiden Araber sind nicht selten wohlgestalte Erscheinungen.

Das Wohnzimmer unseres Wirtes hatte zur Straße hin große, bis zum Boden reichende offene Fensteröffnungen *(taga)*; das Dach bestand nur aus einer losen Lage von Palmrohr. Darüber befand sich die Terrasse des Hauses aus festgestampftem Lehm, auf die man über eine Leiter aus zwei oder drei Palmstämmen kam, in die Stufen geschlagen waren. Das Haus Abd el-Hadys gehörte zu den besseren im Ort, denn er war ein reicher Mann. Kheybar wirkt wie ein afrikanisches Dorf im Hejaz. Abd el-Hady breitete seinen Teppich aus und hieß uns willkommen, dann setzte er uns Kheybar-Datteln vor, zusammengedrückte kleine gelbe Früchte, die man erntet, bevor sie ganz reif sind. (...) Nach den Anstrengungen dieser Reise durch die Harra brachten wir jedoch nichts herunter. Wir baten nur um Wasser, um unseren brennenden Durst zu löschen. Die schwitzenden Wasserschläuche sind in dieser Gegend am Kopf der Treppe aufgehängt; darunter findet sich ein Loch im Boden, durch das die Tropfen fallen. (...)

Als sich herumsprach, daß Fremde eingetroffen waren, kamen den ganzen Abend über immer neue Dorfbewohner – alle von schwarzer Hautfarbe –, um uns zu besuchen. (...) Mit ihnen kam auch ein großer, dunkelhäutiger Weißer von militärischem Aussehen, der eine Laterne und eine ellenlange Pfeife bei sich trug. Augenscheinlich gehörte er zu den Mischlingsbewohnern der Städte. Er saß still da und rauchte, wobei er aus seinen tiefliegenden Augen häufig zu uns herübersah; dann reichte er mir den *chibuk*, die Pfeife, und erkundigte sich nach den Neuigkeiten. Mit Abd el-Hady schien er nicht auf freundlichem Fuß zu stehen, denn er lehnte die zweite Tasse unseres Gastgebers ab. Nachdem er eine Stunde dort bei seiner brennenden Laterne rauchend gesessen hatte, ging er, um uns bei dem als Schurken bekannten Leutnant von Kheybar zu melden. Mein Führer flüsterte mir zu: »Das war Ahmed; er war früher Soldat und ist jetzt Händler in Kheybar.« Sein Bruder war Mohammed en-Nejumy, der vom nächsten Tag an mein großherziger Beschützer bei allen Fährnissen in Kheybar wurde; die Brüder waren Bürger von Medina. Mitternacht näherte sich bereits, als die letzten Kaffeetrinker sich verabschiedeten. Ich flüsterte Ghroceyb zu: »Wird man uns noch ein Nachtmahl anbieten, oder ist es Zeit, schlafen zu gehen?« – »Mein Lieber, ich glaube, sie haben eigens für dich geschlachtet; schon vor einiger Zeit habe ich sie ein Schaf auf die Terrasse schleppen sehen.« (. . .) Schließlich kamen unser Gastgeber und sein Bruder vom Dach des Hauses herunter; sie trugen ein großes Blech mit gekochtem Fleisch auf einem Berg von *thura* (wohl eine Art Hirse). Heuschreckenschwärme hatten das Frühjahrsgetreide vernichtet, und die Hirse war das einzige Korn, das den Bewohnern von Kheybar geblieben war.

Früh bei Tagesanbruch stieg Ghroceyb eilig auf die Straße hinab. »Leb wohl«, sagte er, »und wenn es zwischen uns Streit gegeben hat, verzeih mir, Khalil.« Dann beugte er sich über meine Rechte und küßte sie (vielleicht aus Furcht vor dem Fluch des Fremden). Hady, der Bruder unseres Gastgebers, stieg auf die Kruppe des Kamels mit auf, dann ritt der kräftig gebaute junge Neger mit der langen Luntenflinte auf der Schulter im bloßen Mantel los, den *hazam,* den Munitionsgürtel, umgeschnallt. An diesem Gürtel sind Metallröhrchen mit Schießpulver befestigt, und am Gürtelleder hängen Taschen für Munition, Feuerstein und Stahl sowie ein Haken, an den man seine Sandalen hängt, da man gewöhnlich barfuß geht. Die Hazams sind mit Kupferbuckeln verziert und mit kleinen klirrenden Ketten besetzt; es gibt einige junge Männer, die man ständig *muhazamin,* d. h. gegürtet, und mit diesem klimpernden, eitlen Kriegsschmuck herumlaufen sieht. Von Stämmen, die mit Gewehren gut versorgt sind, sagt man im allgemeinen: »Sie haben viele Muhazamin.« (. . .)

Während Hady ausritt, machte ich mich auf, den Ort zu besichtigen, denn schließlich war ich nun in Kheybar. Unser Gastgeber gab mir seinen Sohn als Führer mit; der Junge führte mich eine Gasse hinunter und rief mich zu einer Tür hinein, um mir einen Brunnen zu zeigen. Ich trat ein – es war eine Moschee! Hastig zog ich mich zurück. Als der Vater, der dem Kind zuvor entsprechende Anweisungen gegeben hatte, bei unserer Rückkehr hörte, daß ich die Stätte ohne Gebet wieder verlassen hatte, kam er von oben herunter und schloß die Tür zur Straße. Dann kehrte er zurück, nahm seine Pistole von der Wand und sagte, ich solle mit ihm ausgehen, er wolle mir die Stadt zeigen. Als wir auf der Straße waren, führte er mich auf einem Gartenweg aus dem Ort hinaus.

Auf einem von Mauern eingefaßten Weg schritten wir zwischen den Palmen hindurch und kamen auf einen freien Platz mit schwarzem vulkanischem Sand, *es-Sefsafa,* und Bewuchs von Binsengras. Dort zeigte er mir die Quelle eines Flusses, die unter einem Felsen kräftig hervorsprudelte. Das lauwarme Wasser war schwefelhaltig wie das in el-Ally, und ich sah kleine Fische mit grünem Rücken und silbernen Bäuchen darin. Bei den Arabern heißen alle Fische *hut.* »Hier«, sagte mein Begleiter, »wird im

Sommer das Lager der Dowla aufgeschlagen, auf diesem Boden stehen die Zelte der Soldaten.« Wir setzten uns, und indem er mich forschend anblickte, fragte er, ob ich mich vor der Dowla fürchte. Als ich ihm meinerseits die Frage stellte, ob die Dowla oder Ibn Rashids Regierung besser sei, bekam ich zur Antwort: »Die Dowla hat uns von den Beduinen befreit, aber nun ist sie uns eine noch größere Last.«

Wir gingen nun über einen Friedhof von schwarzer, vulkanischer Erde, die mit Salzschlamm bedeckt war; auf den verwahrlosten Grabhügeln standen Gedenksteine aus rohem Basalt. (...) Abd el-Hady sagte: »Schau, dort drüben ist die Quelle unseres Herrn Ali!« Ich sah einen Teich mit lauwarmem Wasser und einer sprudelnden Quelle. »Hier ist die Stelle, wo unser Herr Ali, der Gatte Fatimas, Marhab tötete, indem er ihm den Kopf abschlug. Seine Klinge spaltete jenen Felsen, den du dort siehst, bis auf den Grund. Und dies ist Alis Moschee (die ich bereits erwähnte).« Das schlichte Gebäude ist aus roh behauenen Basaltblöcken errichtet und sicherlich von hohem Alter. Hier werden die Kinder des Dorfes täglich von einem geistlichen Scheich in der Kunst des Schreibens unterrichtet.

Als wir unseren Rundgang beendet hatten, sagte mein Begleiter: »Laß uns nun zum Emir gehen.« So nannte dieser Dörfler den Aga oder Leutnant von etwa zwanzig Ageyl aus Medina. Jene Kamelreiter waren früher Araber aus dem Nejd; da der Sold der Dowla jedoch stets lange auf sich warten ließ, haben die klugen Einwohner des Nejd den jammervollen Dienst aufgegeben. Die Ageyl sind heute eine gemischte Truppe von einigen wenigen Nejdern (meist Dorfbewohnern aus el-Kasim und armen Nomaden) sowie Gallas, Türken, Albanern, Ägyptern, Kurden und Negern. Die Ageyl in Kheybar gingen damals zu Fuß; einige ihrer Kamele waren tot, die übrigen weideten weit entfernt bei den Nomaden. Die tägliche Getreideration für die Kamele bezogen sie jedoch für die lebenden wie für die toten Tiere weiter; wie sonst hätten die Ärmsten auch leben sollen, die in den letzten zwei Jahren (außer für ein, zwei Monate) keinen Sold gesehen hatten! Einige der Regierungssoldaten in Kheybar waren *zabtiyah,* Männer im Polizeidienst. »Der Hauptmann ist Kurde«, sagte Abd el-Hady.

In einer Seitenstraße stiegen wir dann in ein Obergeschoß, wo sich der Kaffeeraum der Soldaten befand. Schwerter und Musketen hingen an den Lehmwällen. Kurz nach uns kamen einige der Soldaten herein, durchweg dunkelhäutige Gallas, wie die Städter in weiße Mäntel gehüllt. Sie kehrten mit ihren Gewehren von einem Übungsschießen zurück und hießen uns auf ihre Art (nach der Sitte von Medina) willkommen. Dann setzten sie sich und bereiteten Kaffee. Während wir zusammen tranken, stellten sie mir keinerlei Fragen, was mich wunderte. Nach kurzer Zeit standen wir auf und verabschiedeten uns. Beim Herabsteigen hörte ich auf der Lehmtreppe noch einen von ihnen mit heiserer Stimme sagen: »Ich habe genau gesehen, daß er *adu,* ein Feind, ist!« Worauf die Antwort kam: »Aber laß ihn erst einmal in Ruhe.«

Mir schien, es sei nun an der Zeit, mich vorzustellen. Als ich fragte, wo der kurdische Hauptmann zu finden sei, rief mein Gastgeber: »Hast du ihn denn nicht gesehen? Er saß in der Mitte am Kaffeeherd.« Das also war Abdullah es-Siruan gewesen, der Anführer der Soldatentruppe aus Medina. Sein Vater war Kurde, er selbst aber als Sohn einer Galla-Sklavin ein Schwarzer mit dem Aussehen eines Galla, ein Mann von noch nicht mittlerem Alter. Ich war noch unvertraut mit der Welt des Hejaz und den Sitten der zwei heiligen Städte. Auf der Straße sah ich zwei weiße Männer aus einer Tür kommen: Es waren kranke Soldaten. Die Männer, die sich auf lange Stöcke aus Palmrohr stützten, wirkten in der schrecklichen Schwärze, die allen Dingen in Kheybar zu eigen ist, geisterhaft blaß. Sie traten auf mich zu, schüttelten mir, dem Weißen, die Hand und gingen weiter, ohne ein Wort zu sprechen. Der eine von ihnen hatte einen weißgrauen Bart und war ein Albaner namens Muharram, sein Begleiter war Ägypter. Als wir wieder zu Hause waren, verriegelte Abd el-Hady die Eingangstür und kam mit der Frage nach oben: »Sag, bist du ein Moslem? Wenn nicht, werde ich deine Sachen auf eine Kuh packen und dich an einen Ort bringen lassen, wo du sicher bist.« – »Wirt, ich bin Engländer, und mein Volk ist, wie du vielleicht gehört hast, mit der Dowla befreundet. Ich bin einer von denen, die ihr die Nasara nennt.«

In Gefangenschaft

Am Nachmittag ging Abd el-Hady aus und ließ die Haustür offen. Sofort kam Salem, ein Beduinen-Ageyly herauf, um nach Arzneien zu fragen, und mit ihm ein bewaffneter Galla namens Sirur – derselbe Mann, der mich als Adu, als Feind, bezeichnet hatte. Als Salem mir einen halben Real für die Fiebermittel (Salze und Chinin) bot, murmelte der Galla, daß ich sie bald umsonst werde hergeben müssen. Und er setzte hinzu: »Dieser Mann hat wenig Welterfahrung, er weiß nicht, mit wem er es zu tun hat. Sag, was bist du für ein Landsmann?« – »Ich wohne in Damaskus.« – »Hah, da komme ich auch her, aber du sprichst das Arabische nicht fließend, und ich glaube gar, wir haben es mit einem Christen zu tun! He, weshalb bist du gekommen?« – »Ich wollte das alte Land der Juden sehen.« – »Das Land der Juden! Aber dies ist *dirat er-Rasul,* das Land des Propheten!«, und damit verließen sie mich. Als Abd el-Hady zurückkam, sagte er: »Was sollen wir machen? Bei Allah, jeder hier ist überzeugt, daß du kein Moslem bist.« – »Sie halten mich also für einen Feind! Und der Aga?« – »Ah, der ist ein *jabbar,* ein hassenswerter Tyrann!« Mein Gastgeber ging hinaus, und Sirur kam noch einmal zurück – der Hauptmann hatte ihn geschickt. Wer ich sei, ließe er fragen. – »Ein Engländer, einer von denen, die der Dowla gut gesonnen sind!« – »Ein Nasrany also, *sully aly en-Neby,* gelobt sei der Prophet, vorwärts!« Und zusammen mit einem anderen Ageyly begann der brutale schwarze Galla, mich zur Treppe zu stoßen. Als einige hinzukommende Dorfbewohner mir sagten, daß diese Männer von der Polizei seien, willigte ich ein, mit ihnen zu gehen. – »Nehmt ihn nur mit, aber nicht mit Gewalt«, sagten die Umstehenden. – »Bevor wir weiter gehen, sagt, wollt ihr mich außerhalb des Hauses töten?« Heimlich hatte ich mir schon beim ersten Alarmzeichen meine Pistole unter den Mantel gesteckt.

Am Ende der nächsten Straße saß jener Mann auf einer Lehmbank, der mich aburteilen sollte. Es war der dunkelhäutige abessinische ›Kurde‹, der Hauptmann der Soldaten. Eine Rotte von Dorfbewohnern folgte uns, verhielt sich jedoch ruhig. In was für ein Land, dachte ich bei mir, bin ich hier geraten? Was sind das für Leute, die mich als einen Feind der Menschheit betrachten, nur weil ich mich zum süßen Namen Christi bekenne? Mit seiner bellenden Stimme rief Sirur dem auf der Lehmbank zu: »Ich habe ihn entlarvt – er ist ein Nasrany!« Ich sagte: »Was soll das! Ich bin ein Engleysy! Warum werde ich als Angehöriger einer befreundeten Nation so von euch behandelt?« – »Bei Allah«, antwortete der Hauptmann, »ich bin in Sorge, ob du wirklich ein Engleysy und nicht vielleicht ein Muskovy, ein Russe, bist.« – »Ich habe bereits gesagt, daß ich Engländer bin!« – »Aber ich glaube es nicht, denn warum sollte ich dir vertrauen?« – »Wenn ich hier in Kheybar schon offen gesagt habe, ich bin ein Nasrany, wird dann der Rest nicht auch die Wahrheit sein?« – »Da hat er recht gesprochen; geh, Abd el-Hady, und bring sein Gepäck! Achte aber darauf, daß nichts zurückbleibt.« (. . .) »Bei Gott«, fügte Abdullah es-Siruan dann hinzu – der Mann war Analphabet –, »wenn wir bei dir Bücher finden oder – wie ihr sie nennt – Landkarten, die wirst du nie wiedersehen; sie müssen alle zum Pascha nach Medina geschickt werden! (. . .) Und du selbst, wo kommst du her?« – »Aus Hayil; ich habe hier auch einen Paß von Ibn Rashid!« Abdullah gab ihn einem Jungen, der in die Tagesschule ging, denn nur wenige der erwachsenen Dorfbewohner und keiner der Umstehenden konnte lesen. Abdullah: »Hol mir den Scheich Salih herbei, er soll für uns lesen und schreiben!« Eine Matte aus Palmblättern wurde aus einem der Häuser geholt und vor uns auf einer Lehmbank ausgebreitet; darauf ließ ich mich mit Abdullah nieder, während sich eine gaffende Menge schwarzer Dorfbewohner vor uns drängte.

Schließlich kam ein älterer, hinkender Mann hinzu, Salih, der Scheich dieses Negerdorfes, in der Hand ein hohes Tintenfaß aus Messing und einen großen Bogen Papier. In der Zwischenzeit waren meine Kameltaschen herangeschleppt und der Inhalt ausgebreitet worden. Siruan forderte nun den Scheich auf, alle Gegenstände in der Reihenfolge, in der sie aufgezählt wurden, genau zu notieren. Meine Lebensmittelvorräte, Datteln, Trockenmilch und Reis fanden wenig Beachtung, meinen viereckigen Kompaß hielten sie zum Glück für ein Stück syrischer Seife, während ein Kamm als hier unbekannter Gegenstand ärgerliches Mißtrauen hervorrief. »Ha, was ist dies für ein gefährliches Werkzeug?« rief mein Wirt, dessen anfängliches Wohlwollen sich schon in fanatischen Haß verwandelt hatte – im Dorf nannte man ihn Abu Summakh, ›Vater Zänkisch‹. Während meine Teedose wieder unbeachtet durchging, wurden meine Bücher beschlagnahmt, wobei man mir drohte, ich würde sie nie wieder zu Gesicht bekommen. Als sie dann noch auf mein Bandmaß aus Messing stießen und es für einen Himmelsvermesser hielten, gab ich ihnen meinen Rundreisepaß des Waly von Syrien. »Lies ihn, Scheich Salih!« Salih brütete eine Weile über dem Schriftstück und sagte dann: »Ich habe es untersucht, aber ich kann nur die Namen entziffern, denn es ist in Türkisch geschrieben (in Wirklichkeit war es Arabisch, allerdings in der verschnörkelten persischen Art geschrieben), und hier am Ende ist das Siegel des Paschas.« Und er las den Namen vor. »Ho! Ho!« lachte Sirur, »jener Pascha ist längst tot, das weiß ich genau!« Ich seufzte erschöpft auf. »Warum seufzt du?« rief darauf der fromme Schurke Abdullah, »vertraue nur dem Herrn, deinem Gott!«

Um das Unglück voll zu machen, zogen sie aus dem Boden der Satteltasche noch den leeren Pistolenkasten hervor. Diese Waffe war meine ganze Hoffnung. »Ah, ein Pistolenkasten!« riefen viele Stimmen, während mich drohende Blicke trafen. »He, du, wo ist die Pistole?« Ich gab keine Antwort, und in diese Spannung hinein rief einer: »Sicher hat Ibn Rashid ihm die Pistole weggenommen!« – »Ja gewiß«, antworteten die schwarzen Dorfbewohner ringsum, »die ist sicher bei Ibn Rashid, der hat sie ihm bestimmt abgenommen, verlaß dich darauf, Abdullah!« Bei den Arabern wird eine Pistole stets als kostbares Gut in einem bunten Halfter aufbewahrt, und sie konnten sich nicht vorstellen, daß ich die Waffe unter meinem bloßen Hemd tragen sollte. Nun allerdings war die Frage, ob sie meine Kleidung durchsuchen würden, doch gilt das hierzulande als außerordentliche Beleidigung, und es waren zu viele Zeugen dabei. Abdullah schien ihren Worten zuzustimmen, aber ich sah, wie der Gedanke, was mit der Pistole geschehen sein konnte, in seiner schwarzen Seele kreiste. Die schwere Waffe, die ich in der Folgezeit stets um den Hals hängen hatte, belästigte mich nicht wenig, denn ich konnte dadurch, wie schwül es auch war, niemals meinen Mantel ablegen.

Der Aga fragte weiter: »Hast du Geld bei dir? Wir sind sicher, daß du welches bei dir hast. Sag uns offen, wo es ist, und versuch nicht, es zu verstecken; das ist besser für dich, und du willst doch, daß ich dein Freund bin. Auch müssen wir es in der Liste mit aufführen. Und wenn du noch etwas hast, sag es uns! Gebt acht, Leute, daß auch nicht eine Nadel dieses Mannes verlorengeht!« – »Reicht mir die Dose mit dem Tee, darin liegt meine Börse mit, wie ihr seht, sechs Liras.« Der Gauner zählte sie mit sichtlicher Freude in seine schwarze Hand; dann schloß er die Börse, steckte sie in sein eigenes Hemd und sagte: »Salih, notiere diese sechs Liras Fransawy! Ich habe sie zur sicheren Verwahrung an mich genommen; auch sein Gepäck soll in meinem Hause eingeschlossen werden.«

Nun kam jener Ahmed zu mir herüber, den ich am vergangenen Abend kennengelernt hatte. Er hatte gelassen unter den Zuschauern gesessen und mir während des Verhörs immer wieder wohlwollend zugenickt. »*Ma aleyk, ma aleyk,* sei unbesorgt«, sagte er, »dir wird nichts Böses widerfahren.« Als Abdullah Abd el-Hady aufforderte, mich wieder mitzunehmen und weiter bei ihm unterzubringen, auch sei es mir erlaubt, Kranke zu behandeln, antwortete der Neger: »Ich soll den Heiden wieder aufnehmen! Soll er sich zum wahren Glauben bekennen, dann werde ich ihn gerne beherbergen!« – »Dann muß er bei den Soldaten wohnen! Du, Aman (ein Galla-Ageyly), führ ihn auf dein Zimmer! Seine Lebensmittel und den Medizinkasten mag Khalil mitnehmen!«

Nun bemerkte ich – denn er war erst spät gekommen – hinten in der Menge die große männliche Gestalt eines auffallend dunkelhäutigen Arabers. Gekleidet wie ein Scheich und mit dem Schwert bewaffnet, hielt ich ihn für den Anführer einer irregulären Truppe. Jetzt kam er auf mich zu, ließ sich mit der den Arabern eigenen Plötzlichkeit auf die Schenkel fallen und saß mit der freundlich lächelnden Zuversicht eines starken Mannes vor mir, wobei er mich liebenswürdig anredete. Seine dunkle Hautfarbe erstaunte mich, obwohl man sie bei den Arabern des Hejaz nicht selten findet; er selbst war nicht minder erstaunt, einen Mann so ›weiß und rot‹ zu sehen. Dies war Mohammed en-Nejumy, Ahmeds Bruder, der von diesem Morgen an in Kheybar wie ein Vater zu mir war. »Geh jetzt mit den Soldaten«, sagte Abdullah. »Ma aleyk, ma aleyk«, setzten einige der freundlicher gestimmten Zuschauer hinzu. Abdullah: »Du wirst ein paar Tage hier bleiben, während ich einen Boten mit den Büchern und Papieren zum Pascha von Medina schicken werde!« – »Hört ihr, Leute«, bellte Sirur, »wir schicken jemand zum Pascha; wenn der Pascha deinen Kopf fordert, Nasrany, dann werden wir ihn dir abhacken!« – »Gib nichts um das Geschwätz dieses Burschen«, sagten einige Umstehende, »er ist ein Dummkopf.« Das Galla-Großmaul war in der Stadt wenig gelitten, da er sich als Held nur bei den Frauen, im letzten Kriegszug jedoch als *khoaf,* als feiger Drückeberger, erwiesen hatte.

So ging ich denn mit Aman zu der kleinen Suffa, dem Oberraum, den er mit einem Kameraden im nächsten Haus bewohnte. Beide waren Habush, Hinterabessinier aus dem Land der Galla. Von schlankem Wuchs, besitzen diese oft eine fast weibliche Anmut und feine Züge; ihre Hautfarbe ist entweder gelbbraun, rötlichbraun, dunkelbraun oder schwärzlich, entsprechend ihrer jeweiligen Heimatgegend – so groß ist ihr Land. Ihre Stimmen sind weich, doch sprechen sie nicht alle die gleiche Galla-Sprache, so daß sich entferntere Stämme kaum miteinander verständigen können. Auch Aman konnte die Worte seines Kameraden nur mit Mühe verstehen (weshalb sie sich auf Arabisch unterhielten), mit Sirur jedoch verständigte er sich in nahezu dem gleichen Dialekt. Aman lehrte mich viele seiner Galla-Wörter, doch erinnere ich mich heute nur noch des Wortes *bisan,* Wasser. Obwohl sie schon als Kinder versklavt und nach dem Hejaz gebracht worden sind, haben sie ihre Muttersprache nicht verlernt. In Mekka und Medina gibt es zur Zeit so viele Gallas, daß Habashy fast in allen Häusern gesprochen wird. Einige der schönen Galla-Sklavinnen steigen auf zu Ehefrauen in Bürgerfamilien, sogar in den großen Häusern, andere sind Kindermädchen oder Dienerinnen. Die Kinder der städtischen Araber werden von ihnen aufgezogen.

Meine armen Soldatenwirte baten mich, mir keine Sorgen zu machen, alles werde sich mit ein bißchen Geduld zum Guten wenden. Einer gab mir Brot und ging hinaus, um Datteln für den Gast zu borgen. (...) Da hörten wir Mohammed en-Nejumy die Stufen heraufkommen. Er sagte: »Dies ist das erste Mal, daß ich hierherkomme; ich tue es um deinetwillen.« Bei Einbruch der Nacht gingen wir zusammen zum Kaffeehaus der Soldaten, wobei wir unseren Weg mit brennenden Palmzweigen beleuchteten. Abdullah, der sich heute um meine Börse bereichert hatte, winkte mir, ich solle mich zu ihm setzen. Ihre Unterhaltung nahm eine gute Wendung, Mohammed en-Nejumy zitierte den berühmten Ausspruch: »*Kull wahed aly din-hu,* jedermann lebe nach seiner Religion«, und erklärte dazu: »Das heißt, der Jude, der Christ und der Moslem soll jeweils nach seinem Gesetz leben, ja und auch der Heide kann in seinem Glauben ein guter und treuer Mensch sein.« Wie er da mit dem Schwert auf seinen Knien saß und sich zu den Worten Abdullahs zustimmend verbeugte (denn so entspricht es der türkischen Höflichkeit in den Städten) war der Nejumy eine heldische Erscheinung. (...) Dann kreiste die Kaffeetasse unter den Soldaten, und nach und nach wurde man sich darüber einig, daß die Christen sich überall frei bewegen dürften, nur die Harameyn, die zwei heiligen Städte, seien ihnen verboten. (...) Ich wurde bald müde, und Abdullah gab mir einen Sklaven mit, der mir auf dem Weg zu meiner Unterkunft leuchten sollte. Als ich hinter mir ein Geräusch hörte, blickte ich mich um und sah, wie der barfüßige Neger mit gezogenem Schwert auf der Straße hinter mir hertanzte.

Beim Morgenkaffee teilte mir Abdullah mit, daß ich mich in der Stadt ungehindert umsehen dürfe; dann fragte der schwarze Heuchler, ob ich auch gut geruht hätte. Gegen Abend lud er mich ein, im Hause eines ›guten‹ Mannes Kaffee zu trinken. So brachten uns einige seiner Soldaten mit Fackeln zu einem gewissen Ibrahim el-Kady. Während wir in seiner Suffa saßen, kamen nach und nach viele der angesehenen Persönlichkeiten der Stadt. Ibrahim setzte uns seine besten Datteln vor, fachte das Feuer an und bereitete den Kaffee; dem Dorfgouverneur gab er sein Kopftuch, gefüllt mit grünem Tabak. Dann öffnete Abdullah seinen Negermund und erzählte ihnen, wie ich plötzlich in Kheybar aufgetaucht sei, ein Fremder, wie man ihn im ganzen Leben hier noch nicht gesehen habe. »Wer sind diese Nasara?« fuhr er fort. »Hört alle her! Sie sind ein mächtiges Volk. Wurden nicht zwei oder drei Nasara vor einigen Jahren in Jidda ermordet? Und was geschah? Große Kriegsschiffe ihres Volkes kamen und bombardierten die Stadt, aber ihr Leute aus Kheybar wißt ja gar nicht, was ein Schiff ist! Ein Schiff ist fast so groß wie der Husn (ihre alte Akropolis). Sie schossen auf uns mit ihrer Artillerie, und wir in der Festung schossen zurück. Aber ach, was wurde da aus der Festung? Oder glaubt ihr etwa, daß auch nur einer in der Stadt geblieben wäre? Nein, alle flohen, und hätte der Herr nicht jene Gefahr abgewendet, wir wären wehrlos gewesen. Und was waren das für Leute, die gegen Jidda kämpften? Ich sage euch, das waren die Engländer, die Landsleute dieses Khalil. Ja, bei Allah, *jababara*, die Engländer sind gewalttätig!

Wollt ihr noch eine Geschichte hören? – In der Stadt es-Sham gab es einen Aufruhr, bei dem viele Christen ums Leben kamen. Selbst die Jüngsten von euch könnten davon gehört haben, wenn ihr in Kheybar überhaupt irgendwelche Neuigkeiten mitbekämt. Nun sperrt alle die Ohren auf! Ich möchte, daß jeder von euch weiß, was ich für mich selbst zu fürchten habe und warum ich gut daran tue, diesen Khalil in Obhut zu nehmen. (Der türkische Leutnant in Kheybar bat also bei seiner schwarzen Zuhörerschaft um Verständnis dafür, daß er mich gestern nicht umgebracht hatte!) Ich sage euch, ihr Herren, daß die Nasara mächtige Völker sind; ob es richtig war, die Christen in Damaskus umzubringen, darüber brauchen wir uns hier nicht den Kopf zu zerbrechen. Der Pascha von es-Sham – denkt daran – ist ein Pascha über viele Paschas und Herrscher über eine große Provinz, und es-Sham ist eine so große Stadt, daß Medina dagegen ein

Dorf genannt werden könnte. Er ist aber zugleich *mushir,* Feldmarschall des Sultans in Syrien, und, wie ihr wissen müßt, bei all seiner Macht dem Befehl des Sultans unterstellt! Ich sage euch, seine Arme waren auf dem Rücken gefesselt, und er wurde vor allem Volk wie ein gemeiner Verbrecher abgeführt. Und wie der Sultan es in seinem Firman befohlen hatte – ihr wißt, daß der Firman, den ein Sultan des Islam erläßt, unbedingt befolgt werden muß –, wurde ihm der Kopf abgeschlagen! Und so wie er mußten noch viele leiden, die für die Ermordung der Nasara verantwortlich waren, und vergeßt nicht, daß sie doch alle Moslems waren! Ja, meine Freunde, wir alle müssen uns vom Verstand lenken lassen, aber was wißt ihr schon von der Welt! (...) Jetzt habt ihr gehört, welchen Einfluß die Nasara auf den Sultan haben und welche Gefahr mir droht! Ich könnte euch noch mehr von diesen Engländern erzählen: Sogar einige der Schiffe des Sultans werden von ihnen befehligt. Hat denn keiner von euch etwas von dem großen Kriegsschiff aus Stambul gehört, das mit der Löhnung für die Armee an Bord an der Küste dort unterging? Nun, der Kommandant war ein Engländer, ein Mann mit einem schrecklichen Gesicht und einem so gewaltigen Schnurrbart, daß man ihm die Enden hätte um die Ohren schlingen können. Ich habe ihn gesehen, und bei Allah, unter euch ist keiner, der sich nicht gefürchtet hätte, ihm in die Augen zu blikken. Er war wieder einmal betrunken – ihr wißt ja, wie sie sind; sie trinken das ›Vergorene‹, das den Moslems verboten ist. Als er nach Einbruch der Nacht betrunken dasaß, sandte die Wache ihm Nachricht: ›*Master kobtan,* Herr Kapitän, wir hören Brecher, das Schiff läuft auf, gebt doch Befehl, das Steuer herumzuwerfen!‹ Er antwortete ihnen: ›Allah verdamme euch alle! Bleibt auf Kurs!‹ Kurz danach kamen sie wieder zu ihm gelaufen und sagten: ›Herr, wir sind jetzt zwischen den Riffen!‹ Und er: ›Welche Riffe? Ich sage euch, fahrt zu, meinetwegen zur Hölle!‹ – denn er hatte seinen Verstand verloren. Das große Schiff lief auf die Felsen und versank, von den Wellen zerschmettert, in der furchtbaren Dunkelheit. Achthundert Menschen ertranken und mit ihnen der Kobtan; die Geldkisten wurden später von Tauchern vom Meeresgrund geholt.

Und jetzt will ich euch noch sagen, was ein Konsul dieser Leute ist: Ein Konsul ist ein Vertreter ihres Volkes in allen großen Städten, aber daß ihr's wißt, nicht in den Harameyn, die nur von Moslems betreten werden dürfen. Nun, wenn ich einem Mann den Kopf abschlage und unter die Fahne eines Konsuls laufe, kann mich dort keiner mehr fassen. Und warum? Weil ich unter seinem Schutz stehe. Diese Macht – müßt ihr wissen – haben sie nicht aus sich heraus, sondern durch einen Firman des Sultans. Soll ich euch erzählen, was ich selbst bei einem Besuch eines Konsuls in Jidda erlebt habe? Es war der Konsul der Engländer und damit also auch der Konsul dieses Khalil. Wenn Khalil dorthin ginge und sich in Not befände, würde dieser Konsul ihn heimsenden – und das wäre eine zwölfmonatige Landreise, nicht wahr, Khalil? Eines Winters waren wir in Mekka stationiert, und ich sollte fünfhundert Sack Reis für die Soldaten kaufen. Ich begab mich in Begleitung eines Mannes, den einige hier kennen, nach Jidda; als wir im Regierungshaus saßen, hörten wir, daß der *Konsul el-Engleys* vor der Tür sei und mit dem Pascha sprechen wolle. Der Pascha gab uns ein Zeichen, daß wir bei seinem Eintreten nicht aufstehen sollten, und wißt ihr warum? Weil der Konsul ein Christ war! Der Konsul wurde hereingeführt, und wir blieben sitzen. Wir sprachen miteinander; jener Konsul sprach sehr gut Arabisch – besser als Khalil. Als er hörte, daß wir im Auftrag der Regierung hier seien und fremd in Jidda, lud er uns in sein Haus ein; das heißt bei ihnen *el-Konsulato.* Am nächsten Tag machten wir dort unseren Besuch – war das ein großes Haus! Man brachte uns von einem Raum zum anderen. Beim Leben Allahs! Durch fünf Türen mußten wir, bevor wir beim Konsul waren – fünf Türen!« – »Es scheint mir, daß der Mann große Angst um sein Leben hat«, lachte Nejumy, »hätte nicht eine Tür ausgereicht?« – »Ich möchte doch, daß ihr die Pracht jenes Nasrany versteht; was meint ihr, woraus sein Kaffeegeschirr bestand! Glaubt mir, ihr Herren, aus reinem Silber! Sein Kaffeetablett war eine kostbare Platte von einer Elle Länge! Begreift ihr jetzt? Wie muß es dann erst bei ihrer Regierung aussehen! Ihr Reichtum ist nahezu unermeßlich!« Abdullah schüttelte seinen schwarzen Kopf. En-Nejumy: »Die Nasara müssen wirklich *guwiyin,* ein starkes Volk sein, so viel ist sicher. Und du sagst, daß sie niemandem etwas tun, wenn sie nicht zuvor beleidigt werden? Auch sind die Engländer Freunde des Sultans, und Khalil ist Engländer: Stimmt das, Scheich Khalil?« Abdullah: »Die Diener jenes Konsuls sahen stattlicher aus als die des Paschas! Bei Allah, die Silberknäufe auf ihren Stöcken waren größer als die Knäufe auf dem Stock des Paschas selbst – des Paschas von Mekka!«

Abdullah, obwohl durch keine Schule gegangen, redete mit der volkstümlichen Überzeugungskraft der türkischen Beamten, hinter deren freundlichen Worten stets der unnachsichtige Einsatz des Schwertes lauert. Die Araber und Türken, deren Bücher die Gesichter der Menschen und ihre lebendige Menschenkenntnis sind und die ihre Erklärungen aus der Alltagsweisheit und tausend alten Sprichwörtern ihrer orientalischen Welt schöpfen, rühren an die Wahrheit der menschlichen Dinge. (...) Abdullah, die Soldaten aus Medina und die schwarze Einwohnerschaft Kheybars sprachen das Arabisch Medinas; ihre abgedroschene Stadtsprache ähnelt dem Syrischen, ist aber voller und abgerundeter mit einigen ursprünglichen arabischen Wörtern. (...)

Ich war also der Gefangene Abdullahs und mußte morgens und abends vor ihm erscheinen. (...) Der Nejumy, der in der Stadt Amm Mohammed genannt wurde (ein weißer Mann ist stets ›Onkel‹ der Schwarzen) hatte mich nicht vergessen; eines Nachmittags hörte ich seine freundliche Stimme auf der Treppe: »Scheich Khalil, Scheich Khalil, komm, ich möchte dich sehen!« Er brachte mich zu seinem Haus, das in der nächsten Straße am Ende eines dunklen Durchgangs lag, und wir stiegen zu seiner Suffa hinauf, einem kahlen und einfachen Raum, belichtet durch zwei schmale Luken hoch in der Lehmmauer und eine Öffnung im Dach. »Nimm Platz, Scheich Khalil, dies ist mein ärmliches Heim. Hier leben wir wie die Beduinen, aber dem Herrn sei Dank, ohne alle Sorgen und reichlich mit allem Notwendigen versehen.« Amm Mohammed war Händler. Er hatte eine Bishr-Frau geheiratet, und sie bereitete uns ein ausgezeichnetes Mahl aus feuchten runden Kuchen, *gors,* die in Butter und wilden Honig getaucht waren. »Diesen Honig bekomme ich«, sagte Mohammed, »von den Beduinen, mit denen ich Handel treibe; ich habe Freunde unter ihnen, die ihn mir aus den Bergen mitbringen.« Fette und süße Speisen sind in ihren Augen Allheilmittel. (. . .) Als wir gegessen hatten, sagte der gute Mann: »Wir sind nun Brüder, und wenn du einmal hungrig bist, Scheich Khalil, komm hierher zum Essen; dieses Haus sei von nun an auch das deine. Öffne die Tür, komm nach oben und, wenn ich nicht da bin, sage der Frau, du möchtest Datteln oder ein Stück Brot, und sie wird dir das Essen bereiten.« Er erzählte mir, daß die Neger des Dorfes mich zuerst für einen Soldaten der Dowla gehalten hätten, aber er habe ihnen das ausgeredet und gesagt, wenn der Fremde ein Soldat sei, dann wäre er bei Siruan oder vor seinem eigenen Hause abgestiegen. Am nächsten Tag sei ein panischer Schrecken unter der schwarzen Bevölkerung ausgebrochen, daß der Fremde ein *sahar,* ein Zauberer, sein könnte und daß er gekommen sei, um ihr Dorf zu verhexen. Und die Frauen sagten: »Seht doch, wie rot er ist!« Amm Mohammed fuhr fort: »Heute ist ein Feiertag *(Ayd eth-Thahia),* laß uns ein paar Bekannte besuchen!« Wir gingen nun von Haus zu Haus zu seinen Freunden, aber trotz des hohen Feiertags hatte keiner von ihnen geschlachtet; die Leute von Kheybar sind als Geizhälse bekannt. In jedem Haushalt, den wir besuchten, wurde uns jedoch ein Essen aus runden, in Butter getunkten Brotfladen vorgesetzt. »Ich warne dich, Scheich Khalil«, sagte mein Freund, »das müssen wir noch zwanzig Mal essen, bevor es Abend wird.« (. . .)

Eines Vormittags machten wir einen Ausflug zum dritten Weiler von Kheybar, el-Asmieh oder Jeriat el-Fejir. Nach einer guten Meile kamen wir im Wadi Zeydieh, wo die Sandsteinfelsen sich am Fuß eines niedrigen Hügels aus der Talsohle erheben, an einem einsam gelegenen alten Gebäude vorbei, das ihren frommen Gemütern heilig ist und dessen Mauern aus rohen Steinen gefügt sind. Der Name dieses Gemäuers ist *Kasr en-Neby,* Haus des Propheten. Man erzählt, daß Mohammed bei seiner Rückkehr aus Damaskus hier sein Kamel angehalten habe und es niederknien ließ. Da ihn aber Mückenschwärme belästigten, ritt er weiter, um in Umm Kida zu übernachten. Dort aber, wo sein Dromedar gerastet habe, sei die Quelle entsprungen, aus der heute noch Trinkwasser kommt. Das alte arabische Gebäude besteht nur aus einem ebenerdigen Raum mit einer Tür und einem Fenster. Erhalten wird es durch die Frömmigkeit der Einwohner von Kheybar, die herausbröckelnde Steine erneuern und das Dach von Zeit zu Zeit mit frischen Palmstämmen ausbessern. (. . .)

Mit einem Dromedarreiter stieg ich eines Tages zum Husn auf. Dieser Burgfelsen aus Basalt ragt einsam mitten aus dem Wadi Zeydieh, an dessen südlichem Rand das Lehmdorf der Bishr liegt. Die Länge der von einer Mauer umgebenen Plattform beträgt zweihundert, die Breite neunzig Schritte; der Boden besteht aus einer tiefen Erdschicht, die zum Teil von den alten zerfallenen Lehmgebäuden stammen mag und den unebenen Felsgrund bedeckt. Als Siruan dort grub, um die alte Mauer auszubessern, sie mit einer Brustwehr aus Lehm zu befestigen und um einen Unterstand für die Soldaten

El-Husn mit ›Pyramidenbrunnen‹ (nach Doughty)

zu bauen, fand er Tonscherben, Glassplitter, Eierschalen, Dattelkerne und Pferdemist. Seltsam an die Seite des Husn gelehnt, sieht man vom Talgrund oberhalb des Dorfes die Zwillingsköpfe zweier alter Lehmpyramiden, deren Fundamente mit behauenen Steinen ohne Mörtel eingefaßt sind. Die Pyramiden selbst bestehen aus Lehmziegeln und umschließen einen alten gedeckten Brunnen, so daß es in Zeiten allgemeiner Gefahr der Bevölkerung auf der Akropolis nicht an Wasser fehlt. (. . .)

In der dritten Woche meiner Gefangenschaft in Kheybar schrieb Abdullah, der das Herz eines Sklaven hatte, an den Pascha von Medina. Da der Dorfgouverneur Analphabet war, mußte der schwarze Scheich Salih den Brief nach seinem Diktat zu Papier bringen: »Eines Tages im letzten Monat, als die Tore Kheybars am Morgen geöffnet wurden, fanden wir einen Fremden vor, der, ohne zu warten, die Stadt betreten hatte. Er erzählte uns, daß ein Beduine, mit dem er nachts angekommen sei, ihn hier zurückgelassen habe. Als wir ihn fragten, wer er sei, antwortete er ›ein Engleysy‹ und er gab zu, ein Nasrany zu sein. Da ich nicht wußte, was ich von der Sache halten sollte, habe ich den Fremden festgesetzt und sein Gepäck beschlagnahmt, in dem wir einige Bücher und einen Brief von Ibn Rashid fanden. Wir verbleiben also die gehorsamen Diener Eurer Hoheit und erwarten in Demut Eure Befehle.« – Der Brief wurde versiegelt und abgesandt. (. . .) Diese Tage schienen mich dem Tod näher zu bringen als dem Leben, und der Gauner Abdullah machte keinerlei Anstalten, mir das Leben zu erleichtern. Die Regierungsgeschäfte des Dorfes wurden über vielen Kaffees getätigt, und wenn Salih nicht rechtzeitig eintraf, sandte Abdullah in herrischem Ton nach ihm. Der unglückliche Scheich mit seinem verkürzten Bein kam dann hastig herbeigehumpelt, und das Aufschlagen seines Krückstockes war in der ganzen Straße zu hören, während die Ratsversammlung schweigend dasaß und die Wut in Abdullahs schwarzem Gesicht kochte. (...) Der Dorfscheich fand kaum Zeit, sich um seine eigenen Angelegenheiten zu kümmern, und für alle seine Mühen bekam er jährlich von der Regierung in Medina als Spottlohn einen scharlachroten Mantel; sein Los jedoch war mit dem der Dowla verquickt, die er willkommen geheißen hatte, und er würde alles verlieren, vielleicht sogar seinen Kopf, wenn Ibn Rashid zurückkehrte. (...)

Mein Leben in Kheybar war eine Folge vieler schwerer Tage, in der ich die Rückkehr des Boten erwartete; die schwarze Bevölkerung betrachtete mich mittlerweile mit Zweifel und voll lauernder Blicke, denn der Pascha würde ja vielleicht Befehl senden, mich zu töten. Bösartig waren auch die ›türkischen‹ Blicke, die mir der Gauner Abdullah zuwarf; seine räuberischen Gedanken wurden offenbar hin und her gerissen zwischen seinem blutrünstigen Fanatismus und der bedrohlichen Erinnerung an Jidda und Damaskus; und der vertierte Sirur war sein Ratgeber. Die Gallas zeigen oft erbitterten Haß, wenn das Wort Nasrany fällt – vielleicht weil ihre Grenzstämme sich in dauerndem Kriegszustand mit den abessinischen Christen befinden. (...)

Dakhil, der Bote, hätte schon längst von Medina zurück sein müssen. Siruan und Amm Mohammed hielten es für ein schlechtes Vorzeichen, daß er noch nicht heimgekehrt war, und ich erinnerte mich an die fanatischen Worte des türkischen Emirs der Haj in el-Hejr. Mein Leben lag nun in der Hand solcher Männer, in einem Teil der Welt, wo das Schicksal eines europäischen Reisenden sich den Nachforschungen seiner Freunde für immer entzieht. Amm Mohammed sagte mir, meine Angelegenheit würde vom Pascha in der Ratsversammlung verhandelt; dieser Rat käme zweimal in der Woche zusammen, und weise Männer und gesetzte Bürger wären meine Richter.

Von Nejumy und von Aman hörte ich auch die seltsame Geschichte, daß im letzten Jahr ein Christ nach Medina gekommen sei. Als die Leute ihn fragten: »Wer seid ihr, Herr?« antwortete er: »Ich bin ein Nasrany.« – »Und was tust du dann im heiligen Medina, der Stadt des Propheten?« – »Wie! Ihr sagt, daß dies die Stadt el-Medina ist? Ich wollte nach Kheybar! Bin ich denn hier nicht in Kheybar?« – »Oho! Er wollte nach Kheybar! Was für ein Kheybar? Wo ist dieses Kheybar? *Ushud,* bekenne! Sage: Allah ist der einzige Gott und Mohammed ist sein Prophet, oder diese Leute hier werden dich töten!« – »Das werde ich nicht nachsprechen, denn ich bin ein Nasrany!« – »Laßt den Mann in Ruhe«, riefen einige, »und bringt ihn ohne Gewalt zum Pascha! Alles soll nach dem Gesetz geschehen und nicht durch die Wut des Volkes, obwohl er den Tod verdient hat!«

Der Jünger Jesu wurde in Mohammeds Stadt ins Gefängnis geworfen, aber der ›Scheich des Islam‹ ging zum Pascha und legte für das Leben des fremden Christen Fürsprache ein; der Gouverneur möge an Jidda und Damaskus denken. »Wenn diesem Mann irgend etwas zustößt«, sagte er, »könnte ein Firman aus Stambul kommen, der uns alle den Kopf kostet.« Der Pascha dachte ebenso und gab Befehl, daß eine Bedekkung von Asaker (Soldaten) den Nasrany zur Hafenstadt Yanba, sechs Tagesmärsche von Medina entfernt, bringen solle.

Moschee von Medina (nach Niebuhr)

Der Christ wurde durch die Stadt geleitet und ließ mit seiner Bedeckung die Tore von Medina hinter sich. Als sie jedoch an eine einsame Stelle in der Wüste kamen, schrie ihn einer der rohen Soldaten an: »Du Nasrany-Hund! Bekenne den Glauben des Islam und wage es nicht, nein zu sagen. Bekenne, Verfluchter, oder bei Allah ...!« Und der Kerl richtete seine Muskete auf den Christen. Dieser erwiderte: »Ihr habt den Befehl des Paschas gehört, meine Freunde. Ihr sollt mich in Frieden nach Yanba bringen.« – »Dann stirb, Kafir! Wem schulde ich Gehorsam? Du sollst wissen, daß ich meinem Gott gehorche, wenn ich dich töte. Ushud, bekenne, und ich werde dir das Leben schenken!« – »Ihr habt eure Religion, und ich habe die meine, ihr dient Gott und ich diene ihm. Lebt ihr nach eurer Religion und laßt mir die meine!« – »Und was wäre das für eine Religion? Du Jude! Du hast keine Religion!« – »Freunde«, sagte der Christ, »laßt uns gehen und sagt diesem Mann, er soll seine Schmähungen lassen.« Dieser jedoch: »Nicht einen Schritt! Du Hund, sprich das Bekenntnis der Moslems, oder dies ist der Ort, an dem du stirbst, du falschgläubiger Nasrany!« Mit diesen Worten setzte der Soldat dem Christen seine Muskete auf die Brust. »Bekenne, du Jude, du Hund, du Heide, du Teufel!« Und als der Fremde nicht antwortete, drückte er ab und tötete ihn.

Als der Pascha davon hörte, ließ er den Soldaten ins Gefängnis werfen, und dort, so erzählten Aman und Amm Mohammed, sitze der Askar noch immer, denn die Antwort auf den Brief, den der Pascha nach Stambul geschrieben habe, sei noch nicht eingetroffen. Bis zur Stunde wisse der Mörder nicht, ob es dem Sultan gefalle, ihn zu entlassen, oder aber, ihn mit dem Tode zu bestrafen. Und dies, so sagten sie, sei es, was Abdullah zurückhalte und ihn zaudern lasse. Er werde es nicht wagen, etwas gegen mich zu unternehmen, da er fürchten müsse, für mein Leben zur Rechenschaft gezogen zu werden. (...)

Mohammed erzählte mir, daß er in Medina einmal einen Fremden getroffen habe, der auf die Frage, wer er sei, antwortete: »›Ein Nasrany.‹ – ›Schweig lieber darüber und sei vorsichtiger; ich werde dich nicht verraten, und nun – Gott sei mit dir!‹ Denn was ging es mich an, ob er ein Christ war? Was ein Mann ist, muß er mit sich und seinem Gott ausmachen!« Ein anderes Mal hatte Amm Mohammed einen (nach seiner eigenen Angabe) christlichen Mönch, einen *rahab,* in seinem Habit in der Stadt des Apostels gesehen. Dieser Rahab sagte, er sei von Jerusalem heruntergekommen, um am Schrein des Propheten Mohammed zu beten. »Soweit ich weiß«, fügte der Nejumy hinzu, »hat unser Herr Mohammed, als er in der Wüste einige dort lebende Rahabs fand, die sich kasteiten, beteten und Gott anriefen, angeordnet, daß niemand sie behelligen dürfe.« (...)

Das Ausbleiben des Boten, den Abdullah nach Medina gesandt hatte, war wie eine Wolke, die in der Dunkelheit Kheybars drohend über mir hing. Eines Morgens saß Mohammed schweigend mit mir in seiner Suffa. (...) Schließlich sagte er: »Sieh, Khalil, wenn vom Pascha eine schlechte Nachricht kommt, werde ich dich von Abdullah freikaufen – zu einem Preis, bei Allah, zu dem ein Mann sonst einen Sklaven kaufen kann;

ich werde ihm meine Stute geben; sie ist sechzig Reals wert, und Abdullah hat ein Auge auf sie geworfen. Er ist ein *melaun*, ein Verfluchter, Khalil! Dann werde ich dir einige Beduinen mit auf den Weg geben, denen ich vertrauen kann, und du sollst frei deiner Wege ziehen.« – »Ich mag den Verbrecherblick dieses Abdullah nicht.« – »Heute noch gehe ich zu ihm; dann weiß ich, was er im Sinn hat, denn er wird nichts vor mir verheimlichen. Und Khalil, wenn ich sehe, daß dir unmittelbar Gefahr droht, werde ich dich heimlich zu einem versteckten Ort in der Harra bringen, wo niemand dich findet; ich lasse dir einen Wasserschlauch und Datteln da, so daß du dort einige Tage in Sicherheit bist, bis die Entscheidung aus Medina eintrifft. Dann werde ich nach dir senden oder selbst zu dir kommen.«

Der Tag schleppte sich langsam dahin. Nach dem Abendbrot stand der gute Mann auf, nahm sein Schwert und seinen Mantel und ließ mich in der oberen Kammer zurück, um ›dem Melaun den Puls zu fühlen‹; er blieb eine Stunde fort. Als er zurückkam, wirkte er in seiner freundlichen Würde sehr entschlossen, und er setzte sich nieder wie nach einer Schlacht. Dann berichtete er mir: »Khalil, im Augenblick besteht keine Gefahr. Und Abdullah hat etwas gesagt, was gut für dich ist: ›Es scheint, als fürchte Khalil Allah nicht; er mißtraut mir, obwohl ich doch schon gesagt habe, daß ich Khalil auf einem Kamel fortreiten lasse, auch wenn der Pascha befiehlt, Khalil den Kopf abzuschlagen. Dann werden wir mit dem Zeugnis aller Leute in Kheybar besiegeln, daß Kahlil aus dem Gefängnis ausgebrochen und entkommen ist. Sage Khalil, ich habe es-Sham und Jidda nicht vergessen, und, bei Allah, bei meinem Leben, ich fürchte keinen Pascha, der gestern gekommen ist und schon morgen wieder von Stambul zurückgerufen werden kann!‹«

In der Nacht kehrte dann der langersehnte Bote zurück, und am nächsten Morgen wurde ich zu Abdullah befohlen, der Scheich Salih bat, mir den Brief des Gouverneurs von Medina vorzulesen. Er hatte jedoch nur kurz geschrieben: »Schickt mir alle Bücher des Fremden und den Brief, den er von Ibn Rashid mitgebracht hat.« So mußte ich denn meine Bücher, aber auch sämtliche losen Aufzeichnungen herausgeben, damit der Order des Paschas Genüge geschah; als ich bat, wenigstens meine Niederschriften behalten zu dürfen, schimpfte Abdullah mich in plötzlicher, rasender Wut einen verfluchten Engländer, dem er schon bei der ersten Begegnung das Hirn hätte aus dem Schädel schießen sollen, und war nahe daran, sich auf mich zu stürzen. (...)

Als wir nach Hause kamen, meinte Amm Mohammed: »Abdullah ist wirklich ein Schurke. Wären wir nicht bei dir gewesen, du wärest ihm heute nicht entgangen. Hier hast du Papier, eine Feder und Tinte; Abdullah wollte nicht, daß du dem Pascha schreibst. Faß auf der Stelle noch einen Brief ab – ich werde ihn morgen Dakhil mitgeben, der mir diese Bitte nicht abschlagen wird. Sieh jedoch beim Schreiben zu, daß du den Pascha in den höchsten Lobestönen preist.« – »Ich werde mich schlicht und einfach fassen, wie es meinem Gewissen entspricht.« – »Dann bist du ein Narr – ein Gewissen, das dich in der Gefahr schlecht berät, taugt nichts. (...) Ich empfehle dir, ihn zu preisen, denn das müssen auch wir tun, wenn wir irgend etwas erreichen wollen – das

Mitleid ist dann größer.« Ich schrieb mit meinem Bleistift, und zwar in Englisch, denn Mohammed sagte mir, daß es Dolmetscher in Medina gebe. Ich berichtete, daß ich mit der Haj von Syrien gekommen sei, um Medain Salih zu besuchen, von meinem Leben mit den Beduinen und daß ich nach einem Jahr nach Hayil gezogen sei, von wo aus mich Ibn Rashid auf meinen Wunsch hin hierher gesandt habe. Ich beschwerte mich beim Pascha, daß man mich zu Unrecht in Kheybar festhalte, obwohl ich einen Paß eines Waly von Syrien besitze. Einige Beduinen der Dowla, denen ich bekannt sei, hätten die Wahrheit all meiner Aussagen außerdem bezeugt. Daher forderte ich, meine Reise fortsetzen zu dürfen, und bat um verläßliche Personen zu meinem Begleitschutz. (...)

Während meines Zwangsaufenthaltes erzählte mir Mohammed aus seinem Leben. Als Teilnehmer an den Bashy-Bazuk-Expeditionen, Strafexpeditionen im Auftrag der Hohen Pforte, war er im Westen bis Yanba gekommen; im Nejd war er mit türkischen Truppen bis nach er-Riad, der Hauptstadt der Wahabiten, geritten. Es ging dabei um einen Streit des Sherifen von Mekka mit Ibn Saud; fünfzehn Tage lang hatten sie ihre Zelte vor der Stadt aufgeschlagen, und wenn Ibn Saud ihren Forderungen nicht nachgekommen wäre, hätten sie ihn belagert. Die Armee marschierte mit Kanonen und Versorgungskamelen über die Khala; Wasser für Mensch und Vieh fand man ausreichend in den Brunnen der Beduinen. Die arabischen Wüsten können von Truppen durchquert werden, die stark genug sind, den Widerstand der heißblütigen, aber unkriegerischen Bewohner zu brechen; es müssen jedoch Soldaten sein, die Entbehrungen ertragen können und in der Lage sind, nur vom Notwendigsten zu leben. Die Herrscher von Ägypten führten zwanzig Jahre lang Krieg in Arabien, mußten sich aber schließlich zurückziehen, weil die Kosten den Besitz eines so armen Landes weit überstiegen. Die römische Armee unter Aelius Gallus, die von Augustus ausgesandt wurde, um die phantastischen Reichtümer von Arabia felix an sich zu reißen, zählte elftausend Mann, Italiener und Verbündete. Ihr leidvoller Marsch durch die wasserlosen Einöden dauerte sechs Monate, wobei die Verbündeten, die Nabatäer von Petra, die Römer – wie diese argwöhnten – absichtlich in die Irre führten. Am Ende ihres langen Marsches überrannten sie Nejran; sechs Lager weiter trafen sie dann auf eine große Überzahl von ›Barbaren‹, die sich gegen sie an einem Felshang versammelt hatten. In der Schlacht fielen mehrere tausend Araber, die Römer und ihre Verbündeten verloren dagegen nur zwei Soldaten! Die Araber kämpften wie Männer, die es nicht gewohnt sind, mit Waffen umzugehen, mit Schlingen, Schwertern, Lanzen und zweischneidigen Beilen. An ihrem weitesten Punkt waren die Römer nur noch zwei Tagesmärsche vom Weihrauchland entfernt. Bei der Rückkehr führte der General seine geschwächte Armee in weniger als sechzig Märschen zum Hafen von el-Hejr; viele Männer kamen auf dem langen und schrecklichen Weg durch die Wüste kläglich um, nur sieben Römer aber waren in der Schlacht gefallen! (...) Von den Erzählungen fabelnder Araber geblendet, hatten die Europäer zu allen Zeiten übertriebene Vorstellungen von diesem unbekannten Land voller Gefahren, und jene Römer konnten sich die Schrecken der arabischen Wüste, die sie nur mit Wasservorräten auf Kamelrücken durchziehen konnten, allein mit einer Arglist ihrer nabatäischen Führer erklären. Das Urteil des römischen Generals über die Einwohner: »Ein unkriegerisches Volk, die Hälfte von ihnen lebt durch Handel, die andere Hälfte durch Raub.« (Und so ist es heute noch.) Die Araber der Antike trugen eine Kappe und ließen ihre Locken in voller Länge wachsen; die meisten von ihnen hatten einen Schnurrbart, andere waren vollbärtig. »Die Nomaden, die in Zelten aus Haartuch wohnen, sind Grenzbewohner, mit denen es stets Schwierigkeiten gibt«, sagt Plinius, und bis heute hat sich nicht viel daran geändert. Strabo, der alles so niederschrieb, wie er es aus dem Munde des Präfekten von Ägypten, Gallus, seines Freundes, hörte, beschrieb die arabische Wüste in schlichter, unübertrefflicher Weise: »Es handelt sich um eine Sandwüste mit nur wenigen Palmen und Wasserstellen; die Tamariske und die Akazie wachsen dort. Die umherziehenden Araber wohnen in Zelten; sie sind Kamelhirten.« (. . .)

Die wenigen Wochen des Winters waren der fruchtbringenden, kraftspendenden Frühlingswärme gewichen, in der alles Leben sich erneuert. Der *hamim,* die heiße Zeit von März bis April, stand bevor, und meine Lebenskraft, von dem Nejumy schon jetzt mit einem flackernden Lampendocht verglichen, mochte dann hier in Kheybar ganz erlöschen. Schon zwei Monate hatte ich die dunkle Gefangenschaft unter Abdullah ertragen, und von der zunehmenden Sichel des dritten Mondes hoffte ich zum Himmel, daß sie mich endlich in Freiheit sähe. Das grüne Herbstgetreide trug bereits goldene Ähren, und in zwanzig Tagen – wenn der Herr den Heuschrecken wehrte – würde man die Weizenernte einbringen können. (. . .)

Die Befreiung

Eines Morgens ließ mich Abdullah rufen; er saß im Haus unseres Nachbarn Hamdan beim Kaffee. »Dieser Brief hier ist für dich, vom Pascha selbst geschrieben«, sagte er und gab mir das Schreiben. Ich öffnete den Bogen, der auf unsere Art gefaltet war und sah, daß ich einen Brief des Paschas von Medina in den Händen hielt, in fehlerhaftem Französisch geschrieben. Er trug das Datum des christlichen Kalenders und war am Ende mit dem Namen Sabri unterzeichnet.

(Ad literam) Medina, den 11. Januar 1878

Durch die Benachrichtigung der örtlichen Behörden haben wir von Eurer Ankunft in Kheybar erfahren. In einem solchen Falle ist es unsere Pflicht, uns die Empfehlungsschreiben und die Papiere, die Eure Aufgaben betreffen, schicken zu lassen.

So sorgfältig wie möglich haben wir die Notizbücher, die losen Blätter und die Karten studiert und ihnen entnommen, daß es der Zweck Eurer Reise ist, die Karten zu berichtigen, die Verhältnisse des Staates kennenzulernen und die antiken Denkmäler Zentralarabiens aufzusuchen, um sie der Welt zur Kenntnis zu bringen.

Wir geben unserer Befriedigung Ausdruck, daß Ihr diese Forschungen durchführt, die der Allgemeinheit zum Nutzen gereichen und auch für Euch selbst von Vorteil sein werden. Ihr habt jedoch sicher schon erfahren, daß es unter der von Euch besuchten Bevölkerung viele wilde Beduinen gibt; trotz der Empfehlungsschreiben einiger hoher Persönlichkeiten halten wir Eure Reisen bei den besagten Beduinen für gefahrvoll. Deshalb fühlen wir uns verpflichtet, Euch die schnellstmögliche Rückkehr zum Scheich Ibn Rashid zu empfehlen, wodurch Ihr jeder Gefahr entgeht. Die Briefe, die wir von Euch erhalten haben, findet Ihr beiliegend mit einem Empfehlungsschreiben von uns an den besagten Scheich. Brecht in den nächsten Tagen zu Eurem Bestimmungsort auf.

SABRI

»Und wo ist nun das Geld, das mir gehört, die sechs Lira?« fragte ich Abdullah. Der schwarze Dorfgouverneur erschrak, verlor seine türkische Haltung und meinte mit grimmigem Gesicht: »Wir werden sehen.« Die sechs Ageyl, die auf Befehl des Paschas von Medina eigens hierher geritten waren, um mir meine Bücher zu bringen, behandelten mich mit Respekt. Sie brachten mir die Nachricht, daß der Pascha weitere fünfundzwanzig Ageyl in meiner Sache nach Hayil senden wolle. Der Anführer der sechs, ein Wahabite aus dem östlichen Nejd, war ein weitgereister Mann ohne Fanatismus; er erbot sich, mich zu begleiten, wohin ich wolle; er kenne alle Wege hier in diesen Gegenden und auch tief unten im arabischen Süden. (...)

Die schwarzen Einwohner nennen Kheybar in ihrem beißenden Humor *jezirat*, eine Insel: Es ist schwer, dorthin zu gelangen, und es ist nicht einfach, sie zu verlassen. Bis zum Frühling halten sich keine Nomaden in der weiten, den Ort rings einschließenden Harra auf; Kheybar liegt an keiner größeren Straße, und nur zur Dattelernte besuchen Beduinen ihre Wadis und Dörfer. Im ganzen vulkanischen Umland standen zu dieser Zeit nicht mehr als eine Handvoll Heteym-Zelte, die nächsten eine Tagereise entfernt. Aber keiner dieser furchtsamen und unterdrückten Nomaden konnte es um irgendeinen Preis in der Welt wagen, den Nasrany wieder nach Hayil zu bringen, so sehr fürchteten sie den Zorn Ibn Rashids. Ich gedachte nun, nach dem Harra-Dorf el-Hayat zu gehen, das zwischen dem Land Ibn Rashids und Medina liegt; dort mochte ich vielleicht eine Reisegelegenheit zum Jebel finden. Die Ageyl blieben noch einige Tage, doch Abdullah war es leid, sie zu bewirten. Ich gab dem Wahabiten einen Brief an den Pascha mit, den er unmittelbar nach seiner Rückkehr zur Stadt dort abliefern sollte und der meine Lage schilderte. (...)

Zwölf Tage, nachdem ich dem Pascha geschrieben hatte, kam, von einer Gruppe handeltreibender Nomaden übergeben, seine Antwort an Abdullah mit dem Befehl, er solle sich in seinem Verhalten gegenüber dem Engleysy vorsehen und mich ohne Verzögerung zu Ibn Rashid senden. Wenn sich keine Beduinen zu meiner Begleitung fänden, solle er mir einige der Ageyl mitgeben. Mein Eigentum habe er mir sofort auszuhändigen, und wenn irgend etwas fehle, müsse er Bericht erstatten. Der schwarze Dorfgouverneur bekam es nun mit der Angst zu tun; er lief im Dorf umher, um das, was er von den mir abgepreßten Liras bereits ausgegeben hatte, einzutreiben. (. . .)

Nach der Rückgabe meines Eigentums nahte nun auch der Tag meiner Befreiung aus Kheybar. (. . .) Amm Mohammed war ungehalten, als ich von ihm nicht mehr als zwei Handvoll Datteln annehmen wollte. Es blieb ihm jedoch bis zur Ernte selbst nur noch wenig, und im ganzen Dorf gab es keinen Scheffel Korn mehr. Ich teilte meine Arzneien mit dem guten Mann und kaufte ihm einen Mantel und einen neuen Gewehrkolben. Diese Geschenke mochten zusammen mit den Reals, die ich schon für Korn und Butter in seinem Hause bezahlt hatte, ausreichen, daß Amm Mohammed bei meiner Abreise nicht zum Dank für seine großherzige Güte, die er mir während meiner langen Gefangenschaft in Kheybar erwiesen hatte, ärmer als zuvor zurückblieb. Er sagte jedoch: »Nein, Khalil, laß mir die glückliche Erinnerung und nimmt sie mir nicht, indem du mich entlohnst! Nur eins wünsche ich mir von dir, daß du manchmal sagst: ›Der Herr gedenke seiner im Guten.‹« Bin ich nicht dein Vater, bist du nicht mein Sohn, sind wir nicht Brüder? Du selbst ziehst arm mitten durch ein Land, von dem du nichts als Feindschaft erfahren hast. Zudem würde Ahmed es nicht dulden; ja, was würde mein Bruder dazu sagen? Und die Leute von Kheybar würden darüber reden.« Als ich erwiderte, daß ich niemandem etwas sagen würde, gab er nach. Wenn ich auch sonst stets die arabische Gastfreundschaft soweit wie möglich nutzte, sündigte ich jetzt durch mein Handeln gegen die selbstlose Güte und menschliche Zuneigung, die in Amm Mohammed lebte und die wie der wächserne Film auf Sommerfrüchten durch eine einzige grobe Berührung zerstört wird. Als er meine Geschenke empfing, war es für ihn, als hätte ich damit all seine guten Taten ausgetilgt.

Das neue Jahr war nun schon bis Mitte März vorgerückt, und bald nach Sonnenaufgang wurde es in diesen Tagen warm. Mittags maß ich draußen im Schatten 78° Fahrenheit. Kheybar liegt nach meinen Messungen zweitausendachthundert Fuß hoch. Vergleicht man die Ernten an Korn und Datteln mit denen von Medina, wo alles ein paar Tage später reif wird, so dürfte die heilige Stadt ein wenig höher liegen. Medina ist von winddurchbrausten Bergen umgeben; die Winter sind dort kälter, und reiche Bürger stolzieren dann in Pelzmänteln umher, während in Kheybar ein armer Mann in seinem einfachen Hemd wohlbekleidet ist. Bei meiner Ankunft blieben die Wintertage noch von der späten Herbsthitze drückend warm, und die Nachtstunden waren bis zum Morgen schwül von der stehenden Luft. Nach Weihnachten wurden die Nächte kühler, dann kalt, und eine Woche lang sanken die Temperaturen – wie es uns schien – des Nachts empfindlich ab, doch herrschte kein Frost. (. . .)

Nun jedoch war die Zeit gekommen, wo die Palmen sich befruchten; die weichen, weiß blühenden Schößlinge der jungen Fruchttriebe, *tola,* waren in den Kronen der schönen Stämme aufgegangen. Die Täler Kheybars werden weder zum Hejaz noch zum Nejd gezählt, sie sind eine Art Zwischenland, wenn Kheybar selbst auch ein Hejaz-Dorf ist. Die Hochebenen der Harra gehören zum Nejd, die tiefergelegene Wüste des Wadi el-Humth jenseits der Hejjur-Berge wird von den Bishr *tehama,* heiße Ebene, genannt, nicht zu verwechseln mit der Tehama an der Küste des Roten Meeres. (...)

Zurück nach Hayil

Achtzehn Tage hatte die beschwerliche Reise bereits gedauert, dann ritt ich zum dritten Mal den ausgetretenen Weg nach Hayil, an dem sich (ungute Gefühle bei mir weckend) alle paar Stunden Gebetsplätze finden – kleine, mit Steinen auf dem Wüstensand markierte Felder, wo die Reisenden zur Gebetsstunde dem Gebot ihrer Religion nachkommen können. Auf halbem Wege trafen wir die ersten morgendlichen Wanderer aus Hayil; sie sahen mich mit den unversöhnlichen Augen ihrer fanatischen Religion an, und jeder einzelne wandte sich mit den gleichen harten Worten an meine Gefährten: »Warum bringt ihr ihn wieder hierher?« Ein alter Bekannter, Ambar, Aneybars Bruder, begegnete uns als nächster; inmitten einer Gruppe von Männern kam er auf seinem Esel geritten. Er wollte nach Gofar, wo er Land und Palmen besaß. Der edle, freie Galla war der erste, der uns mit wohlwollender Liebenswürdigkeit begrüßte – vielleicht war ich bei der fürstlichen Familie weniger in Ungnade als bei der fanatischen Bevölkerung. Bald sahen wir am Rand der Wüste die weiße Spitze des großen Schloßturmes auftauchen, und Merjan, einer meiner Begleiter, sagte: »Einige Leute glauben, daß die jüngeren Kinder von Telal dort drinnen leben. Sie sehen die Welt vom Turm aus, bleiben aber selbst unsichtbar.« Zu unserer Rechten lag die von Metaab in der Wüste angelegte Palmenpflanzung es-Sherafa, und wir ritten in die Stadt.

Es war um die Zeit des Nachmittagsgebetes, als wir nach Hayil kamen. Da der Emir abwesend war, lag das Geschäftsleben darnieder! Die meisten Läden waren geschlossen. Die lange Marktstraße lag still da, und die Stadt schien tot und ausgestorben. Ich sah den Renegaten Abdullah vor der Tür eines Ladens sitzen, dann bemerkte ich noch Ibrahim und ein paar andere Bekannte, zuletzt den Schulmeister. Dieser widerwärtige Kleingeist stand auf und rief mit heuchlerischen Gesten: »Nun denn, willkommen! Gesegnet sei der Herr! Khalil ist Moslem geworden!« (Denn sonst, so nahm er an, würde ich nicht die Tollkühnheit besitzen, die Stadt Ibn Rashids noch einmal zu betreten.) Am Ende der Straße begegnete ich Aneybar, der im menschenleeren Hayil als Stellvertreter des Emirs waltete; er kam vom Schloß und trug ein einschneidiges Schwert mit einem goldenen Heft in der Hand. Der wichtige Mann begrüßte mich freundlich und ging vorüber. Ich ritt weiter, um auf dem leeren Meshab, dem Schloßplatz, abzusteigen, der gewöhnlich von den kauernden Kamelen angereister Beduinen besetzt ist. In diesen Tagen jedoch, da Ibn Rashid auf einem Ghrazzu, einem Kriegszug, war, kamen keine

Beduinen in die Stadt. Etwa die Hälfte der männlichen Einwohner von Hayil befand sich mit Ibn Rashid im Feld, denn außer seinen Söldnern, den Rajajil, standen auch die Kaufleute aus den Suks im Dienste des Fürsten und mußten mit ihm reiten. Dieser Militärdienst schreckt viele Händler aus den Provinzen des östlichen Nejd ab, die andernfalls gerne ihr Glück in Hayil versuchen würden.

Einige mir übelwollende Bewohner des Schlosses liefen bei der Nachricht zusammen, daß der Nasrany zurückgekommen sei. Ich sah sie mit dem alten Kaffeediener am Tor des Turmes stehen, wobei sie riefen: »Heh, er ist es wirklich! Nun wird er, wenn es Allah gefällt, doch noch umgebracht werden!« – Während ich verblüfft verharrte, kam Aneybar zurück; er war nur wenige Schritte weitergegangen, um sich zu fassen. »Salaam aleyk!« – »Aleykum es-salaam«, erwiderte er, wobei er zwischen Wohlwollen und Erstaunen schwankte und seinen Kopf stolz zurückwarf; denn sie alle haben es gelernt, sich erhaben wie die Emire zu geben. Aneybar reichte mir mit huldvoller Herablassung die Rechte, es bestand zwischen uns noch der alte Friede von Brot und Salz. »Woher kommst du, Khalil? Und ihr zwei dort bei ihm, wer seid ihr? Nun geht zur Kaffeehalle – dort werden wir weiter sehen.« Aly el-Ayid, der aus seinem Haus getreten war, kam an uns vorbei und begrüßte mich herzlich. Als wir mit Aneybar dann in der großen Kahwa saßen, fragte er wieder: »Und ihr Beduinen bei ihm, wer seid ihr?« Eyad erwiderte feig und unterwürfig: »Wir sind Heteym.« – »Nein, ihr seid keine Heteym!« – »Sagt ihm beide, wer ihr seid und wer euch hierher gesandt hat!« redete ich sie an. Eyad: »Wir sind Ageyl aus Medina, und der Pascha hat uns nach Kheybar gesandt, um diesen Khalil mit einem Schreiben zu Ibn Rashid zu geleiten.« – »So, Ageyl seid ihr? Von welchem Stamm denn?« – »Wir müssen zugeben, wir sind Beduinen, wir sind Auajy.« Aneybar: »Und wo sind deine Briefe, Khalil?« Ich gab ihm einen Brief von Abdullah es-Siruan und den versiegelten Brief des Paschas. Aneybar, der des Lesens nicht kundig war, reichte sie seinem Sekretär, einem nüchternen und freundlichen Mann, der sie mir, als er die wenig schmeichelhafte Anrede ›An den Scheich Ibn Rashid‹ las, ungeöffnet zurückgab. Nun kam auch Muffarrij, der Hofmeister, herein, nahm mich freundlich bei der Hand, rief: *»Sum!«* (eine Kurzform von Bismillah, im Namen Gottes) und führte uns zur Mothif, zur Gästehalle. Dort wurde uns ein Mahl aus Ibn Rashids schimmeligen Tributdatteln und – als Zeichen ihrer Frühjahrsgastfreundschaft – eine Schüssel Kamelmilch vorgesetzt. Einer der Küchendiener zeigte mir eine alte Kupfermünze, die das Bild eines Adlers trug; sie stammte aus Hayil und war römischen Ursprungs.

Man wies uns die nämliche Unterkunft zu, in der ich schon bei meinem letzten Aufenthalt in Hayil gewohnt hatte; dann verließen mich meine Begleiter, um ihre Freunde in der Stadt zu besuchen. Bald versammelten sich Kinder an der Schwelle, um mich frech zu beschimpfen. Auch der kleine Prinz Abd el-Aziz, der verwaiste Sohn Metaabs, kam zu mir; in den verflossenen drei Monaten war er ein gutes Stück gewachsen. Wie sein Onkel stolzierte er jetzt mit einem hochmütigen, doch nicht verächtlichen Blick einher und ähnelte dabei auch dem Emir Mohammed. Der junge Prinz blieb vor mir stehen, betrachtete mich schweigend und schlug dann mit der Hand auf sein kleines Schwert, beleidigte jedoch den Fremden nicht. Schließlich fragte er: »Warum kommst du zurück, Nasrany Khalil?« – »Ich hoffte, es würde deinem Onkel gefallen, mein Liebling.« – »Oh nein, Khalil! Nein, Khalil! Der Emir sagt, daß du hier nicht bleiben darfst.« Dann sah ich Zeyd, den Torwächter, der meinen Ageyly Merjan bei der Hand genommen hatte; er erkundigte sich bei dem Burschen, der eine rachsüchtige Natur hatte, nach allem, was mir seit meiner Ankunft in Kheybar zugestoßen war; solche Fragen und Antworten konnten mir nur zum Nachteil gereichen. Dies war eine Gefahr, der ich unter den niedrig gesinnten Arabern nicht entgehen konnte.

Am Abend fanden wir Aneybar in der Kaffeehalle: »Khalil«, sagte er, »wir können dich nicht weiter geleiten, morgen mußt du abreisen!« – »Nun, dann schickt mich doch mit dem Brief aus Medina zum Emir nach Norden, wenn ich in Hayil nicht auf seine Rückkehr warten darf.« – »Du übernachtest heute hier, und morgen früh gehst du deiner Wege! (Er strich dabei seine ausgestreckten Handflächen gegeneinander.) Aber gib acht, daß du das Kaffeehaus nicht verläßt, Khalil! Die Leute haben dich heute bedroht; du hast doch gesehen, wie sie bei deiner Ankunft auf dich eindrangen!« – »Mich hat niemand bedrängt, und viele haben mich begrüßt!« – »Beim Leben Allahs! Ich kann es nicht dulden, daß du hier in Hayil bleibst, wo so viele nur darauf warten, dich zu töten, und ich dem Emir gegenüber die Verantwortung trage. Schlaf diese Nacht hier – wenn es Allah gefällt, ohne daß dir etwas zustößt – und reite weiter, wenn der Morgen dämmert!« Während wir noch miteinander sprachen, kam ein Bote vom Emir aus der nördlichen Wüste. »Wie geht es dem Emir?« rief Aneybar mit geheuchelter Herzlichkeit in der Stimme. »Wo hast du sein Lager verlassen?« Der Bote, ein ehrenwerter Mann mittleren Alters, begrüßte mich ohne religiöse Vorurteile; er gehörte zu den Fremden in Hayil, die aus den östlichen Provinzen kommen. Aneybar: »Hast du mich verstanden, Khalil?« Und er zählte mir an den Fingern die drei Strophen seiner Boshaftigkeit vor: »Morgen! Bei Tag! Abreisen!« – »Und wohin?« – »Dorthin, wo du herkommst, nach Kheybar. Oder bist du ein Anhänger des *din,* des rechten Glaubens?« – »Nein, das bin ich nicht!« – »Eben deshalb trachten dir die Araber nach dem Leben; hättest du den rechten Glauben, könntest du immer unter ihnen leben!« – »Dann sende mich morgen auf meine eigenen Kosten nach el-Kasim!«

Es mißfiel ihnen sehr, daß ich danach auf die Dowla zu sprechen kam. Aneybar erwiderte schroff: »Was heißt hier Dowla! Dies ist das Land der Nomaden und das Reich Ibn Rashids. Er will nach el-Kasim, aber wir haben jetzt keine Beduinen in der Stadt, die dich begleiten könnten. Wir selbst dürfen uns nicht in Kasim sehen lassen, Khalil.« Und er gab mir einen bezeichnenden Wink, wobei er sich mit dem Zeigefinger über seine schwarze Kehle fuhr. – »Versuche nicht, mich zu betrügen, Aneybar! Ist nicht eine Schwester des Emirs von Boreyda eine Frau von Mohammed Ibn Rashid, sind sie nicht eure Verbündeten?« – »Allah«, riefen einige von ihnen, »er weiß einfach alles!« Aneybar: »Nun gut, nun gut! Aber trotzdem geht es nicht, Khalil; was sagst du dazu, Sherif?« Der so Angeredete war ein alter Bettler-Edelmann mit grauen Augen, der etwa in der vierzigsten Generation von seinem Propheten abstammte und wie ein türkischer Städter gekleidet war. Seinen Wohnsitz hatte er in Medina, von wo er auch heute eingetroffen war. Er betrieb das abenteuerliche und einträgliche Geschäft der Heuchelei; drei oder vier Monate im Jahr wohnte er daheim, in der übrigen Zeit reiste er zu Land oder zu Wasser bis in die fernsten Länder der mohammedanischen Welt. Überall, wo er sich aufhielt, nahm er sich eine neue Nebenfrau, und stets verstand er es, einträglich zu prahlen, indem er seine großartigen Empfehlungsschreiben von Königen und Fürsten vorwies. Er gab sich so würdevoll, daß er in die besten Häuser geladen wurde, wie es einem gottesfürchtigen Scheich der heiligen Stadt und einem Nachfahren von Allahs Propheten zukommt. Zu guter Letzt nahm er dann ihre frommen Almosen in Empfang und kehrte in das erleuchtete Medina zurück. Selbst Buchara war für diesen heiligen Mann nur wie ein nahegelegener Landsitz, und das galt auch für alle anderen Städte des Ostens bis hin nach Kabul. Im islamischen Indien bettelte er lange genug, um die Sprache des Volkes zu erlernen. Im letzten Jahr war er in Stambul und kämpfte unter der (nicht) glorreichen Fahne des Propheten in Europa. Der Sultan des Islam hatte ihm seinen kaiserlichen Firman ausgestellt. Er zeigte mir das kunstvoll geschriebene Dokument mit der Paraphe des Kalifen, die sich über einen halben Faden höfischen Papiers erstreckte. Mit dieser riesigen Urkunde wollte er demnächst wieder eine Seereise nach Indien antreten.

Von Aneybar um seinen Rat gebeten, erwiderte dieser Hohlkopf: »*Wellah ya el-Mohafuth,* bei Allah, oh Beschützer, ich bin derselben Ansicht, es ist unmöglich. Was hat dieser Mann in el-Kasim zu schaffen? Was wandert er im ganzen Land hin und her?« Im Flüsterton setzte er hinzu: »*Wa yiktub el-Bilad,* er schreibt das Land auf.« Aneybar: »Also morgen reist du ab, Khalil, und du, Eyad, bringst ihn zurück nach Kheybar!« Eyad: »Aber dort heißt es dann, was hast du ihn wieder zurückgebracht? Bei Allah, das wage ich nicht, Aneybar.« (...) – »Eyad, du als von uns unterworfener Beduine hast kein Recht, nein zu sagen; ich befehle euch bei euren Köpfen, Khalil nach Kheybar zu bringen, und morgen reist ihr ab! Oh, es ist wohl Zeit zum Gebet!« Einige der Umsitzenden sagten, sie hätten das *ithin* (mit Erlaubnis Allahs) gehört. Aneybar erhob sich, und mit ihm standen feierlich der Sherif und alle anderen auf; zusammen gingen sie dann hinaus, um in der großen Moschee ihre letzten Tagesgebete zu sprechen.

Im Logierhaus neben dem unseren wohnte ein Fremder, der gerade aus dem Krieg kam. Von ihm hörte ich die ersten sicheren Nachrichten; sie besagten, daß es der moslemischen Seite schlecht ergangen sei. Da der heilige Krieg aber nun zu Ende war, kehrten alle nach Hause zurück. Die Moskowiter seien große, stattliche Erscheinungen mit langen Bärten, erzählte der Heimkehrer. Was ihm aber im Lande Europa am seltsamsten erschienen sei – die Schafe der Nasara hätten Schwänze wie Kamele (nicht die großen Fettschürzen der arabischen Rasse). In Begleitung des großen Scheichs von el-Aman war er erst kürzlich nach Hayil gekommen. Dieser Nomadenscheich war einst von den Türken gefangengenommen worden, als sie el-Hasa besetzten; sie hatten ihn dann an die russische Grenze verbannt. Dort verbrachte er sieben Jahre in Gefangenschaft; seine Beduinensippe in Arabien hatte in der Annahme, daß er tot sei, in den letzten zwei Jahren bereits zu seinem Gedächtnis das jährliche Opfertier geschlachtet. Als der tapfere, jedoch unbelesene Mann in der Fremde den Aufruf zum heiligen Krieg vernahm, richtete er ein Bittgesuch an den Sultan, worauf ihm die Freiheit geschenkt wurde, damit er für Allah und den Propheten im Jehad die Lanze führen konnte. Der Beduinenfürst wurde am Arm verwundet. Beim Waffenstillstand gewährte ihm der Sultan eine Belohnung; der Scheich bat darauf, nach seiner Heimatprovinz Hajjar zurückkehren zu dürfen. Zur Zeit des Fastenmonats Ramadan landete er mit seinem Gefährten in Jidda, sie besuchten Mekka und Medina und ritten von dort aus nach Hayil. Hier nahm ihn Mohammed Ibn Rashid freundlich auf und entließ ihn mit der fürstlichen Gabe von drei Reitkamelen und einer Satteltasche voller Silberreals. Der vornehme Araber war nun in seine Heimat zurückgekehrt, und wir erfuhren, daß er sich den Wahabiten unterworfen habe. (. . .)

Vertreibung aus Hayil

Am nächsten Morgen wurde ich dann von Aneybar offen bedroht und schließlich gezwungen, in Begleitung von Eyad und seines Gefährten Merjan die Stadt zu verlassen, nachdem man von mir noch ein Handgeld von fünf Reals erpreßt hatte. Dafür stellte Aneybar mir einen Schutzbrief aus, den er mit seinem Petschaft siegelte. Außer Reichweite des Schurken erklärte mir Eyad jedoch, er wolle mich in Gofar verlassen oder – so ich das vorzöge – bei den Beduinen, da er es nicht wage, mit mir nach Kheybar zurückzukehren. Nachdem wir nun eine gute Meile auf dem ausgetretenen Weg nach Gofar zurückgelegt hatten, zwang mich Eyad, den weiteren Weg zu Fuß zurückzulegen, während er selbst ritt. Nach mehreren Stunden verließen wir die Straße und wandten uns den östlichen Teilen Gofars zu; die östlichen und die westlichen Niederlassungen liegen auf zwei Grundwasseradern, die eine Meile oder mehr voneinander getrennt verlaufen. Die westliche Oase, durch die die öffentliche Straße führt, ist die größere, Eyad jedoch wollte in der östlichen einen früheren Bekannten aufsuchen, um dort zu übernachten. (. . .)

Bei Tagesanbruch verließen wir dann Gofar; meiner Schätzung nach mußten wir uns in der ersten Aprilwoche befinden. Den ganzen Tag über waren wir unterwegs; abends kamen wir an ein Lagerfeuer, wo ein Hirtenjunge mit seinem Bruder die weidenden Kamele bewachte. Wir wurden mit Milch bewirtet und verbrachten dort auch die Nacht. (. . .)

In der ersten Morgenröte machten wir uns wieder auf den Weg. Der Boden bestand aus ödem Kies und war in der ewigen Trockenheit hartgebrannt, so daß er unter den nackten Füßen schmerzte; die Luft war heiß wie eine Flamme in der Sonne. Ein geschwächter Reisender täte gut daran, im Klima Arabiens stets zu reiten; durch die Grausamkeit meiner Gefährten mußte ich jedoch die ganze Zeit über barfuß gehen, während sie auf den Kamelen saßen. Sie hatten es eilig, und ich durfte sie nicht aus den Augen verlieren, sonst hätten sie den Nasrany zurückgelassen. Dies kostete mich soviel Kraft, daß ich nach ein paar Tagen solcher Mühen wohl hier zur ewigen Ruhe gekommen wäre. Es wurde so schlimm in der sengenden Hitze des Nachmittags, daß ich glaubte, das Herz müsse mir in der schmerzenden Brust zerreißen. Schließlich spritzte mir das heiße Blut aus der Nase; ich bat meine Begleiter anzuhalten, damit ich mich einen Augenblick zu Boden legen könne, aber sie beachteten mich nicht. Ich versuchte dann, mit Steinen das tropfende Blut aufzufangen, damit ich nicht mit einem blutigen Hemd zu den nächsten Nomaden käme; dabei befleckte ich mir in der Eile auch die Hände. Als meine Begleiter das sahen, zügelten sie erstaunt ihre Kamele, und Merjan meinte: »Wenn das kein Heide ist!« – »Seid ihr nicht schlimmer als Heiden, daß ihr einen Weggefährten auf der Reise im Stich laßt?« Sie ritten jetzt etwas langsamer weiter, und ich ging neben den Kamelen her, wobei ich noch hinzufügte: »Wenn ihr wirklich euren Kameraden im Stich laßt, welcher Mann, der etwas auf sich hält, wird euch hernach noch in seinem Zelt willkommen heißen?« Merjan antwortete mir: »Ein Versprechen gilt nur zwischen Moslems, aber nicht gegenüber einem Feind Allahs!«

Schließlich hielten sie doch an, und Eyad stieg ab; Merjan, der noch auf dem Kamel saß, schlug mit dem Feuerstein Funken; ich nahm an, er wolle sich damit die Pfeife anzünden, denn sie hatten sich von meinem Geld in Hayil etwas süßen Hameydy gekauft. Als Eyad jedoch die Lunte seines Gewehres entzündete, sagte ich: »Was soll das?« Sie antworteten: »Da ist ein Hase!« – »Wo ist euer Hase? Los, zeigt mir diesen Hasen!« Eyad hatte die Glut noch nicht an das Zündloch gebracht; sie fingen an zu stottern und waren verwirrt. Darauf fuhr ich sie an: »Sollte ich etwa dieser Hase sein? Bei dem Namen dessen, der uns erschaffen hat, wenn ihr ein Gewehr auf mich richtet, dann liegen eure Hasenleichen hier auf dem Boden – mach die Lunte aus!« Eyad gehorchte. In der zunehmenden Kühle des Abends setzten wir unseren Weg langsam und schweigend fort. (. . .) »Hört her«, sprach ich sie nach einer Weile an, »ihr zwei Schurken, ich sage euch ganz offen, wenn ihr mich zum Äußersten zwingt, seid ihr tote Hunde; gebt mir jetzt das Lastkamel!« (. . .)

Als die Sonne unterging, sahen wir nicht weit entfernt eine andere Kameltruppe. Die Hirten, die auf einigen ihrer kleineren Tiere ritten, trieben die große Herde zu einem geschützten Platz zwischen zwei Hügeln, denn diese Nacht zog mit den Vorzeichen schlechten Wetters sternenlos über uns herauf. Als wir sie erreichten, brachten die jungen Männer ihre Kamele zum Halten und mit Zischlauten zum Niederknien. Die großen Tiere fallen steifbeinig mit lautem Seufzen auf eins oder auf beide Knie und knicken in den Hinterläufen ein, worauf sie sich schwerfällig auf ihren Keulen niederlassen. Dann schieben sie erst den einen und dann den anderen Vorderlauf vor, wobei die Kiesel unter ihrem großen Körpergewicht knirschen, bis sie endlich zur Ruhe kommen. Die Last des Vorderkörpers ruht auf der *zora,* der verhornten Verdickung unter der Brust des Kamels. Nun beginnt das Wiederkäuen, das bis zum Morgengrauen währt. Der seltsame, reptilartige Abdruck der Knie, der Zora und der scharfgratigen Hinterkeulen, den ein Kamel auf dem harten Wüstenboden hinterläßt, ist noch ein oder sogar zwei Jahre später zu sehen. Das Kamel riecht nach Moschus und ein wenig wie ein Hund, da sein Hinterteil oft mit verkrustetem Urin überzogen ist; trotzdem erscheint das Kamel schöner selbst als die Gazelle, denn in der Khala hängen Wohl und Wehe eines Mannes ganz von diesem Geschöpf ab.

Die guten Hirten versorgten uns großzügig mit Milch; bis spät in die Nacht tranken wir reichlich, und jeder Schluck schenkte uns noch vor dem Morgen starke Muskeln, frisches Blut und gute Nerven. Der Regen prasselte auf unsere Rücken, als wir um das Wachfeuer aus Reisig auf dem bloßen Wüstensand saßen – es blitzte und donnerte. Als wir müde wurden, trennten wir uns und legten uns, mit Mänteln bekleidet, im Nachtwind und im Regen bei unseren Taschen nieder. Lange lag ich so und dachte über den kommenden Tag nach, so daß meine Begleiter mich schlafend wähnten. Sie ruhten im Schutz des nächsten Felsens, und dank meiner guten Ohren, die mir in dieser Gefahr halfen wie das scharfe Auge dem Nomaden, hörte ich, daß sie spät in der Nacht ihre Habe auf das Kamel packen und verschwinden wollten. Als sie sich dann auf die Seite drehten, um zu schlafen, stand ich auf und ging zu dem Platz der Feuerstelle, wo die Hirten schlafend im Regen lagen. Ich versprach mir etwas davon, den guten Burschen meine Schwierigkeiten anzuvertrauen. (...) Die Jungen setzten sich auf und fragten, ihr Gesicht reibend, warum der Fremde sie nicht schlafen lasse und warum ich nicht bei meinen Gefährten ruhe. (...) Ich sagte ihnen, daß jene dort bei mir Annezy seien, Ageyl, die mich für Geld nach Kheybar bringen sollten; ihre Absicht sei es jedoch, mich im Stich zu lassen, und sie hätten wahrscheinlich vor, diese Nacht zu verschwinden. »Nun paß einmal auf«, sagten sie, sich die Hand vor den gähnenden Mund haltend, »wir sind arme junge Knechte und verstehen davon nicht viel, wenn wir jedoch sehen, daß sie dir ein Unrecht tun wollen, so sind wir auf deiner Seite. Nun geh und lege dich wieder hin, damit sie dich nicht vermissen. Du brauchst nichts zu fürchten, denn wir sind ja in der Nähe.« (...)

Nach zwei weiteren Tagereisen trafen wir in der Granitlandschaft von Ghrolfa sieben Meilen vom plutonischen Berg Sfa entfernt in einer Höhe von viertausendsechshundert Fuß auf die Heteym, einen Stamm der Shammar, von dem wir freundlich aufgenommen und bewirtet wurden. Als wir im Lager allein beieinander saßen, sagte Eyad: »Khalil, wir verlassen dich hier. El-Kasim liegt hinter jenen Bergen; das hier sind gute Leute, sie werden dich dorthin bringen.« (...) Da Eyad auf einem Entlassungsschreiben bestand, schrieb ich: »Eyad, der Ageyly aus Bejaida, ein Bishr, von Abdullah Siruan, Leutnant in Kheybar, für fünf Reals gedungen, mich nach Hayil zu begleiten, dort von Aneybar, Ibn Rashids Stellvertreter, für ein Entgelt von weiteren fünf Reals verpflichtet, mich wieder zurück nach Kheybar zu bringen, läßt mich hier bei Aul am Berg Sfa im Sommerlager der Shammar verräterisch im Stich.« (...) Als Eyad und Merjan davonritten, wurden sie von einigen Männern aus den Nomadenzelten ob ihrer Untreue einem Weggefährten gegenüber mit Schimpfworten bedacht. (...)

Drei Tage verbrachte ich nun im Lager der Heteym, dann brach ich in Begleitung ihres Scheichs Maatuk auf, der mich in zwei Tagereisen zum Lager Ibn Nahals brachte. Dieser große Kaufmannsscheich der Beduinen – sein Name bedeutet soviel wie ›Sohn der Biene‹ – war durch den Kamelhandel einer der reichsten Nomaden des Südens geworden, wenn er auch nicht aus einer fürstlichen Familie stammte. Seine Makler reisten für ihn durch das Land, um Kaffee und Kleidung an die Beduinen zu verkaufen. Er besaß so viel Großvieh, daß er es in zwei Herden weiden lassen mußte; und doch fand Ibn Nahal als der Araberschurke, der er war, stets eine List, den kümmerlichen Lohn seiner Hirten zu kürzen. Schafe hatte er keine; diese Nutztiere (die Butter liefern) bringen armen Nomadenfamilien mehr Verdienst. Er besaß jedoch Vorräte an Butter, die er als Bezahlung für kleine Handelsgüter nahm. Außerdem nannte er einen – in den Augen der Nomaden – großen Silberschatz sein eigen, den er in einer Truhe aufbewahrte. Ibn Nahals erstes einträgliches Geschäft war vor Jahren ein Kameltrieb nach Ägypten gewesen. Mit waghalsigen Harb durchquerte er Hunderte von Meilen Wüste, wobei er sich die Führer entlang des Weges suchte; seine eigenen Stammesleute blicken naturgemäß nach Mekka und Medina und sind es nicht gewohnt, in diese Gegenden zu reiten. Er kam jedoch sicher an und verdiente etwa hundertsiebzig Prozent seines Einsatzes. Einige Jahre später wagte er, von einem Gerücht getäuscht, eine zweite Reise nach Ägypten, nur um festzustellen, daß der Kamelpreis inzwischen erheblich gefallen war; hier betrug sein Verlust dreißig Prozent. Ibn Nahal war Analphabet, doch stellte dies kein Hindernis für ihn dar. Als ich ihm Aneybars Schriftstück in die Hand drückte, sagte er mit Würde: »Wir sind Beduinen! Das Lesen beherrschen wir nicht.« Ibn Nahals Leben, das den großherzigen Gaben anderer nur wenig zu verdanken hatte und um das viele ihn beneideten, brachte ihm bei all seinen angehäuften Gütern nicht viel Freude. Die Araber des Nejd nennen Männer wie ihn *tujar,* Kaufleute. Jetzt war er nach außen hin ein Nomadenscheich und war es doch wieder nicht, da für die Beduinen nur das fürstliche Blut gilt. Die Zahl der Sippen, die mit Ibn Nahal zogen und lagerten, war jedoch sehr groß. Sie waren seine *jummaa,* seine Verbündeten, er selbst war ein Gefolgsmann Ibn Rashids.

Derzeit war Butter in Hayil sehr billig, aber Ibn Nahal hatte die Nachricht bekommen, daß er in Jidda den doppelten Erlös erzielen könnte. Während wir am Lagerfeuer beisammen saßen, hörte ich erstaunt, wie die Nomaden einander fragten, wie weit Jidda entfernt sei. Einige von ihnen, die sich selbst dafür tadelten, daß sie nie nach Mekka gepilgert waren, fragten sogar, wo Jidda überhaupt liege. – Jidda, mehr als vierhundert Meilen entfernt, bedeutete für Ibn Nahal und seine Beduinenreiter nicht mehr als zwölf rasche Tagereisen auf Kamelrücken. Er wollte sich dieser Tage mit vielen Ladungen Butterschmalz auf den Weg machen und sie gegen klingendes Silber tauschen. Alle Nomaden haben einen Sinn für den Handel, wenige jedoch den klugen Vorausblick und das Durchstehvermögen eines Ibn Nahal. Ich überlegte, ob ich mit ihm durch die unbekannten Gegenden reiten sollte, verwarf den Gedanken jedoch, da es mir wichtiger erschien, el-Kasim zu besuchen, das mittlere Nefud-Land mit seinen fleißigen

Nejd-Bürgern. Der Gesamtbesitz Ibn Nahals, seine dreihundert Kamele, sein Silber und seine Haushaltsgerätschaften, hat schätzungsweise einen Wert von zweitausend Pfund Sterling – ein gewaltiger Betrag für die armselig lebenden Wüstennomaden. Als echter Beduine ritt Ibn Nahal auch auf Raubzüge aus: Er und seine Freunde wollten an einem der nächsten Tage die Ateyban überfallen. (. . .)

So verbrachte ich noch weitere Tage des April im Lager Ibn Nahals. Eines Morgens traf nach längerer Abwesenheit ein in diesem Nomadendorf bekannter Beduine auf seinem Kamel ein; er war erst kurze Zeit vorher hundertdreißig Meilen nach Westen zu den Bishr geritten, unter denen er aufgewachsen war; jetzt jedoch lebte er mit den Harb. Der Mann selbst war ein Shammar, und eine von ihm verstoßene Frau zog als Witwe mit unserem Zeltlager. Jetzt war er gekommen, um seinen kleinen Sohn zu besuchen. Man riet mir, diesen ehrlichen Mann für die Reise nach el-Kasim anzuheuern, und ich sprach ihn an. Nachdem er mir zuerst erklärte, er scheue sich, durch so ungeschütztes Land zu reiten, wo er leicht durch räuberische Ateyban sein Kamel verlieren könne, kamen wir schließlich überein, daß er mich für fünf Reals nach Boreyda bringen würde. »*Erkub*, steig auf«, rief der Mann, dessen Name Hamed war, dann lud er meine Sachen auf, kletterte hinter mich, und wir ritten los. »Allah lasse deine Reise glücklich enden!« rief mir der Beduine Tollog nach, »Allah gebe, daß dir nichts Böses widerfahre!«

Die Sonne war seit drei Stunden aufgegangen, und wir ritten über einen Bergrücken aus Basalt zu einem anderen Lager hinunter, in dem Hameds Zelt stand. Von dort nahm er seinen Wasserschlauch mit und einige Hände voll *mereesy*, Trockenmilch – sein ganzer Vorrat für einen Ritt von weiteren vierhundertfünfzig Meilen. Zu seiner Frau sagte er nur: »Weib, ich reite mit dem Fremden nach Boreyda.« Sie nickte schweigend; gewöhnlich sagt ein Beduine seiner Frau beim Abschied nicht Lebewohl. »Höre«, setzte Hamed noch hinzu, »ziehe mit diesen Nomaden weiter, bis ich heimkehre!« Dann nahm er ihren kleinen Sohn auf den Arm und küßte ihn.

Aus Furcht vor den Ateyban ritten wir zunächst nach Norden; hier dehnt sich eine Wüste aus Granitkies mit vielen schwarzen Basaltbergen aus. In dem Gebiet wanderten zu dieser Jahreszeit verstreut zahlreiche Nomaden vom Stamme der Beny Salem; überall sahen wir ihre schwarzen Zelte. All diese Harb-Beduinen waren unterwegs nach Semira in den Weidegründen der Shammar, wo sie an einem festgesetzten Tag von den Steuereinnehmern Ibn Rashids geschätzt werden sollten, denn in Semira gab es ausreichend Wasser für ihre großen Viehherden. In einem Zelt der Harb verbrachten wir die Nacht, die in dieser Höhe – ich maß viertausenddreihundert Fuß (und wir befanden uns auf dem 27. Breitengrad) – jetzt, Mitte April, noch kalt war. (. . .)

Als wir am nächsten Tag ein bis zwei Stunden geritten waren, wurde zu unserer Linken das Ende des Jebel Selma sichtbar. »Das Gebirge reicht hinunter bis fast nach er-Rautha«, sagte Hamed. (. . .) Wir wandten uns jetzt nach Süden, wo der Wüstenboden uneben wird und viele steinige Strecken, *sumt*, aufweist; dieser Weg bereitete unserem Kamel mit seinen wundgelaufenen Sohlen große Mühe. Gegen Mittag lag zu unserer rechten Hand Bellezieh, eine kleine Ackersiedlung ohne Palmen. Sie besteht aus fünf Häusern, die in zwei ummauerten Höfen zusammengefaßt sind. Der Weiler, der offen in der weiten Wüste liegt, wird nur durch den klangvollen Namen Ibn Rashids geschützt; Nomaden hielten sich in diesem offenen Land derzeit nicht auf. Am Nachmittag kamen wir an die Wassergruben von es-Shibberieh, wo Hamed abstieg und sich beeilte, unseren Wasserschlauch zu füllen. Die Löcher, die nur zehn Fuß tief sind und süßes Regenwasser enthalten, sind in ein Bachbett gegraben, das zum Wadi er-Rummah führt. Das Ausgraben einer solchen *themila,* sagte Hamed, sei die Tagesarbeit zweier Männer; ein Mann gräbt mit einem Stock, und sein Gefährte wirft die Erde mit den Händen heraus. Unter der Wüstenoberfläche aus hartem Kies befindet sich weicher Lehm. Der Landstrich, der an das große Wadi grenzt, führt überall in geringer Tiefe Grundwasser, weshalb Hamed seine Shammar-Weiden denen der Bishr vorzog, »wo es viel gutes Weideland gibt, aber nur wenige und weit voneinander entfernte Brunnen, in denen das Wasser aus großer Tiefe emporgeholt werden muß. Auf den Weiden der Shammar jedoch ist stets mindestens ein Wasserloch in Sichtweite, und die Nomaden können sich in Familiengruppen aufteilen, ohne Gefahr, daß sie Durst leiden müssen.« (. . .)

Bald sahen wir auch schon den Jebel el-Hebeshy, einen langgestreckten schwarzen Basaltberg, der jenseits von Semira liegt. Ein Trupp Reiter kam uns wie ein Zug Kavallerie einzeln und hintereinander aus der Wüste entgegen; es handelte sich um zwanzig Solubba auf Eseln. Hamed wollte zu ihnen reiten, um Neuigkeiten auszutauschen, aber da ich den Zügel hatte, hielt ich das Kamel zurück. Einer der Solubba stieg daraufhin ab und kam zu uns herübergerannt, ein junger Bursche, der uns mit einem mir fremden Gruß anredete: »*Allah, y'aynakom,* der Herr sei eure Hilfe!« In der Gegend von Semira hatten diese Solubba ihr Handwerk als Kesselflicker ausgeübt, und der Mann erzählte uns, daß wir gleich hinter den Bergen auf Nomaden treffen würden. Wir ritten weiter; als die Sonne schon tief stand, meinte Hamed, der Solubby hätte uns betrogen, denn wir hatten noch immer keine Nomaden zu Gesicht bekommen. Er zeigte mir die Spitzen der Tamarisken von Semira, die von hier aus zu sehen waren; zwei Meilen weiter erblickten wir dann doch das Lager, das aus wenigen Zelten der Beny Aly bestand, die in Sichtweite der Siedlung aufgeschlagen waren. (. . .)

Bei Tagesanbruch begaben wir uns hinunter nach Semira, um dort zu frühstücken. Die kleine alte Stadt ist eine mit hohen Wachtürmen aus Lehm befestigte Häusergruppe; aus der Entfernung sieht sie aus wie ein einsames Wüstenschloß. In der Nähe sah ich noch zwei andere kleine Kassur, ummauerte Bezirke. Die kleine Burgsiedlung nimmt meiner Schätzung nach eine Fläche von nicht ganz zwei Morgen ein. Das Stadttor ist nur eine kleine Pforte in der mit Zinnen besetzten Mauer der Südseite; davor liegt ein trockenes, von den Winterregen ausgewaschenes Flußbett, und jenseits davon der bestellte Ackerboden von Semira: ein öder und trauriger Anblick, da das Auge hier nirgends durch das freundliche Grün von Palmen erquickt wird. Die Landwirtschaft beschränkt sich auf den Anbau von Getreide; ich sah gut stehende Weizen- und Gerstefelder, die fast reif für die Ernte waren. Kamele können nicht durch das Stadttor, doch wollte ich unser Gepäck ungern draußen bei den spielenden Kindern lassen. Hamed aber sagte, dies sei der *manokh*, der öffentliche Rastplatz, der unter Gastrecht stehe, und kein Kind werde sich hier an unserem Gepäck vergreifen. Wir ließen uns nieder und warteten, daß uns jemand zum Frühstück einlud. (...) Hamed erzählte mir, die Siedlung bestehe aus dreißig Häusern mit etwa hundert Einwohnern, die el-Shubaramy nach dem Haus des Scheichs Rashid es-Shubramy genannt würden; sie gehören zu dem alten, weit verbreiteten Nejd-Stamm der Beny Temim.

Ein Mann kam auf uns zu, und nach den üblichen Salaams führte er uns in den Ort, um uns Kaffee anzubieten. Durch enge Lehmgassen gelangten wir zum öffentlichen Kaffeehaus, das nur aus einem schmalen Palmblattdach zwischen Lehmmauern bestand. Dort waren nur wenige Männer versammelt, die auf dem Boden lagen und während unserer ersten beiden Schalen in unfreundlichem Schweigen verharrten. Die Beny Temim sind schwerfällige Gesellen von unhöflicher Gleichgültigkeit. Nach dem Kaffee führte uns unser Gastgeber in sein Haus zum Frühstück, wobei er sich entschuldigte, daß er uns nur Datteln aus dem Jebel vorsetzen könne. Als ich ihn fragte, warum man hier keine Palmen anpflanze, wo doch das Grundwasser so hoch steht, daß die jungen Pflanzen nicht mehr bewässert werden müßten, wenn ihre Wurzeln nach den ersten Jahren einmal im feuchten Boden verankert sind, gab er zur Antwort, daß Palmen in dieser Gegend nicht gedeihen. Vielleicht ist in Semira der Boden zu süß, denn die Grundfeuchte ist reines Regenwasser.

Hamed, der beim Aufbruch von mir ein Goldstück bekommen hatte, nahm es nun heraus und fragte den Siedler, ob es tatsächlich soundsoviele Reals wert sei. Unser Wirt antwortete: »So ist es, Beduine, und in el-Kasim ist es noch mehr wert. Sei unbesorgt, dies ist Khalil.« Der Hausherr sah mich an, und es war klar, daß er mich kannte; er war jedoch zu gutmütig gewesen, um es vor den Leuten hier zu zeigen und mir dadurch Schwierigkeiten zu bereiten. Dann sagte er zu meinem Gefährten: »Und du, weißt du überhaupt, wer er ist?« Hamed antwortete, etwas aus der Fassung gebracht: »Ja, natürlich! Und bewahre mir dieses Geld auf, Wirt, bis ich zurückkehre.« Die Araber sind oft von einer krankhaften Habgier, und doch vertraute Hamed sein Gold einem Fremden an, ohne Zeugen dafür zu haben. In den meisten Fällen nämlich wird das Pfand von einem Moslem mit frommer Gewissenhaftigkeit aufbewahrt und dem Eigentümer wieder ausgehändigt. Ein solches Pfand kann sogar vererbt werden; es wird dann zurückgelegt, um den Erben übereignet zu werden. Ich fragte unseren Gastgeber nach der Geschichte des Gebiets. »Diese ganze Gegend«, antwortete er, »war in früheren Zeiten Weidegrund der Ruwalla.« Wie schon früher ausgeführt, waren diese Ruwalla ursprünglich Nomaden aus Medina, jetzt liegen ihre Gebiete hoch im Norden, mehr als zweihundert Meilen entfernt. Unser Wirt bat mich dann um eine Arznei für seinen Sohn, und wie immer bei solchen Gelegenheiten freute ich mich, daß ich etwas als Gegengabe zu verschenken hatte.

Semira, das auf dem Weg zwischen Jebel Shammar und dem Hejaz liegt, ist zweifellos zu allen Zeiten eine wichtige Wasserstelle gewesen. Die Beny Salem mußten bald an diesem Brunnen eintreffen, um sich besteuern zu lassen, wobei der Aufenthalt der Beduinen mit ihren Herden nur wenige Stunden dauern kann; die Zählung und die Steuerabgabe wird mit arabischer Geschwindigkeit innerhalb von zwei Tagen erledigt. Wie jedoch bringen es die Steuereinnehmer fertig, all diese wilden Beduinen zu einer jährlichen Zählung und Musterung zu versammeln? Nun, die Stammesmänner leben in steter Furcht vor Ibn Rashid, und so wird das ganze Geschäft schnell abgewickelt; die Scheichs geben unter Eid eine Erklärung über ihren Besitzstand ab, und wer versucht, den Emir zu täuschen, riskiert seinen Kopf. (. . .)

Als wir von Semira aufbrachen, fanden wir das Kamel mit dem Gepäck so, wie wir es verlassen hatten; wir ritten nun in einer Höhe von dreitausendneunhundert Fuß zum Hebeshy-Berg weiter. (. . .) Jenseits des langgestreckten Bergzuges kamen wir auf eine große flache, bis an den Horizont reichende Ebene. Ein so flaches Gelände hatte ich seit Syrien nicht mehr gesehen, denn selbst die ebenen Landschaften des Nejd sind fast überall mit Bergen und Hügeln übersät. Vor uns lagen nun die Landmarken der Wasserstelle Ghraymar, pyramidenförmige Granitberge, die uns im Schatten einer Wolke schwarz erschienen. Dieses flache Land, das *fueylik* genannt wird, reicht von hier bis zur Nefud (Sandwüste) von el-Kasim, und mein Gefährte fürchtete, auf durchziehende Raubkarawanen zu stoßen. (. . .) Jäh ging ein Aprilschauer nieder und umgab uns in der Sonne wie ein Gespinst aus goldenen Haaren; aus dem Wüstenboden stieg ein süßer Duft wie von blühenden Wiesen auf. Als wir uns den Felsen näherten, bemerkte mein Gefährte eine Herde von Großvieh, und er dachte zuerst, räuberische Beduinen befänden sich an der Wasserstelle. Doch sahen wir dann, daß es sich um Kamelherden der Nomaden handelte; Hunderte von Kamelen standen verstreut im Umkreis oder lagerten bei den Zelten und warteten darauf, getränkt zu werden. Es war die Zeit der Frühjahrsweide, und die Harb-Beduinen tränkten das Vieh während des Marsches. Einen Teil des Hausrats hatten sie von den Lastkamelen abgeladen; auf anderen Kamelen saßen die Töchter der Harb in ihren Sänften, deren Rahmen mit wehenden bunten Tüchern und langen Streifen aus Kamelleder behängt waren. (. . .) Gruppen von Schafen lagen in einem weiten Flußbett und warteten, daß ihre Hirten sie zur Tränke führten; die Esel der Hirten standen bei ihnen.

Der große, viereckig mündende Wüstenbrunnen war mit alten, mörtellos gefugten Basaltsteinen ausgemauert; drei Faden tief stand das Wasser. An den Trögen plagten Fliegen die Kamele, die in altem, stinkendem Morast hin und her stampften. An die zwanzig Beduinen umlagerten die vier Seiten des Brunnens und zogen, in der Sonne schwitzend, mit lautem Gesang das Wasser herauf. In dem Gedränge des Viehs bemerkte ich auch einige Scheichs mit ihren Stuten; die Hunde des Nomadentrosses lagen hechelnd im Schatten der großen Kamele und ließen uns Fremde, ohne anzuschlagen, passieren. Ein würdiger Mann, wohl ein Scheich, in unserer Nähe nahm seinen Milchschlauch und bot uns in einer Schale Leban an. Ein anderer erkundigte sich, wohin wir wollten, und erbot sich, uns am nächsten Tag zu begleiten, wenn wir heute in seinem Zelt ruhen wollten. »Seht, es droht Regen, und wir lagern dort drüben ganz in der Nähe.« Hamed: »Bei Gott, ich will mich nicht aufhalten, denn das Heimweh schnürt mir die Brust ein.« (...)

Am späten Nachmittag, als wir wieder unterwegs waren, fielen große Tropfen aus den tief hängenden Wolken, dann prasselte auch schon ein heftiger Regensturm mit solcher Gewalt auf den trockenen Kiesboden, daß in wenigen Augenblicken die gesamte Ebene eine einzige aufgewühlte Lache war. Unser Kamel ließ sich mit dem Hinterteil gegen den kalten Sturmregen nieder, und in seinem Windschatten suchten wir tief geduckt Schutz, denn unsere Wollmäntel waren im Nu durchnäßt. Nach einer halben Stunde war das Schlimmste vorüber, und wir saßen wieder auf. Kleine Vögel, die wir zuvor nicht bemerkt hatten, flatterten mit fröhlichem Gezwitscher über die nasse Wüste hin. Die tiefstehende Sonne brach durch, und dann wurden wir Zeuge eines einmaligen und überwältigenden Schauspiels. Wie in die Luft gemalt, erstand ein dreifacher Regenbogen vor uns. Über zwei gleichförmig gespannten Bögen erhob sich, aus der Basis des ersten aufsteigend und in den gleichen Farben, ein dritter. Dies waren die überirdischen Bögen der Sonne, ein Zeichen des himmlischen Friedens nach dem Kampf der Elemente über der Wüste Arabiens.

Die schwindende Sonne ließ uns mit der Dämmerung allein, die bald in dunkle Nacht überging. Wir setzten unseren Ritt in der Hoffnung fort, noch auf Nomaden zu treffen; die ganze Zeit über regnete es leicht. Schlangenblitze flackten ohne Donner über die Erde hin; lange Blitze mit Mähnen aus Licht zuckten schräg dazwischen und schienen für Augenblicke über dem weiten Horizont zu schweben; andere lange Zickzackblitze schossen als doppelte Lichtketten zur Erde. In ihrer Form glichen all diese Blitze einem in Wasser getränkten Wollhaar. Nur manchmal vernahmen wir ein leichtes, leises Donnerrollen. Als das Unwetter sich legte, sahen wir die zwei Tage junge Mondsichel am Himmel untergehen. Das erste Erscheinen des neuen Mondes wird in den Wüsten Arabiens stets mit frommer Ehrfurcht begrüßt, und auch wir armen Nachtwanderer verharrten voller Andacht; der Tag mußte meiner Schätzung nach der 23. April sein. Wir ritten weiter und spähten dabei unablässig nach den Lagerfeuern der Beduinen aus, während rings um uns die Nachtschreie unbekannter wilder Vögel aufklangen. Endlich glaubte Hamed, in der Ferne vor uns einen Feuerschein zu erblicken; beim Weiterreiten sahen wir ihn manchmal, dann wieder versteckte er sich hinter Unebenheiten des Wüstenbodens. Die Dunkelheit der Nacht war undurchdringlich, das Kamel stolperte, und wir konnten den Boden vor uns nicht mehr erkennen. Hamed, der stets kurz vor dem Ziel den Mut verlor, bekam es mit der Angst, wir könnten von einer Klippe stürzen, und wollte sich nicht weiter wagen. Zu essen hatten wir nichts; mit nassen Kleidern stiegen wir ab und legten uns im Regen neben unserem Kamel nieder – der Wind jedoch wehte sanft, und bald schliefen wir ein.

Der Morgen brach wie in einem nördlichen Land mit fröhlichem Vogelgezwitscher an, unsere Kleider waren getrocknet und hingen wieder leicht über unseren Schultern.

Schaden hatten wir nicht genommen. Doch bevor wir noch eine Schußweite zurückgelegt hatten, sahen wir eine Meile vor uns schon Zelte und weidende Kamele auftauchen. Bei diesem freundlichen Zeichen menschlicher Anwesenheit trieben wir unser Kamel an, und Hamed sang näselnd ein lautes Reiterlied. Einige der Nomaden – es waren Beny Aly – kamen uns entgegen. (. . .) Wir stiegen bei einem Zelt ab und luden das Gepäck von unserem Kamel; dann führten Umstehende uns zum Zelt des Scheichs. »Der Morgenkaffee ist bereitet«, sagten sie, »laßt uns hinübergehen; dort könnt ihr euch erfrischen und uns die Neuigkeiten berichten.« Hamed band unser Kamel zum Weiden los, und wir folgten den Männern zum Kaffee. Nach einiger Zeit kam auch der Hausherr, an dessen Zelt wir abgestiegen waren, um uns einzuladen; wir kehrten mit ihm zum Frühstück zurück und ruhten uns bei ihm aus. Die Ebene hat hier eine Höhe von dreitausendvierhundert Fuß.

Auch diese Beduinen waren wieder einmal eine schöne Gesellschaft von Lumpenkerlen, verschlagen, unzuverlässig und fanatisch. Obwohl die Beny Aly von den Harb, ihren Stammesgefährten aus dem Gebiet Medinas, als Heiden beschimpft werden, führten die Männer dieses Lagers das vorgeschriebene Gebet förmlicher durch als sonst die Stammesleute der Wüste. Als die Sonne ihren Höchststand erreichte, trat einer jener Wüstenmänner vor (Hamed, der ja Angehöriger dreier großer Stämme war, hatte nie etwas Ähnliches bei den Beduinen gesehen) und übernahm die Aufgabe des Muezzin, des Gebetsrufers. Bei den letzten Worten: *»Es-Salat wa es-Salaam aleyk, ya auwel khulk Illah wa khatimat rusul Illah,* Lob sei mit dir und Frieden, du Erstgeborener der Schöpfung Gottes und Siegel seiner Gesandten«, versammelten sich die Wüstenmänner in einer Reihe hinter ihm und vollzogen ihre Andachtsübungen in höchst löblicher Weise, verneigten sich, knieten nieder und schlugen sich an die Brust. Zweifellos hatten sie diese städtische Form des Gebets aus dem nahe gelegenen Kasim übernommen, das ja ein Land der Wahabiten ist. (. . .)

El-Kasim

Nun lag schon der Sand der Nefud von Kasim vor uns, der von hier an in langen, wachsenden Wellen, die in etwa von Nord nach Süd verlaufen, aufgetrieben wird. Vier Meilen weiter ritten wir an der Oase Ayun vorbei, die in denselben Bergzug aus Sandstein eingebettet ist, der in seinem zurückliegenden Teil *sara* heißt. Auf einer Klippe am Rand der Sandwüste steht eine leuchtturmähnliche Warte aus Lehm, wie sie sich ähnlich in allen Dörfern von Kasim findet. Der Wächter, der gute Augen haben muß, bezieht seinen Sold aus einer öffentlichen Steuer; seine Pflicht ist es, während der Frühjahrsmonate von Tagesanbruch bis Sonnenuntergang Ausschau zu halten, denn dies ist die Jahreszeit, in der die Dörfler ihre wenigen Milchziegen vor die Oase zum Weiden schicken, nachdem sie sie von den Nomaden heimgeholt haben. Wir sahen den Mann unruhig in der glühenden Sonne auf der Galerie seines Turmes stehen. Bald

Die Nefud, die große arabische Sandwüste (nach Blunt)

drehte er sich hierhin, bald dorthin, und indem er seine Augen mit der Hand vor der Sonne schützte, spähte er über die weite flammende Sandwüste vor ihm. Hamed sagte, in Ayun gäbe es nur halb so viele Palmen wie in Teyma, und der Ort möge etwa vierhundert oder fünfhundert Einwohner zählen. Ayun liegt an der Kreuzung der Kamelstraßen von Kasim zum Jebel Shammar, dem Land des Nordens und den heiligen Städten. Mein Gefährte hätte mich gerne schon hier verlassen, wo ich, wie er versicherte, Kameltreiber nach allen Gegenden, sogar nach Kuwait und Bosra fände: »Bei Allah, mehr als in Boreyda.«

Vor uns in der Nefud weidete einiges Großvieh; es waren jedoch keine Kamele, sondern – beglückender heimatlicher Anblick – Dorfkühe beim Grasen in der unwirtlichen Sandwüste. (. . .) Zwei Stunden später kamen wir nach Gassa, einem ummauerten Palmendorf mit den größten Palmen seit Teyma. (. . .) Der Wachturm, *mergab* oder *garra,* steht hier mit seinen Fundamenten auf einem Felsen über dem Dorf. Die Basis besteht aus rohen Steinen, die in Lehm gebettet sind, der Oberbau ist aus Lehmziegeln sauber aufgeführt. Nun waren wir in Kasim, dem dicht bevölkerten und frommen Nefud-Land der Karawanen. Den Ort selbst betraten wir nicht; wir hielten statt dessen bei einem einsamen Gartenhaus unter dem Turm. Es war nun Ende April und die

Zeit der Gerstenernte; wir befanden uns hier in einer Höhe von nur noch zweitausendachthundert Fuß.

Wir stiegen ab, und der Hausherr kam aus seinem Hof, um uns zur Kahwa zu führen; ein Kind trug meine Reisetaschen hinein. Hamed nahm das Kopfstück des Kamelzaums und den Zügel mit, denn in dieser Gegend könne man niemandem trauen. Der Boden des Kaffeeraumes bestand aus dem tiefen Sand der Nefud! Nachdem wir zwei Schalen getrunken hatten, rief uns der Wirt in seinen Vorratsraum, wo er uns eine Platte mit Datteln, wenn auch nicht von den besten, und eine Schale Wasser vorsetzte. Die Menschen in Kasim gelten als nicht eben gastfreundlich; die armen Nomaden (Reisende ohne Börse) sagen verächtlich: ›Es gibt dort nichts, außer für Geld!‹, womit sie nur allzurecht haben. Kasim ähnelt den Grenzländern, die Einwohner sind zu Städtern geworden; die weitläufige Sandwüste mitten in Hocharabien ist kaum weniger dicht besiedelt als Syrien. Die *Kusman*, die Einwohner von el-Kasim, sind klug und verwegen, in ihren Adern fließt viel vom dicken Blut der Beny Temim. Fast ein Drittel der Bevölkerung sind Karawanenmänner, die in ferne Provinzen ziehen, nach Medina und Mekka, nach Kuwait, Bosra, Bagdad, in das Land der Wahabiten und zum Jebel Shammar. Und viele von ihnen verlassen in ihrer Jugend die Heimat, um ihr Glück in der Fremde zu suchen, wo dann einige, wie wir gesehen haben, in der Armee der osmanischen Regierung Dienst tun; bis vor kurzem waren sie auch als Ageyl in Bagdad, Damaskus und Medina zu finden. Das gesamte Nejd-Arabien östlich von Teyma gehört zum Handelsgebiet des Persischen Golfes und nicht zu Syrien, und so ist auch die fremde Einfärbung im Nejd eine mesopotamische. In jenen Grenzlanden haben sich die meisten der abgewanderten Einwohner von el-Kasim angesiedelt – als Landarbeiter und Kleinhändler; ein paar von ihnen sind auch reiche Kaufleute geworden.

Wenn Araber aus anderen Provinzen die vielen grünen Dörfer dieser Gegend in ihrem Leichentuch aus Sand sehen, pflegen sie halb verächtlich zu sagen: ›Kasim ist eine einzige Wüste.‹ Doch führt mitten durch die Nefud von Kasim das große Wadi er-Rummah, und überall steht das Grundwasser dicht unter der Oberfläche. In Senken *(ga* oder *khobra)*, die einen nicht zu brackigen oder zu bitteren Lehmboden haben, werden Brunnen ausgehoben und Palmen gepflanzt, so daß jedes Oasendorf in el-Kasim einen üppigen Eindruck macht. Die größeren Städte stammen noch aus dem späten Mittelalter. Doch sind die alten Siedlungen von Kasim, die bei den frühen mohammedanischen Geographen erwähnt werden, soweit ich in Erfahrung bringen konnte, inzwischen Ruinen und sogar ihre Namen vielfach vergessen. Die Armen aus Kasim und el-Weshm sind auch in ihrem eigenen Land auf Wanderung; junge Feldarbeiter suchen von Stadt zu Stadt Arbeit – überall dort, wo *el-Urruk*, der Schweiß ihres Angesichts, gut bezahlt werden soll. Würde Kasim verwüstet, wäre dieses Sandland wie die Gegenden jenseits des Jordan eine Einöde voller armseliger Dorfruinen.

Unser Wirt, der mit einem Freund zusammensaß, hatte seine Hoftür gegen die Zudringlichkeit herumschlendernder Müßiggänger versperrt. Die wohlhabenden Männer aus Kasim tragen das große seidene Bagdad-Tuch, das nachlässig über Kopf und Schultern geworfen wird, und unter diesem Kopfschmuck die rote türkische Kappe, den *tarbush*. Unser Wirt fragte mich, was ich für ein Landsmann sei. »Ich bin ein Reisender aus Damaskus.« – »Nein, du bis kein *shamy* (Damaszener), nein, deine Sprache ist besser als ihre. Ich kann das beurteilen, denn ich bin in Syrien gewesen. Sag, bist du nicht aus einem der Dörfer im Hauran? Dort bin ich mit den Ageyl gewesen. Was bist du? Du bist kein Moslem; bist du nun ein Yahudy oder einer der Nasara?« – »Ja, Wirt, es ist wahr, ich bin ein Mesihy, ein Anhänger des Messias, willst du mich nun deshalb vertreiben oder töten?« – »Nein! Und fürchte nichts! Sind wir hier nicht in el-Kasim? Die meisten von uns haben fremde Länder bereist, und wer die Welt gesehen hat, ist nicht wie der Unwissende; man wird dich höflich behandeln.« (. . .)

Wir überquerten eine salzverkrustete Talsenke jenseits des Dorfes; auch das Brunnenwasser in Gassa schmeckt nach diesem Mineral. In der Oase, die größer als er-Rauth ist, mögen etwa dreihundert Menschen leben. Das schlechte Wetter war vorüber, die Sonne strahlte vom Nachmittagshimmel. Während wir durch die Wüste von el-Kasim ritten, umgab uns die gleiche stehende, schwüle Luft, wie man sie allgemein aus der Jordantiefebene unterhalb von Jericho kennt. Zu unserer Linken zog sich noch das niedrige Sandsteingebirge hin, an dessen Fuß ich Palmen und Wachtürme entfernter Weiler und Dörfer sah. Der Boden besteht hier aus Kieselsand mit Riffen aus Sandstein, neben dem Weg laufen Dünen aus tiefem Nefud-Sand. Nach fünf Meilen standen wir vor Shukkuk, das nicht weit von Boreyda liegt; der Ort ist zur Wüste hin nicht von Mauern abgeschirmt (was ich sonst bei keiner anderen arabischen Siedlung gefunden habe). Hier zügelten wir unser Tier, um uns nach Neuigkeiten zu erkundigen und von dem frischen Wasser des Ortes zu trinken. Wir erfuhren, daß Hasan, der Emir von Boreyda, gewöhnlich Weled Mahanna genannt, mit seiner bewaffneten Truppe in der Wüste auf einem Raubzug war. Mahanna, ein reicher *jemmal* oder Kamelmeister in Boreyda, hatte anfangs Geld gegen Wucherzinsen verliehen und so die halbe Stadt zu seinem Schuldner gemacht; schließlich eignete er sich dann mit Unterstützung des Wahabiten die Würde eines Emirs an! (. . .)

Boreyda

Nun kamen die größeren Dünen der Nefud in Sicht, die von den Beduinen *nef'd* (Pl.: *anfad)* und *taus* genannt werden; in Kasim hört man die Bezeichnung *adanat* und *kethib* (Pl.: *kethban*). »Nicht weit hinter den Dünen zu unserer Rechten (in Richtung Aneyza) liegt das Wadi er-Rummah«, sagte Hamed. Nach einem eineinhalbstündigen Ritt kamen wir, als die Sonne gerade unterging, auf eine Kuppe der Nefud. Dort bot sich uns ein traumhafter Anblick! Eine große, aus Lehm erbaute Stadt erhob sich mit Mauern und Türmen, Straßen und Häusern aus dem Wüstensand! Daneben ein dunkelblauer Wald von Tamarisken auf hohen Dünen. Dies war Boreyda! Und jenes viereckige Minarett dort in der Stadt gehörte zur großen Moschee. Es war mir, als sähe ich ein Jerusalem in der Wüste (wie bei einem Blick vom Ölberg). Die letzten Strahlen der Sonne verliehen der dämmrigen Lehmstadt einen Glorienschein und durchblitzten die dunkle Pracht der Tamarisken. (. . .)

Wir trafen auf einige Stadtbewohner, die außerhalb der Mauern die Abendluft genossen. Als wir an ihnen vorbeiritten, fragten sie meinen Beduinengefährten aus; unter ihnen bemerkte ich auch einen finsteren Galla-Krieger des Fürsten. Hamed antwortete: »Wir sind auf dem Weg zum Gästehaus des Emirs.« Sie sagten: »Dahin ist es noch weit, und die Sonne ist bereits untergegangen. Wäre es nicht besser für euch, in einem Haus innerhalb der Stadtmauern Rast zu machen und dort zu übernachten? Zum Emir könnt ihr dann am Morgen gehen.« Wir ritten weiter und passierten das Stadttor; die Lehmmauer *(ajjidat)* ist neu und knapp zwei Fuß stark. In den dunklen Straßen trafen wir keinen Menschen; die Leute waren zum Abendessen heimgegangen und die Geschäfte im Suk zur Nacht geschlossen; die Stadthäuser, aus sandigem Lehm erbaut, waren niedrig und brüchig. In den stillen und verlassenen Straßen schritt das Kamel unter uns schlurfend dahin. Wir kamen auf den ungepflasterten Marktplatz, den Mejlis, der von den Füßen der Einwohner tief ausgetreten war. Dort steht auch die große Moschee aus Lehm mit ihrem hohen Minarett. Am Hoftor vor dem Gasthaus des Emirs zügelte Hamed unser Kamel.

Der Pförtner öffnete das roh gezimmerte Tor, und wir ritten hinein und stiegen ab. Fündundzwanzig Meilen lagen für heute hinter uns. Es dauerte nicht lange, bis ein Küchenjunge uns aufforderte: »Erhebt euch und sagt ›Im Namen Gottes‹.« Er führte uns durch dunkle, mit Kreuzgängen verbundene Höfe, von wo wir auf großen Lehmtreppen nach oben stiegen, um dort das Abendessen einzunehmen. Die Stufen waren in der Mitte so ausgetreten, daß sich eine Rinne gebildet hatte, und wir stolperten gefährlich in der Dunkelheit. Oben kamen wir auf eine Galerie mit Terrassen darüber, die mich an unsere Klostergebäude erinnerten; immer noch im Dunkeln führte uns der Junge bis ans Ende eines Bogenganges, wo wir einen schlechten Boden unter den Füßen fühlten. Dorthin brachte er unser Abendessen, ein schlichtes, in Wasser gekochtes Weizengericht ohne Butter (eine Art arabischer *burghrol*); somit waren wir nun die Gäste des Bauernfürsten von Boreyda. Dies ist das übliche Abendessen in Kasim, es sollte aber mit etwas Milch und Butter zubereitet sein; in guten Häusern wird der Burghrol, in Fleischbrühe gekocht und mit Reis vermischt, als Beilage zu gekochtem Hammelfleisch aufgetragen. Nachdem wir gegessen und uns die Hände gewaschen hatten, mußten wir uns in der Dunkelheit zurücktasten, in steter Gefahr, uns den Hals zu brechen, was das Abendessen wahrlich nicht wert gewesen wäre. Nun verabschiedete sich Hamed in der kurz angebundenen Art der Beduinen von mir und bestieg sein Kamel; ich war erleichtert, meinen Gefährten sicher außerhalb der Stadttore (des Tyrannen) zu sehen. Der Mond ging eben auf; Hamed wollte die Stadt verlassen und in einem der Dörfer Quartier machen.

Ich bat nun, ›den Emir‹, Hasans Bruder, besuchen zu dürfen, den dieser als Stellvertreter in Boreyda zurückgelassen hatte, doch bekam ich zur Antwort: »Es ist schon spät, und der Emir lebt in einem anderen Teil der Stadt – *el-Bakir,* morgen!« Der Torwächter, der Kaffeediener, ein Soldat und andere Bedienstete des Gasthauses umringten mich; die Hoftore waren geschlossen, und sie wollten mich nicht hinauslassen. Während ich in dem spärlichen Mondlicht auf einer Lehmbank saß, wurde ich durch den verwünschten Gebetsruf ihrer barbarischen Religion aus meiner Müdigkeit aufgeschreckt; der Muezzin rief vom Minarett zum letzten Gebet. Ich grämte mich über mein wenig vorsorgliches Gedächtnis und dachte bei mir: Welch ein Unglück! Warum mußte ich auch so lange hier sitzen bleiben? Kein Emir, niemand, der mich bis zum Morgen befreien konnte! Ich fragte noch schnell, wo der Schlafraum sei, jene Hyänen jedoch meinten mit unterdrücktem Hohn, ob ich nicht mit ihnen beten wolle, ehe ich zur Ruhe ginge. Sie schoben mich dann in einen Raum des dunklen Gasthauses, der als kleines Kaffeezimmer benutzt worden war und über dem die hohle Stille einer Kapelle hing. Ich tappte in der Dunkelheit herum und fühlte Lehmsäulen, dann trat ich in die Asche einer Feuerstelle. Auf dem harten Lehmboden legte ich mich nieder. Meine Pistole befand sich tief unten in meiner Reisetasche, die der Torwächter andernorts weggeschlossen hatte, ich fand jedoch mein Taschenmesser und dachte mir, sie sollten nicht mit heiler Haut davonkommen, wenn sie mir etwas antun wollten. Dennoch hoffte ich, die Nacht möge ruhig vergehen.

Ich hatte noch keine Stunde geschlafen, als ich die Tritte eines Mannes hörte, der sich durch die Tür tastete: »Steh auf«, sagt eine Stimme, »und folge mir, du sollst vor den Scheichs in der Kaffeehalle erscheinen.« Er ging voraus, und ich folgte ihm dem Gehör nach; schließlich sah ich Leute, die offenbar zur Wache des Emirs gehörten und beim Kaffee saßen. Sie forderten mich auf, Platz zu nehmen, und einer reichte mir eine Schale; dann fragten sie mich aus: »Bist du nicht der Nasrany, der kürzlich in Hayil war, du warst doch mit einigen Annezy dort, und Aneybar schickte dich auf einem *jurraba,* einem räudigen Dromedar, weg; sollten sie dich nicht nach Kheybar bringen?« »Ja, der bin ich.« – »Warum bist du dann nicht nach Kheybar gegangen?« – »Du hast es bereits gesagt, weil das Kamel räudig war; jene Beduinen konnten mich nicht dorthin bringen, was Aneybar wohl wußte, aber der Sklave wollte ja nicht hören. Woher aber weißt du all das eigentlich?« – »Ich war in Hayil und sah dich dort. Hat Aneybar dir nicht verboten, nach Kasim zu gehen?« – »Ich hörte wohl seine Lügen, daß ihr Feinde seiet, von einem Verbot jedoch hörte ich nichts; wie könnte ein Sklave mir auch verbieten, jenseits des Reiches von Ibn Rashid zu reisen?« Hier begannen sie zu lachen, schüttelten ihre Hohlköpfe und ließen mich ihre Zähne sehen – ein gutes Zeichen! Dann fügten die Inquisitoren herrisch und ungeduldig hinzu: »Was ist mit deinen Papieren, he? Geh und hol sie! Wir wollen sie sofort haben und sie zum Emir bringen.« Zu einem jungen Mann gewandt: »Du begleitest den Nasrany.«

Der Torwärter öffnete eine Vorratskammer, in der mein Gepäck lag. Ich nahm den Medizinkasten heraus, doch meine müden Hände schienen den Schurken mit ihren Vogelgehirnen, die mir gefolgt waren, zu langsam. Der schlimmste von ihnen, ein Kahtany, ein fanatischer Nomade aus dem Süden, schlug mich mit der Faust und bedrohte und beschimpfte den Nasrany. »Heraus mit all deinen Papieren!« schrien sie und rissen sie mir aus den Händen. »Damit gehen wir jetzt zum Emir.« Sie machten sich davon, die Tore wurden hinter ihnen geschlossen, und man ließ mich im Hof zurück. Der Halunke, der mich geschlagen hatte, jedoch blieb; er drang sofort mit der Hand am Schwert auf mich ein und murrte: »Du Heide! Sag: *La ilah ill'Ullah,* es gibt keinen Gott außer Allah!« Es kamen nun noch mehrere andere Männer hinzu. Ich saß im Mondlicht auf der Lehmbank und gab ihnen zur Antwort: »Morgen werde ich euch anhören, aber nicht jetzt, denn ich bin zu müde.«

Danach griffen sie mir an die Brust (auf der Suche nach Geld)! Ich stand auf, und alle umdrängten mich. Der Torwärter hatte mir zuvor ins Ohr geraunt: »Wenn du Silber hast, dann laß es bei mir, denn diese Männer werden dich ausrauben.« Aber jetzt sah ich, daß er mit ihnen im Bunde war! Von diesen Schuften bedroht, versuchte ich Hilfe herbeizurufen: »*Haramieh!* Diebe! Hilfe, ihr ehrlichen Nachbarn!« Aber zu so später Stunde war dieser Teil der Stadt verlassen, und niemand antwortete auf mein Rufen; falls mich aber jemand hörte, so würde sein Herz ohne Zweifel ängstlich zusammenzucken, denn die Araber (die ein mit schwacher Hand regiertes Land bewohnen, in dem Überfälle an der Tagesordnung sind) halten sich gewöhnlich feige zurück. Als ich jedoch ›Diebe‹ rief, ließen meine Peiniger einen Moment lang erschreckt von mir ab. »Schrei nicht«, sagten sie heiser, »oder bei Allah ...!« Ich entnahm daraus, daß der Überfall ihrer eigenen dreisten Bosheit entsprang, und fuhr fort zu rufen. Als ich begann, um mich zu schlagen, zeigten sie so wenig Mut, daß ich mich trotz meiner Schwäche mit etwas Mühe von ihnen hätte befreien können. Doch wäre dies nur zu meinem Schaden gewesen, denn sie hätten dann zu ihren Waffen gegriffen; und ich war rings von Mauern eingeschlossen und konnte nicht aus der Stadt entkommen. Aus sechs Männern bestand die üble Bande, die mich bedrängte, und ich hielt es für das Beste, weiter ›Diebe‹ zu rufen und nur ein wenig Widerstand zu leisten, um sie hinzuhalten. Ich hoffte, daß jeden Augenblick ein Offizier vom Emir kommen würde. Nun war schon meine leichte Börse in ihre rohen Hände geraten, und, was mich am meisten bekümmerte, auch das Aneroidbarometer – sie hielten es im Sternenlicht für eine Uhr. Der Kahtany packte und zerriß die Schnur, an der das empfindliche Instrument um meinen Hals hing, und rannte dann damit weg wie ein Hund, der einen guten Knochen zwischen den Zähnen hat. Sie hatten mir den Mantel und das Kopftuch heruntergerissen; schließlich ließen mich die Schurken nur mit meiner Hose bekleidet stehen. Dann stürzten sie vereint auf die Tür zu, hinter der mein Gepäck lag. Ich hoffte jedoch, sie würden in der Dunkelheit meine Pistole nicht sofort finden, was auch zutraf.

Plötzlich stand der Mann des Emirs vor dem Tor, klopfte an und verlangte laut Einlaß; der Pförtner öffnete das Tor wie ein ertappter Schuljunge. »Was ist hier vorgefallen?« wollte der Offizier beim Eintreten wissen. »Sie haben den Nasrany ausgeraubt.« – »Wer hat das getan?« – »Der Kahtany, der hat angefangen.« – »Und dieser Kerl hier«, rief ich, »war einer der Eifrigsten!« Die übrigen Diebe waren in das Gästehaus geflüchtet, als der Offizier des Fürsten kam. »Pfui, was für eine Schande«, rief dieser, »daß ein Mann im Hause des Emirs beraubt wird; und dazu noch jemand, der Empfehlungsschreiben des Sultans bei sich trägt! Was habt ihr getan! Der Herr verdamme euch alle miteinander!« Ich sagte: »Laß sie meine Kleider wiederbringen, auch wenn sie zerrissen sind.« – »Du wirst vom Emir andere bekommen.« Auf seinen Ruf hin kam das Diebesgesindel aus seinen dunklen Winkeln hervor, und er befahl: »Bringt dem Fremden seine Kleidung.« Und zu mir gewandt: »Alles, was sie dir geraubt haben, wirst du zurückbekommen, oder jene verlieren die Hand. Bei Allah, die Hand eines jeden, bei dem sich etwas findet, wird dir als Buße für das Diebesgut in deine Reisetasche gelegt. Ich bin gekommen, um dich zu einer Unterkunft zu bringen, die für dich vorbereitet wurde, aber nun muß ich zum Emir zurück. Und du und du und du (er nannte sie einzeln beim Namen), hütet euch, noch einmal so etwas zu tun, oder ihr zieht den Zorn des Emirs auf euch!« Sie antworteten: »Wir hätten das nicht getan, wenn er sich nicht geweigert hätte ›La ilah ill'Ullah‹ zu sagen.« – »Da siehst du ihre Lügen! Denn ihnen zu Gefallen habe ich es vier oder fünf Mal gesagt, und höre, ich sage es wieder: ›La ilah ill'Ullah‹.« Der Offizier: »Ich gehe jetzt, komme aber sogleich zurück.« – »Laß mich nicht noch einmal unter Räubern allein!« – »Hab keine Furcht, niemand von ihnen wird wagen, dich ein zweites Mal anzurühren«, und er befahl dem Wärter, das Tor hinter ihm zu schließen.

Als er kurz darauf zurückkam, befahl er den Schurken im Namen des Emirs, ›bei Strafe der Hand‹ alles das zurückzugeben, was sie dem Nasrany geraubt hatten. Dem Pförtner gebot er, in der Vorhalle Feuer zu machen, damit wir es hell hätten. Der Kahtany-Soldat, der die Bande angeführt hatte – er gehörte zu den Soldaten des Emirs –, versicherte mir, er wolle wahrheitsgemäß die Summe angeben, die in meiner Börse gewesen sei, denn mein Wort könne ihm seine Hand kosten. Wenn ich nur die Wahrheit sagen wollte, so würde Gott der Herr auch mir gnädig sein. »Glaubst du Elender denn, daß ein Christ je so handeln würde wie du selbst?« – »Hier ist die Börse«, sagte der Offizier, »wieviel Geld müßte darin sein? Nimm sie und zähl deine *derahim* (Drachmen).« Ich sah, daß sie ihre diebischen Hände darin gehabt hatten, denn es waren nur ein paar Pfennige übriggeblieben. »Soundsoviel fehlt.« – Der Offizier: »Oho, ihr, die ihr das Geld dieses Mannes genommen habt, bringt es her – der Herr verdamme euch!« Der Soldat ging weg und kam mit dem Geld zurück – zwei französische Goldstücke im Wert von zwanzig Franken, alles was mir in dieser traurigen Welt noch blieb. Der Offizier: »Sag, ist dies dein ganzes *fulus* (Gold)?« – »Das ist alles.« – »Fehlt noch Geld?« – »Nein!« Erstaunen auf seinem rohen Gesicht, bedankte sich der Kahtany bei mir. Der Offizier: »Was fehlt noch?« Ich zählte noch einige Dinge auf, und die Gauner holten alles, was sie aus meinem Gepäck gestohlen hatten; zum Glück war ihnen dafür ja nur ein Augenblick Zeit geblieben. Der Offizier: »Nun sieh nach, ob du alles hast. Vermißt du noch irgend etwas?« – »Ja, meine Uhr.« (Das Barometer, das mir nach der Pistole in Arabien am meisten bedeutete.) Sie riefen jedoch: »Welche Uhr? Nein, wir haben ihm alles zurückgegeben.« Der Offizier: »Oh, ihr Lügner, ihr Verfluchten, ihr Diebe, bringt diesem Mann seine Uhr, oder die (schuldige)

Hand ist dem Emir verfallen.« Nach einigem Hin und Her wurde sie dann gebracht, aber nur sehr unwillig zurückgegeben; sie mochten das Messing für Gold gehalten haben. Zu meiner Beruhigung stellte ich am nächsten Morgen fest, daß das Instrument unbeschädigt war; ich konnte damit noch auf den Faden genau die Höhe messen.

Der Offizier sagte nun, daß es spät sei und ich die Nacht hier verbringen solle. »So leih mir ein Schwert, wenn ich denn an diesem verwünschten Ort bleiben muß; und wenn mich jemand wieder angreift, soll ich ihn dann verschonen?« – »Es besteht keine Gefahr mehr, und was diese hier angeht, so werden sie in der Kaffeehalle bis zum Morgen eingeschlossen«, und er führte die Missetäter ab. Der Offizier hatte mir auch meine Papiere zurückgebracht, der Schutzbrief von Aneybar war jedoch nicht dabei.

Als der Tag anbrach, kam Jeyber – so hieß der Offizier des Emirs – zurück; ich bat erneut, den Emir besuchen zu dürfen. Jeyber sagte, zunächst müsse er hingehen und mit ihm sprechen. Als er zurückkam, lud er mein Gepäck auf seine schwachen Schultern und sagte, er würde mich nun zu meiner Unterkunft bringen. Er führte mich durch eine abgelegene Straße und bog in einen weiten, verfallenen Hof vor einem großen Gebäude ein, das in früherer Zeit einmal der Palast des Emirs gewesen, jetzt jedoch alt und baufällig war, da die Lehmwände hierzulande kaum mehr als hundert Jahre überdauern. Über ausgetretene Lehmstufen stiegen wir dann nach oben, wo in einer großen Halle zwei Frauen, Jeybers Gemahlinnen, saßen. Jeyber, der Bewohner dieses verwahrlosten Palastes, gehörte zum Stamme der Kahtan. Am Ende der Halle befand sich noch ein weiterer Raum, den er mir als Unterkunft anwies. »Ich bin müde und du sicher noch mehr als ich«, sagte er, »eine Schale Kaffee wird uns beiden gut tun.« Jeyber setzte sich an seinen Herd, um den Morgenkaffee zu bereiten.

In der Zwischenzeit kamen einige angesehene Persönlichkeiten der Stadt herauf, die die schwere Tracht Mesopotamiens trugen. Unter den Reichen in Boreyda sind viele Kamelmeister, die Karawanenhandel treiben. In Mesopotamien besteht ihre Fracht aus Weizen; Kleider und *temmn,* Reis, bringen sie in den Nejd; in Kasim laden sie Datteln und Mais für el-Medina (vorausgesetzt, daß die Preise günstig stehen). Im Herbst befördern sie Butterschmalz, den sie auf dem Lande von den Nomaden erstanden haben, nach Mekka und bringen dafür von dort Kaffee mit. Diese grobschlächtigen arabischen Bürger gleichen Bauern! Obwohl weit herumgekommen, zeigten die Männer einen unversöhnlichen Fanatismus.

Als sie gegangen waren, fragte Jeyber: »Wollen wir jetzt den Emir besuchen?« Wir machten uns auf den Weg, der durch eine Straße auf den Platz vor dem Haus des Fürsten führte. Ein schmutziger Bursche von vielleicht fünfunddreißig Jahren saß dort gleich Hiob im Straßenstaub, und bei ihm zwei oder drei andere Männer. Als ich fragte, wo Abdullah, der Emir sei, sagten sie: »Dies ist der Emir!« – »Jeyber«, flüsterte ich, »ist dies der Emir?« – »Er ist es.« Ich fragte darauf den Mann: »Seid ihr Weled Mahanna?«, was er bejahte. »Ist es«, fragte ich nun, »hier Sitte, daß Fremde mitten in eurer Stadt beraubt werden? Ich hatte euer Brot und Salz gegessen, und doch griffen mich eure Diener in eurem Hof an!« – »Es waren Beduinen, die dich beraubt haben.« –

»Ich habe mit den Beduinen gelebt und wurde nie in einem Lager ausgeraubt, und niemals ist mir im Zelt eines Gastgebers etwas verlorengegangen. Ihr habt gesagt, es seien Beduinen gewesen, aber es waren Männer des Emirs.« – Abdullah: »Und ich sage, alle waren Kahtan.« Dann wollte er meine ›Uhr‹ sehen. »Die habe ich nicht bei mir, aber hier ist ein Fernrohr!« Er hielt es vor die Augen und gab es zurück. Daraufhin sagte ich: »Ich mache es euch zum Geschenk, doch müßt ihr mir andere Kleidung geben als Ersatz für die, welche die Diener des Emirs zerrissen haben.« Er wollte die Gabe jedoch nicht annehmen und auch einem Christen keine Genugtuung leisten, ich aber hatte kein Geld, neue Kleidung zu kaufen. »Heute noch«, sagte er, »reist du ab!« – »Und wohin?« – »Nach Aneyza – wir haben einige Kameltreiber, die gestern aufgebrochen und nach Siddus unterwegs sind; sie werden dich dorthin geleiten.« In Siddus (das sie für einen Pilgerort der alten Götzenanbeter dieser Gegend oder der ›Christen‹ aus der Zeit vor Mohammed halten) steht eine antike ›Nadel‹ oder Säule mit einer Inschrift, vielleicht ein Grabspruch. Die Fabel von den Kameltreibern nach Siddus war jedoch nur eine Ausflucht Abdullahs. Dann rief er: »*Min yeshil,* wer will den Nasrany auf seinem Kamel zum Wadi bringen?« Erst später erfuhr ich, daß damit ein Palmenhain am Wadi er-Rummah gemeint war. Ich sagte Abdullah, daß ich heute ruhen wolle, da ich zu müde zum Reiten sei. Dies gestattete er mir, wenn auch widerwillig, denn alle Araber (Einwohner eines kräftezehrenden Landes) sind gegen menschliche Schwächen nachsichtig. – »Nun gut, wie du willst; aber das sollte dann auch genügen.«

Ein junger Mann trat zu uns und lud mich zum Kaffee ein. »Man bittet um deinen Besuch«, sagte Abdullah, »so geh denn mit ihm.« Von Jeyber begleitet, folgte ich dem Boten zu einem vornehmen Stadthaus, wo wir eine Kaffeehalle von freundlichem Aussehen betraten. Die Wände waren mit Stuck in Gittermustern geschmückt, und um den Herd lagen persische Teppiche. Das süß duftende Brennholz der *ghrotta,* einer Tamariskenart der Nefud, glühte im Herd, und in Griffweite des Kaffeekochs war noch mehr Holz in einer Nische aufgestapelt, wie es der löbliche städtische Brauch aller besseren Bürgerhaushalte in Kasim erfordert. Hier saß nun eine kalte, fanatische Versammlung wohlgekleideter Persönlichkeiten beieinander, und einem jungen Mann wurde von einem älteren ein Brief diktiert. Doch hinderte ihn das nicht, während jeder Pause Schmähungen gegen den fremden Christen auszustoßen und das, was er meine unreine Religion nannte, zu lästern. (...) Ich hörte kein freundliches Wort in dieser Runde und fragte mich, warum sie mich überhaupt hergebeten hatten! Nach der zweiten Schale ließ ich sie sitzen und kehrte in Jeybers Haus zurück, das Kasr Hajellan genannt wird. (...)

Erbaut worden war dieser Palast von Abdullah, einem Sohn von Abd el-Aziz, beide Fürsten von Boreyda. Abdullah wurde von Mahanna ermordet, als dieser mit Billigung des Wahabiten die Macht an sich riß. Mahanna herrschte dann lange Jahre über die Stadt, seine Kinder sind der jetzige Emir Hasan und Abdullah.

Die jungen Söhne des ermordeten Fürsten flohen in die Nachbarstadt Aneyza. Einige Jahre später, im Frühling, als die bewaffnete Truppe mit Hasan in der Nefud lagerte, schlichen sie sich eines Nachts heimlich nach Boreyda und versteckten sich in den Häusern ihrer Freunde. Als der Tyrann Mahanna am Tag darauf vorbeikam, um in der großen Moschee sein Mittagsgebet zu sprechen, überfielen ihn Abdullahs Söhne mit dem Dolch und töteten ihn mitten auf der Straße. Ein Reiter, der als Angehöriger der Truppe in der Stadt geblieben war, stieg auf sein Pferd, sprengte durch das Stadttor hinaus und jagte Hals über Kopf in die Nefud, bis er das Lager der Raubkarawane mit Hasan gefunden hatte. Als dieser die Unglücksbotschaft vernahm, gab er Befehl aufzusitzen, und die Truppe ritt in aller Eile heimwärts, um noch in derselben Nacht in Boreyda zu sein.

Inzwischen hielt Abdullah, der trotz eines verkürzten Beines in seinem grausamen Handwerk sehr schnell war, die Stadt fest in der Hand. In der allgemeinen Furcht und Unruhe war er die stärkste Kraft, denn das durch die lange Gewaltherrschaft Mahannas niedergedrückte Stadtvolk machte keine Anstalten, die jungen Mörder zu unterstützen. Und ehe noch ein Aufruhr entstand, hatte Abdullah die Prinzen schon geschickt in einem Haus eingeschlossen.

Bei Anbruch der Nacht zog Abdullah mit seinen Bewaffneten dann vor ihrer Tür auf; um das grausame Geschäft zu beleuchten, wurde ein Holzstoß auf der Straße angezündet. Die Fürstensöhne und einige Gefährten, die bei ihnen waren, verteidigten ihr Leben verzweifelt mit Luntenflinten vom Dach des Hauses. Mehrere mutige Männer, die mit Abdullah gekommen waren, drangen unter dem Schutz eines Schildes, den sie aus einer Tür von rohen Palmholzbrettern mit einer dichtgepreßten Schicht von Datteln darauf hergestellt hatten, gegen das Haustor vor. So vor den schwachen Musketen geschützt, schlugen sie schnell ein Loch in das Tor, schütteten Pulver hinein und legten die Lunte. Ein Feuerbrand wurde geholt, und eine furchtbare Explosion vernichtete alles Leben innerhalb der Mauern – nur ein junger Mann überlebte; schwer verwundet wollte er sich, als Abdullahs Männer eindrangen, mit dem Schwert in der Hand durch einen Sprung ins Freie retten, doch seine Kraft reichte nicht. So lief er hin und her und verfluchte die Eindringlinge, bis ein Schuß auch ihn niederstreckte. Als Hasan in der Nacht eintraf, waren die Mörder seines Vaters bereits tot und die Stadt befriedet. Er war nun Emir von Boreyda. Später traf ich noch andere Mitglieder der alten fürstlichen Familie dieser Stadt, und zwar im Exil in Aneyza; einer der zwei alten Brüder, Patient von mir und jetzt arm und blind, war es, dem die Würde des Emirs von Boreyda in Wahrheit zustand.

Ich wanderte in dem öden Schloß umher, das man als fürstliche Residenz mit dem Kasr in Hayil vergleichen kann, wenn es auch entsprechend der geringeren Bedeutung des Fürsten von Boreyda kleiner ist. Vergleicht man allerdings die Städte, dann ist Hayil ein halbbeduinisches Stadtdorf mit einem Suk für fremdländische Güter, Boreyda jedoch eine große Bürgerstadt, in der Handel und Wandel des mittleren Nejd zusammenlaufen. Der Palasthof, groß wie ein Marktplatz, war nun wieder zum Sand der Nefud geworden. Im Innern des verfallenen Schlosses fand ich eine schön gebaute Kaffeehalle, die die ganze Höhe des einstöckigen Gebäudes einnahm und oben an den

Wänden Galerien hatte – nicht unähnlich den Hallen des alten England. Die Wände aus sandigem Lehm waren mit Stuckarbeiten geschmückt. Dieses schweigende und inzwischen (wie es scheint) von der Zeit mitgenommene Schloß inmitten der Wüste Arabiens war in den Tagen unserer Väter erbaut worden. Ich bewunderte das Gitterwerk aus Gips auf den Lehmwänden; solche Dädalusarbeit erwächst wie eine Pflanze unter den Händen der semitischen Künstler und ist ein Abbild ihrer Vorstellung von der Natur, die sie nicht wie die Pythagoräer in wenigen reinen Linien verkörpert sehen, sondern in überreichem, unbegrenzt wucherndem Schmuck. Kommen diese Stukkaturen aus Indien? Syrien ist bekannt für sein Geschick bei Arbeiten mit rohem Ton; tönerne Vorratskrüge, Pfannen, Herde und Kornbehälter sieht man dort in allen Hütten. Im Libanon sind die Lehmwände und Säulen in den Häusern reicher Bauern mit einem Netzwerk aus Lehm seltsam verziert und kunstlos ausgemalt.

Bewundernswert schien mir die Architektur dieses Lehmpalastes! Selbst mit den ärmlichsten Mitteln vermögen die Araber eine vollendete Wirkung zu erzielen. Die Gesimsornamentik dieser Baumeister ist das sogenannte Haifischzahn-Muster, wie es auch im Mothif von Hayil zu sehen war. Auf die Außenwände hat man zur Auflokkerung eine Reihe blinder Rundbögen gesetzt, bemalt in Grün und rotem Ocker. Vielleicht war der Erbauer des Kasr Hajellan ein Meister aus Bagdad, ein *muallem,* wie man es auch bei manchen anderen bedeutenden Bauwerken mutmaßen darf, die fern von aller städtischen Kultur in bestimmten Randgebieten der Wüste stehen. (. . .) Diese bröckelnden Mauern des alten Mothif bewohnte also Jeyber. Die neuen Bauernherrscher von Boreyda üben keine öffentliche Gastfreundschaft, weswegen sie von den Wüstenbewohnern auch abschätzig betrachtet werden.

Ich begleitete Jeyber, um etwas im Suk zu kaufen und die Stadt kennenzulernen. Wir kamen über den Markt mit Viehfutter, meist Futterwicken; danach folgten die Lebensmittelläden – in einigen hingen große Hammelfleischwürste, vielleicht aus Mesopotamien. Viele Läden boten Körbe mit getrockneten Heuschrecken an. Sogar Garküchen, die im beduinischen Hayil noch unbekannt sind, gibt es hier, und man kann für sein Geld ein warmes Reisgericht mit gekochtem Hammel- oder Kamelfleisch bekommen. Ein Fremder könnte in Boreyda, mitten im nomadischen Arabien, fast wie in Mesopotamien leben, nur daß es hier keine Kaffeehäuser gibt. Einige der Händler, die in den Läden Grünzeug verkauften, waren Frauen! Nicht einmal in Damaskus ist man so weit, und auch in Aneyza sieht man nur ein paar arme Marktfrauen. Boreyda, eine Metropole der arabischen Oasenwelt, ist mit den nördlichen besiedelten Landstrichen durch Handelskarawanen verbunden, und die städtischen Beny Temim sind den halbblütigen Arabern jener Grenzprovinzen nicht unähnlich. (. . .)

Mit einem Achselzucken kam Jeyber von einem Besuch beim Fürsten zurück. »Sie fordern vom Emir deinen Tod! Kein Christ, so sagen sie, habe Boreyda je betreten. Ein Schrei der Entrüstung geht durch die Stadt, und Abdullah neigt dazu, dem Volk nachzugeben. Ich habe gerade mit ihm verhandelt. Wenn es Allah gefällt und wir diese Nacht noch sicher verbringen, werde ich dich morgen auf meinem Kamel – ich habe nach ihm geschickt – auf einsamen Wegen aus dem Ort und nach Aneyza befördern.« Während wir noch sprachen, hörten wir Leute aus der Stadt in den Hof laufen. Die vordersten kamen bereits die Treppe herauf, und die Tür war offen. Jeyber jedoch drohte ihnen die schwersten Strafen des Emirs an und trieb sie noch einmal hinunter und aus dem Hof. Als er zurückkam, fragte er seine Frauen mit argwöhnischen Blikken, wer das verriegelte Tor von innen aufgesperrt habe. Zu mir sagte er, er müsse noch einmal ausgehen, um mit Abdullah zu sprechen, doch werde er nicht lange fortbleiben. Ich ließ ihn jedoch nicht eher gehen, bis er versprochen hatte, die Pforte zu verschließen und den (hölzernen) Schlüssel mitzunehmen. Nur diese arme Seele und das Holz einer alten Tür standen noch zwischen mir, einem einsamen Fremden, und dem wilden Glaubenseifer dieser Städter. Als Jeyber zurückkam, sagte er, die Stadt sei ruhig; Abdullah habe auf seine Fürsprache hin verboten, noch mehr Aufhebens von der Sache zu machen, und die Aufrührer seien heimgegangen. (...)

Mein unglückliches Geschick hatte es gewollt, daß ich gerade zur Zeit eines – wie sie es auffaßten – großen Religionskrieges mit den Christen, den Feinden Gottes und seines Propheten, in Arabien reiste. Jetzt wollte das müßige, fanatische Volk vom Emir wissen: ›Da Allah einen Christen in unsere Hände geliefert hat, weshalb sollen wir ihn da nicht töten?‹ Schließlich ging die Sonne über diesem sorgenreichen Tag unter. Ich trat hinaus, um die kühle Luft auf der Dachterrasse zu genießen, und als ich eine zerbrochene Leiter fand, die zu einem höheren Teil des Daches führte, wollte ich einen Blick über die große arabische Stadt werfen. Einige Leute auf der Straße erspähten mich jedoch sofort und riefen: »Herunter mit dir! Herunter! Ein Kafir darf das Land der Moslems nicht betrachten!« Jeyber brachte mir ein Mahl aus gekochtem Hammelfleisch mit Reis, das er im Suk gekauft hatte; nach dem Essen sagte er, wir seien nun Brüder. Dann ging er noch einmal zum Emir.

Jeyber kehrte voller Zweifel und Sorgen zurück. Die Leute, sagte er, bedrängten Abdullah von neuem, und dieser habe ihnen geantwortet, sie sollten mit mir nach ihrem Gutdünken verfahren. Er hatte auch gemeint, sie hätten den Nasrany in der Wüste erschlagen sollen, in der Stadt jedoch dürfe die Tat nicht geschehen. Als Jeyber mich fragte, ob ich mein Gepäck zurücklassen und heimlich zu Fuß aus Boreyda fliehen wolle, antwortete ich: »Nein! Und sage mir ehrlich, Jeyber, hast du nicht vor, mich zu verraten?« Er versicherte, daß er das als treuer Mann niemals tun würde. – »Wohlan, wie gefährlich ist es denn im Augenblick?« – »In dieser Nacht besteht wohl keine Gefahr mehr, zumindest nicht in meinem Hause.« – »Und wie komme ich am Morgen durch die Straßen?« – »Wir werden schon durchkommen, die Gefahr lauert nicht so sehr in der Stadt; ich fürchte nur, daß man uns verfolgt.« – »Wie viele Reiter mag es hier in Boreyda geben, zwanzig?« – »Ja, bestimmt, wenn nicht mehr.« – »So eile zu Abdullah und sage ihm, Khalil sei ein *Rajul Dowla*, ein Mann, der unter dem Schutz des Sultans steht (wie es aus meinen Papieren hervorgeht). Wenn mir, einem Gast, unter euch etwas zustößt, werdet ihr selbst in Schwierigkeiten geraten. Denn glaubt ihr, man würde es zulassen, daß ein Reisender unter kaiserlichem Schutz, der eure Stadt nur kurz besucht, wegen seiner Religion umgebracht wird, die doch vom Sultan geduldet ist? Die Männer sollen nur nicht meinen, sie seien hier inmitten der Wüste sicher, denn ›lang ist der Arm der Dowla‹. Denkt an Jidda und Damaskus und an die Schuldigen, die dort auf Befehl des Sultans bestraft wurden!« Jeyber sagte, er werde Abdullah diese Worte übermitteln.

Erleichtert kehrte der Offizier dann zurück. Abdullah hatte meine Worte wohl aufgenommen und befohlen, daß mich niemand mehr belästigen dürfe. Er habe ihm auch zugesichert, daß mir in dieser Nacht nichts Böses widerfahren werde. Jeyber: »Nun haben wir Frieden, gelobt sei der Herr! Geh nun ins Haus und schlafe, Khalil, damit du morgen in der Frühe bereit bist.«

Noch vor Tagesanbruch war ich reisefertig, und es schien mir hundert Jahre zu dauern, bis ich Boreyda verlassen konnte. Bei Sonnenaufgang machte Jeyber es sich bequem, um Kaffee zuzubereiten – er hatte es alles andere als eilig! Das versprochene Kamel war auch noch nicht gekommen. »Und wann wird das Reittier hier sein?« – »Irgendwann vor Mittag.« – »Wie sollen wir dann heute noch nach Aneyza kommen?« – »Ich habe dir doch gesagt, daß Aneyza nicht weit entfernt liegt.« (. . .)

Auf den Stufen des Palastes ertönte ein hinkender Schritt – es war der lahme Emir Abdullah selbst, der hereinkam, gestützt auf seinen Stock. Gewand und Kopftuch des Bauernfürsten waren verschmutzt, er setzte sich am Herd nieder, und Jeyber bereitete frischen Kaffee. Abdullah wies auf einen armen Mann, der mit ihm gekommen war und an der Tür stand, und sagte: »Dieser Mann wird dich auf seinem Kamel nach Aneyza bringen. Steh auf und hol dein Gepäck!« – »Jeyber hat mir aber versprochen, mich auf seinem eigenen Reitkamel zu befördern.« Mein Gastgeber jedoch (der mir etwas vorgeschwindelt hatte) entschuldigte sich jetzt und sagte, er werde uns folgen, sobald sein Tier da sei. Abdullah zahlte dem Kamelreiter nun seinen Lohn, einen Viertel *Mejidy*, elf Pence. Der Mann nahm darauf mein Gepäck auf seinen Rücken und brachte mich durch eine verlassene Straße zu einem Kamel, das vor seiner Lehmhütte kauerte. Wir saßen auf und verließen auf Feldwegen die Stadt.

Die Palmen und Felder von Boreyda liegen alle auf dieser Seite, zum Wadi er-Rummah hin, zwischen einer großen Sanddüne und der Straße nach Aneyza; sie erstrecken sich fast drei Meilen weit bis nach el-Khuthar. Die Brunnen werden durch den Sand der Nefud, der hier nicht tief ist, und durch den darunterliegenden, blau-weißen Lehm bis in den Sandstein vorgetrieben. Solche Brunnen, ohne Mörtel aus Steinen gefügt (in Westarabien würde man sie für Bauten des Altertums halten), werden tagtäglich in el-Kasim begonnen und vollendet. Weniger kostspielige Nebenbrunnen werden wie große Sandgruben bis in die Höhe der Lehmschicht ausgehoben; die nachrutschenden Sandwände sichert man mit Reisigbündeln. Über dem quadratischen Brunnenschacht, der durch den Lehm in der Mitte der Grube hinuntergeführt wird, ist ein grober Rahmen aus Tamariskenpfosten aufgebaut, der das Räderwerk für die Bewässerungsanlage trägt; gewöhnlich benutzt man ein zweiräderiges System. Aus dem ausgemauerten viereckigen Brunnen ziehen vier Kamele das Wasser hoch. Es gibt auch einige oblonge Doppelbrunnen mit sechs oder acht Rädern, die der Bewässerung größerer Ackerflächen dienen. Die Kamele ziehen dann auf zwei Seiten. Das Grundwasser steht in einer Tiefe von sieben Faden; gegen Ende des Sommers werden es acht. (. . .)

Boreyda wurde vor drei oder vier Jahrhunderten gegründet; die Einwohner werden zu den Beny Temim gezählt. Meiner Schätzung nach handelt es sich um nicht ganz fünftausend Seelen; mit den benachbarten Dörfern und Weilern, die Vorstädte von Boreyda sind, mag man auf etwa sechstausend Personen kommen. (. . .)

Mit Staunen sah ich eine neu angelegte Tamariskenpflanzung auf der großen Sanddüne von Boreyda – in einem Land, wo es keinen Tau und nahezu keinen Regen gibt und wo selbst die tiefsten Wurzeln den Grundwasserspiegel bei weitem nicht erreichen. Die jungen Pflanzen werden in den lockeren Sand gesetzt und ein Jahr bewässert, bis sie lange Wurzeln gebildet haben und von sich aus zu wachsen beginnen. Die Tamariske ist ein Baum, der selten glatte und gerade gewachsene Stämme hervorbringt, der aber binnen zwölf Jahren ein zähes und schweres Bauholz liefert, das sich für die Rahmen der Bewässerungswerke eignet. Die grünen Zweige und Äste sind als Brennholz geschätzt. Mit Tamarisken bepflanzt, könnte der Sand Arabiens ein grüner Wald werden!

Aneyza

Die Straße nach Aneyza war ein tief ausgetretener Weg in der unebenen Nefud, doch in dem gerade erst durch Regen und Wind geglätteten Sand war keine Spur von Mensch oder Tier zu sehen. Hasan, der Mann des Emirs, lenkte unser Kamel langsam vom Pfad ab, um die Dünen zu überqueren; so war es weniger wahrscheinlich, daß wir auf Beduinen trafen, die Boreyda nicht freundlich gesinnt waren. Die großen Stämme dieser Weidegründe, die Meteyr und Ateyban, sind mit Zamil, dem Emir von Aneyza, verbündet. Der Name Zamil hatte bereits einen angenehmen Klang in meinen Ohren: Sogar bei seinen angestammten Feinden, den Harb, hatte ich gehört, daß Zamil ein Ehrenmann sei, wohingegen der ›Sohn Mahannas‹ (für den sie zwei Jahre zuvor mit Ibn Rashid gegen Aneyza gezogen waren) als tyrannischer Geizhals galt. Wegen der feindseligen Einstellung der Harb war ich seinerzeit von ihren Zeltlagern nicht nach Aneyza gereist. (. . .) Nach einem dreistündigen Ritt lenkten wir unser Kamel wieder auf die Straße zurück und kamen an einen großen Palmenhain, wo wir rasteten. Hasan, der mir versicherte, mich auf keinen Fall im Stich lassen zu wollen, machte sich auf, das Kamel zu weiden. Er nahm seine Lanze und sagte: »Falls du irgend etwas benötigst, während ich fort bin, geh nur an die Ecke der Mauer dort hinten; du wirst da einen Palmengarten sehen, in dem Männer arbeiten. Ruhe dich nun im Schatten aus, und bereite dir etwas Milch zu, denn du mußt Hunger haben. Vergiß nicht, die Lastsäcke zu bedecken, damit niemand sie sieht. Aneyza liegt eine kleine Strecke hinter jener *adan* (Sanddüne) dort, von der aus du die Stadt sehen kannst. Ich beeile mich und bin gleich zurück.« Ich ließ ihn gehen, und Hasan, der seinem Kamel nacheilte, verschwand hinter den Sandhügeln. Bald kam mir in den Sinn, daß ich nachsehen müsse, was aus ihm geworden sei; so warf ich meinen Mantel ab und lief barfuß in die Wüste; von einer Sanddüne aus erspähte ich Hasan, wie er auf seinem Kamel davonritt – er hatte mich im Stich gelassen! Da wußte ich, daß ich auf einen geheimen Befehl Abdullahs hin betrogen worden war, und erinnerte mich an seine Worte: »Wer will den Nasrany zum Wadi bringen?«

Fernab einer größeren Stadt inmitten des fanatischen Nejd allein zurückgelassen zu werden, das war der grausamste Schicksalsschlag, der mich bis jetzt in Arabien getroffen hatte! Ich besaß nur noch acht Reals, die wohl kaum ausreichten, mich auf direktem Wege zur nächsten Küste zu bringen. Ich kehrte um und bewaffnete mich, dann zerriß ich meine Landkarten in kleine Stücke, damit man mir ihretwegen keine unangenehmen Fragen stellte. Ein Neger und seine Frau kamen aus den Palmen; sie trugen Brennholz nach Aneyza und hatten uns vorbeireiten sehen. Schlicht fragten sie mich: »Wo ist dein Gefährte mit dem Kamel?« – Ich ging nun an der Lehmmauer entlang in die Richtung, aus der das Knarren der Zugräder ertönte, bis ich einen Palmenhain mit einem Gartenhaus erblickte; die Tür war jedoch fest verschlossen. Neben dem Grundstück lag ein weiterer Garten; durch Spalten in der Mauer schaute ich hinüber und sah den Besitzer, einen Mann mit einem ehrlichen Gesicht, beim Pflügen. Ich öffnete sein Gatter, trat auf gut Glück mit einem ›Der Friede sei mit dir‹ näher und bat um einen Schluck Wasser. Der Hausherr blieb einige Augenblicke stehen, um sich den Fremden anzusehen, dann gebot er seiner jungen Tochter, die Wasserschüssel zu holen, und hielt seine Kamele an, um mit mir zu sprechen. »Trink, wenn du magst«, sagte er, »aber wir haben kein gutes Wasser hier.« Das Wasser hatte wirklich einen bitteren, unangenehmen Geschmack, aber auch diese Schale würde ein Band zwischen uns knüpfen. (...)

Bei jenem Mann und seiner Familie wurde ich für die Nacht gastfreundlich aufgenommen, am nächsten Morgen holte er nach dem Frühstück dann einen Esel und lud mein Gepäck auf, um es in die Stadt zu bringen. Auf einer umwallten Straße zogen wir weiter und kamen durch ein in Trümmern liegendes offenes Stadttor nach Aneyza. Von hier aus konnte man einen großen Teil der Stadtmauer überblicken, die nichts als eine dünne Umschalung mit vielen Seitenbreschen darstellt. Doch könnten solche Lehmmauern in wenigen Tagen ausgebessert werden, und es wäre unmöglich, Aneyza auszuhungern, da die weitläufigen Stadtmauern Palmengärten umschließen. Die Bewohner erwarteten eben zu dieser Zeit Feindseligkeiten mit Boreyda.

Wir kamen an den ersten Häusern vorbei, die Armen gehörten, und mein Begleiter sagte, er wolle mich an einer der nächsten Türen verlassen, wo ein Diener des Emirs Zamil wohne. Er klopfte mit dem Ring an, der sich wie in Damaskus als Türklopfer an allen Haustüren befindet, und eine junge Negerfrau öffnete; ihr Mann, ein Metzger, war zu dieser Stunde im Suk. Er war gleichzeitig der Ausrufer und Gendarm Zamils; für solche groben Aufgaben werden im allgemeinen Neger (Männer aus härterem Holz) ausgewählt. Mein Gepäck setzte man auf dem kleinen Kamelhof des ärmlichen, aber sauberen Lehmhauses ab. Aly, der schwarze Hausherr, kehrte bald darauf heim;

als er einen Fremden in seinem Hofe fand, kam er herbei, küßte den Gast und führte mich in seine kleine Kahwa, wo sich bald zum freundlichen Stampfen des Kaffeemörsers einige Personen versammelten – zumeist dunkelhäutige Nachbarn. Aly bereitete den Kaffee zu, denn Kaffee wird auch in den armen Haushalten von Aneyza gekocht. Nach der ersten Schale brachte der arme Mann auf einer Platte ein gutes Frühstück herein, und er ließ sich nieder, um mit mir zu essen; groß war die Gastfreundschaft, die er bei seinen bescheidenen Mitteln an mir übte. (. . .)

Schließlich brach ich mit Aly auf, um Zamil zu suchen, obwohl es nach Meinung meines schwarzen Gastgebers dazu noch zu früh war. Am Anfang der städtischen Straßen lagen einige ärmliche offene Stallungen; die Wege waren sauber. Eine Viertelmeile weiter kamen wir dann in den Suk, der zu dieser Stunde vom lebhaften Getriebe der Stadtbewohner beherrscht war; es waren nur Männer zu sehen, Mädchen und Frauen zeigen sich ja nicht in der Öffentlichkeit. An einer Straßenkreuzung trafen wir auf zwei junge Stutzer. »Heh«, sagte einer von ihnen zu Aly, »dieser Fremde, den du da bei dir hast, ist ein Nasrany!« Dann wandten sich die Gecken an mich: »Guten Morgen, *Khawaja!«* Ich antwortete ihnen: »Ich bin kein Khawaja (jüdischer oder christlicher Grenzbewohner Arabiens), ich bin ein Engleysy; aber wie kommt es, daß ihr mich kennt?« – »Gestern abend hörten wir, daß du von Boreyda gekommen bist. Aly, wohin gehst du mit ihm?« Der arme Mann, der verblüfft gewahrte, daß sein Gast als Nasrany bezeichnet wurde, antwortete: »Zu Zamil.« – »Zamil hält jetzt noch keine Sitzung ab; bring doch den Nasrany zum Kaffeetrinken in mein Haus. Wir sind aus Jidda und von dorther gewohnt, alle möglichen Nasara zu sehen.« In einem großen Haus am Marktplatz, der in Kasim *el-Mejlis* heißt, führten sie uns in das Obergeschoß; der Raum dort war mit persischen Teppichen ausgelegt.

Diese jungen Männer gehörten zu den Kaufleuten aus Aneyza, die in Jidda ihrem Geschäft nachgehen. Einer von ihnen zeigte mir eine siebzehnschüssige Winchesterbüchse; sie sagten, es gebe noch weitere fünfzig davon in Aneyza. Mit solchen Gewehren fürchteten sie den Krieg mit Ibn Rashid nicht; in der Zeit des Jehad hätten sie sich als Soldaten in Jidda ausbilden lassen. Dann fügten sie mit boshaftem Unterton hinzu: »Und falls wir gegen Boreyda kämpfen, willst du dann unser Hauptmann sein?«

Wir verließen die beiden bald, und Aly führte mich über den offenen Markt. Der glückliche Zufall wollte es, daß der Emir gerade auf seinem Platz unter einem kleinen Vordach auf dem Mejlis saß, an der Einbiegung der Straße, die zu seinem eigenen Lehmhaus führt, gegenüber dem Suk der Kleidermacher. Auf der Veranda des Emirs standen zwei Lehmbänke; auf einer, die mit einem persischen Teppich belegt war, saß Zamil, das Schwert neben sich. Zamil ist ein Mann von kleinem Wuchs mit angenehmen Gesichtszügen und großen, verständnisvollen Augen; ich trat auf ihn zu, und er blickte gutmütig auf. Als ich vor ihm stand, erhob sich Zamil ein wenig, ergriff meine Hand und sagte liebenswürdig: »Nimm Platz, nimm Platz!« Er wies mir den Sitz neben sich zu. Ich sagte: »Ich komme aus Boreyda und bin ein Hakim, ein Engleysy und ein Nasrany; ich habe diese Briefe bei mir und wende mich mit der Bitte an euch, mich zur Küste zu senden.« Zamil studierte die Briefe, die ich ihm gab, und während er las, überschattete einen Augenblick lang eine düstere Wolke seine Stirn. Dann sah er jedoch freundlich zu mir auf: »Es ist gut; doch geh inzwischen bitte nicht herum und sag den Leuten ›ich bin ein Nasrany‹, sag vielmehr zu ihnen *›Ana askary‹*, ich bin ein (desertierter osmanischer) Soldat. Aly, du gehst nun mit Khalil wieder heim und bringst ihn nach dem Mittagsgebet zum Kaffee in mein Haus; vermeidet aber die öffentlichen Plätze.«

Wir gingen durch die Straße der Kleidermacher am Markt der Metzger vorbei nach Hause. Die geschäftigen Bürger beachteten uns kaum. (...) Aneyza machte auf mich den Eindruck einer blühenden Stadt, die mit allem, was man für ein bürgerliches Leben braucht, gut ausgestattet ist. (...)

Nach dem Mittagsgebet machten wir uns auf den Weg zu Zamils schlichtem Heim, das sich in einer Sackgasse am Marktplatz befindet. Die Kaffeehalle war nur mit Grasmatten ausgelegt, und einige Männer saßen mit dem Fürsten in der Runde. Zamils ältester Sohn Abdullah hockte hinter dem Herd, um Kaffee zuzubereiten. Da wurde die Neuigkeit gebracht, daß einige Esel der Stadtbewohner in der Nefud von Ateyban (befreundeten Nomaden!) geraubt worden seien. Zamil sandte nach einem seiner bewaffneten Reiter und fragte ihn, ob er sein Dromedar in der Stadt habe. – »Es ist bereit.« – »Dann nimm einige Männer mit und folge ihrer Fährte, damit du sie heute noch einholst.« – »Aber was ist, wenn ich mein Kamel verliere (er konnte ja in Feindeshand fallen)?« Zamil antwortete: »Dann trage ich die Hälfte des Verlustes«, und der Mann ging. Zamil hatte in unaufdringlichem Ton gesprochen, und es schien, als sei er nicht dazu geschaffen, Befehle zu geben; doch zeigt dieses Verhalten nur die Milde der echten arabischen Scheichs.

Aly, der Oheim des Emirs, kam eiligen Schrittes herein. Einige Jahre zuvor hat Zamil ihm innerhalb der Stadt volle Verfügungsgewalt zugesprochen, und wenn Zamil auf einen Kriegszug reitet, läßt er Aly als seinen Stellvertreter in Aneyza zurück. Aly ist Kamelhändler; er hat nur einige wenige Fanatiker als Freunde. Alle machten ihm Platz, und der große Mann setzte sich auf den höchsten Sitz. Zamil, der Emir und Gastgeber, saß auf ein Kissen gelehnt vor der Kaffeegesellschaft, sein Sohn Abdullah kauerte beim Herd und ›trank‹ eine Tabakspfeife – was auf offener Straße nicht geduldet würde. Der Kaffee war fertig, und der Mann, der mit der Kanne und den Schalen kam, wollte Zamil als erstem einschenken. Der Emir gab ihm jedoch ein Zeichen, zuerst Emir Aly zu bedienen. Nachdem der Kaffee die Runde gemacht hatte, sagte Zamil zu seinem Onkel: »Dieser Fremde ist ein Hakim, ein Reisender aus es-Sham, und wir wollen ihn seinem Wunsch entsprechend nach Kuwait senden.« Aly, voll wahabitischen Eifers, würdigte mich keines Blickes. »Ah«, meinte er, »ich habe gehört, der Mann ist ein Nasrany. Willst du einen Nasrany in deiner Stadt haben?« Zamil: »Er ist auf der Durchreise, mag er ein paar Tage bleiben, das kann niemandem schaden!« Aly antwortete mit einem verächtlichen Grunzen, und nachdem er seine beiden Schalen getrunken hatte, erhob er sich und ging. (...)

Orientalische
Pfeifen (nach
Lane)

Als ich zum Haus meines Wirtes Aly zurückkehrte, hatten sich dort schon einige Kranke eingefunden, die den Hakim sehen wollten. Einer von ihnen bot mir einen *dokan,* einen kleinen leeren Laden, in einer Seitenstraße am Suk an. Aly fand einen Esel, der mein Gepäck trug, und noch bevor der Nachmittag zur Hälfte verstrichen war, saß ich in meinem ›Arztladen‹ und sann darüber nach, ob ich vielleicht in diesem Ort Arabiens Ruhe finden würde. Als der Muezzin zum Nachmittagsgebet rief, war ein Füßegetrappel zu hören: Meine Nachbarn gingen zu einer *mesjid* (Moschee) am Ende der Straße. Sie beten noch heute so inbrünstig, als ob sie Gefährten des Propheten wären. Wie alle anderen schloß auch ich mein Geschäft, blieb jedoch darin sitzen. Ich dachte bei mir, dieser Türladen würde mich von jetzt ab vielleicht täglich vor ihrer religiösen Zudringlichkeit schützen. »*Allahu akhbar, Allahu akhbar,* Gott ist groß«, riefen die Muezzins der Stadt.

Mohammedanische Gebetshaltungen
(nach Lane)

Nach der Vesper pflegt man in der Stadt die Muße; die wichtigen Männer gehen nach Hause, um den Nachmittagskaffee mit ihren Freunden einzunehmen. Einige der Bürger, die durch die Seitenstraße zurückkehrten, besuchten den Nasrany und fragten ihn, welche Arzneien er habe. Nahezu alle Araber sind krank oder halten sich zumindest für leidend, wenn nicht für behext. Wie ruhig diese Stadtbewohner, viele von ihnen Müßiggänger und Kinder, doch mit mir verkehrten! Aber Zamil hatte schließlich befohlen, daß niemand ›*Haj Khalil*‹ belästigen dürfe. Der gute Mann hatte mir diesen Namen gegeben (es war ihm gesagt worden, ich hätte viele Male die heiligen Städte besucht), da es meinem Ansehen und meiner Sicherheit unter den Leuten nur zuträglich sein konnte. Die zivile Haltung dieser Bürger im Herzen Arabiens ist völlig anders als die beduinenhafte der Städter von Hayil, die beim Anblick Ibn Rashids erbeben; Aneyza ist eine freie Stadt, von einem geborenen Fürsten regiert, der von Mensch zu Mensch mit seinen Untertanen spricht und sie wie ein großer Nomadenscheich leitet und lenkt. (. . .)

Wie in jeder arabischen Stadt gibt es auch in Aneyza einige Bezirke oder Gemeinden, die altangestammten Scheichs unterstehen, jedoch keine unzufriedenen Parteien – alle unterwerfen sich freudig Zamil. Die Menschen, die so in Eintracht leben, fürchten auch fremde Feinde nicht.

Unter den angesehenen Männern, die auf dem Rückweg von ihren Freundesbesuchen wiederum an meinem Laden vorbeikamen, war einer, der eintrat und fragte: »Hast du medizinische Kenntnisse?« Die zitternde Gestalt des Sprechers und einige seiner Gesichtszüge erinnerten mich an den Mauren Mohammed Aly in Medain Salih. Aber der Mann, der vor mir stand, war ein vornehmer Angehöriger der Temim; sein guter Stern sollte mir von diesem Tag an bis zum Ende meiner Reise in Arabien leuchten. Er nahm meine Hand in die seine, was bei den Arabern als freundliche Geste gilt, und fragte: »Willst du meine kranke Mutter besuchen?«

Er brachte mich zur Pforte seines Hauses, das nicht weit entfernt lag, trat dann durch eine Seitentür ein und kam nach vorne, um mir das Tor zu öffnen. Drinnen fand ich eine weiträumige Kaffeehalle, die mit sorgfältig geflochtenen Grasmatten aus el-Hasa ausgelegt war. Die Wände waren mit einem Gitterwerk aus Stuck verziert, wie ich es schon in Boreyda gesehen hatte. Ein vor dem Herd ausgebreiteter persischer Teppich diente als Sitzplatz für die Gäste; mein Gastgeber ließ sich hinter der Feuerstelle nieder, um mir Kaffee zuzubereiten. Dieser Mann war Abdullah el-Kenneyny, der vom Glück begünstigte Sohn eines angesehenen, aber armen Hauses. Als junger Mann hatte er Aneyza verlassen, und nachdem das Schicksal sich zunächst launisch gezeigt hatte, war er einer der erfolgreichsten Auslandskaufleute geworden. Er handelte mit Getreide in Bosra und lebte gerne dort, denn sein Herz hing nicht an Aneyza, wo ihm die Strenge und der Eifer der Wahabiten zuwider waren. Jetzt hatte er sein Geschäft in Bosra seinem Bruder Salih (der ihm, wie ich hörte, glich) in Obhut gegeben und war für ein Jahr heimgekommen; er hoffte, seine angegriffene Gesundheit in der Luft der Nefud zu stärken.

Als unsere Blicke sich trafen, lächelte er freundlich: »Und du bist also ein Engleysy? Aber warum sagst du das den Menschen in diesem wilden, fanatischen Land? Ich habe viele Jahre in der Fremde verbracht, ich habe in Bombay gelebt, das unter englischer Herrschaft steht. Mir gegenüber kannst du so offen sein, aber offenbare dich nicht den unwissenden und ungescheiten Menschen! Welche Einfalt zeigst du doch – kaum glaublich bei einem Mann aus Europa! Sind wir hier denn in einem Regierungsland? Nein, wir sind im Lande der Beduinen, wo das Wort Nasara eine Verwünschung darstellt. Einen Nasrany hält man hier für einen Sohn des Bösen, der den Tod verdient; die Hälfte der Einwohner sind Wahabiten. (. . .) Aber ich merke, daß du dich nicht überzeugen lassen willst. Trotzdem hoffe ich, daß du am Leben bleibst; sie werden es jedoch nicht dulden, daß du unter ihnen lebst, und man wird dich von Ort zu Ort jagen.« (. . .)

Abdullah führte mich dann zu einem Raum im Inneren des Hauses, von dem aus wir in das Stockwerk darüber stiegen. Er hatte dieses große neue Lehmhaus im Jahr zuvor für tausend Reals gekauft, das sind etwa zweihundert Pfund Sterling. Die Lehmziegel in Aneyza sind gut, und solche Hausmauern halten mehr als hundert Jahre. Sein Mietzins hatte für das gleiche Haus zuvor nur fünfzehn Reals betragen, da Hausbesitz in den arabischen Ländern als ein Gut gilt, mit dem man nicht wuchern soll – als sicherer, rechtmäßiger Besitz. Tausend Reals bringen in Aneyza jährlich hundertzwanzig Reals Zinsen, wenn man sie verleiht. Durch den Hauskauf verlor der Händler Abdullah so jedes Jahr etwa hundert Reals. Aber unter dem eigenen Dach zu wohnen, ist für die Araber gleichbedeutend mit Sicherheit und Glück, und auch wenn die Mauern nach einiger Zeit zerfallen, werden sie doch die nächste Generation überdauern. Im

Städtische Gastlichkeit, hier in Ägypten (nach Lane)

Obergeschoß des Kaufmannshauses befanden sich mehrere schöne Zimmer, die jedoch unseren Augen nackt und kahl erscheinen, da sich darin kaum mehr Möbel als in einem Beduinenzelt finden. Der gesamte Hausrat dieses großen Stadthauses hätte auf dem Rücken von drei Kamelen fortgeschafft werden können! In den arabischen Ländern kennt man keine Betten; man legt sich auf den Boden, und auch die Vornehmen und Wohlhabenden liegen lediglich auf einer dünnen Baumwollmatte und decken sich mit einem Laken zu. Ich sah nur ein paar Truhen, in denen man die Kleidung aufbewahrt. In diesem Land der sonnigen Wärme kommt das Licht durch offene Fensterlöcher, die weit oben in die hohen Mauern eingelassen sind. In Bosra hingegen wohnte Abdullah nicht so schlicht; der großen Welt zugewandt, sind die Häuser der arabischen Kaufleute dort mit Stühlen ausgestattet, und der *tajir* (Kaufmann) aus Aneyza saß in Syrien wie die anderen auch auf einer *takht,* einer mit einem Teppich bedeckten Sitzbank.

Nachdem ich Abdullahs Mutter besucht hatte, die sich zuerst hinter ihrem Schleier verbarg und mich ihre kranken und schwachen Augen nicht sehen lassen wollte, kehrten wir, inzwischen wie vertraute Freunde miteinander plaudernd, in die Kahwa zurück. (. . .) Abdullah sagte: »Daß du dich in einem solchen Land offen als Engländer zu erkennen gibst! Wie ist es da möglich, daß du auch nur einen Tag in Sicherheit verbringst! Nun ja, bislang hast du bei den Beduinen gelebt; aber in den Städten ist es anders.« – »Ich glaube, daß bei solchen gefahrvollen Unternehmungen eine weise Narrheit die größere Vorsicht darstellt.« – »Du willst also keinen guten Rat annehmen! Hier in Aneyza jedoch kannst du dich auf mich verlassen; ich will für dich die Augen offen halten und dich warnen, wenn die Stimmung in der Stadt umschlägt.« – »Und was ist mit dem Emir?« – »Auch Zamil kannst du vertrauen; aber selbst er kann die aufsässige Menge nicht immer im Zaum halten.«

Die aus Lehm gebauten Zimmer der Araber mit den stets offenen Fensterhöhlen durchweht, als sei man in freier Natur, eine frische, trockene Luft, in die sich der Duft heiteren und gastfreundlichen menschlichen Lebens mischt, das keinen aus dem Geiz entspringenden Überfluß kennt. Und dennoch fehlt hier zugleich ein Teil des menschlichen Lebens, denn nach und nach macht sich die Abwesenheit der Frauen bemerkbar. Auch die kahlen Wände wirken auf uns trostlos; Bilder – jene freudebringenden Darstellungen, die auch unsere ärmsten Hütten zieren – sind nichts als eitler Tand in der harten und strengen Weltanschauung des Islam. Die Araber, die ja auf dem Boden sitzen, begegnen der Welt mit größerer Trägheit als wir; kostet sie das Aufstehen doch doppelt so viel Anstrengung.

In einer Wandnische beim Feuer waren Abdullahs Bücher untergebracht. Wir waren nun wie Brüder, und ich betrachtete sie eins nach dem anderen: Ein großer Band mit dem arabischen Titel *Encyclopedia Bustany Beyrut* lag zuoberst. Bustany, der aus einer armen christlichen Familie in einem Dorf im Libanon stammt, lebt als Verleger, Lexikograph, Lehrer und Gelehrter in Beirut; jedes Jahr gibt er einen neuen großen Band seiner Enzyklopädie heraus, aber ein Werk, dessen Veröffentlichung sich so lange hinzieht, wird kaum je beendet werden. (. . .)

Die Kaufläden im Suk haben ein reiches Angebot. Die alltäglichen Lebensmittel sind in Boreyda billiger, in Aneyza sind dafür der ›Mekka-Kaffee‹ (aus dem Jemen) und die Kleidung vom Golf etwas preiswerter. Die Datteln, die in Kasim nach dem Gewicht berechnet werden, sind sehr gut; für einen Real bekommt man fast dreißig Pfund.

Die Tracht dieser Städter vermittelt den Eindruck von Wohlstand. Die Männer wirken stolz und bewegen sich mit freier, anmutiger Haltung. Nahezu so wortreich wie die Beduinen, begrüßen sie sich mit vertrauter Liebenswürdigkeit, denn nicht wenige von ihnen wohnen in Häusern auf entfernten Pflanzungen und kommen nur selten in die Stadt. Freitags jedoch sind die Straßen überfüllt; dann gehen alle Einwohner, sogar die Feldarbeiter, gegen Mittag in die große Moschee, um dort zu beten und den Koranlesungen zu lauschen; gleichzeitig ist Markttag. Die ärmeren Bürger sind gekleidet wie die Nomaden, und ihre Kopftücher werden von der schwarzen Kordel gehalten. Die nüchternen Städter haben die Haare kurz geschnitten, die geflochtenen Locken der Beduinen sind hier verpönt. Die wohlhabenden Bürger tragen den Fez, über den sie lose ein buntes Tuch geworfen haben; es wird nur dann gebunden, wenn sie aus der Stadt hinausreiten. Was den *haggu* betrifft, den Gürtel aus Ledergeflecht (in Kasim wird er *hagub* oder *brim* genannt), der sogar von den Prinzen in Hayil und von den arabischen Einwohnern Mekkas und Medinas getragen wird, so sieht man ihn hier nur bei den Frauen. Vermögende Städter gehen in schwarzen Mänteln aus leichtem irakischen Wollstoff umher, und die jungen Patrizier geben für einen mit Metallfäden bestickten Kragen noch einmal den gleichen Betrag wie für das Tuch aus. Die Stickereien werden im allgemeinen von Frauen angefertigt, die ein besonderes Geschick für die Handarbeit haben und mit nachlässiger Anmut schwungvolle Linien und Blumenornamente entwerfen, wie wir sie auch von orientalischen Webteppichen kennen. Würdige Personen halten auf der Straße lange Stöcke aus Mekka in ihren Händen.

Der Harem tritt nicht in Erscheinung; das Benehmen der Männer ist dadurch allerdings um so freundlicher und ungezwungener; ihre asiatische Gesellschaftsform steht vielleicht stärker im Zeichen des Mannes, ist aber nicht so betont männlich wie die europäische. Das Leben verstreicht hier in täglichem frommen Gottvertrauen, und die Leute wissen wenig von den Stichen und Wunden, die unser unruhiges Wetteifern und unsere fremde Religion mit sich bringen. Mohammeds heißblütige Lehre hat sie von überflüssigen Betrachtungen über die Welt wie auch vom sauren Atem unverträglichen Weins bewahrt und ihre Leiber von nahezu allen Ausschweifungen des Lebens rein gehalten. Das einzige, worin sie hier schwelgen – wie alle Menschen im Osten –, ist der Kaffee. Die Heirat wird jedem Mann schon in der Jugend leicht gemacht, und es gibt keine solch quälenden Ehebindungen, daß irgend jemand eine trübe Miene zur Schau tragen müßte. Die Brust des Moslems atmet frei; er findet nur wenige wilde Zweige, die er von seinem Lebensbaum abschneiden muß – einem üppigen Baum, reich an Geist, gleich der arabischen Sprache. Die religiöse Tugend hat etwas Ehrenhaftes, und außer dem Haß auf die Heiden findet sich nichts Strenges oder Ruppiges; nur wenige haben in ihrem Leben schwere Schicksalsschläge zu bestehen. Der Frau allerdings sind enge

Verschleierte Stadtfrauen (nach Lane)

Grenzen gesetzt, und ihr Herz hat wenig oder gar keine Freude. Am Tage sieht man sie überhaupt nicht auf der Straße. Im Zwielicht des Abends jedoch (wenn die Männer beim Kaffee sitzen) kann man viele verschleierte Gestalten zum Klatsch in die Nachbarhäuser eilen sehen; durch einen einsamen Suk kehren sie zur Zeit der letzten Gebete eilig zurück, während die Männer in der Moschee sind.

Nachdem ich ein oder zwei Tage in Aneyza war, kam ein junger Patrizier, von seinem Vater geschickt, zu mir, um mich zum Abendessen einzuladen. Jener Vater war der gute Abdullah Abd er-Rahman el-Bessam, Kaufmann in Jidda und Haupt des Hauses der Bessam in Aneyza. Abdullah el-Bessam und Abdullah el-Kenneyny waren Busenfreunde; sie nahmen ihre Mahlzeiten gemeinsam ein und besuchten sich im Wechsel jeden Tag zum Kaffee; wie auch Zamil waren beide *filasuf*, Philosophen. (. . .)

Die Sippe der Bessam, jetzt die reichste in Aneyza, war vor sechzig Jahren aus einem Dorf in el-Aruth gekommen. (Bei Plinius ist Besamna der Name einer arabischen Stadt; das Bessam der Beduinen ist el-Barrud, ein Dorf von dreißig Häusern, das auf dem Weg nach Mekka südlich von Shuggera liegt.) In den letzten Jahren hatten sich einige von ihnen in Jidda angesiedelt, wo die Männer aus dem östlichen Nejd jetzt häufig schon *el-Bessam* genannt werden! Daneben gibt es noch die Bezeichnung *el-Sherkyin*, ›Männer des Ostens‹. Abdullah el-Bessam vom Stamme der Beny Temim wird als arabischer Kaufmann daheim sehr verehrt; sein Name hat im gesamten Nejd einen ausgezeichneten Klang, denn sein heiteres, einsichtiges Wesen zeigt sich in vielen guten und edlen Taten. Als Ibn Rashid vor zwei Jahren mit den Männern von Boreyda gegen die Stadt zog, sandten Zamil und die Scheichs diesen ehrenhaften Mann als Unterhändler zu ihm.

Hierbei ging es um folgendes: Ibn Saud kam mit einem großen Kriegszug bis vor die Tore Aneyzas und schlug sein Lager zwischen Rasheyds Palmengärten draußen vor der Mauer und der Stadt auf. Er wollte gegen Boreyda ziehen, doch da brach Ibn Rashid von Hayil auf, um seine Verbündeten zu verteidigen. Abdullah el-Bessam ritt darauf mit seinem Schreiber Ibn Ayith und dem jungen Scheich Abdullah el-Yehya, dem Gefährten Zamils, zu Ibn Rashid, der sein Lager hinter dem Wadi aufgeschlagen hatte. Dort überbrachte er dem Fürsten der Shammar folgende Nachricht: »Oh Sohn des Abdullah! Bei Gott, wir, die Bürger von Aneyza, wollen keinen Streit so groß werden lassen, daß er zu einem Krieg zwischen Moslems führt; es ist unser Wunsch, euch als Friedensvermittler zu dienen.« Mohammed Ibn Rashid: »Auch ich bin ausgeritten, damit Frieden herrsche.« Schließlich wurde vereinbart, daß Ibn Saud sich aus dieser Gegend zurückziehen solle, worauf auch Ibn Rashid heimkehren würde. (. . .) Drei Tage war der gute Bessam Gast im Menzil des Shammar-Emirs; als er sich gegen Abend verabschieden wollte, befahl Prinz Mohammed seinem Diener Muffarrij, ›die rote Stute für Scheich Abdullah vorzuführen‹. Der bescheidene und unbestechliche Städter ließ sich jedoch nicht überreden, ein so wertvolles Geschenk von Ibn Rashid anzunehmen. Der Emir befahl daraufhin, ein Kamel zu bringen und Scheich Abdullah auf seinen Rücken zu setzen. Dies wurde angenommen, und Ibn Rashid bekleidete die zwei ehrenwerten Botschafter aus Aneyza mit Scharlachmänteln und seidenen Kopftüchern; auch das Gefolge erhielt neue Gewänder. Die Männer kehrten dann zur Stadt zurück. (. . .)

So verkehrte ich in der besten Gesellschaft der Stadt: Das Tablett mit dem Essen wurde hier auf einem Schemel abgestellt, und wir ließen uns halb kniend im Kreis darum nieder (sogar in den Häusern der Fürsten in Hayil wird das Mahl dagegen auf dem

Boden serviert). Das Essen der Auslandshändler in Aneyza war städtischer, als ich es sonst in Arabien gefunden habe: Neben gekochtem Hammelfleisch auf Reis gab es bei Abdullah noch verschiedene kleine Gerichte – in Butter gebratene Möhren sowie Eierspeisen oder Quark. An einer europäischen Tafel sitzt man in Muße und unterhält sich angeregt; bei einem Mahl der Araber jedoch wäre dies ein sehr ungehöriges und unkluges Verhalten. Wer sich bei dem kurzen Kampf der Zähne um die tägliche, lebenswichtige Nahrung für den Körper nicht der Worte enthalten kann, ist kein Mann, sondern ein Selbstmörder. Und wie ein Hund oder eine Katze (vergebt mir bitte ihr dreifach werten Freunde, mit denen ich das Liebesmahl von Brot und Salz geteilt habe), ohne Atem zu holen, das Fleisch verschlingt, so mühen sich die Araber, das Essen eilig zu beenden. In ihren Augen wäre es nicht ehrenhaft, in Muße zu speisen, während andere, nicht so hochgestellte Personen darauf warten, nach ihnen zu essen. Um dem europäischen Fremden eine besondere Freundlichkeit zu erweisen, riß der gute Bessam Bissen von seinem Stück Hammel ab und legte sie mir griffbereit vor. – »*Yerhamak Ullah,* der Herr segne dich«, sagte schließlich jeder der städtischen Gäste mit frommer Bescheidenheit und Freundlichkeit und stand vom Abendessen auf. Vor der Tür hielten Bessam und seine Söhne den Gästen selbst das Handtuch, während diese sich die Hände wuschen. Dann kehrte die Gesellschaft auf ihre Sitze rund um den Herd zurück, wo der ältere Sohn bereits hockte, um den Kaffee zuzubereiten. (. . .)

Händewaschen
nach dem Mahl
(nach Lane)

Der Tag verläuft in Aneyza nach einer festen Einteilung. Bald nach Sonnenaufgang kaufen die Leute das, was sie brauchen, in den Marktbuden ein; die geschlossenen Geschäfte werden ein wenig später geöffnet, wenn die Händler (zumeist gutgestellte Personen und Landbesitzer) vom Frühstück eintreffen. Die Anreißer laufen in der Straße der Kleidermacher hin und her und rufen ihre Waren aus, die sie als Kommissionäre für Bargeld verkaufen – lange Gewehre, Lanzen, Kaffeekannen, Mäntel, ellenweise Baumwollstoff und anderes mehr. Auch den Silberpreis rufen sie aus, und wenn man sie anspricht, bleiben sie stehen, um ihre Waren zu zeigen. Die Karawanenmänner aus Bagdad bringen oft Kleidungsstücke mit und geben sie den *dellals,* den Ausrufern, die sie aus der Hand verkaufen. An den Tagen, an denen keine Beduinen in die Stadt kommen, haben die Händler nur wenig zu tun; sie sitzen bis zum heißen Vormittag eine Stunde in ihren Geschäften, dann ziehen sie die Läden herunter und gehen heim; nach und nach leert sich die ganze Straße. Beim Aufruf zum Mittagsgebet strömen die Stadtleute dann wieder aus allen Richtungen zusammen, um die Moscheen zu besuchen. Nur wenige Händler kehren vom Mittagsgebet zum Suk zurück, die meisten gehen (wie die Edelleute) zum Kaffeetrinken in die Häuser ihrer Freunde, und einige, die *jeneynys* (Lustgärten) in der Stadt haben, ziehen sich zurück, um im Schatten ihrer Palmen zu sitzen. Beim Aufruf zum ersten Nachmittagsgebet erheben sich die Kaffeetrinker von ihren duftenden Herden und gehen das dritte Mal in ihre Moscheen beten. Danach begeben sich die Händler wieder in den Suk, die Läden werden geöffnet, die Ausrufer sind wieder unterwegs, und Kunden füllen den Basar. Die Patrizier machen sich auf den Heimweg, um zu essen, und eine Stunde später werden alle Läden für diesen Tag geschlossen. Die Bürger gehen dann außerhalb der Stadtmauern spazieren und kehren bei Sonnenuntergang zurück, wenn der Muezzin zum vierten Mal in die Moschee ruft.

Nach diesem vierten Gebet begeben sich die Leute nach Hause. Jetzt ist nicht die richtige Zeit, Freunde zu besuchen, denn die Herren sitzen um diese Stunde mit ihren Feldarbeitern in den Kaffeehallen, um sich Rechenschaft ablegen zu lassen; nicht selten wird dabei warme Weizengrütze aufgetragen. Pachtbauern von weit entfernten Palmenpflanzungen bleiben allerdings die ganze Nacht dort; da sie kein Dach brauchen, legen sie sich in ihren Mantel gehüllt unter den Sternen zum Schlafen nieder. Der nächste Gebetsruf, knapp zwei Stunden nach Sonnenuntergang, ruft die Männer zum fünften und letzten öffentlichen Gebet *(sulat el-Akhir).* Mittlerweile ist es Nacht geworden, und viele, die müde sind, bleiben zu Hause, um dort zu beten oder auch um nicht zu beten. Wenn die Gläubigen wieder aus den Moscheen kommen, haben sie ihre religiösen Pflichten für diesen Tag erfüllt; es folgt noch eine Stunde privater Geselligkeit (jedoch nicht öffentlicher Zusammenkünfte) in den Kaffeehallen der Patrizier und der Auslandskaufleute. (. . .)

◁ Im Suk (nach Lane-Poole)

Als ich eines Tages Zamil einen Besuch abstattete, fand ich eine große schweigende Versammlung in seiner Kaffeehalle vor; vierzig Bürger hatten sich entlang der Wände niedergelassen. Dann kam ein alter Mann herein, ein religiöser Scheich, und mein Nachbar flüsterte mir zu, man habe sich hier zu einem Freitagnachmittagsvortrag versammelt! Kaffee wurde aufgetragen, und alle tranken aus denselben Schalen. Die Araber scheuen sich nicht, mit jedermann aus demselben Gefäß zu essen oder zu trinken, und auch Mohammed, dem Stifter der arabischen Religion, fiel es nicht ein, diese menschliche Gemeinsamkeit auf Erden zu verbieten. Tatsächlich jedoch ist die unbekümmerte Sitte, daß alle Hände in einen Topf greifen und alle Lippen eine Schale berühren, eher lobenswert als sehr gesund.

Der Imam war etwas erschöpft von der vorausgegangenen trostlosen Koranlesung, und in seinem Schulvortrag war kein Wort zu hören, das nach moralischer Erbauung klang. Am Ende seiner Lehrausführungen sagte er schließlich, wobei er mich ansah: »Und um auf *Aysa bin Miriam* (Jesus, Marias Sohn) zu kommen – Jesus war in der Tat ein Prophet Allahs; die Nasara jedoch wandeln nicht auf seinem Pfad – ihre verdorbenen Seelen haben sich dem Götzendienst zugewandt.« Er stand auf, alle Anwesenden folgten seinem Beispiel, und jeder zog sich seine Sandalen wieder an.

Bislang hatten die Bürger der Stadt mich geduldet, wie es Zamils Willen entsprach. Die *muttowwa,* die Religionsältesten, waren aber von Anfang an gegen mich aufgetreten, und dieser Imam, ein rüstiger und ehrenwerter älterer Mann von siebzig Jahren, hatte die Leute bei seiner Freitagnachmittagspredigt in der großen Moschee gegen den Nasrany aufgehetzt. Es sei ein schlechtes Beispiel, daß gewisse fürstliche Persönlichkeiten einen ungläubigen Fremden begünstigten; würden sie damit nicht den Zorn des Herrn heraufbeschwören? Jeder könne doch sehen, daß der jahreszeitliche Regen ausbleibe!

Kälte umgibt den Ausgestoßenen, und ich bemerkte mit natürlichem Schmerz in der Brust, daß sich die Gesichter auf der Straße verhärteten und die weniger Mutigen Tag um Tag fernblieben, dazu auch einige, die ich für meine Freunde gehalten hatte. Wie ich hörte, wurde hauptsächlich darüber geklagt, daß ich mit Salaam aleyk grüßte, was ihrer Meinung nach nur dem ›Volk Gottes‹ – den Moslems – zusteht. El-Kenneyny, Bessam und Zamil waren jedoch nicht aus dem Holze, sich von der Kanzel herab durch einen stumpfsinnigen Mann lenken zu lassen, aus dem nichts als die fünfzig Jahre alte unversöhnliche Weisheit der Wahabiten sprach. Unter meinen jüngeren Freunden bemerkte ich allerdings eine gewisse Veränderung an dem jungen Abdullah Bessam, dessen nächste Verwandte die Strenge und Unduldsamkeit des Nejd verkörperten. Er schwankte stets zwischen seiner gastfreundlichen, mitmenschlichen Natur und der Pflicht, die er Gott und seiner Religion schuldete. Als er mich einmal alleine fand, fragte er: »Bei Gott, Khalil, ist es wahr, daß die Nasara vieles glauben, was im Widerspruch zur Religion des Islam steht?« Nicht so Hamed es-Safy, ein junger Mann aus Bagdad, der der öden Religion des Nejd überdrüssig war; manchmal schloß er seine Außentür, bevor der Aufruf zum Gebet erklang, doch wenn ich klopfte, öffnete er ›*el-Docteur*‹, sowie er meine Stimme erkannte. Diese Kaufmannsfreunde aus Aneyza bereiteten gewöhnlich Tee, wenn der Engleysy kam; im Ausland hatten sie gelernt, ihn auf die persische Art zu trinken.

Der ältere Bessam fragte mich gerne über die westliche Welt aus. Wenn Kenneyny dabei anwesend war, lauschte dieser mit schweigender Zustimmung; in Aneyza gab es keinen Kopf wie ihn, wahrscheinlich nicht einmal im gesamten Nejd. Auf Abdullah el-Kenneyny wirkte ich wie ein Araber und er auf mich wie ein Europäer! El-Bessam war nahezu mittleren Alters gewesen, als er zum ersten Mal nach Jidda ging, um dort Handel zu treiben – fünfzehn Jahre war das her. Unter den auswärtigen Nationen besaßen allen voran die Engländer sein Wohlwollen und seine Bewunderung, er nahm es als gottgegeben, daß unsere Herrscher und Völker mit dem Sultan verbunden waren. Sogar die Namen unserer ›Großwesire‹ Palmerston und Disraeli waren ihm bekannt! Die osmanische Mißregierung und Korruption beklagend, sagte er: »Ein Großwesir behält sein Amt kaum drei Monate in Stambul! Wie lange behalten die Engleys denn ihre *wuzera* (Minister)?« – »Einige von ihnen«, erwiderte ich, »sind viele Jahre im Amt gewesen.« – »Ah, das ist gut«, rief er, »*affarim*, das machen die Engländer gut!« El-Kenneyny hatte eine europäisch anmutende Abneigung gegen die Türken und bezweifelte sogar ihre Verstandesfähigkeiten. Ich sagte: »Ich fand, daß sie sich stets sehr geistreich äußern, wenn auch ohne wissenschaftlichen Hintergrund; eine umsichtige Haltung voll menschlicher Weisheit spricht aus ihren Reden.« – »Nein, nein! Ich habe einige türkische Statthalter in Bosra kennengelernt. Der letzte – du wirst es nicht glauben – hatte nicht einmal vom Sueskanal gehört! Und wie, so frage ich, können Männer, die in solch dunkler Unwissenheit leben, dem Fortschritt eines Landes dienen, das zu regieren sie ausgeschickt sind? Ein paar Paschas nur sind besser unterrichtet; da sie jedoch Fremde sind, kümmern sie sich nicht um das Allgemeinwohl. Hat nicht jeder Pascha zuvor seinen Regierungssessel für teures Geld gekauft? Wen wundert es da, daß er nun öffentliche Mittel in die eigene Tasche wirtschaftet? Aber kommt doch einmal einer der wenigen guten Männer und will etwas für die Allgemeinheit tun, dann wird er wahrscheinlich mitten in seinem Vorhaben wieder zurückgerufen, weil der Posten über ihm inzwischen von einem anderen gekauft worden ist. Sein Nachfolger wird dann wenig Neigung zeigen, die Pläne des früheren Paschas fortzuführen oder in die Tat umzusetzen.«

Man unterhielt sich auch über die Feindseligkeiten zwischen Frankreich und Preußen in Europa, und el-Kenneyny sagte, er könne es nicht fassen, daß wegen Bismarck und Iskander (Zar Alexander) die Erde bald wieder mit Blut getränkt werden solle! Vor kurzem hatte er in Bosra ein Bild von Iskander gesehen und fand ihn *thukr*, äußerst männlich. Nun berichtete man mir auch von den Ereignissen des Türkisch-Russischen Krieges, der während meiner Wanderungen durch die Wüsten Arabiens ausgebrochen und auch wieder zu Ende gegangen war. El-Bessam erzählte mir mit sichtlicher Genugtuung, daß die englische Flotte die Meerenge auch gegen den Befehl des Sultans passiert habe, um Stambul zu verteidigen. (...) Diese gerade zurückliegende Durchschiffung der Dardanellen benutzten meine hochgestellten Freunde in der unduldsamen Stadt als Argument für den Engländer.

Ich wunderte mich über das Wissen dieser arabischen ›Politiker‹, bis ich herausfand, daß sie ihre Kentnisse aus einer bestimmten arabischen Zeitung bezogen, die unter den Augen der ›Pforte‹ in Konstantinopel herausgegeben wird. Der schon betagte Verleger stammt von Christen in den Bergen des Libanon ab; als er ein junger Mann war, ließ ihn Ibrahim Pascha eine Zeitung für Syrien herausgeben. Einige Jahre später hielt er arabische Vorlesungen im Levantinischen Kolleg auf Malta. Nachdem er unsere Sprache gelernt hatte, bereiste er Frankreich, England und andere europäische Staaten; anschließend ließ er in arabischer Umgangssprache einen großen, aber belanglosen Band seiner Fahrten durch das Abendland in Druck gehen. Danach siedelte sich der Syrer in Stambul an, wo er zum türkischen Glauben übertrat; gefördert von einigen Mächtigen im Staate, gründete er jene ausgezeichnete arabische Zeitung, an der er bis heute mit mohammedanischer Parteilichkeit weiterarbeitet. Ihre Ausgaben sind in allen arabischsprachigen Ländern verbreitet, und ich habe sie auch in Bombay in den Häusern der Kaufleute aus dem Nejd gefunden. (. . .)

Als wir wieder einmal beim Kaffee um Bessams Herd saßen, den Altar der Menschlichkeit im arabischen Haushalt, waren noch andere Gäste zugegen. Ein junger Mann meinte, von den Sitten der Engländer, die er in Indien kennengelernt habe, sei für ihn am erstaunlichsten der Brauch gewesen, daß die Ehemänner dem Harem den Vortritt ließen. (Die bei den ›Franken‹ übliche Verehrung der Frau ist in den Augen aller Orientalen – und schon die Griechen zählen dazu – unschicklich und unmännlich). Außerdem nähmen sie als Zeichen der Reverenz den Hut ab, wenn ihnen eine Dame ihres Bekanntenkreises begegnete, Männern jedoch erwiesen sie diese Ehre nicht! Mit der Höflichkeit des Gastgebers erwartete Bessam meine Antwort. Ich erwiderte: »Unser Harem ist sehr gebildet, und es entspricht der männlichen Höflichkeit, den schwächeren Teil besonders zu achten, der doch auch unserem Leben am meisten Freude gibt, also Frauen und Kinder. Wie lautet noch das Sprichwort? ›*Beled el-Engleys jinnat el-Harem, wa jehennem el-Khail*, England, ein Paradies für die Frauen, eine Hölle für die Pferde‹.« Ich fühlte, wie Bessam bei meinen ersten Worten zurückschreckte, als er die Folgerung jedoch verstand, die im Arabischen glatt von den Lippen ging, wiederholte er das Sprichwort zwanzigmal mit ehrlicher Freude und Anerkennung. In meiner Gegenwart war Abdullah als fürsorglicher Gastgeber darauf bedacht, unerfreuliche religiöse Dispute über das Christentum zu vermeiden. Mit den Yahud, den Juden, sprang er jedoch nicht so sanft um, denn er hatte kürzlich in seiner Gazette gelesen, daß einige jüdische Kaufleute in England reicher seien als ihre Königliche Majestät und daß die Rothschilds (deren Namen er kannte, weil sie jedes Jahr Almosen nach Bagdad zur Verteilung an die armen orientalischen Brüder sandten) Gläubiger ganz Ägyptens seien. »Der Herr vernichte sie!« rief er, von Empörung überwältigt. »Wie seltsam«, sagte ein anderer, »daß die Engleys eine Königin und keinen Mann haben, der sie regiert! Wie, Khalil, ist der Name eurer Königin?« Ich antwortete ihm, daß sie *el-*

Mansura, die Siegreiche (Victoria), heiße, ein Name, der in der maskulinen Form auch bei ihnen eine gute Vorbedeutung hat. (. . .)

Meine guten zeitungslesenden Freunde hatten keine Ahnung von Geographie, obwohl sie doch wißbegierige Politiker waren. Ich nahm deshalb einen großen Bogen Papier und zeichnete eine Landkarte von Europa. Bessam ließ seinen Kalligraphen Ibn Ayith rufen, der nach meinen Angaben die wesentlichen Namen niederschrieb. Als unsere Arbeit beendet war, ließ er das Blatt bei seinen Freunden herumgehen. Die Semiten, die in den Ländern, die sie auf dem Rücken ihrer Kamele bereisen, doch weit herumkommen, machen sich kaum einen Begriff von den Grenzen und Umrissen der Länder, die wir uns leicht vorstellen können und in Karten niederlegen. (. . .) Die Freunde fragten, ob ich durch Andalusien gekommen sei – ein Wort, das in ihren Ohren stets wie der Name einer Geliebten klingt. Bessam bat mich, ihnen zu berichten, was ich dort alles gesehen hätte. Ich erzählte ihnen von Granada, Sevilla, Cordoba und von den großen Bauwerken, die von ihren Dichtern gefeiert werden und sich bis zum heutigen Tage erhalten haben. Sie wollten jedoch unbedingt von mir hören, was aus der großen Moschee (der prachtvollen Gründung Abd er-Rahmans) in Cordoba geworden sei, und ich sagte: »Dort ist jetzt die Kathedrale.« Als sie hörten, daß die Moschee nun ein christlicher Tempel sei, fielen ihnen allen die Kinnbacken herunter; der Neger Ibn Ayith konnte ein Stöhnen nicht unterdrücken, denn zweifellos denken sie Schreckliches über den christlichen Glauben. Sogar der gute Abdullah war einen Augenblick lang niedergeschlagen, aber gleich darauf zeigte er wieder seine alte Liebenswürdigkeit. (. . .) Beim Anblick der grob skizzierten Landkarte fragte mich Kenneyny, ob ich ein Zeichner sei; er hatte die gestochenen Bilder der ›Franken‹ gesehen und hielt sie für eine hohe Kunst. (. . .)

Zu den Handwerkern gehören hier, in einer Stadt des mittleren Nejd, die Kesselflicker, Waffen-, Kupfer- und Goldschmiede aus der Kaste der Sany. Die Holzhandwerker drechseln Schüsseln sowie hölzerne Schlösser und fertigen Rahmen für Kamelsättel und Brunnenräder an; als Zimmerleute sind sie nicht sehr geschickt, da sie nahezu ohne Werkzeuge arbeiten. Zu den Steinwerkern gehören u. a. Hauer, Brunnenmaurer und -bauer, Marmorsteinmetze, Hersteller von Kaffeemörsern, Baumeister und Stukkateure. Erwähnt werden müssen auch die, deren Handwerkszeug die Nadel ist, die Näher und Näherinnen, Sticker und Sandalenmacher. Die nähenden Männer und Frauen sind, soweit ich sie kennengelernt habe, freigelassene Sklaven. Die Gold- und Silberschmiede von Aneyza schaffen künstlerisch wertvolle Filigranarbeiten, und einige von ihnen, die sich in Mekka angesiedelt haben, sollen alle anderen Handwerker in der heiligen Stadt an Kunstfertigkeit übertreffen. El-Kenneyny versprach, mir einige Beispiele dieser herausragenden arabischen Handwerkskunst zu zeigen, doch es kam nicht mehr dazu – die Wogen dieser fanatischen Welt sollten uns bald trennen.

Die Händler setzen sich zusammen aus den Kleiderverkäufern im Suk und den Gemischtwarenhändlern (die unter anderem einfache Drogen und Kamelarzneien,

Zuckerbrocken, Gewürze, syrische Seife aus Medina und mit den Mekka-Karawanen eingetroffenen Kaffee verkaufen). Dazu kommen Lebensmittelhändler. In den Außenvierteln finden sich kleine Läden mit einem breiten Angebot; einige von ihnen werden von Frauen unterhalten, bei denen man Zwiebeln, Eier, Eisennägel, Salz, (deutsche) Streichhölzer und runde Fladenbrote erstehen kann. (Einige dieser armen Frauen verkaufen, sofern sie davon haben, auch etwas Milch.) An den Freitagen sieht man verschleierte Frauen auf dem Markt Hühner sowie Milch- und Wasserschläuche feilbieten, die sie gegerbt und präpariert haben. Angesehene Berufe sind die Landwirtschaft sowie Pferde- und Kamelhandel. Alle wohlhabenden Familien sind Landbesitzer; reiche Auslandskaufleute gab es in Aneyza fünfzehn an der Zahl.

Glücksspiel und Trinkgelage, die vielen Laster und schrecklichen Abgründe unserer großen Städte sind den Menschen hier unbekannt. Die Araber, nicht weniger genügsam als die Spartaner, sind glücklich in der epikureischen Mäßigung, die ihnen ihre Religion auferlegt. Aneyza ist mehr als andere Siedlungen in Nomadenarabien eine wohlhabende Bürgerstadt; ihre Einwohner, die dem Stamme der Beny Temim angehören, sind fleißig und verständig, allerdings angekränkelt durch die wahabitische Religion. (. . .)

In Sicherheit bei Rasheyd

Mittlerweile war in der Stadt die Abneigung gegen den Christen gewachsen; die Frauen beschimpften mich oft, und Kinder warfen mit Steinen nach mir. Eines Abends ließ mich Emir Aly rufen, um mir zu eröffnen, daß ich Aneyza sofort zu verlassen habe. Als ich ihn nach dem Grund fragte, schlug er mir haßerfüllt ins Gesicht; ich wagte nicht, mich zu wehren, da er sein Schwert bereits halb gezogen hatte und sicherlich auch die Umstehenden über mich hergefallen wären. Ein Kameltreiber bekam nun den Auftrag, mich nach Khubbera zu bringen; mein alter Gastgeber, der Neger Aly, begleitete mich in Freundschaft bis an die Stadtgrenze und sagte, daß Zamil meine Abreise befohlen habe, um weiteren Aufruhr in der Stadt zu vermeiden; auch sei die Reise nachts sicherer. Ich erfuhr dann noch, daß ein Brief des Muttowwa, des religiösen Führers von Boreyda, kürzlich Zamil und die Scheichs von Aneyza erreicht und ihnen im Namen des gemeinsamen Glaubens auferlegt hatte, den Nasrany fortzuschicken. In Khubbera, einer armen Bauernsiedlung, verbrachte ich zwei Tage, dann kam ein Bote Zamils, der den Auftrag hatte, mich nach Aneyza zurückzuholen. Über el-Bukerieh, eine Karawanenstation, brachte mich mein Begleiter zu einer Palmenpflanzung, die etwas südlich von el-Eyarieh nur wenige Meilen von Aneyza entfernt liegt und dem Kaufmann Rasheyd gehört. Sein Haus war mir von Zamil als vorläufiger Aufenthaltsort zugewiesen worden. (. . .)

Am Nachmittag erblickte ich zwei Männer, die von den Dünen der Nefud herabgeritten kamen – es waren Kenneyny und es-Safy, die mich besuchen wollten. Abdullah berichtete mir, daß weder er noch Bessam noch irgendein anderer meiner Freunde in jener Nacht etwas von meiner erzwungenen Abreise aus Aneyza bemerkt hatten. Sie waren erst am Morgen aufmerksam geworden, als Hamed, der den Hakim zum Frühstück eingeladen hatte, eine Stunde vergeblich auf mich wartete und sich wunderte, daß ich nicht erschien. Als bekannt wurde, daß man den Nasrany des Nachts vertrieben hatte, war dies das Stadtgespräch im Suk, und viele Bürger der Stadt tadelten ihre Scheichs. Kenneyny und Bessam erfuhren die ganze Wahrheit jedoch erst am Abend, als sie zu Zamil gingen und ihn fragten, warum er mich auf diese Weise und ohne ihr Wissen weggeschickt habe. Zamil antwortete ihnen, es sei der Wille der Ratsversammlung gewesen, dem er sich nicht habe widersetzen können. Meine Freunde meinten darauf, sollte ich mein Leben verlieren, treffe Aneyza die Schuld, denn der Nasrany sei als Gast in der Stadt aufgenommen worden. Khalil sei *Ibn Juad,* ein ›Sohn des Großmuts‹, und die Stadt habe für eine Abreise in Sicherheit zu sorgen. Bessam, dem in Aneyza nichts verweigert werden konnte, bat Zamil, mich zurückzurufen; und el-Kenneyny setzte hinzu, sofern man mich wegen der wahabitischen Ränke in der Stadt nicht wieder aufnehmen wolle, könne ich ja in einer der außerhalb liegenden Pflanzungen wohnen, bis sich eine Karawane auf den Weg mache. Zamil stimmte zu, ließ Hasan kommen und befahl ihm, nach Khubbera zu reiten, um ›Haj Khalil‹ zurückzuholen. Meine Freunde wiesen den Mann an, sich sofort auf den Weg zu machen, und sie schlugen Zamil als Wohnstatt diesen Palmenhain Rasheyds vor.

Abdullah sagte, daß niemand mich hier belästigen werde; ich könne mich ausruhen, bis er Mittel und Wege finde, mich sicher abreisen zu lassen. Dann fragte er mich, wohin ich wolle. – »Nach Jidda.« Er sagte, er werde sich bemühen, hierfür die Genehmigung von Zamil zu erhalten, und fragte mich, ob ich für den Augenblick etwas benötigte. Ich wollte wissen, ob ich ihn noch einmal wiedersähe, er aber meinte: »Vielleicht nicht; du kennst die spitze Zunge dieser Leute!« Darauf bat ich den guten Mann, mir auf einen Wechsel Geld vorzustrecken; ich hatte Bankunterlagen in meinem Gepäck und schrieb einen Scheck in der Höhe von einigen Reals aus. (. . .) Der Wechsel, für den er mir am nächsten Morgen den genauen Gegenwert in Silber schickte, erreichte mich ein Jahr später in Europa; er war in Beirut ausgezahlt worden. (. . .)

Täglich kam ein gewisser Salih, ein Tuchhändler aus dem Suk, zur Pflanzung. Eines Abends erzählte er mir zu meinem großen Erstaunen, daß er kürzlich Europa bereist und die wunderbaren Länder der Nasara gesehen hätte. Er prahlte in gespieltem Entsetzen damit, daß die Reise ihn siebenhundert Liras (fünfhundertsechzig Pfund Sterling) gekostet hätte und berichtete: »Wir segelten von Bosra über Stambul, dann kamen wir an einer Insel vorbei, deren Namen ich vergessen habe, und landeten in London. Danach besuchten wir Baris, Wien und Italien – alles große Städte der Nasara!« Sieben Monate waren sie angeblich unterwegs, einen Monat des Sommers verbrachten sie in Londra – London war großartig! In Baris waren sie einen Monat – Paris war wunderschön! Aber alle Leute starrten ihre orientalischen Gewänder an, so daß sie sich danach – bis auf den Fez – europäisch trugen.

Als ich ihn fragte, wer sein Reisebegleiter gewesen sei, nannte er mir Yusef Khalidy. Nun war ich durch einen Zufall gerade in Wien, als Khalidy sich dort aufhielt, und ich hatte tatsächlich zwei semitische Fremde mit rotem Fez in der Öffentlichkeit gesehen! Auch den Namen kannte ich, denn sie hatten den gelehrten Orientalisten von Kremer besucht, der anschließend auf Arabisch für mich notierte – Yusef Khalidy, el-Kuds. Kremer schrieb, jener sei ein belesener Moslem, ein Lehrer in Jerusalem, der sich seiner edlen Abstammung rühme und gelegentlich zum Christentum bekenne. Er habe sich oberflächliche Kenntnisse einiger europäischer Sprachen erworben, und ich könne ihn ein anderes Mal bei ihm treffen. Ich nahm ein Bündel Briefe aus meinem Gepäck und hielt dieses Schreiben Salih vor die Nase, der mit verlegenem Lächeln, als sei er geschlagen worden, zugab, nicht er, sondern sein Bruder sei es gewesen, der durch das Abendland gereist sei, ein gewisser Aly, ein Händler und Grundbesitzer aus Bosra. (. . .)

Ibrahim, der Schwager Salihs, war einer der vielen Männer aus dem östlichen Nejd, die einige Jahre zuvor der lockenden Löhne wegen Arbeit beim Bau des Sueskanals gesucht hatten; seiner Schätzung nach waren zweihundert Mann aus el-Kasim in Ägypten. Während seiner Arbeit dort hatte er die ›Völker der Nasara‹ gesehen – Franzosen, Italiener, Griechen, von denen er annahm, sie sprächen eine gemeinsame Sprache. Einige Abschnitte des Kanals waren Kleinunternehmen anvertraut worden: Ibrahim stand in den Diensten einer fränkischen Frau; dieses Mannweib mit Pistolen im Gürtel sei ein

Sueskanal bei Kantara (nach Lane-Poole)

strenger Aufseher über ihre Arbeiter gewesen. In jenem Babel der Nationen kamen Männer mit allen nur denkbaren harten und zweifelhaften Schicksalen zusammen, und trübe waren die Fluten, die diese Scharen abenteuerlicher Gestalten an die Küsten spülten! Moslems und Christen – vor allen Dingen die fanatischen Orient-Griechen *(er-Rum)* – bildeten eine gemischte Gesellschaft, und friedliche Männer fürchteten sich, die Gemeinschaft ihrer Kameraden zu verlassen. In diesen naturgegebenen Feindseligkeiten sah Ibrahim nur den Religionskrieg: »Es waren die Rum«, behauptete er, »welche die Moslems angriffen – sie hatten die meisten Waffen.« In jenen Gegenden werden die Griechen vom Islam so sehr verabscheut, daß ich sogar bei den Nomaden der Sinai-Küste einen Mann zu seinem Widersacher sagen hörte: »Du bist noch schlechter als ein *greco*!« – wobei er das fränkische Wort gebrauchte. Die Streitigkeiten wurden jedoch, wie Ibrahim ohne Wertung sagte, von den ägyptischen Soldaten unterdrückt. (...)

Ibrahim erzählte aber auch erfreulichere Sues-Geschichten, so etwa von seiner Freundschaft mit einigen Nasara. Ein paar Christen, die Nachbarn der Nejd-Leute waren, luden sie einmal ein, in ihren Zelten mit ihnen zu trinken, was die Araber ausschlugen; aber da sie sich aufrichtig entschuldigten, baten die Nasara sie zum Essen, das üppig und großzügig bereitet wurde. Ibrahim gab einige Scherze und witzige Bemerkungen seiner christlichen Bekannten in ihrem schlechten Arabisch wieder. Manche Nacht stahlen Ibrahim und seine Gefährten für das Kaffeefeuer zum Kochen einen der Holzbalken, den sie dann tagsüber vergruben. Ich nannte ihn einen Dieb, er jedoch antwortete mir: »Das Holz war zwar wertvoll, gehörte jedoch keinem Menschen; es war Eigentum der *Kompania*!« Aus diesem moralischen Sumpf kehrte Ibrahim nach zwölfmonatiger Arbeit zurück, ärmer an Herz, jedoch um hundert oder zweihundert Reals reicher. Obwohl daheim nicht in Not, war er siebenhundert Meilen gereist, um sich als Erdarbeiter in Sues zu verdingen! (...)

Die Fürsten der Wahabiten

Von größerem Wert war für mich, was mir ein junger Mann aus Shuggera vom Untergang der Wahabiten berichtete, über den bislang in Europa nichts bekannt war! Als der alte, blinde Feysal starb, wurde Abdullah, der ältere seiner beiden Söhne, sein Nachfolger in er-Riad. Saud, der ehrgeizige jüngere, zog sich nach dem Jemen zurück, wo er eine Vielzahl von Partisanen aus den Stämmen der Weled Bishy und Weled Dauasir und aus den Beduinenmarschen um sich sammelte. Mit diesem Heer kehrte er in den Nejd zurück, kämpfte gegen seinen Bruder und entriß ihm die Herrschaft; Abdullah flüchtete daraufhin in das Land Ibn Rashids.

Der neue Herrscher Saud wollte sich nun den großen Stamm der Ateyban unterwerfen, da dieser mit Abdullah verbündet war. Er brach mit seiner bewaffneten Truppe sowie den verbündeten Nomaden auf – el-Ajman, Aarab Dauasir, el-Murra, Kahtan und Meteyr; jeder Stamm ritt unter einem Banner *(barak)*, das ihm von Saud verliehen

Bannerreiter (nach Blunt)

worden war. Die Ateyban ziehen gewöhnlich verstreut durch weite Wüstengebiete, es war jedoch die Nachricht nach er-Riad gelangt, daß eins ihrer großen Sommerlager an einer bestimmten Wasserstelle aufgeschlagen sei. Saud machte sich in Gewaltmärschen dorthin auf den Weg, damit die Kunde ihm nicht vorauseilen konnte. An einem Nachmittag, zur Stunde des Gebetes, kamen sie in Sichtweite der überraschten Ateyban. Sobald Beduinen jedoch ihre Hemden übergestreift und ihre Waffen ergriffen haben, sind sie bereit, gegen ihre Feinde zu kämpfen. Saud machte Halt und wollte an diesem Tag nicht mehr angreifen, denn seine Männer und Tiere waren nach den langen Märschen erschöpft. So zogen sich die Wahabiten vor Sonnenuntergang zurück und schlugen ihr Lager auf. (...) Beim Morgengrauen stürmten die Ateyban den heranrückenden

Feinden entgegen, obwohl diese in sechsfacher Übermacht waren. Beim ersten Hauptstoß schlugen sie die Meteyr zurück, deren Banner in ihre Hände fiel. Und was sah man dann? Die Kahtan, im bewaffneten Kampf die gefürchtetsten unter den Nomaden, fielen ihren Mitstreitern in die Flanke. In wenigen Augenblicken hatten sie Ibn Sauds Reiterei vernichtend geschlagen und zweihundert Stuten erobert – fast den gesamten wahabitischen Stall, der über einen langen Zeitraum aufgebaut worden war. Dann wandten sich diese Männer wie die Hornissen gegen die Meteyr! Die Beduinen, für die nur noch ihre alten Feindschaften galten, bekämpften sich in dieser infernalischen Schlacht untereinander. Schließlich zogen die Kahtan mit ihrer Beute ab, und die siegreichen Ateyban blieben als Herren des Schlachtfeldes zurück. Dreihundert von Sauds Männern waren gefallen, seine wenigen Zelte und seine Ausrüstung waren in der Hand der Ateyban. Der geschorene wahabitische Wolf selbst kehrte durch die Wüste nach er-Riad zurück. Durch den Verlust der Pferde war die Herrschaft der Wahabiten, die hundert Jahre gewährt hatte, tödlich geschwächt; niemals wird sie noch einmal – so glaubt man im Nejd – in alter Stärke erstehen.

Der Begründer des wahabitischen Reformgedankens war ein gewisser Mohammed Ibn Abd el-Wahab, ein gelehrter Religionsführer aus der Oase eth-Ther'eyyeh (el-Deriya) im östlichen Nejd. Er war von Temim- oder, wie andere sagen, von Annezy-Blut. Für seine puritanische Doktrin konnte er den Emir der Oasenstadt, den kriegerischen Saud Ibn Abd el-Aziz, gewinnen. Die neue wahabitische Macht wuchs zusehends und war im Nejd bald vorherrschend; in den ersten Jahren dieses Jahrhunderts trug sie auch im Hejaz den Sieg davon! Darauf kam Mohammed Aly, der aus Albanien stammende Herrscher Ägyptens, mit einer Flotte und einem Landheer des Sultans, um die Harameyn zu retten. (. . .) Nachdem er Aneyza verlassen hatte, nahm er eth-Ther'eyyeh ein und zerstörte es; der Ort wurde danach nicht wieder aufgebaut. Die Wahabiten gründeten jedoch ihre neue Lehmmetropole er-Riad. Als sie vor der ägyptischen Strafexpedition Ruhe hatten, herrschten sie wieder im gesamten Nejd und in Wüstenarabien bis hinunter zum Jemen, und auch die Städte der Golfküste zahlten Tribut; in den Hejaz drangen die Wahabiten jedoch nicht mehr vor. (. . .)

Die wahabitischen Herrscher lehrten die Beduinen zu beten; sie befriedeten die Wüste. Die Dörfer wurden von der Zersplitterung in sich bekämpfende Parteien befreit und die Einwohner im Lesen und Schreiben unterrichtet. In Aneyza war es, wie ich entdeckte, eine Beleidigung, Wahabit genannt zu werden; auf unserer Pflanzung war diese Bezeichnung bei den Landarbeitern ein Schimpfwort, das sie für irgendeinen finsteren, bösartigen Gefährten bereit hatten.

Die Stadt er-Riad mit ihren Vororten und dem von Dörfern besetzten Land ringsumher ist alles, was vom Herrschaftsbereich der Wahabiten noch übriggeblieben ist: ein kleines und schwaches Fürstentum, vergleichbar Boreyda. Die große Lehmstadt, vor kurzem noch die Metropole Wüstenarabiens, liegt schweigend da, und die weite Gästehalle ist verlassen (das Lehmschloß des Wahabitenfürsten ist größer als der Kasr von Hayil). Ibn Sauds Diener fliehen seinen unglücklichen Stern und begeben sich, wie wir gesehen haben, als Söldner zu Mohammed Ibn Rashid. Kein Beduine gehorcht dem Wahabiten heute mehr, und die großen Dörfer des östlichen Nejd haben die Steuereinnehmer Abdullahs zurückgeschickt; alle jedoch halten sie hartnäckig am reformierten Religionsgedanken fest. (. . .)

Der Weg zur Küste

»Freu dich, Khalil!« sagten meine Gefährten, »denn vom nächsten Hügel aus können wir dir Jidda zeigen.« Und wirklich sah ich in der Ferne das Meer hell in der Sonne schimmern, sah große Schiffe dahinziehen und sah die Minarette der Stadt!

Am 6. Juli 1878 Aufbruch von Aneyza. Doughty zieht mit der Butterkarawane nach Mekka, kann als Nicht-Moslem die heilige Stadt aber nicht betreten. Am 23. Juli trennt er sich bei Ayn ez-Zeyma von der Karawane. Er wird von einem Nomadensherif überfallen und reitet, noch einmal angegriffen und ausgeraubt, nach Tayif, wo Hasseyn, der Emir von Mekka, residiert. Zwischen dem 26. und 29. Juli Aufenthalt in Tayif, dann Ritt nach Jidda, der Hafenstadt am Roten Meer. Ankunft in Jidda am 2. August 1878.

Mit der Butterkarawane nach Mekka

Am nächsten Tag traf bei Sonnenuntergang ein Bote von Abdullah el-Kenneyny mit dem Reitkamel ein, das mich nach Jidda bringen sollte. Wir saßen auf, und Rasheyds Arbeiter ließen ihr Tagewerk liegen und kamen in Begleitung einer armen Sklavenfrau, um mir die Hand zu reichen; als wir davonritten, wünschten sie mir Gottes Segen. Wir schlugen die Richtung zu Kenneynys Pflanzung ein, wo ich, wie man mir sagte, den nächsten Tag verbringen sollte. Der Weg betrug keine zwei Meilen, doch währt die Dämmerung hier nur kurz, und wir kamen im Dunkeln an. Mein Gefährte ließ mich allein zurück, und ich legte mich am Brunnen in dem einsamen Palmenhain zum Schlafen nieder.

Bei Sonnenaufgang fand ich Abdullah el-Kenneyny vor, der noch vor der großen Hitze auf einem Esel hergeritten war. Gleich darauf erschien Abdullah el-Bessam zu Fuß und sagte: »Ach, Khalil, wir schämen uns für das, was du durchgemacht hast, und dafür, daß es hier geschah. Du sollst jedoch wissen, daß wir gegen diese törichten Leute nichts haben unternehmen können.« Kenneyny bat noch um einen kleinen Vorrat von der Medizin, die so gut für die Augen seiner Mutter gewesen war, und ich verteilte meine Arzneien an sie. Nun traf auch noch Hamed es-Safy ein, und die Freunde saßen bis eine halbe Stunde nach Sonnenaufgang bei mir; dann standen sie auf, um rechtzeitig zum Frühstück zurück zu sein; sie wollten sich später noch einmal mit mir treffen. Am Nachmittag kam es-Safy zurück, der seine englische Rechtschreibung verbessern wollte. Doch keiner meiner anderen Freunde und Verwandten erschien, um den ausgestoßenen Nasrany zu besuchen.

In der Kühle des Nachmittags kam der gute Kenneyny dann noch einmal auf seinem Esel, begleitet von seinem kleinen Sohn Mohammed. Er wirkte heute schwach wie ein Mensch, der an Leib und Seele erschöpft ist. Als er sich niedersetzte, um mit mir zu sprechen, zitterte er fast, und das zu unseren Füßen spielende und plappernde Kind war ihm schon zuviel – er gebot ihm Ruhe. Ich bat ihn, alle Aufregung zu vergessen, die mein Besuch in Aneyza ihm verursacht hatte. Kenneyny aber schwieg.

Nun war es Abend geworden, und der Kamelmeister Sleyman traf mit seinem kleinen Sohn auf einem Kamel ein. Er war auf dem Wege zum Rastplatz der Karawane, um dort noch einmal mit einem seiner Verwandten zu sprechen, der ihm für seinen Handel Geld geliehen hatte. Abdullah rief ihm zu, das Kind abzusetzen und Khalil und sein Gepäck aufzunehmen. Ich stieg mit Sleyman auf, und wir ritten durch eine Bresche in der Stadtmauer, die an Kenneynys Grund grenzte. Abdullah begleitete uns bis dorthin, und wir machten halt, um uns von ihm zu verabschieden. Mit den bei den Semiten üblichen Segenswünschen bedankte ich mich von Herzen bei ihm und sagte diesem edlen und wohltätigen Sohn der Temim, der jetzt traurig und schweigend dastand, lange Lebewohl. (. . .)

Wir ritten dann ein oder zwei Stunden auf jener hohlen, ausgetretenen Nefud-Straße, auf der ich einst in der Nacht in Richtung Khubbera unterwegs gewesen war.

Es war bereits dunkel, als wir zum Rastplatz der Karawane kamen, wo Sleyman seine Treiber begrüßte, die mit den Lasten schon vor uns eingetroffen waren. Sie brachten uns zu unserem Platz im Lager, der sich für jede Reisegruppe dort befindet, wo sie absteigt und wo ihre Kamele liegen. Hier brannte auch ein Kaffeefeuer, und ich sah Sleymans Buttersäcke aufgereiht liegen (es handelte sich um vierundzwanzig Stück von fast einer Tonne Gewicht). Vier davon (...) stellen eine Kamellast dar, mit einem Wert von dreißig Reals; in Mekka jedoch hoffte man, sechzig dafür zu bekommen. Viele Leute aus Aneyza verbrachten die letzte Nacht zusammen mit ihren abreisenden Freunden und Verwandten im Lager. Der Sammelplatz der Mekka-Karawane liegt außerhalb bei den Palmen von Auhellan, wo es auch einige antike, in den Sandstein gehauene Höhlen geben soll. Ich hörte erst am Ort davon, und es blieb mir keine Zeit herauszufinden, ob etwas Wahres an der Sache ist.

Jetzt erst erfuhr ich, daß niemand in der Karawane nach Jidda reiste – alle wollten nach Mekka! Abdullah el-Kenneyny hatte Sleyman beauftragt, und der gute Bessam wiederum hatte seinem Sohn Abd er-Rahman aufgetragen, auf der letzten Station vor Mekka (entweder im Wadi Laymun oder im Seyl) einen *adamy*, einen Mann, zu finden, der mich nach Jidda geleitete, ohne daß wir den *hadud*, den geheiligten Bezirk, betraten. Der gute Kenneyny, der niemals auf einer Pilgerfahrt mitgeritten war, konnte den Weg nicht kennen, und trotz seines Scharfsinns sah er die Gefahr nicht voraus, die mir am Ende dieser Reise noch drohen sollte.

Unsere Butterkarawane bestand aus hundertsiebzig Kamelen, die nahezu dreißig Tonnen Butter trugen, sowie siebzig Mann, von denen vierzig auf Kamelen ritten; die

übrigen waren Treiber. Wir waren in kleine Reisetrupps aufgeteilt, die jeweils aus einem Kamelmeister mit seinen Freunden und angeworbenen Dienern bestanden. Jede Gruppe führte ein Zelt oder ein Sonnensegel bei sich, um während der Mittagsrast einen Schutz über dem Kopf und Schatten für die Butter zu haben, die in den Hitzestunden im Ziegenschlauch (*jerm*; Pl.: *jerum*) schmilzt; diese Jerms oder Buttersäcke müssen innen dick mit Dattelsirup bestrichen sein. Jeder Schlauch – in der Regel von etwa einem Zentner Gewicht – hängt an einer auf beiden Seiten befestigten Schlinge vom Sattelbaum herab. Manchmal platzt ein Butterschlauch auf der Karawanenreise, und die kostbare Flüssigkeit ergießt sich wie Wasser in den Staub der Khala; oder die Tragkamele streifen Akazien, und die dornigen Zweige durchstechen und zerreißen die Jerms. Es war gut, daß ein Flickschuster in unserer Karawane mitritt, der bei der Abendrast die täglichen Schäden an Butter- und Wasserschläuchen ausbesserte. All diese geklärte Butter, die in Mekka einen Wert von mehr als zweihundert Pfund Sterling hat, war seit dem Frühling im Handel mit den Beduinen gesammelt worden; die Kaufleute in Aneyza lagern sie zwischenzeitlich in Trögen aus Marmor.

Für eine so große städtische Karawane wird von Zamil ein Emir ernannt, der aus der Fürstenfamilie stammt und für jedes Kamel einen Real erhält. El-Kenneyny hatte einen Brief von Zamil erlangt, der mich diesem Emir anempfahl und ihn aufforderte, für meine Sicherheit zu sorgen, wenn ich die Karawane ›bei dem Ayn‹ verlassen würde. Wir saßen noch eine Weile plaudernd am Kaffeefeuer, bis wir müde wurden und uns auf dem Sand der Nefud zum Schlafen niederstreckten. (. . .)

Am nächsten Tag ritten wir durch eine Hochsteppe voller scharfkantiger Felsen, Hügel und Berge aus Trapp und Granit. Gegen Mittag war von der glühenden Hitze des Vortages nichts mehr zu spüren, und ich las vom Barometer eine Höhe von nahezu fünftausend Fuß ab; die klare Sommerluft war hier leicht und erfrischend. Zu unserer Linken lag das Minnieh-Gebirge, zu unserer Rechten ein wuchtiger Granitberg, der Tokhfa. Die *mogyil* oder Mittagsrast wurde bei der Wasserstelle el-Ghrol eingelegt, in einem Teil zwischen Trapp-Bergen, wo der Boden mit zähen Wüstenbüschen grün bewachsen ist; hier befinden sich alte, gut gemauerte Brunnen *(golban)*, zwei Faden tief, deren Wasser süß und klar und das einzige gute und bekömmliche war, das wir auf diesem ganzen Weg von fünfzehn Tagesreisen zwischen el-Kasim und dem Land um Mekka fanden. Eine Tagesreise östlich von hier liegt ein Berg, der Gabbily heißt und dessen Felswände in seltsamer Art behauen sein sollen.

Dieses Wüstenhochland hat den besten wilden Weidegrund, den ich in Arabien gesehen habe; zwar gibt es nur wenig Büsche, doch ist die Gegend hier ein ›weißes Land‹, bewachsen mit *nussy*, Wüstengras. Woran mochte es liegen, daß diese arabische Einöde uns freundlicher anlächelte als die Wüsteneien mit gleichartigem Boden, die nicht weit von hier lagen? Ich fragte die Ateyban-Leute danach, die in der Karawane ritten, und sie antworteten, daß dieser Teil der Wüste regelmäßig von jahreszeitlichen Regenfällen bewässert werde. Vielleicht hat das seinen Grund darin, daß das Land im Grenzbereich des Monsuns oder der Tropenregen liegt, die im Frühherbst reichlich niedergehen und in et-Tayif gewöhnlich fünf bis sechs Wochen dauern? Überall sieht man Akazien wachsen, ein sicheres Zeichen, daß in nur geringer Tiefe Grundwasser steht. Dennoch findet sich in diesem so weiten Landstrich (von dreihundert Meilen) keine einzige Siedlung! (Dies mag daran liegen, daß Brunnen selten sind und das Wasser nie süß ist). In den letzten Jahren ist das Land, das sich den Einfällen Ibn Rashids ungeschützt darbietet, teilweise von den Nomaden verlassen worden, und die vereinsamten Wasserstellen sind verschlammt, da niemand sie reinigt. (. . .)

Für die *kafilys,* die Karawanen von el-Kasim nach Mekka, gibt es zwei Wege: die westliche Straße mit mehr und besseren Wasserstellen, auf der die Butterkarawane von Boreyda und er-Russ vor uns herzog und die *es-Sultany,* Hauptstraße, heißt; und den mittleren Weg, auf dem wir selbst ritten und der von eiligen Karawanen eingeschlagen wird; zwischen den einzelnen Wasserstellen liegen auf dieser Strecke größere Distanzen, doch ist dafür die Wahrscheinlichkeit geringer, mit Nomaden, die an einem der Brunnen ihr Sommerlager aufgeschlagen haben, in Kämpfe verwickelt zu werden. Die Karawanentreiber würden es nicht wagen, ihre Kamele in Gegenwart der unberechenbaren Beduinen zu tränken; in einem solchen Fall können sie die Nomaden nur bitten weiterzuziehen, die diese Bitte der Städter jedoch ihrerseits sehr übel aufnehmen. Sind die Beduinen jedoch stark an Zahl, müssen die Städter sich so behelfen, daß sie mit der Waffe in der Hand in Eile das Wasser emporholen und die kaum erfrischten Tiere zu den nächsten Viehtränken treiben, die in dieser Wüstenei meistens nur bitteres Wasser führen. Es gibt noch einen dritten Pfad, östlich des unseren gelegen, den Derb Wadi Sbeya, mit wenigen und kleinen Tränken, der von den fliegenden Dromedartrupps benutzt wird. Auf diesem Weg war im letzten Jahr der gute Abdullah el-Bessam von Jidda heimgekehrt, wobei er den Brunnen von Jelib ibn Haddif, eine dieser wenig benutzten Wasserstellen, verschüttet fand. Es kostete ihn und seine Gefährten einen ganzen Tag, ihn zu reinigen. Die verschiedenen *derbs* oder Pfade liegen größtenteils so nahe beieinander, daß man dieselben Landmarken von beiden Seiten sehen kann. (...)

Während des zehnten Tagesmarsches von Aneyza kamen wir zu dem abgeflachten, kegelförmigen Basaltberg Jebel Khal und dem runden, dreiköpfigen Granitberg Thulm. Die Pilger des Nejd brechen in Freudenrufe aus, wenn sie auf ihrer Reise diese Berge sehen, denn – Dank sei Gott! – haben sie nun die Hälfte des Weges hinter sich gebracht. (...)

Wir ritten nun zu dem nicht mehr fernen Mekka hinab, und ich wußte nicht, ob es mir bestimmt war, den nächsten Tag noch zu erleben; in der gesamten Karawane gab es keinen Mann von Einfluß. Sleymans guter Wille wurde hauptsächlich von dem Gedanken bestimmt, daß er seinem Verwandten Abdullah gegenüber für den Nasrany verantwortlich war. Abd er-Rahman war in der Karawane mein Freund – darin gehorchte er seinem Vater. Er selbst war liebenswert und kein schlechter Bursche, jedoch ein Hasenfuß. Aus seinen Antworten an diesem Tag las ich heraus, daß er voll Sorge um mich war.

Es war Mittag geworden, als wir auf eine Hochebene kamen, die sich zwischen Bergen wie ein breites Hochland-Wadi erstreckt. Dieses Tal, von dem die Karawanen des Nejd in ein oder zwei kurzen Märschen nach Mekka hinabziehen, wird *es-Seyl* genannt; es liegt meiner Messung nach in einer Höhe von fünftausendundsechzig Fuß. (...)

Nun hatten wir den Nejd verlassen, und es zeigte sich ein Arabien ganz anderer Art! Wir ritten eine Meile weit in die enge Talebene des Seyl hinein, vorbei an mannshohen Binsendickichten, an wuchernden Pfefferminzfeldern und schütteren Auen, denn die Kräuter und Gräser werden von den Kamelen der Karawanen abgeweidet, die täglich zwischen Mekka und Tayif unterwegs sind. Auch unsere Karawane hielt an, und wir stiegen ab; man braucht hier nur mit den Händen zu graben, um in einer Spanne Tiefe reines Regenwasser zu finden. Ich hörte, Tayif sei von hier nur noch einen Tagesmarsch entfernt, und einige kluge und ehrliche Karawanenmänner rieten mir, dorthin zu gehen; sie sagten, es sei gut möglich, daß wir einigen Kamelmeistern aus Mekka auf ihrem Weg nach Tayif begegneten; ihnen würden sie mich anvertrauen, so daß ich noch in dieser Nacht in Tayif ankommen könne. Sie hätten gehört, der Sherif von Mekka sei derzeit in Tayif; wenn ich erst einmal dort wäre, würde der Sherif mich auf meine Bitte hin mit sicherem Geleit nach Jidda senden.

Welche Freude hätte es mir bereitet, Tayif zu besuchen – dieses Eden von Mekka mit seiner reinen und kühlen Luft, seinen sprudelnden Quellen und seinen Gärten voller Rosen, Weinreben und Obstbäumen! Doch werden diese Herrlichkeiten im Volksmund wohl übertrieben, denn ich hörte einige Leute aus el-Kasim sagen, man erzähle sich Wunder von et-Tayif, sie selbst seien jedoch dort gewesen und hätten es nicht so großartig gefunden. Nun war es so, daß die Krankheiten Arabiens, von denen ich heimgesucht war, sich auf der Reise verschlimmert hatten; die Beine waren bedeckt mit jenen Geschwüren, die an der Küste des Persischen Golfes *hub, bizr* oder auch *bethra et-Tamr,* ›Dattelknopf‹, genannt werden (weil sie gewöhnlich zur Zeit der Dattelernte auftreten). Diese Geschwüre, die den Aleppo-Beulen entsprechen, sind in vielen Teilen der arabischen Welt bekannt; in der Berberei, in Ägypten (Nil-Geschwüre) und in Indien (Delhi-Geschwüre). Überall schreibt man sie dem Genuß ungesunden Wassers zu. Man kann die flachen Schwären mit Karbolsäure waschen und mit Fischtran bestreichen, aber das Übel nimmt seinen Lauf, denn es gibt kein wirksames Gegenmittel. Ich litt seit nahezu fünf Monaten an diesen Geschwüren, die bei den Beduinen häufig sind und aus sich heraus wachsen. Aus diesem Grund erschien es mir besser, unmittelbar nach Jidda zu reisen. Überdies: Wenn es günstig für mich war, et-Tayif zu besuchen, warum hatte el-Bessam – der die Güte des verstorbenen Sherifen rühmte – mir diesen Rat nicht in Aneyza gegeben? Nun saß dort ein neuer Sherif, der zugleich Emir von Mekka war, und ich konnte nicht wissen, ob er einen Nasrany gerecht behandeln würde.

Die Kusman, die Mitreisenden aus el-Kasim, waren damit beschäftigt, sich zu baden und ihre weltliche Kleidung abzulegen. Es war auch höchste Zeit, denn die Gewänder der Treiber und Kamelmeister hatten vom täglichen Auf- und Abladen der Buttersäcke bereits eine schmutzige Bleifarbe angenommen. An den Wasserlöchern sitzend, half einer dem anderen, indem er seinem Nachbarn schüsselweise Wasser über den Kopf goß. Dann nahm jeder der Männer aus seinem Gepäck zwei oder drei Yard neues Kattun oder Leinen und schürzte sich damit. Dies ist der *ihram,* das Lendentuch der Pilger, das bis zum Knie reicht; ein Zipfel davon wird über die Schulter geworfen. Von jetzt ab gehen die Pilger barhäuptig und halbnackt; nur so dürfen sie die heiligen Bezirke betreten. Wer jedoch aus der Stadt stammt oder zur Garnison gehört, ist nur nach längerer Abwesenheit zu diesem Kleiderwechsel verpflichtet. (...) Die Reisetrupps pflegen in gemieteten Zimmern zu wohnen; nur die wenigen Mitglieder der Karawane, die Kaufleute der Stadt sind, gehen zu sich nach Hause, und so würde es auch Bessams Sohn machen; sein guter Vater besaß ein Haus in der Stadt, das von einer alten Sklavin besorgt wurde. (. . .)

Der Ihram, das Pilgerkleid, ist zweifellos noch ein Überbleibsel der alten Kaaba-Riten. Bei den Beduinen fand ich die Überlieferung, daß ein Lendentuch aus einem Stoff, den sie *yemeny* nennen, in alter Zeit ihre Kleidung darstellte. Auch Frauen müssen sich in dieser Weise mit dem Ihram gürten, wenn sie die heiligen Bezirke betreten; nach dem

Große Moschee von Mekka (nach Niebuhr)

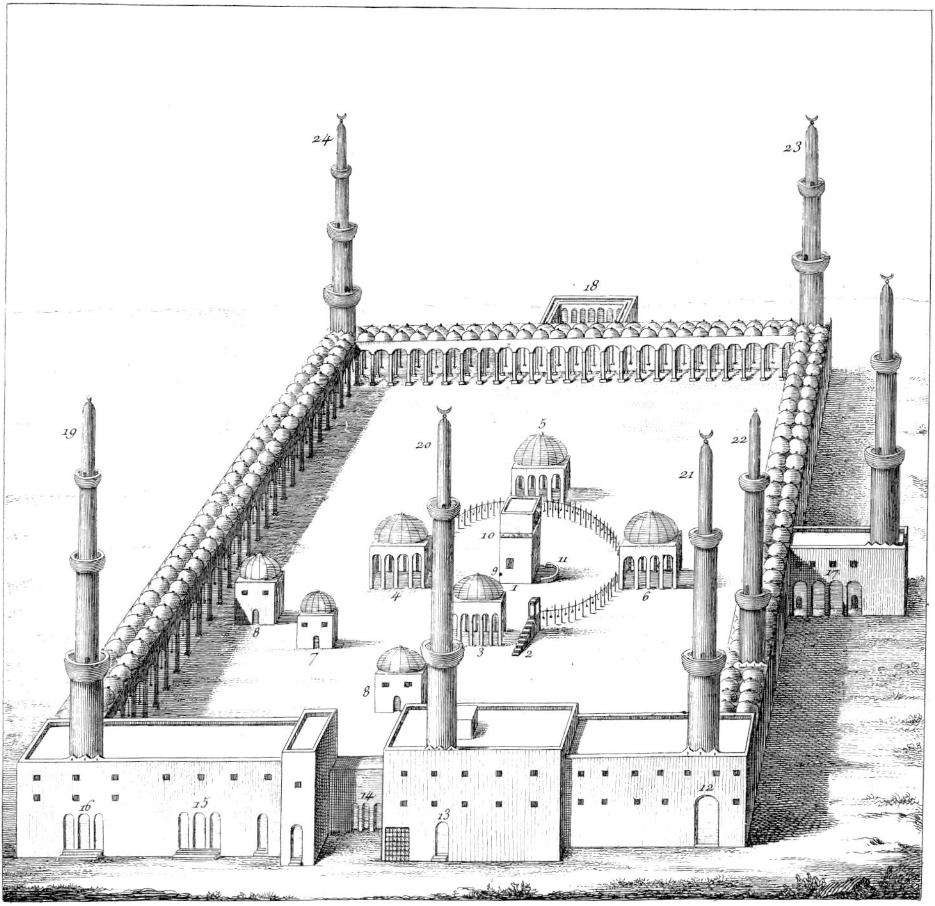

Gebot der islamischen Religion bedecken sie sich zudem jedoch mit einem tuchartigen Schleier. Sogar das Militär, das mit der syrischen oder ägyptischen Pilgerkarawane reitet, die Offiziere und der Pascha selbst kleiden sich in den Ihram; ausnahmslos betreten sie die Stadt, als gingen sie zum Bad. Die Pilger müssen in diesem halbnackten Aufzug eine bestimmte Zahl von Tagen in Mekka verbringen und dürfen sich auch während der Nacht nicht bedecken, bis sie vom Besuch des Arafat, des heiligen Berges, zurückkehren. In Mekka herrscht fast das ganze Jahr über eine tropische Hitze, und vielleicht leiden die Pilger weniger unter der Kälte, selbst wenn die Pilgerfahrt im Winter stattfindet, als unter der Sonne, die auf ihre sonst mit schweren Kopftüchern oder Turbanen bedeckten schwachen Schädel herabbrennt. Kann sich jedoch jemand seiner Gesundheit wegen nicht so tragen, ist der Herr gnädig und die Pflicht ist ihm erlassen; soll er dafür in Mekka ein Schaf opfern. (. . .)

Vor Mekka in höchster Gefahr

Am achtzehnten Tag erblickte ich die Lehmbänke von Ayn ez-Zeyma, die mit grüner Hirse *(thura)* bewachsen waren. (. . .) Wir kamen über einen eingedämmten Kanal, in dem Quellwasser von einer Talseite auf die andere geleitet wird. Außer Getreidefeldern gibt es hier nur wenige Gärten und ein Dutzend kümmerliche Palmstämme; Wassermangel hat die übrigen verdorren lassen. Die Bewohner des örtlichen Weilers sind vom Stamme der Hatheyl. Ich las im Schutze meines Mantels eine Höhe von zweitausendsiebenhundertachtzig Fuß ab. Hier waren wir nun nicht mehr im Hejaz, sondern in der Tehama, zu der Mekka nach Meinung aller Araber gehört. Mekka selbst ist von Bergen eingeschlossen, die wir als Mittelgebirge bezeichnen würden; die Spitzen dieser Tieflandberge (deren Rand man von der Küste aus sieht) erreichen jedoch nicht die Gipfel des Nejd. (. . .)

Auf der südlichen Talseite steht eine große, jetzt verfallene Lehmfestung, die einst den alten Wahabiten als Fort diente, um dieses natürliche Einfallstor in den Nejd zu halten; hier sah ich auch die erste Kahwa des Gebietes von Mekka. Das Gasthaus war nicht mehr als ein Unterstand aus rohen Lehmmauern und Pfosten mit einem losen Dach aus Palmzweigen. Als ich mit den beladenen Kamelen verspätet ankam, fand ich Ibrahim und die Kamelreiter unserer Karawane drinnen sitzen. Sleyman kam heraus und führte mein Reittier am Zügel zur offenen Herberge. Die Kusman riefen: »Khalil«, und ich stieg ab; Abd er-Rahman jedoch empfing mich mit besorgter Miene. Drinnen hörte ich eine wilde Stimme sagen: »Er soll Moslem werden«, und sah, daß es sich bei dem Sprecher um einen Mann dieser Gegend handelte, der seinen blitzenden *hanjar* (Krummdolch) zog. – »Nein«, beschwichtigten die Kusman, »so nicht!« Ich ging hinein und setzte mich neben Ibrahim; Abd er-Rahman flüsterte mir zu: »Es ist ein Geschenk des Himmels, wir haben hier jemanden aus unserem Haus in Jidda getroffen. Dieser junge Mann hier, Abd el-Aziz, ist ein Neffe meines Vaters. Er wollte mit einer

Ladung Teppiche nach et-Tayif reisen, ich habe ihn jedoch verpflichtet, mit dir nach Jidda zurückzukehren. Du mußt ihm nur etwas schenken – gib ihm drei Reals! Ach, Khalil, ist das schwer gewesen! Einige in der Kahwa wollten Schwierigkeiten machen; in der letzten Nacht hörten sie, daß ein Nasrany kommt. Zum Glück ist jedoch ein Sklavenmeister des Sherifen hier, der alles für dich geregelt hat. Komm mit mir und sag ihm Dank; wir (von der Karawane) müssen sofort abreisen.« Ich fand einen ehrwürdigen alten Neger auf dem Boden sitzen, der sich erhob, um mir die Hand zu reichen; sein Name war Maabub. Ibrahim, Sleyman und die übrigen Leute aus Kasim gingen nun hinaus, um ihre Kamele zu besteigen; als ich mich noch einmal umsah, waren sie schon davongeritten. Nur Abd er-Rahman, der Sohn Bessams, blieb bei mir und rief: »Steig auf! Und du, Abd el-Aziz, setz dich hinter Khalil!« – »Laß mich erst noch den Wasserschlauch füllen!« – »Es gibt genug Wasser weiter unten im Tal, steig nur schnell auf!« – Steig auf, Mann!« rief auch ich, und als er oben war, trieb ich das Kamel an; das erschöpfte Tier hatte jedoch keine Kraft mehr; dabei hätte ein kurzer Trab mich gerettet.

Hinter mir hörte ich eine unheilverkündende Stimme: »Absteigen, absteigen! Laßt mich, sage ich euch, ich bringe ihn um, den Kafir!« Ich blickte mich um und sah den Mann mit dem Messer ganz dicht hinter uns; mit der Klinge in der Hand fiel er mir jetzt in den Zügel. »Heh, Jude«, schrie dieser Teufel, »komm herunter! Heh, Nasrany! Herunter, sage ich!« Ich wollte weiterreiten, und wäre mein Dromedar nicht so schwach gewesen, hätte ich ihn umgestoßen und wäre dieser Gefahr entronnen. Nun kamen aber auch noch andere Männer hinzu, und Abd er-Rahman rief: »*Nokh, nokh,* laß das Tier sich hinknien und steig ab, Khalil!« Dies tat ich ohne ein Zeichen des Widerstandes. Der mit dem Messer näherte sich mir mit zusammengebissenen Zähnen, um den ›Christen-Juden‹ umzubringen, wie er zischte. Der Diener des Sherifen, der zu uns geeilt war, beschwor ihn jedoch, von mir abzulassen. Ich flüsterte dem Sohn Bessams zu: »Geh und rufe einige Männer der Karawane mit ihren Gewehren zurück; wir wollen doch sehen, ob der Gast aus Aneyza nicht frei passieren darf? Wollen die mich etwa hier auf einem öffentlichen Weg, außerhalb des Hadud, festhalten?« Er aber flüsterte: »So sag doch, Khalil, du wärst ein Moslem, das ist nichts als ein Wort, sie zu beschwichtigen. Morgen wirst du schon in Jidda sein – sieh es doch ein! Bei Allah, ich fürchte, daß einer dieser Leute dich sonst tötet!« – »Wenn es Gott gefällt, werde ich durchkommen, ob sie es wollen oder nicht.« – »Ach, Khalil«, sagte er darauf in jener leisen Stimme, mit der die Araber sprechen, wenn sie gegen den Strom schwimmen müssen, »was kann ich tun? Ich muß die Karawane einholen. Sieh doch, man ist ohne mich aufgebrochen.« Und ohne ein weiteres Wort stieg er auf und ließ den Freund seines Vaters unter Mördern zurück.

Eine Gruppe herumlungernder Kameltreiber aus Mekka, die nach ihrem Nachtmarsch hier während der heißen Stunden ruhten, waren mit einigen müßigen Bewohnern des Weilers dazugekommen, um zu sehen, was es da gäbe. Etwa dreißig an der Zahl, hatten sie sich in einer Reihe vor mir aufgestellt, alle in ihren Gewändern aus blauem Kattun. In ihren speckigen Ledergürteln sah ich überall das mörderische Dolchmesser dieser Gegend, *jambieh,* mit seiner metallenen Scheide. Schwarz waren die Gesichter dieser Mekkaner, schwarz wie die Farbe der Verdammten am Tage des Jüngsten Gerichtes; die Männer standen schweigend da, die schwarzen Hände lagen auf den Waffen.

Der alte und schwache Diener des Sherifen trat zurück, um sich in den Schatten zu setzen, und schon drang nach diesem kurzen Aufschub der Tobsüchtige wieder mit seinem Messer und seinem Ruf, daß er den Christen-Juden umbringen wolle, auf mich ein. Ich blieb schweigend stehen. Der Schurke war ein Sherif, so jedenfalls hatte ihn Maabub gerufen. Diesen Nachkommen Mohammeds darf sich keiner widersetzen, sie stehen in der öffentlichen Meinung über einem gewöhnlichen Sterblichen. Die Kamelmeister aus Mekka schienen ihn zwar nicht zu ermuntern, noch viel weniger jedoch waren sie auf meiner Seite. Der Sherif war ein Nomade, seine Bundesgenossen bei dieser Gewalttat waren ein oder zwei diebische Hatheylis aus dem Weiler und ein beduinischer Kameltreiber, sein Begleiter. Seine und ihre Absicht war es, nach dem Mord an dem Ungläubigen – einer ›frommen‹ Tat – mein Reitkamel und meinen Besitz an sich zu reißen.

Als er so mit dem Messer auf mich losging und sah, daß ich ruhig stehen blieb, eine Hand in mein Gewand geschoben, hielt er erstaunt und entmutigt inne. Von drei Arabern spielt einer gewöhnlich den Vermittler; ihr Mut hält nicht lange vor, und unbeteiligte Zuschauer neigen zur Mäßigung und wissen guten Rat. So wartete ich, daß irgend jemand für mich sprechen würde, doch es fand sich keiner! Ich blickte dem Elenden in die Augen, und wankelmütig wie so viele der armen Nomaden, konnte er das nicht ertragen; mit einem schweren Atemzug (erst in seinen mittleren Jahren, war er doch schon kränklich, wie es nicht wenige hier sind) hob er seinen Hanjar und führte zum Schein einen Stoß gegen meine Brust, ließ aber bald seufzend seinen Arm wieder fallen und zog ihn zurück. Dann zückte er abermals das Messer und nahm Maß; da er ein kleingewachsener Mann war, hoffte ich, wenn ich seine Augen beobachtete, den Dolchstoß mit meinem linken Arm parieren zu können. Obwohl ich selbst nur schwach auf den Füßen war, konnte ich ihn dann vielleicht mit der anderen Hand wegstoßen; wurde ich aber verwundet, hatte ich das Recht, mich mit meiner Pistole zu verteidigen und den Weg freizuschießen. Maabub hatte sich mittlerweile erhoben, kam eilig wieder angehinkt und zog den Räuber-Sherif fort. Er nahm ihn bei der Hand und sagte: »Was soll das, Sherif Salem? Du hast mir versprochen, keine Gewalt anzuwenden! Denk daran, wie Jidda bombardiert wurde, und das wegen des Blutes eines Mannes, der aus dem Volk dieses Fremden stammte. Überlege dir, was du tust! Das sind die Engleys, die für den Mord an einem der ihren große Kriegsschiffe aussenden und eine Stadt zusammenschießen. Und glaubst du etwa, unser Herr, der Sherif, würde dich als Urheber solchen Unheils verschonen? Vergreif dich nicht am Leben dieses Mannes, der nichts verbrochen hat und sich auch außerhalb des Bezirkes von Mekka befindet! Tu es nicht, Sherif Salem, um Hasseyns (des Emir-Sherifen von Mekka), unseres

Herrn, willen! Der Fremde ist ein Nasrany? Nun gut, das hat er nie bestritten. Gibt es in Jidda nicht auch Nasara?«

Maabub brachte ihn dazu, Frieden zu versprechen. Doch war dieser Wolf von einem Nomadensherif nicht so einfach und nur auf ein Wort hin um seine Beute zu prellen. Als der alte Neger wieder in den Schatten zurückging, kam er erneut mit dem Dolch auf mich zu und schwor bei Allah, daß er jetzt den Christen endgültig umbringen werde. Maabub rief ihm zu, doch Vernunft anzunehmen, und die Umstehenden taten, als wollten sie ihn zurückhalten. Als Salem sah, daß er nicht mehr von ihnen unterstützt wurde und sein Mut zu sinken begann (Gott gibt auch der wildesten Kuh nur ein kurzes Horn), stürzte er sich auf mein Dromedar, das eigentliche Ziel seiner Wünsche, und rief: »Dies aber ist *nahab*, meine Beute!« Er warf meine Decke vom Sattel und fing an, die großen Taschen abzuladen. Einer seiner Spießgesellen riß mir die Stirnkordel und das Kopftuch ab, doch beschimpften ihn andere deswegen. Ein leichtfüßiger Hatheyly rannte mit meiner Decke zu seinem Haus, andere zerrten von hinten an meinem Mantel, während die Kamelmeister aus Mekka in diesem Tumult ruhig dastanden. Das alles nahm ich geduldig hin, und da ich in den Tropen meinen Mantel nicht mehr benötigte, ließ ich ihn fahren. Maabub kam wieder zu uns gehinkt. Er nahm meine Satteltaschen selbst an sich, zog sie zur Seite und bat mich, bei ihm Platz zu nehmen. Als Salem sah, daß ihm seine Beute nun doch entging, bereute er, daß er den Fremden nicht getötet hatte, und zog wiederum seinen Dolch. Mit grimmigem, doch unentschlossenem Ausdruck auf seinem Verbrechergesicht kam er ein weiteres Mal mit dem Ruf heran, er wolle den Yahudy-Nasrany ins Jenseits befördern; jetzt jedoch hielten ihn die Umstehenden zurück. Maabub: »Ich sage dir, Sherif Salem, wenn du etwas gegen diesen Fremden vorzubringen hast, dann tue das vor unserem Herrn Hasseyn. Wende keine Gewalt an.« – »Aber dieser Mann wollte sich doch heimlich durch das Reich unseres Herrn stehlen!« – »Du magst ihn ja verklagen, doch muß er in jedem Fall Hasseyn, unserem Gebieter, vorgeführt werden. Ich vertraue ihn dir an, Salem, *teslim*, auf Ehre und Gewissen. Bring ihn sicher zu Hasseyn nach Tayif!« Da die übrigen Umstehenden Maabubs Ansicht zustimmten, gab Salem nach und sagte: »Hoffentlich wird es dem Sherifen gefallen, diesen Nasrany aufzuhängen oder ihm den Kopf abzuschlagen und mir sein Kamel zu geben!« Trotz meiner Erschöpfung und der Gefahr, die darin lag, den Weg noch einmal zurückzugehen, erschien es mir doch als eine gewisse Entschädigung, daß ich Tayif sehen sollte.

Tayif. Der Sherif, Emir von Mekka

So lieferte Maabub, der den Sturm besänftigt hatte, mich dem Wolfe aus. (...) Während des dreitägigen Rittes durch die Tehama wurde ich von Salem und seinen Gesellen nach immer neuen Verwünschungen schließlich heimtückisch überfallen und ausgeraubt. Zuerst fiel das Barometer in ihre rohen Hände, dann meine Börse, die der Schurke

Siruan in Kheybar so lange an seinem Türkenherz getragen hatte. Salem, der die Beute nun sicher hatte, aber befürchtete, sie in Tayif wieder herausgeben zu müssen, schlug mir vor, mich auf Bessams Kamel nach Jidda zu bringen. Ich erwiderte ihm jedoch, daß ich darauf bestünde, nach Tayif zu gehen, um dort seine Anklage gegen mich beim Sherifen zu hören. (. . .)

Im Grau des Morgens konnte ich erkennen, daß wir an die Mauern von Obstgärten gekommen waren, und im zunehmenden Licht waren umfriedete Weingärten und Feigenbaumpflanzungen zu sehen, jedoch nur wenige und kümmerliche Palmenstämme (die in Tayif nicht gedeihen, weil Boden und Wasser hier zu süß sind). Und nun kamen wir gar auf eine Straße – eine Straße in Arabien! Seit Damaskus hatte ich keine Straße und keine grünen Hecken mehr gesehen. Wir ritten an ein oder zwei Häusern am Wegesrand vorbei, keine Häuser wie die Lehmhütten Arabiens, sondern angestrichene und verglaste Häuser wie in der Türkei. Wir befanden uns nun in der Nähe von Tayif und kamen zum Landhaus des verstorbenen Sherifen, bei dem er sich zu seinen Lebzeiten einen Lustgarten mit Blumen angelegt hatte. (Die Sherifen sind gewöhnlich in Stambul erzogene Männer.) Der Garten war bereits wieder verwildert. (. . .)

Vom nächsten Hügel aus sah ich dann Tayif selbst, das jedoch einen düsteren Eindruck macht, denn alle Gebäude dort bestehen aus einem schieferfarbigen Stein. Am Eingang der Stadt steht der weiße zweistöckige Palast des Sherifen und ihm gegenüber ein neues, höheres Gebäude mit vergitterten Erkern und einem Dach voller Kamine: der Palast Abdillah Paschas, Hasseyns Bruder. In der Mitte der Stadt erhebt sich ein großes, hohes Gebäude, einem Gefängnis gleich; hier sind die Soldaten kaserniert.

Nach zweijähriger Wanderung durch die Wüste war diese Stadt vor meinen Augen ein phantastischer Anblick! Am Wegesrand sah ich Männer Bausteine aus den Granitfelsen sprengen. Tayif liegt an der Grenze jenes plutonischen Steppenlandes, über das ich zuletzt dreihundert Meilen weit von el-Kasim geritten war. Hinter der Stadt erblickte ich eine schwarze, zerklüftete Landschaft mit niedrigen Bergen. Wir kamen wieder auf die Straße vom Seyl her und kreuzten einen lauwarmen Bach, der von den Monsunbergen herabfließt und eine der ergiebigsten Quellen darstellt, die diese uralte Oase bewässern. Wasserträger – gewohnter Anblick in den Städten des Ostens – kamen schwankend unter der gewaltigen Last der vollen Ziegenhäute vom Fluß herauf. Manche dieser mächtigen Schultern vermögen eine ganze Kamellast zu tragen! Hier nun erwartete uns ein türkischer Soldat, der mit einem aufdringlichen Lächeln sagte, er sei gekommen, um mich zu dem Haus zu bringen, in dem ich wohnen solle. Der Mann, ein Syrer aus der (türkischen) Gegend um Antiochia, war Bursche bei einem Offizier des Sherifen, und auf dessen Befehl wollte dieser Offizier mich in sein Haus aufnehmen.

Das Tor, durch das wir in die Stadt ritten, wird Bab es-Seyl genannt; dahinter liegt der offene Platz vor dem bescheidenen Palast des Sherifen. Die Straßen sind in mäßigem Zustand, die besseren Häuser haben einen Gipsputz. Insgesamt macht die Stadt, die nur in den Sommermonaten vollständig bewohnt ist, einen verfallenen Eindruck. Die Wege sind ungepflastert, und wie in den türkischen Ländern sieht man auch hier Straßenhunde. Ein Diener des Sherifen wartete auf der Straße auf mich und führte uns zu einer kleinen Pforte, wo er mich abzusteigen bat. Hier – dem Himmel sei Dank! – entließ er Salem. »Ich werde euch«, sagte der freundlich lächelnde Diener, »sofort Messer und Gabel bringen; auch läßt der Scheich fragen, ob ihr ein wenig Tee mit Zucker wollt?« So freundlich und menschlich dachte und fühlte der Fürst von Mekka.

Nun wurde das entkräftete Reitkamel, das mich mehr als vierhundertfünfzig Meilen ohne Erfrischung getragen hatte, zu den Stallungen des Sherifen geführt; mein Gepäck brachte man die Treppen hinauf. Der Gastgeber, Oberst Mohammed, erwartete mich oben auf dem Podest und geleitete mich in sein Zimmer. Mein Gewand war am Rücken aufgerissen, mein Mantel alt und zerfetzt; unter meinem Kopftuch hatte das Haar Schulterlänge, und der Bart war verwildert und ungekämmt. Ich hatte blutunterlaufene, halb erblindete Augen, und die sonnenverbrannte Gesichtshaut war bis aufs rohe Fleisch aufgesprungen. Man ließ einen Barbier kommen sowie ein Bad bereiten, und nach einer Tasse Tee hatte der gute Oberst dann einige Mühe, mich wieder in eine menschenähnliche Verfassung zu bringen. Noch während der Barbier mich bearbeitete, rieb der kräftige türkische Offizier mein Gesicht mit kühlenden Salben ein, wobei seine Hände zart wie die einer Frau waren. Ein Frühstück jedoch bekam ich in dieser Herberge nicht zu sehen! Meine Müdigkeit und meine Erschöpfung waren so groß, daß man mich danach wie ein Stück Holz anziehen mußte; ich erhielt eine weiße Leinenuniform, und auf meinen Kopf setzte man einen Fez.

Der wackere Offizier mit Namen und Titel Mohammed Kheiry, *Effendi Yawer es-Sherif* (Adjutant des Sherifen), berichtete mir, der Dienst beim Sherifen sei besser, da pünktlich bezahlt, als der bei der Dowla. Er war ein *bim-bashy,* also Kommandant einer Tausendschaft in der kaiserlichen Armee. Oberst Mohammed stammte aus dem Wilayet Konya in Anatolien. Er verabscheute das korrupte Beamtentum in Stambul und nannte diese Leute ›Verräter‹, da sie beim letzten Friedensschluß Provinzen aufgegeben hätten, die zum Patrimonium des Islam gehörten. »Die großen treulosen Paschas«, rief er, »verraten die Armee.« Mit ernster, militärischer Offenheit prangerte er ihre byzantinische Lasterhaftigkeit und die (angebliche) Trunksucht des verstorbenen Sultans an! Oberst Mohammed gab damit zweifellos nur die allgemeine Ansicht der türkischen Offiziere in Mekka und Tayif wieder. Mit ehrlichem Stolz jedoch berichtete er vom Provinzleben in der türkischen Heimat, wo sich die häusliche Schlichtheit der alten türkischen Sitten erhalten habe. (. . .)

Auf der Treppe ertönten schwere Schritte, und zwei türkische Offiziere traten ein. Der erste, eine große kriegerische Erscheinung und ein Namensvetter meines Gastgebers, den er seinen Bruder nannte, war der zweite Adjutant des Sherifen; die beiden Freunde waren in den letzten zwanzig Jahren Waffengefährten gewesen. Ihn begleitete ein Hauptmann der Kavallerie, ein Albaner mit einem knochigen, furchteinflößenden Gesicht, mit dem er seine wilde Truppe beherrschte. Der arme Mann war jedoch sanftmütiger als er aussah und hatte ein sehr weiches Herz. Er rühmte sich, von dem großen ›Alexander mit den beiden Hörnern‹ abzustammen, kam mich jedoch als Nachbarn aus Europa freundlich besuchen. Mit wild aufbrausender Stimme sagte er seine Meinung, wobei er fünf oder sechs Worte auf einmal ungeordnet herauspolterte. Wenn ich dann den Sinn nicht erfaßte, da sich ein paar Ausdrücke in seinen Wortschwall mischten, die ihm aus dem ionischen Italienisch und dem Griechisch der Küste in Erinnerung geblieben waren, stieß er Laute hervor, gestikulierte und blickte stolz drein, zufrieden, daß er sich dem Schein nach mit dem Ausländer in fremden Sprachen unterhalten konnte. Der Hauptmann (der Analphabet war) drängte mich, seinen Namen aufzuschreiben: Mahmud Aga el-Arnauty Abu Sammachaery aus Praevaesa, *juz-bashy*. Sieben Jahre stand er hierzulande schon in Diensten, doch noch immer verstand er die Sprache der Araber nicht, die in seinen Augen unrühmliche Gesellen waren – er sonnte sich in der Tatsache, zum Militär des Sultans zu gehören, wenn er auch selten genug seinen Sold erhielt. Vor Jahren war dieser Ehrenmann (so erzählte er mir) ein Kawasse des französischen Konsulats in Korfu gewesen, wo er die Rotröcke der Engländer gesehen hatte. »Hi Angli – huh-huh! Die Engländer sind sehr stark«, sagte er. »Aber die Albaner, huh! Die Albaner haben ein großes Herz! Das Herz macht den Mann – es macht aus ihm einen Kämpfer! Ha, sie haben ein starkes und standhaftes Herz hier!« Und er schlug mit der rechten Hand auf seine großmütige Brust. Der gute Kerl sah jedoch hohlwangig aus; er war in Trauer. Oberst Mohammed erzählte mir, daß seine Frau vor kurzem plötzlich gestorben sei und er nun mit den Kindern allein dastehe. Sein Begleiter, Mohammed Aga, war ein Mann, den man mit Interesse beobachtete, der jedoch nicht leicht zufriedenzustellen war, obwohl er andererseits höflicher und verständiger wirkte als mein Wirt; für einen Türken ging ihm das Arabische glatt und gut von den Lippen. In den letzten Monaten, so erzählten sie, sei die Macht der Dowla in Europa fast ganz gebrochen worden, und auch jetzt herrsche nur ein Waffenstillstand und kein sicherer Friede. England stehe auf ihrer Seite und habe dieser Tage eine Armee übers Meer aus Indien hergeschickt, die in Jidda vorbeigekommen sei – hunderttausend Mann! Außerdem ergreife *Nemsy* (Österreich) des Sultans Partei. Sie erwarteten deshalb einen neuen Krieg.

Gegen Abend, nach einem türkischen Mahl mit meinem Gastgeber, kam ein Kawasse des Sherifen, der mir neue Kleider zum Wechseln brachte. Nachdem man mich dann wie einen arabischen Scheich eingekleidet hatte, führte Oberst Mohammed mich durch die dämmrige Straße zur Audienz beim Sherif; die Wege lagen zu dieser Stunde verlassen.

Einige Bishy-Wachen standen an den Stufen des Palastes. Als wir zum Offizier des Sherifen hineingingen, salutierten sie vor uns. Weitere Bewaffnete standen am Ende der Treppe. Dort befindet sich ein Warteraum, in dem mein Gastgeber mich zurückließ, um zunächst allein beim Sherifen vorzusprechen. Er kehrte aber bald wieder zurück und führte mich in die Audienzhalle, wo der Sherif und Emir von Mekka während der Zeit seiner Sommerresidenz in Tayif täglich zu bestimmten Stunden seine Sitzungen abhält – ganz wie ein großer arabischer Scheich. Hier versammeln sich jeden Tag die Ältesten, die einflußreichen Bürger und die Fremden beim Sherifen und seinen Verwandten, denn dies ist die Ratssitzung, das Kaffeeparlament eines arabischen Fürsten, der für jeden zu sprechen ist und sich volkstümlich gibt, wie es einst auch Mohammed tat.

In der großen Halle befanden sich jetzt keine Gäste, nur der Sherif saß dort mit seinem jüngeren Bruder, Abdillah Pascha, der weißhäutig und starkwüchsig wie ein Türke ist, im übrigen von liebenswürdiger arabischer Art. Hasseyn Pascha (der Sherif trägt den osmanischen Titel) hat ein angenehmes Gesicht, nüchterne Gelassenheit in den Augen und ein gütiges Wesen. Er wird etwa fünfundvierzig Jahre alt sein und spricht mit einer sanften und beschwingten Stimme. Wie er dort saß, schien er von männlichem, hohem Wuchs; er hat eine braune Hautfarbe, einen kräftigen Oberkörper und starke Gliedmaßen. Der Sherif war nach Art der Bürger in den osmanischen Städten in die lange blaue *jubba,* ein dreiviertellanges Jackett aus heller Wolle, gekleidet. Wie ein Europäer saß er aufrecht auf seinem Diwan, in vornehmer, ernster Haltung, und rauchte Tabak aus einer Pfeife ›wie die alten Türken‹. Der schlichte irdene Pfeifenkopf stand in einer Schale vor ihm, der weiße Pfeifenstiel aus Jasmin hatte fast die Länge eines Speeres. Er blickte liebenswürdig auf und empfing mich mit wohlwollendem Ernst. Dem Sherifen gegenüber setzte man einen Stuhl für mich hin, dann zog sich Oberst Mohammed zurück, und ein Diener brachte mir eine Schale Kaffee.

Der Sherif wollte mit ruhiger Stimme wisssen, ob ich Kaffee tränke. Ich sagte: »Wir halten diesen Kaffee, der in Arabien wächst, für den besten und glauben, daß die Kaffeepflanze von jenseits des Roten Meeres nach Arabien eingeführt wurde.« – »Ja, ich glaube, aus Abessinien; sind die Menschen dort im Nejd, wo du gewesen bist, nicht große Kaffeetrinker?« Dann erkundigte sich der Sherif nach dem Überfall in Ayn ez-Zeyma und nach dem zweiten Überfall im Seyl-Tal. »Das hätte ausgereicht«, sagte er, »jeden Mann in Angst und Schrecken zu versetzen. (. . .) Aber nun bist du hier«, fügte er freundlich hinzu, »und die Gefahren deiner langen Reisen sind vergessen. In Tayif magst du dich ausruhen, und wenn du dich erholt hast, werde ich dich zum Englischen Konsul nach Jidda bringen lassen.« Er fragte mich, ob ich nie daran gedacht hätte, Tayif zu besuchen. Es wäre besser gewesen, so fügte er hinzu, wenn ich vom Seyl zuerst hierhergekommen wäre; er hätte mich dann nach Jidda geschickt. Der gute Sherif fuhr fort: »Im übrigen ist dies nicht das erste Mal, daß Europäer hier sind. Ich glaube, es war im letzten Jahr, als einer mit dem holländischen Konsul kam, um eine Inschrift in der Nähe des Seyl-Tales zu besuchen. Ich werde anordnen, daß sie dir auf deinem Rückweg gezeigt wird.« Ich antwortete, daß ich von einem Mann wisse (Burckhardt), der zur Zeit des ägyptischen Krieges hier gewesen sei. Der Sherif blickte mich in freundlichem Erstaunen an. Er wunderte sich wohl, woher ich diese Kenntnis ihrer heimischen Angelegenheiten haben mochte. (. . .)

Dann erkundigte er sich nach meiner Reise, und ich berichtete ihm von Medain Salih, Teyma und Hayil. Er war sehr überrascht, als er hörte, daß ich einen ganzen Monat – denn so lange hatte die Duldsamkeit des Tyrannen vorgehalten – in Ibn Rashids Stadt gelebt hatte. Er fragte mich auch nach Mohammed Ibn Rashid selbst und ob ich ihn

Der Bild- und Inschriftenfelsen im Seyl-Tal (nach Doughty)

für einen guten Mann hielte. Offenbar dachte der Sherif trotz der jährlichen Geschenke, die er von dort empfängt, anders über ihn, und als ich ihm etwas entgegen seiner Erwartung antwortete: »Er ist ein Ehrenmann«, war Hasseyn nicht zufrieden. Dann unterhielten wir uns über Aneyza, und der Sherif erkundigte sich nach Zamil, ob auch er ein guter Mann sei? Schließlich fragte er noch, ob mir die Gewänder (sein fürstliches Geschenk), in denen ich vor ihm saß, gefielen und ob mein Wirt mir eine angemessene Bewirtung zuteil werden lasse (was er zu bezweifeln schien). Über eine Stunde war vergangen, als Oberst Mohammed, der draußen gewartet hatte, wieder eintrat, und ich erhob mich, um mich zu verabschieden. Der Sherif legte bei meinem Gastgeber ein Wort für mich ein; vor allem bestimmte er, daß ich mich in Tayif und auch außerhalb der Stadtmauern frei bewegen könne und alles besichtigen dürfe, was ich wolle. Oberst Mohammed küßte die großzügige Hand des Sherifen, und wir gingen heim. (. . .)

Eines Abends ließ mich der Sherif erneut zu sich kommen. Diesmal saß eine ganze Versammlung in der Hallennische im Rund auf dem Diwan; in ihrer Mitte unter einem Fenster befand sich der Sitz des fürstlichen Sherifen. Wiederum setzte man mir einen Stuhl hin, dem Platz des guten Würdenträgers gegenüber, der sich mit mir, dem

Fremden, so lange unterhielt, daß seine große Pfeife dreimal darüber ausbrannte und wieder gefüllt werden mußte. Ich kam aus dem Staunen nicht heraus, welch ein vorzüglicher Kopf er doch war. Als erstes fragte der Sherif mich nach meiner Meinung über die Luft in et-Tayif. Ich erinnerte ihn an den Sumpf hinter der Stadt, und nachdenklich, aber wohlwollend antwortete er: »Im letzten Jahr war es sehr feucht hier, aber dieses Jahr werde ich ihn trockenlegen lassen.« Er fragte nach den (von Koran-Lesern so sehr gepriesenen) Denkmälern von Medain Salih. Ich berichtete ihm freimütig, daß die Häuser der Bürger einst aus Lehm gewesen seien, die in den Felsen gehauenen Kammern jedoch Grabstätten darstellten; auch im Boden der Felsenkammern seien Gräber ausgehauen. Der duldsame Sherif hörte ohne Widerspruch zu, wobei er mit ernster und nachdenklicher Miene seine Pfeife rauchte. Zweifellos ging ihm durch den Sinn, daß ein gelehrter Europäer sich kaum irren dürfte, auch wenn meine Worte den Buchstaben des Korans widersprachen. Der Sherif: »Finden sich Knochen in den Kammern?« – »Die ausgehauenen Gräber in den Denkmälern liegen voll menschlicher Gebeine; ich habe auch Grabtücher gefunden und eine harzige Masse, mit der die Leichen einst zweifellos einbalsamiert worden sind.« – »Erstaunlich!« rief der Sherif. Dann wandte er sich an die Versammlung und erzählte von den Mumien Ägyptens. Wie wunderlich sei es doch, daß menschliche Leiber nach drei- oder viertausend Jahren noch erhalten seien, nach einer Zeit also, in der sogar Steine zerfielen. Er erkundigte sich dann, ob es mir in Tayif gefalle und was ich heute gesehen hätte? Ich antwortete, daß wir heute bei den drei Felsen gewesen seien, die man in heidnischer Zeit verehrt habe, spürte aber, wie der gute Sherif bei diesen Worten zusammenzuckte und fast seine Haltung verlor. Denn zwischen ihnen und uns ist unsicherer Boden, und ich hätte leicht fanatische Widerworte der umsitzenden Persönlichkeiten heraufbeschwören können. Darum begann ich hastig, von den Grabinschriften in el-Hejr zu sprechen: sie seien nabatäisch, während die Inschriften im nicht weit entfernten el-Ally himyaräischen Ursprungs seien. Der Sherif war erstaunt, von mir zu hören, daß das Himyaräische noch bis zum heutigen Tag in einer bestimmten Gegend des Jemen gesprochen wird. Ein junger jemenitischer Scheich, der aus diesem Landstrich stammte und an der Audienz teilnahm, bestätigte ihm dies jedoch sofort. Schließlich erwähnte der Sherif noch einmal die Grabinschrift bei es-Seyl und bat mich, ihm eine Abschrift meiner Transskription aus Jidda zu schicken. (. . .)

Dann wandte sich Hasseyn an die Versammlung und begann mit freimütiger Anerkennung von der guten Erziehung in allen Fächern der arabischen Wissenschaft zu sprechen, die während der letzten Jahre so viele Männer im Libanon erhalten hätten. Es handelte sich dabei um Christen, die aus dem American College in Beirut hervorgegangen waren. (Der Sherif hatte Beirut einige Jahre zuvor als Privatmann wegen seines schwindsüchtigen Sohnes besucht, der bald darauf starb.) Weiterhin sprach er von den vielen europäischen Büchern, die voller notwendiger Kenntnisse seien und jedes Jahr in dieser Stadt der Levante übersetzt und gedruckt würden. Ihm selbst hätte die Enzyklopädie außerordentlich gefallen. (. . .)

Als er erfuhr, daß ich auch in Andalusien gewesen war, begann der Sherif mich auszufragen, was ich dort alles gesehen hätte. Mit Freude hörte er von dem ›großen Flußbett‹, das noch seinen aus dem Arabischen stammenden Namen Guadalquivir *(Wadi el-Kebir)* trägt; ferner, daß noch in vielen Städten die Marktstraßen aus der Zeit der maurischen Suks stammen und daß sich in der Sprache und in den Sitten des Landes viel von den alten Maghrebinern erhalten hat. Dann fragte er mich freundlich, wohin ich denn nun reisen wolle, und ich antwortete ihm, daß es zunächst nach Aden ginge, wo ich mich eine Weile erholen wolle, später dann nach Indien. (. . .)

Es war nun der vierte Morgen meiner Ruhetage in Tayif angebrochen. Da Bessams erschöpftes und wundgelaufenes Kamel sich nun einigermaßen erholt hatte und wohl kräftig genug war, mich die neunzig Meilen nach Jidda zu tragen, wollte ich noch vor dem Abend aufbrechen. Es gibt zwei Wege von Tayif hinunter zur Tehama und nach Jidda – einen Pfad, der steil von den Kora- oder Kurra-Bergen hinabführt und Mekka nicht weit entfernt zur Rechten liegen läßt, und den Weg zum Seyl und über Ayn ez-Zeyma durch das Wadi Fatima. Der gütige Sherif ließ mir durch Oberst Mohammed sagen, ich könne selbst zwischen den beiden Wegen wählen, doch überließ ich die Entscheidung ihrem Gutdünken. Gegen Mittag ging ich mit Oberst Mohammed, um mich vom Sherifen zu verabschieden; an die Stufen des Palastes gekommen, hörten wir jedoch, daß er sich soeben in den Harem zurückgezogen habe. Nach Erledigung der öffentlichen Geschäfte ruhte der ehrenwerte Mann – vielleicht bei der Lektüre der Enzyklopädie – nun im Kreise seiner Familie. Die Mittagshitze ist in Tayif nie drükkend; zu dieser Stunde maß ich 90° Fahrenheit im Hause, und die Nächte waren stets erfrischend.

Als es auf den Abend zuging, wurde mein Gepäck auf einem Kamel zu dem Platz vorausgeschickt, wo ich mit meinen Begleitern aufbrechen sollte. Oberst Mohammed und der albanische Hauptmann geleiteten mich dann zu Fuß durch die Stadt. (. . .) Als erstes gingen wir zum Palast von Abdillah Pascha, um uns von ihm zu verabschieden; er war jedoch mit Hasseyn in einer Gesellschaft von Scheichs ausgeritten, um die frische Luft am Fuß der nahegelegenen schwarzen Berge zu genießen, deren Höhe fast achttausend Fuß betragen mag. Hinter dem Stadttor zum Seyl kamen wir an ein Zelt auf einem Stoppelfeld, wo ich das Getreide auf europäische Art in Mieten aufgerichtet sah. Hier wohnten einige Männer, die die Kamelherde des Fürsten hüteten. Auch mein Reittier lag dort, neben ihm zwei Kamele, die den Männern gehörten, die mich auf dem Weg durch das Wadi Fatima nach Jidda begleiten sollten. Es handelte sich um den Nomadensherif Nasir, einen Steuereintreiber des Emir-Sherifen, und zwei Neger, Bishy-Wachen. Ich beobachtete, wie sie Kreosot in die Nüstern der Kamele rieben; das sei gut, sagten sie mir, um sie vor schlechten Dünsten im feuchten Tiefland zu schützen. In den Städten schütten die Araber entsprechend Kreosot in Brunnen mit verunreinigtem Wasser. Nachdem ich mich verabschiedet hatte, stieg ich mit meinen Gefährten auf; einer der Oberhirten, Hasan, ein fröhlicher Bursche, ritt noch einige Meilen mit uns. (. . .)

Wadi Fatima

Am zweiten Tag unseres Rittes kamen wir vom Seyl ins Wadi Fatima, ein breites, unbewohntes Flußbett. Wir ritten an hohen Ufern vorbei, die in der Tiefe mit unbehauenen Basaltblöcken eingedämmt waren. In Europa würden wir solche Mauern ›zyklopisch‹ nennen; der Nomade Nasir sagte: »Das stammt noch von den Beny Helal.« Die Uferbänke waren mit wilden Bäumen, *thanthub,* bewachsen, deren grüne Zweige Dornen statt Blättern haben und bitter schmecken. Nach Meinung von Nasir ist diese Pflanze heilsam für die Zähne. Hier, in der tropischen Tehama, fand ich die Dornen der Gummiakazie mit einer parasitierenden Pflanze, *el-Gush'a,* bewachsen, deren gegliederte Stiele in reisigartigen Bündeln herunterhängen und nur von Ziegen gefressen werden. (. . .)

Das Wadi Fatima ist in diesem Teil völlig verlassen; ganz selten, daß ein Mensch hier durchkommt. Nasir war nur einmal in seinem Leben in einer Angelegenheit des Sherifen in dieser Gegend gewesen. Auf dem öden Boden aus Kies und grobem Sand wachsen ausschließlich harte, niedrige Pflanzen, die in der Sonne einen Modergeruch ausströmen. Als der jüngere der beiden Bishy in dem lockeren Sand viele gewundene Spuren entdeckte (die meist von der kleinen braunen Eidechse stammen, die hier *el-Khossi* heißt), rief er: »Bei Allah, in diesem Tal findet man nichts als Schlangen!« Wir kamen an einer Quelle vorbei, die durch eine alte Wasserleitung aus rohem Stein unterirdisch zum ersten Oasendorf im Wadi Fatima, Imbarak, fließt, das eine Stunde tiefer gelegen ist. (. . .)

Das nächste Palmendorf nach Imbarak, er-Rayyan, liegt weitere drei Meilen entfernt; die Oasensiedlungen des Wadi Fatima sind stets in der Nähe von Quellen errichtet. Die Einwohner sind *ashraf,* d. h. Sherifen, Landbesitzer, und nahezu schwarzhäutig. Zu ihren Feldarbeitern gehören freie Männer ebenso wie Sklaven. (. . .) Wir litten unter der schwülen, drückenden Hitze des tropischen Tieflandes, und meine Gefährten konnten die Glut der Sonne kaum mehr ertragen, nachdem sie ihre Wassersäcke geleert hatten. (. . .) Rayyan liegt in der Mitte des jetzt weiten, offenen Tales. Wir ritten auf der östlichen Seite zu einer kleinen Talmulde und stiegen unweit eines neuen, gut gebauten Steinhauses ab. Wir befanden uns jetzt in Mekka-Arabien, das ein ebenso zivilisiertes Land wie Syrien ist. Hier wohnte ein Mann, der sich im Diesseits wie im Jenseits Verdienste erwarb, indem er an seinem Reichtum die ärmeren Nachbarn wie auch die vorbeiziehenden Reisenden gastfreundlich teilhaben ließ. Da es hier für unschicklich gilt, beim Haus eines Sherifen vorzureiten, stiegen wir eine Achtelmeile vorher ab und führten von da ab unsere Kamele am Zügel; in der Nähe der Tür machten wir halt. Unmittelbar darauf kam der Gastgeber heraus, um uns zu begrüßen. Er war der Scheich des Ortes und dunkelhäutig wie ein Abessinier. Wir wurden in seine Halle geführt, die – aus Stein gebaut und offen – einer Kapelle ähnelte; der Boden war mit sauberen Matten bedeckt, und auf der Nordseite lag ein großer persischer Teppich für die Gäste ausgebreitet. Unweit seines Hauses hatten wir eine neue Siedlung von Steinhütten mit Flachdächern und einen Brunnen gesehen; alles das hatte dieser gute Mann gebaut, dazu einige Strohhütten für seine alten Diener. Auch über die armen Nomaden, die ihre Zelte bei seinem Haus aufgeschlagen hatten, hielt er schützend seine Hand. Bis zum Mittag waren es noch zwei Stunden, auch war der Tag nicht sonderlich heiß, und doch maß ich im Innern des Hauses eine Temperatur von 99° Fahrenheit.

So schnell man es nur bereiten konnte, wurde uns das Frühstück aufgetragen: ellenlange Platten mit heißem Fladenbrot, Butter und den besten Datteln; dazu spendete der freigebige Mann Schüsseln voller Milch. Nachdem wir gegessen hatten und er von meinem Abenteuer in Ayn ez-Zeyma hörte, sagte der gütige Scheich, indem er mich freundlich ansah: Wäre ich seinerzeit zu ihm gekommen, so hätte er mir sicheres Geleit nach Jidda gegeben. Aber warum könne ich denn kein Moslem werden und für immer hier im heiligen Land in der Gunst des Sherifen leben; in meinen Augen sei zu lesen, daß ich im Herzen den Moslems nahestünde. Ein Schaf war für uns geschlachtet worden und wurde am späten Nachmittag als Mittagessen aufgetragen. Ein so kultiviertes Haus und eine solche Gastfreundschaft hatte ich in Arabien bis dahin noch nicht gesehen.

Nach dem Abschied führten wir unsere Kamele wie bei der Ankunft wiederum hundert Schritte am Zügel, ehe wir aufsaßen. Wir verließen nun das Wadi, das sich hier in weitem Bogen nach Westen zieht, und ritten auf den Rand der Wüste hinauf. (. . .)

Jidda in Sicht

Am fünften Tag unseres Rittes erhoben wir uns, als der Hundsstern aufging; nachdem wir eine halbe Stunde lang über eine Ebene geritten waren, stießen wir auf die Derb es-Sultany, die Straße zwischen Mekka und der Hafenstadt Jidda. Lange Reihen von Kamelen kamen uns entgegen; langsam zogen sie bergan. Auf ihrem Rücken saßen halbnackte Pilger, nur mit dem Ihram bekleidet. Es waren arme Hajis aus Indien und aus dem Jemen, gestern in Jidda angekommen. Sie zogen so früh im Jahr hinauf, um in frommer Andacht den Fastenmonat in der heiligen Stadt zu verbringen. Im Morgengrauen sah ich, daß die Berge des Wadi Fatima nun hinter uns lagen (man sieht sie von Jidda aus); vor uns erstreckte sich offenes Wüstenland *(khobt)* aus Kiesel und Sand bis zum Roten Meer hin. Zur Linken hatten wir immer noch das Bett des Seyl aus dem Wadi Fatima; die Straße wird von Bächen gekreuzt, die von den jetzt nördlich liegenden Bergen herabfließen. Zwei Wegstunden hinter Hadda kamen wir an einigen Strohhütten und einem Brunnen vorüber, der Station eines Trupps leichter Reiterei, der gemeinsam mit bewaffneten Kamelreitern die heilige Straße bewacht. Nur wenig weiter liegt ein Kaffeehaus; auf dieser kurzen Pilgerstraße findet sich alle paar Meilen eine solche Kahwa.

Tauben flatterten auf den Weg vor uns herab und stiegen wieder auf; meine Gefährten sagten mir, es sei verboten, eine von ihnen zu töten, zumindest innerhalb der heiligen Grenzen, denn dies seien Tauben aus der verbotenen Stadt, die täglich in Mekka aus einem eigenen Vorrat von Weizenkörnern gefüttert würden. Wenn man diese Körner ausstreut, flattern sie in ganzen Schwärmen herbei, obwohl einen Augenblick vorher vielleicht nur einige wenige zu sehen waren; sie sind so zahm, daß sie sich von den Leuten auf die Hand nehmen lassen. Am Wegrand – wie an allen Straßen der Grenzländer – liegen zahlreiche Kamelskelette, denn die Kadaver der eingegangenen Tiere werden unverscharrt liegengelassen. Wenn irgendein Tier innerhalb der Stadt verendet, wird das Aas vor die Tore geschafft. Wir ritten an einem *wely*, dem Grab eines Heiligen, vorüber, das in den unreformierten, nicht wahabitischen Gegenden als Andachtsstätte gilt und gewöhnlich über und über mit (geopferten) Fetzen von Pilgergewändern behängt ist. Dann sah ich neben der Straße einen großen Wall aus Steinen, der von hier ab die Straße säumt. »Jeder Haji«, sagten mir meine Gefährten, »der einen Stein dazuwirft, hinterläßt damit ein Zeugnis, daß er seiner Verpflichtung zur Pilgerfahrt nachgekommen ist. Der Stein wird bei der Wiederauferstehung für ihn zeugen.« (. . .)

Als die Sonne von der Höhe des Nachmittages herabzusinken begann, machten wir uns wieder auf den Weg; ein freundlicher Bewohner Mekkas, der keine Spur von Fanatismus zeigte, und sein Sohn ritten von dieser Station an mit uns. »Freu dich, Khalil!« sagten meine Gefährten, »denn vom nächsten Hügel aus können wir dir Jidda zeigen.« Und wirklich sah ich in der Ferne das Meer hell in der Sonne schimmern, sah große Schiffe dahinziehen und sah die Minarette der Stadt! Meine Gefährten erwarteten, daß ich in Jubel ausbrechen würde. Auf dieser Ebene sah ich die letzten Zelte der Wüstenbeduinen; jene Ismaeliten nennen sich Bishr.

In dem tiefgelegenen Sandgebiet vor der Stadt gibt es Gärten mit kleinen Kürbissen und Melonen, die hier bei der tropischen Feuchtigkeit ohne Bewässerung gedeihen! Meine Gefährten, die jetzt abstiegen, winkten einem Negergärtner und baten ihn, einige seiner Flaschenkürbisse zu unserer Erfrischung zu bringen; sie versprachen ihm dafür Geld, damit er sich etwas Tabak kaufen könne. Ich lobte den armen Sklaven, als er uns die Früchte seines Herrn verweigerte, sie jedoch verfluchten seinen Vater und nannten ihn einen Geizhals, ein Vieh und einen Schurken. Da meine Gefährten säumten, trieb ich sie an, um noch rechtzeitig in der Stadt einzutreffen, denn die Sonne ging bereits unter. Die Neger jedoch antworteten: »Wir können doch so von der Reise beschmutzt nicht hineinreiten! Erst wollen wir unsere Kleidung wechseln.« Dazu überredeten sie auch mich, und mit den Gewändern, die der gütige Sherif mir geschenkt hatte, kleideten sie mich wie einen ›*Emir el-Aarab*‹ ein.

Dann saßen wir wieder auf, und sie sagten im weltmännischen Ton der Araber zu mir: »Bei unserer Ankunft mußt du das und das sagen (wie ein Beduine mit einer tiefen Stimme aus der trockenen Kehle) – ›der Herr gebe euch Kraft, oh Gouverneur! Was kosten die Kamele hier? Wie ist der Preis des Kleinviehs? Wieviel kostet die Butter?‹«

Jetzt lag die Küstenwüste umgegraben und durchfurcht vor mir – zweifellos das Werk eines Schaufelpfluges. Der Boden ist bis zur Stadt hin von Kanälen durchzogen, wobei jeder Kanal in eine abgedeckte Zisterne mündet. Reiche Wasserhändler sind die Besitzer dieser *birkets*, denn das Brunnenwasser in Jidda ist brackig, und ein jeder muß sich Zisternenwasser zum Trinken kaufen. (. . .)

Wir passierten das Stadttor und ritten die Straße hinauf zum ›Palast des Sherifen‹, der in Wirklichkeit jedoch einem Kaufmann (einem Verwalter des Sherifen) gehört; er hat sich dieses stattliche Haus – das höchste in Jidda – erst vor kurzem bauen lassen.

Am nächsten Tag empfing mich die herzliche Gastfreundschaft des Britischen Konsulats.

ENDE

Anhang
Die Denkmäler von Petra – Erinnerungen an die Reise von 1875*

Über zerklüftete, mit Wacholder bewachsene Kalksteinfelsen begannen wir unseren Abstieg ins Wadi Musa, ins Mosestal, das sich als tiefe Senke weit unter uns öffnete. Dort fanden wir ein Lager aus Haarzelten, in dem jedoch keine Beduinen, sondern Bauern des Wadi Musa lebten, die hier den Sommer verbracht hatten – sie gehörten zum Dorf Eljy oberhalb von Petra. Mein Führer flüsterte mir zu: »Das sind gefährliche Kerle, die sich keinen Deut um den Hauptmann in Maan und die Verwaltung der Pilgerstraße scheren! Sie sind wie die Teufel, wenn du in ihre Gefangenschaft gerätst!« Die Scheichs kamen aus ihren Zelten, um uns zu begrüßen; als wir aber das Hauptzelt betreten hatten, verboten sie uns, unseren Weg an diesem Tag noch fortzusetzen. Einer fragte sogar mit arabischer Bosheit, ob ich nicht einmal einen ganzen Monat bei ihnen bleiben wolle. Sie bereiteten zwar Kaffee, machten jedoch meinem Treiber Vorwürfe und murrten, daß die Welt rechts und links des Weges freies Land sei, nicht jedoch Wadi Musa, nein, bei Gott! Auch seien sie Männer, die sich weder vom Sultan noch von einem Pascha herumkommandieren ließen. (. . .)

Der wackere Burckhardt, der zur Zeit unserer Väter auf seiner abenteuerlichen Reise nach Ägypten das vergessene Petra glücklich wiederentdeckte, beschrieb bereits das freche Benehmen dieser Bauern. Er trat ihnen gegenüber als auswärtiger Syrer und Moslem auf, und dennoch ließen sie ihn nur widerwillig zu den Denkmälern aufsteigen und am Berg Hor sein Lamm opfern. Europäer, die Petra besuchen, beklagen im allgemeinen die räuberische Gewalttätigkeit der Bewohner von Eljy, die sich mir gegenüber jedoch insgesamt freundlich verhielten, da ich in der roten Mütze der Dowla gekommen war und mit ihnen in ihren Zelten Brot und Salz geteilt hatte. Zur Mitte des Vormittages nahmen sie ihr Frühstück ein; danach verabschiedete ich mich. Sie gaben uns noch vier Männer mit, damit mir in dem schauerlich-einsamen Petra nichts zustoße. (. . .) Als erstes kamen wir zum *Kasr Faraoun* (Schloß des Pharao), dem einzigen freistehenden Gebäude im Tal von Petra, das ebenmäßig aufgemauert ist und einem Tempel ähnelt. In dieser Gegend wird jedes Wunder dem Pharao zugeschrieben, der sich, so sagte man mir, als Gott verehren ließ und hier Moses und Aaron Widerstand leistete.

* Auch diese Schilderung stammt aus ›Arabia Deserta‹, wo sie als Rückerinnerung Doughtys in die Darstellung seiner Haj-Reise hinunter nach Medain Salih einbezogen ist.

Kasr Faraoun in Petra (nach Laborde)

Wir hatten nun die Kalksteingegend mit einigen rohen Höhlen hinter uns gelassen; der Felsgrund besteht aus rostrotem Sandstein, den häufig grüne und purpurne Adern durchsetzen. Etwas tiefer an diesen Felswänden erblickten wir die hohen Klippen mit den in den Fels gehauenen Monumenten. Wir setzten unseren Abstieg fort und kamen an den beiden Hauptdenkmälern vorbei, die mit ihren zweistöckigen, palastartigen Fassaden griechisch anmuten und schon sehr verwittert sind. Der Innenraum hält jedoch nicht, was das majestätische Äußere verspricht, die prunkvollen Portale führen in nur wenig bemerkenswerte schmucklose Hallen, die jetzt von den Nomaden als Stallungen benutzt werden und von den Feuern der Hirten geschwärzt sind. Auf beiden Seiten des Tales sind die Felswände in Gestalt von Säulenfassaden mit Simsen und Innenkammern ausgemeißelt. Die meisten Monumente folgen einem bestimmten Muster, das ich auch in Medain Salih wiederfand. Andere wiederum ähneln jenen wenigen in Stein gehauenen Denkmälern, die wir vom Tal des Josaphat in Jerusalem kennen. Ein großer Teil der Monumente hat offenbar Bestattungszwecken gedient, und keines kann ich mir als Wohnhaus vorstellen. Die Stadt lag sicherlich in der Mitte des Tals, und wenn man danach geht, wie wenige Steinruinen erhalten sind, muß sie aus Lehmbauten bestanden haben. So ist es auch in Medain Salih; in beiden Städten konnten die Bewohner ihre Monumente rings um sich erblicken. Einige Felskammern, die einzigen, die vermutlich einmal eine Wohnung gewesen sind und die unter einer kleinen Zisterne, *Ayn Musa,* liegen, benutzten wir als Nachtquartier.

Am nächsten Morgen kehrten unsere Begleiter in ihr Zeltlager zurück, und als wir allein durch das einsame Tal weiterritten, kamen einige Beduinen, die uns von entfern-

ten Felsen erspäht hatten, herabgestiegen, um Schwierigkeiten zu machen. Vier junge Männer versperrten meinem Maultier den Weg; da sie nur ein Gewehr hatten, wollte ich an ihnen vorbeireiten. Mein Führer jedoch fürchtete, daß sie dann Verstärkung holen würden, und meinte, daß sie wohl für ein wenig Geld wieder abzögen. Als ich ihnen das Geld gegeben hatte, wurden wir sie jedoch nicht los, vielmehr begleiteten sie uns nun als Freunde. Der Mittag hier war nicht heiß; wir befanden uns in einer Höhe von vielleicht zweitausend Fuß. Nahe dem Eingang des Tales stießen wir auf einen Beduinen und seine Frau mit ihrer Herde. Wir setzten uns zu dem armen Mann, der in seiner Freigebigkeit sofort seine Ziegen für uns molk. Von hier aus steigt ein Seitental zum Berg Hor auf. Nachdem wir getrunken hatten, fragte ich den Mann, ob er sich mir anschließen und mit uns den Berg besteigen wolle. »Für kein Geld in der Welt«, war seine Antwort, »auch wenn uns noch fünfzig bewaffnete Männer begleiten.« Die Dorfbewohner hatten mir den Aufstieg bereits verboten und mir zu verstehen gegeben, daß ich dann durch ihre Kugeln sterben würde, auch wenn ich mehrere Leben hätte. Nachdem wir von dort an dem steingehauenen Theater vorbeigekommen waren, betraten wir den *Sik,* einen tiefen Schluchtweg am Talausgang, von Feigenbäumen gesäumt. An der Mündung der Schlucht findet sich das vollkommenste Monument Petras, das sogenannte ›Schatzhaus des Pharao‹ *(Khazna Faraoun),* dessen in Stein skulptierte Säulen und Gesimse sich unter der goldenen Sonne in makelloser, kristalliner Schönheit abzeichnen. Die Natur hat dem Sandstein eine warme, rostrote Farbe verliehen. Im Sik sieht man auf dem Boden des Flußbettes Reste eines alten Pflasters. An den Seiten finden sich einige ungewöhnliche Schrifttafeln unbekannter Bedeutung, auf die wir noch im Zusammenhang mit Medain Salih eingehen werden. Am Ausgang der Schlucht, bereits im Kalkstein, gibt es dann noch ein pyramidenförmig ausgemeißeltes Denkmal und Seitenhöhlen. Weiter oben liegt das Dorf Eljy mit der großen Quelle *Ayn Harun,* an der vorbei wir auf einem schroffen Bergpfad aufwärtsstiegen. Nach langen Meilen kamen wir zum Sommerlager des zweiten Scheichs von Wadi Musa; es lag an einem hohen Berghang, wo ein kalter Wind blies und auch die Nächte schon sehr kühl waren. An einer Quelle liegen dort die Ruinen des antiken Dorfes Merbrak. Da wir als Gäste kamen, wurden wir im Zelt des Scheichs empfangen und mit frischer Butter, Käse und Buttermilch bewirtet. Um den Gästen eine Freude zu bereiten, stimmten einige Männer zu den rauhen Tönen der arabischen Fiedel einen Gesang an. Ihre Musik ist die Musik Davids; näselnd ziehen sie die Töne so in die Länge, daß es uns zum Gähnen oder zum Lachen reizt. Die meisten dieser Männer litten meiner Beobachtung nach an Augenkrankheiten, wie man sie bei fast allen Arabern oft schon von Kindheit an findet.

Am nächsten Tag kehrte ich zurück, um die übrigen Denkmäler Petras zu besichtigen. An einem Grab in den westlichen Felsen, dessen behauene Vorderwand unterhalb dreier

Khazna Faraoun, das ›Schatzhaus des Pharao‹ (nach Laborde) ▷

◁ Das Theater von Petra (nach Laborde)

S.WILLIAMS DEL. ET. SCULP.

Die große Monumentenwand von Petra (nach Laborde)

Säulen herausgebrochen ist, fand ich eine alte Inschrift, bestehend aus mehreren Zeilen von vollkommener Schönheit, die nabatäisch sein könnte. Eine weitere Inschrift soll sich an einem Platz namens Sabra befinden, eine Stunde vom Sik entfernt, über einer herausgemeißelten Felsnische. Fremdartig und beängstigend inmitten der toten, menschenfeindlichen Natur ist dieser Ort der nabatäischen Metropole; der Blick schreckt vor der erdrückenden Nähe der Berge aus Eisenklippen zurück, in denen die auf gespenstische Art einsamen Denkmäler einer üppigen barbarischen Kunst den Betrachter schmerzlich berühren.

Mein Gefährte, ein Dorfbewohner, führte mich über die Felsrücken zu der ungeheuren Fassade *ed-Deir,* von deren Höhen sich eine wunderbare Aussicht auf die unendliche Weite des Araba-Tales und den Berg Hor bietet, der als ein biblisches Denkmal aus Sandstein neben uns emporwuchs. Hinter uns lag das hohe zerklüftete Felsplateau des Seir. Aber da die Sonne bereits unterging, konnten wir nicht länger verweilen. Der Bauer stieg vor mir hinab; als ich ihn einholte, stammelte er inbrünstig Gebete und streckte die Hände gen Himmel, um das Übel von uns fernzuhalten, das die Menschen in so einsamen Gegenden stets lauern sehen. Wir hasteten durch die Wildnis aus Felsen und blühenden Oleanderbüschen, und viele Felshühner flogen mit lautem Chackchack vor uns auf und verrieten unsere einsamen Fußtritte. Das Maultier fanden wir im Schatzhaus des Pharao, wo wir es zurückgelassen hatten. Nachdem der Sik hinter uns lag, wollte mein Gefährte mir in seinem Haus in Eljy Unterkunft für die Nacht ge-

◁ Ed-Deir, das größte Monument von Petra (nach Laborde)

währen. Als wir uns jedoch dem Dorf näherten, hörten die Bewohner, die seit dem Morgen von unserem Ausflug wußten, das Trappeln der Maultierhufe oben auf dem Felsen, und von unten drang aus allen Häusern ein furchtbares Geschrei aus wilden Kehlen herauf: »Schert euch fort!« Sie wollten nicht, daß ein Christ ihre Siedlung betrat. Auch nannten sie ihren Gefährten, der mich begleitet hatte, einen *Abu Nasrany*, einen ›Christenvater‹, und als sie dieses Schimpfwort erst einmal gefunden hatten, schrien sie es immer wieder, außer sich vor Wut. Der Ärmste an meiner Seite raufte sich die Haare, bat mit demütig zum Himmel gestreckten Händen angstvoll um Beistand und ritt eilig auf die andere Seite des Berges, um seinen Dorfgenossen zu entgehen. Und so ritten wir denn in später Nacht wieder zu den Zelten zurück.

Abbildungsnachweis

Zusätzlich zu den Originalabbildungen der englischen Erstausgabe wurden Illustrationen aus Werken verschiedener Nahost- und Arabienreisender vor (Niebuhr, Laborde) oder nach (Blunt, Field) Doughty berücksichtigt, dazu einige alte Stiche aus dem 19. Jahrhundert sowie aufschlußreiches und auf die arabischen Verhältnisse übertragbares Bildmaterial kulturgeschichtlich orientierter Autoren wie Lane und Lane-Poole.

BLUNT, Lady Anne: A Pilgrimage to Nejd. London 1881 (2 vol.) Abb. S. 17, 24, 33, 69, 111, 114, 116, 119, 121, 124, 131, 140, 141, 178, 214, 217, 220

DOUGHTY, Charles M.: Travels in Arabia Deserta, Cambridge 1888 (2 vol.) Abb. S. 44, 47, 48, 49, 50, 51, 52, 53, 54, 55, 56, 57, 58, 59, 72, 75, 82, 86, 118, 144, 155, 233

FIELD, Henry M.: On the Desert. Edinburgh and New York 1888 Abb. S. 27

LABORDE, Leon de: Journey through Arabia Petraea to Mount Sinai. London 1838 Abb. S. 31, 65, 109, 241, 242/243, 245, 246/247, 248

LANE, Edward William: An Account of the Manners and Customs of the Modern Egyptians. London [5]1860 (Erstausgabe 1836) Abb. S. 82, 87, 99, 102, 195, 196(2), 201, 203

LANE-POOLE, Stanley: Cairo. Sketches of its History, Monuments and Social Life. London 1892 Abb. vordere Umschlagklappe (koloriert), Umschlagrückseite (koloriert), 21, 71, 76/77, 90/91, 98, 117 (Ausschnitt), 204, 212

NIEBUHR, Carsten: Beschreibung von Arabien. Kopenhagen 1772 Abb. S. 157, 224

Dem Titelbild liegt ein kolorierter Stich von ca. 1850 zugrunde, das Frontispiz gibt einen Ausschnitt aus dem Ölgemälde *Wüstenhalt bei Kairo* (ca. 1870) des französischen Malers Theodore Frère wieder, der Stich auf S. 22/23 stammt von S. Fisher (1836).

DuMont
Reiseberichte und Dokumente

Auf unbekannten Wegen durch Hadramaut und Jemen (1933 und 1935)

Hans Helfritz

Entdeckungsreisen in Süd-Arabien

Entdeckungsreisen in Süd-Arabien

Auf unbekannten Wegen durch Hadramaut und Jemen (1933 und 1935) Von Hans Helfritz. Mit Textdokumenten von Harry St. John, Bridger Philby, Lowell Thomas, Erich M. von Hornbostel und Robert Lachmann. 268 Seiten mit 20 farbigen und 89 einfarbigen Abbildungen, 18 Zeichnungen und Karten, kartoniert (DuMont Reiseberichte)

»Hans Helfritz, als Erforscher Südarabiens geradezu legendär geworden, macht seine in den dreißiger Jahren absolvierten Entdeckungsreisen im Band ›Auf unbekannten Wegen durch Hadramaut und Jemen‹ erneut der Öffentlichkeit zugänglich, aktualisiert durch Photos aus jüngster Zeit und geraffte Darstellung der soziologischen und wirtschaftlichen Entwicklung.«

Die Presse, Wien

Die Entstehung der islamischen Kunst

Von Oleg Grabar. 304 Seiten mit 131 einfarbigen Abbildungen, Grund- und Aufrissen, kommentierter Bibliographie, Chronologie der frühislamischen Welt, Register, kartoniert (DuMont Dokumente)

»Der Autor gibt eine gemeinverständliche Einführung in die islamische Kunst und leistet zugleich einen eigenen theoretischen Fachbeitrag mit teilweise neuen Erkenntnissen und Hypothesen als Ergebnis seiner Untersuchungen. Eine anschauliche Sprache, der übersichtliche gedankliche Aufbau und zahlreiche Abbildungen erleichtern den Einstieg in dieses reizvolle Gebiet.«

Westfälische Nachrichten

»Oleg Grabar interpretiert in sieben Essays die Herausbildung der Kunst des Islams. Eine fundierte, aber doch allgemein verständliche Beschreibung der frühen Periode, die die Voraussetzung für spätere Entwicklungsphasen darstellt.« *Die Kunst*

Die Kunst der islamischen Kalligrafie

Von Abdelkébir Khatibi und Mohammed Sijelmassi. 256 Seiten mit 54 Farbtafeln und 120 einfarbigen Abbildungen, Anmerkungen, Bibliographie, Leinen mit Schutzumschlag
Prämiert von der Académie Français 1977

»Es ist ein überraschendes Erlebnis, innerhalb des weitgestreuten Bereichs der modernen kunstgeschichtlichen Forschung auf ein Werk zu treffen, das eine ganz unerwartete Begegnung mit dem Transzendenten vermittelt. Auf der Spur der überwältigenden Fülle der Ausdrucksformen in einer Vielzahl von Stilen gelingt es dem Verfasser, den Leser in das Geheimnis der Kalligrafie einzuführen.« *Die Welt*

»Im Buch ergänzen sich Text und eine hinreißend schöne Bildfolge zu einem repräsentativen Überblick über das neben der Architektur gewichtigste Gebiet der islamischen Kunst: die Kalligrafie.« *Westfalen Blatt*

Afghanistan

Karawanen, Basare, Reiterspiele im ›Lande der Tataren‹
Von Roland und Sabrina Michaud. 106 Seiten mit 76 farbigen und 5 einfarbigen Abbildungen, Leinen mit Schutzumschlag

»Bilder, die an die Märchen aus Tausendundeiner Nacht erinnern, haben Roland und Sabrina Michaud in diesem Land der Nomaden, Ackerbauern und Zunfthandwerker eingefangen. Sie kamen in jahrelangen Reisen in einsame Landstriche, die dem ausländischen Reisenden nur mit Sondergenehmigung zugänglich sind, zogen über uralte Karawanenstraßen, besuchten Basare, Teehäuser, Reiterkämpfe. Konzentrierte Fotos in feinen Farben mit Motiven und Gesichtern, die zum Nachdenken auffordern, sind das Ergebnis. Ein Bildband, den man immer wieder gerne durchblättert.« *Stuttgarter Zeitung*

»Über Afghanistan ist bisher nichts Besseres publiziert worden.« *Nürnberger Nachrichten*

DuMont Kunst-Reiseführer

Ägypten – Geschichte, Kunst und Kultur im Niltal

Vom Reich der Pharaonen bis zur Gegenwart. Von Hans Strelocke

Äthiopien – Kunst im Verborgenen

Ein Reisebegleiter ins älteste Kulturland Afrikas. Von Hans Helfritz

Algerien – Kunst, Kultur und Landschaft

Von den Stätten der Römer zu den Tuareg der zentralen Sahara. Von Hans Strelocke

Belgien – Spiegelbild Europas

Eine Einladung nach Brüssel, Gent, Brügge, Antwerpen, Lüttich und zu anderen Kunststätten. Von Ernst Günther Grimme

Dänemark

Land zwischen den Meeren. Kunst – Kultur – Geschichte. Von Reinhold Dey

Deutsche Demokratische Republik

Geschichte und Kunst von der Romanik bis zur Gegenwart. Brandenburg, Mecklenburg, Sachsen-Anhalt, Sachsen, Thüringen. Von Gerd Baier, Elmar Faber und Eckhard Hollmann

Deutschland

Das Bergische Land

Kultur, Geschichte, Landschaft zwischen Ruhr und Sieg. Von Bernd Fischer.

Franken – Kunst, Geschichte und Landschaft

Entdeckungsfahrten in einem schönen Land – Würzburg, Rothenburg, Bamberg, Nürnberg und die Kunststätten der Umgebung. Von Werner Dettelbacher

Hessen

Vom Edersee zur Bergstraße. Die Vielfalt von Kunst und Landschaft zwischen Kassel und Darmstadt. Von Friedhelm Häring und Hans-Joachim Klein

Köln

Stadt am Rhein zwischen Tradition und Fortschritt. Von Willehad Paul Eckert

München

Von den Anfängen der Stadt bis zur Gegenwart. Kunst und Kultur in München und seiner Umgebung. Von Klaus Gallas.

Der Niederrhein

Das Land und seine Städte, Burgen und Kirchen. Von Willehad Paul Eckert

Die Pfalz

Die Weinstraße – Der Pfälzer Wald – Wasgau und Westrich. Wanderungen im ›Garten Deutschlands‹. Von Peter Mayer

Schleswig-Holstein

Zwischen Nordsee und Ostsee: Kultur – Geschichte – Landschaft. Von Johannes Hugo Koch

Sylt, Amrum, Föhr, Helgoland, Pellworm, Nordstrand und Halligen

Entdeckungsreisen durch eine Landschaft zwischen Meer und Festlandküste. Von Albert am Zehnhoff
(DuMont Landschaftsführer)

Zwischen Neckar und Donau

Kunst, Kultur und Landschaft von Heidelberg bis Heilbronn, im Hohenloher Land, Ries, Altmühltal und an der oberen Donau. Von Werner Dettelbacher

Süd-England

Von Kent bis Cornwall. Architektur und Landschaft, Literatur und Geschichte. Von Peter Sager

Frankreich

Die Bretagne

Im Land der Dolmen, Menhire und Calvaires. Von Frank und Almut Rother

Burgund

Kunst, Geschichte, Landschaft. Burgen, Klöster und Kathedralen im Herzen Frankreichs: Das Land um Dijon, Auxerre, Nevers, Autun und Tournus. Von Klaus Bußmann

Das Elsaß

Wegzeichen europäischer Kultur und Geschichte zwischen Oberrhein und Vogesen. Von Karlheinz Ebert

Frankreichs gotische Kathedralen

Eine Reise zu den Höhepunkten mittelalterlicher Architektur in Frankreich. Von Werner Schäfke

Das Tal der Loire

Schlösser, Kirchen und Städte im ›Garten Frankreichs‹. Von Wilfried Hansmann

Die Provence

Ein Reisebegleiter durch eine der schönsten Kulturlandschaften Europas. Von Ingeborg Tetzlaff

Südwest-Frankreich

Vom Zentralmassiv zu den Pyrenäen – Kunst, Kultur und Geschichte. Von Rolf Legler

---

Griechenland

Athen

Geschichte, Kunst und Leben der ältesten europäischen Großstadt von der Antike bis zur Gegenwart. Von Evi Melas

Die griechischen Inseln

Ein Reisebegleiter zu den Inseln des Lichts Kultur und Geschichte. Hrsg. von Evi Melas

Kreta – Kunst aus fünf Jahrtausenden

Minoische Paläste – Byzantinische Kirchen – Venezianische Kastelle. Von Klaus Gallas

Alte Kirchen und Klöster Griechenlands

Ein Begleiter zu den byzantinischen Stätten. Hrsg. von Evi Melas

Tempel und Stätten der Götter Griechenlands

Ein Reisebegleiter zu den antiken Kultzentren der Griechen. Hrsg. von Evi Melas

---

Guatemala

Honduras – Belize. Die versunkene Welt der Maya. Von Hans Helfritz

---

Holland

Kunst, Kultur und Landschaft. Ein Reisebegleiter durch Städte und Provinzen der Niederlande. Von Jutka Rona

Indien

Von den Klöstern im Himalaya zu den Tempelstädten Südindiens. Von Niels Gutschow und Jan Pieper

---

Indonesien

Ein Reisebegleiter nach Java, Sumatra, Bali und Sulawesi (Celebes). Von Hans Helfritz

---

Iran

Kulturstätten Persiens zwischen Wüsten, Steppen und Bergen. Von Klaus Gallas

---

Irland – Kunst, Kultur und Landschaft

Entdeckungsfahrten zu den Kunststätten der ›Grünen Insel‹. Von Wolfgang Ziegler

---

Italien

Apulien – Kathedralen und Kastelle

Ein Reisebegleiter durch das normannisch-staufische Apulien. Von Carl Arnold Willemsen

Das etruskische Italien

Entdeckungsfahrten zu den Kunststätten und Nekropolen der Etrusker. Von Robert Hess

Florenz und die Medici

Ein Begleiter durch das Florenz der Renaissance. Von My Heilmann

Ober-Italien

Kunst, Kultur und Landschaft zwischen den Oberitalienischen Seen und der Adria. Von Fritz Baumgart

Von Pavia nach Rom

Ein Reisebegleiter entlang der mittelalterlichen Kaiserstraße Italiens. Von Werner Goez

Rom

Kunst und Kultur der ›Ewigen Stadt‹ in mehr als 1000 Bildern. Von Leonard von Matt und Franco Barelli

Das antike Rom

Die Stadt der sieben Hügel: Plätze, Monumente und Kunstwerke. Geschichte und Leben im alten Rom. Von Herbert Alexander Stützer

Sardinien

Geschichte, Kultur und Landschaft – Entdeckungsreisen auf einer der schönsten Inseln im Mittelmeer. Feengrotten, Nuraghen und Kastelle. Von Rainer Pauli

Sizilien

Insel zwischen Morgenland und Abendland. Sikaner/Sikuler, Karthager/Phönizier, Griechen, Römer, Araber, Normannen und Staufer. Von Klaus Gallas

Venedig – Geschichte und Kunst

Erlebnis einer einzigartigen Stadt. Von Marianne Langewiesche

Japan – Tempel, Gärten und Paläste

Einführung in Geschichte und Kultur und Begleiter zu den Kunststätten Japans.
Von Thomas Immoos und Erwin Halpern

Jugoslawien

Kunst, Geschichte und Landschaft zwischen Adria und Donau. Von Frank Rother

Malta und Gozo

Die goldenen Felseninseln – Urzeittempel und Malteserburgen. Von Ingeborg Tetzlaff

Marokko – Berberburgen und Königsstädte des Islam

Ein Reisebegleiter zur Kunst Marokkos. Von Hans Helfritz

Die Götterburgen Mexikos

Ein Reisebegleiter zur Kunst Alt-Mexikos. Von Hans Helfritz

Nepal – Königreich im Himalaya

Geschichte, Kunst und Kultur im Kathmandu-Tal. Von Ulrich Wiesner

Österreich

Salzburg, Salzkammergut, Oberösterreich

Kunst und Kultur auf einer Alpenreise vom Dachstein bis zum Böhmerwald. Von Werner Dettelbacher

Wien und Umgebung

Kunst, Kultur und Geschichte der Donaumetropole. Von Felix Czeike und Walther Brauneis

Portugal

Ein Begleiter zu den Kunststätten von Porto bis zur Algarve-Küste. Von Albert am Zehnhoff

Rumänien

Schwarzmeerküste – Donaudelta – Moldau – Walachei – Siebenbürgen: Kultur und Geschichte. Von Evi Melas

Kunst in Rußland

Ein Reisebegleiter zu russischen Kunststätten. Von Ewald Behrens

Die Schweiz

Zwischen Basel und Bodensee · Französische Schweiz · Das Tessin · Graubünden · Vierwaldstätter See · Berner Land · Die großen Städte. Von Gerhard Eckert

Skandinavien – Dänemark, Norwegen, Schweden, Finnland

Kultur, Geschichte, Landschaft. Von Reinhold Dey

Spanien

Die Kanarischen Inseln

Inseln des ewigen Frühlings: Teneriffa, Gomera, Hierro, La Palma, Gran Canaria, Fuerteventura, Lanzarote. Von Almut und Frank Rother (DuMont Landschaftsführer)

Zentral-Spanien

Kunst und Kultur in Madrid, El Escorial, Toledo und Aranjuez, Avila, Segovia, Alcalá de Henares. Von Anton Dieterich

Südamerika: präkolumbische Hochkulturen

Ein Reisebegleiter zu den indianischen Kunststätten in Peru, Bolivien und Kolumbien. Von Hans Helfritz

Tunesien

Karthager, Römer, Araber – Kunst, Kultur und Geschichte am Rande der Wüste. Von Hans Strelocke

Städte und Stätten der Türkei

Ein Begleiter zu den Kunstwerken Istanbuls und Kleinasiens. Von Kurt Wilhelm Blohm

USA – Der Südwesten

Indianerkulturen und Naturwunder zwischen Colorado und Rio Grande. Von Werner Rockstroh

Glossar

(Auswahl der wichtigsten Begriffe; nicht berücksichtigt sind Orts- und Eigennamen sowie im Deutschen eingebürgerte Begriffe; Schreibweise in der Regel nach Doughty)

Aarab die Beduinen, nomadisierende Araber
Abd Sklave, Knecht; in arabischen Namen Hinweis darauf, daß es sich um einen Schwarzen handelt
Abu Vater
Adamy ›Kind Adams‹, Mann
Adan Sanddüne der Nefud
Adu Feind
Aga Hauptmann, Befehlshaber
Agal Kordel um das arabische Kopftuch
Ageyl die Kamelreiter der osmanischen Regierung
Ajaj Sandstaub, sandführende Winde
Ajamy Perser
Ajir unfruchtbar
Ajjidat Stadtmauern aus Lehm
Akaba steiler Gebirgsweg
Akkam Kameltreiber in der Pilgerkarawane
Aleykom es-Salaam Grußformel als Antwort auf den Friedensgruß
Allahu akhbar Allah ist groß!
Am'dan Pfosten, Stütze des Beduinenzelts
Ammatak Wirtin
el-Arban die Gesamtheit der Nomadenstämme
Ashab en-Neby Mitstreiter Mohammeds, Moslems der ersten Stunde
Ashira(t) Stamm
Ashraf Nachfahren Mohammeds (Plural von Sherif)
Askary Soldat (der osmanischen Truppe)
el-Assr drittes mohammedanisches Tagesgebet
Aysa bin Miriam Jesus, Sohn der Maria
Aziz Geliebter, Lieber

Bab Tor
el-Badia die offene Wüste
Bakhorra Stock des Kameltreibers
Bakir morgen
Barak Banner
Baris Paris
Beban Tore (Singular: Bab)
Bedun wilde Ziegen
el-Beduw die Beduinen (eigentlich: Bedauwy)
Beled Land, Boden
Berneta europäischer Hut (von ital.: Berretta)
Bess genug!
Bethra et-Tamr ›Dattelknopf‹, Geschwür
Beyet Hülle
Beyt Unterkunft, Zelt (Plural: Byut)
Beyt el-Mal Schatzhaus der Regierung
Beyt es-Shaar Haarzelt der Beduinen
Billah bei Allah, Formel des Beduineneids
Bim-bashy Befehlshaber einer Tausendschaft
Bint Mädchen
Bir Brunnen
Birket Zisterne
Bisan Wasser (Galla-Wort)
Bismillah Im Namen Gottes!
Biuruldi Empfehlungsschreiben, Rundreisepaß
Bizr Geschwür
Boghraz Bergpaß
Borghrol s. Burghrol
Bottin flacher Hügel
Brim schmaler Ledergürtel
Burghrol gekochtes Getreide, Nejd-Gericht
Byut Häuser (Singular: Beyt)

Chai Tee
Chibuk Pfeife
Chol Steppe

Dakhilak Bitte um Schutz
Dalil Führer
Dar Haus
Dawwa Arzneien, Beduinenkräuter
Dellal Kaffeetöpfe
Dellal Ausrufer im Suk
Derb Weg, Straße
Derb el-Haj Pilgerstraße von Syrien her
Derb es-Sultany Pilgerstraße von Zentralarabien her
Din der ›rechte‹ (islamische) Glauben
Dinya el-Jedida ›Neue Welt‹, Amerika
Dira Weidegebiet der Beduinen
Dirat er-Rasul das Land des Propheten Mohammed
Dokan Laden
Dowla türkische Regierung

Effendi Herr (türk.)
Effendi Yawer es-Sherif Adjutant des Sherifen
Emir el-Haj Befehlshaber der Pilgerkarawane
el-Engleys die Engländer
Entha Frau, arme Frau
Er'n Tannenholzwurzel zum Gerben
Fasidin korrupt, verkommen
Fatya Kaffeegeschirrkorb
Fellahin Bauern (Singular: Fellah)
Fenjeyn kleine Kaffeeschalen
Ferij Zeltschaft, Nomadendorf (Plural: Ferjan)
Filasuf Philosophen
Firman Freibrief, Schutzschreiben des Sultans
Frenjy ›Franke‹, Europäer
Fueylik flaches Land zwischen Semira und el-Kasim
Fulus Gold- oder Silbermünzen
Futis nicht geschlachtet
Futur Frühstück

Ga Senke
Galliun Tabakspfeife
Garra Wachturm
el-Gayth Sommer (im Beduinenjahr)
Ghrannem Kleinvieh
Ghrazzu Raubzug in der Wüste
Ghrol menschenfressendes Wüstengespenst